高等职业教育旅游大类
新形态一体化系列教材

 "十四五"职业教育国家规划教材

U0770908

模拟导游

（第五版）

主　编　窦志萍

中国教育出版传媒集团
高等教育出版社·北京

内容提要

本教材为"十四五"职业教育国家规划教材，是在"十三五"职业教育国家规划教材的基础上，结合新时代文旅融合发展与人才培养需要修订而成的。

全书分为五大模块。模块一为导游服务程序，模块二为导游讲解技能，模块三为自然景观导游，模块四为人文景观导游，模块五为特种旅游导游。

本教材配套丰富的数字化教学资源，包括微课、案例、实训等，可通过扫描二维码进行在线学习，在提升学习兴趣的同时，也为学习者提供更多自主学习的空间。教师如需获取本书授课用PPT等配套资源，请登录"高等教育出版社产品信息检索系统"（https://xuanshu.hep.com.cn/）免费下载。

本教材可作为高等职业院校、职业本科院校和应用型本科院校旅游大类专业的教学用书，也可供相关从业人士作为业务参考用书。

图书在版编目（CIP）数据

模拟导游 / 窦志萍主编. --5 版. --北京：高等教育出版社, 2025.1.　--ISBN 978-7-04-062966-8

Ⅰ.F590.633

中国国家版本馆 CIP 数据核字第 2024UJ5183 号

MONI DAOYOU

策划编辑　张　卫	责任编辑　张　卫　张曦卓	封面设计　姜　磊	版式设计　杜微言
责任绘图　裴一丹	责任校对　高　歌	责任印制　耿　轩	

出版发行　高等教育出版社	网　　址	http：//www.hep.edu.cn
社　　址　北京市西城区德外大街 4 号		http：//www.hep.com.cn
邮政编码　100120	网上订购	http：//www.hepmall.com.cn
印　　刷　山东百润本色印刷有限公司		http：//www.hepmall.com
开　　本　787mm×1092mm　1/16		http：//www.hepmall.cn
印　　张　19.75	版　　次	2005 年 7 月第 1 版
字　　数　440 千字		2025 年 1 月第 5 版
购书热线　010 - 58581118	印　　次	2025 年 1 月第 1 次印刷
咨询电话　400 - 810 - 0598	定　　价	56.00 元

第五版前言

党的二十大报告指出,坚持以文塑旅、以旅彰文,推进文化和旅游深度融合发展。旅游是一项综合性的审美活动,是一个寻觅美、发现美、欣赏美、享受美的过程。旅游不仅能够让人们欣赏到不同地方的自然风光和文化特色,还能促进个人的成长和发展,它鼓励人们不断了解新事物,保持好奇心。人们外出旅游前,都会对旅游目的地做一些攻略,了解一些基本信息,但对于旅游目的地的地方文化、最佳游览方式等不可能全面掌握,对景物的细节审美更需要有人指点和解释;人们外出旅游都希望能全身心地投入到游览及审美体验中,一些与之相关的"杂务"最好有人代劳。能直接帮助游客解决问题,并对旅游者的体验产生影响的人就是导游,旅游产品的最终提供者。

导游工作是一项集知识、语言、技能于一体的极具艺术性的服务工作。导游服务质量的高低和导游员素质、能力、水平的高低会直接影响该区域的旅游形象。当今旅游已经从单纯的观光转变为集观光、游憩、休闲、体验于一体的综合性产业,作为旅游服务终端,能提供文旅深度融合讲解、引导游客审美、帮助游客实现自我成长的导游越来越受到人们的重视和欢迎,并成为市场主流的需求。

旅游高质量发展需要高质量的导游服务和高水平的导游,高水平的导游离不开高质量的人才培养,高质量人才培养离不开高水平教学和高质量的教材。在导游人才培养中,有一个目标是必不可少的,即培养学生对不同知识的综合运用能力,发挥工匠精神把知识与技能进行实践融合,提升其服务意识与质量,"模拟导游"就是实现这个目标的核心课程,《模拟导游》就是支撑该课程不可或缺的教材。

《模拟导游》自2005年出版了第一版以来,受到了相关专业师生及在职导游的欢迎,取得了良好的社会效益,在导游人才培养方面发挥了积极的作用。为适应旅游发展及教育教学的需要,教材作了多次修订,多次入选国家规划教材名录。

为了更好地满足现代高质量导游人才培养的需求,本书在2019年第四版的基础上再次修订。本次修订以党的二十大精神为指引,落实立德树人根本任务,突出课程育人,着力将思想政治教育贯穿于教材的每个章节。根据现代旅游发展及游客需要,对教材的内容及知识体系进一步梳理,借鉴最新的研究成果,增加相关知识点,对部分知识进行了更新和替换。如对导游程序进行了精简,第十一章中增加并更新了天象景观导游的内容;对第十五章内容进行了梳理和适当的删减;第十六章增加了文创导游讲解的内容;第十七章的农业旅游部分增加了乡村旅游导游的内容,新增加了第三节"研学旅行与研学旅游导游"。

"模拟导游"是一门理论与实践结合极为紧密的课程,为了便于教师教学及学生学习,本书在每一章的开始都明确了学习目标和素养目标,给出了教学建议和关键词。在知识的挖掘及选取上精益求精,目的在于让学生通过学习对应的教材内容达到举一反三、触类旁通的效果,提升学习和阅读的兴趣和效果。

值得一提的是,本次修订应用现代技术,为读者拓展了教材空间,通过网络为读者提供了窦志萍教授在教学及工作实践中自己创作及指导学生创作的导游词和导游服务工作的案例分析等资料,读者可以通过教材中提供的二维码扫码获取相关资料。

本次修订由主编窦志萍教授全面具体负责,在修订过程中,云南省旅游协会会长杨洁卿在导游服务程序方面提供了相关资料,闽西职业技术学院的蔡俊颜老师参与了第十五、十六章的修编工作。"导游技术技能大师工作室"成员、高级导游韦敏参与了部分导游词的撰写,丽江旅游文化学院蔡展等老师提供了部分授课视频。很多专家学者、优秀导游员提供了宝贵的意见和建议,在此一并表示由衷的感谢!

在此要特别感谢高等教育出版社张卫老师。在本次修订中张卫老师给了很多具体的建议,特别是在新技术应用拓展教材空间及资料方面张卫老师给予了大力支持和帮助!

由于导游服务具有综合性、时代性和复杂性等特征,随着旅游市场的发展和旅游需求的不断变化,导游相关研究及教学一直在路上,导游教材的编写也一直在路上。本次修订仍有诸多不足,恳请广大师生和导游工作者批评指正。

窦志萍

2025 年 1 月于春城昆明

目　　录

模块一　导游服务程序

模块二　导游讲解技能

模块三　自然景观导游

二维码资源目录

模 块 一

导游服务程序

1

第一章　接团前的准备

学习目标

1. 了解旅游活动的基本要素,学会分析旅游者的旅游行为,为导游服务工作做好准备。

2. 掌握导游员的基本工作职责。

3. 熟悉并掌握旅游团队导游服务集体各组成人员导游服务的基本程序。

4. 通过对旅游业的了解与学习,积极践行社会主义核心价值观。

5. 通过对导游员职责的学习,培养服务旅游者的职业素养。

教学建议

1. 本章的教学主要采用教师的课堂讲授以及师生的角色扮演与模拟训练相结合的方式。

2. 通过带领学生到旅行社见习,与导游员座谈等方式,总结、分析导游人员的职责。

3. 开展"角色扮演"教学。教师扮演"导游",学生扮演旅游者,进行一次完整的接团过程实训。

【关键词】

旅游要素　旅游者旅游行为　导游员职责　接待服务规范程序

第一节　旅游活动与旅游者旅游行为分析

一、旅游与旅游活动

旅游是人类社会经济发展到一定阶段的产物。旅游的发展经历了三个阶段：古代旅游（19 世纪中期以前）、近代旅游（19 世纪中期至 20 世纪中期）、现代旅游（20 世纪中期以来）。

（一）旅游的概念

联合国旅游组织（UN Tourism）对旅游的定义是"人们为了休闲、商务和其他目的，离开他们惯常的环境，到某个地方去，以及在那些地方停留的活动"。该定义强调：在外地暂时停留的时间"不超过一年""访问的主要目的不应是通过所从事的活动从访问地获取报酬"。交通工具的乘务人员和商业推销员的工作旅行可以被认为是在其惯常环境内的旅行，所以这两类人员的这种旅行被排除在旅游者之外。

1942 年，瑞士汉泽克尔（Hunziker）和克拉普夫（Krapf）教授提出："旅游是非定居者的旅行和暂时居留而引起的现象和关系的总和。这些人不会导致永久居留，并且不从事任何赚钱的活动。"20 世纪 70 年代，这个定义为旅游科学专家国际联合会（AIEST）所采用，简称"艾斯特"定义。

（二）旅游业发展的基本要素及旅游活动体系

旅游业发展的基本要素是指发展旅游业必须具备的基本条件。现代旅游业发展包括四个方面的内容。

（1）旅游的主体——旅游者。没有旅游者就没有旅游活动，更没有旅行社。目前由于研究的差异及统计等的需要，旅游者有了不同的称谓和分类，如游客、旅友等。

（2）旅游的客体——旅游吸引物，即旅游者进行旅游活动的对象，它主要表现为旅游目的的旅游资源。旅游资源有不同的分类，目前人们通常把旅游资源分为自然旅游资源、人文旅游资源和社会旅游资源等类型。

（3）旅游的媒介——旅游服务及设施。

（4）新技术与智慧化。

（三）旅游活动体系

旅游活动体系是指形成旅游活动的网络，它包括以下三个方面：

（1）客源地。即产生旅游者的地区或游客居住的地区，也称旅游输入地区。在国际旅游中称为旅游客源国（地区）。

（2）目的地。是指旅游者到访的地区或旅游接待地区，也称旅游输出地区。在国际旅游中称为旅游目的地国（地区）。

（3）交通运输部门。是指向旅游者提供自出发地至所访目的地之间交通手段的运输部门，它可能是客源地的交通运输部门，也可能是目的地的交通运输部门，还可能是其他地区的交通运输部门。

客源地的功能是产生旅游活动的主体——旅游者；目的地的功能是接待旅游者；交

通运输部门的功能是向旅游者提供客源地至目的地和由目的地返回客源地的手段。三者共同构成了旅游活动的体系。

二、旅游活动与旅游者旅游动机分析

（一）旅游动机

旅游者的旅游活动受内外因素的影响。旅游动机是直接推动一个人进行旅游活动的内部驱动力，它引导人们去探求满足旅游需要的目标，通过旅游购买和消费来缓解生理和心理的紧张情绪。动机的产生源于人的需要，只有需要升华到足够高度，需要才能变为动机，所以，了解人类的需要才能深入地理解人们的旅游动机。

心理学家们提出了人类动机理论，主要流行的动机理论有三种，分别为弗洛伊德理论、马斯洛理论和弗雷德里克·赫茨伯格理论。这三种动机理论中，在我国影响最广的是美国心理学家马斯洛提出的需求层次论。马斯洛认为人类的需要可按层次排列，先满足最迫切的需要，最后满足最不迫切的需要，或由低到高、由生理到精神分层次排列。第二次世界大战期间，他首次提出该理论，将人类需求分成五个层次，即生理需求、安全需求、社交需求、尊重需求和自我实现需求。1954 年，他又将其修改为七个层次。

（1）生理需求。这是马斯洛划分的最低层次需求，是与个人生存直接相关而不可缺少的需求。它涉及人对最基本生活资料的满足，如饥饿即需要吃食物，口渴则需要喝水，御寒就要穿衣等。

（2）安全需求。这是确保人身安全与健康的需求，是对生理需求进一步的社会保障，如对交通工具、人身与财产保险、社会保险及医疗保健等的需求。

（3）社交需求。指人类对爱与被爱、归属感及被接纳的需求。这种需求超越了生理需求的范畴而进入了精神需求的境界，如期望参加工会、俱乐部、党派及各种团体等。

（4）尊重需求。这是指人期望获得他人的尊重的需求。包括自我尊重、尊重他人和受人尊重，如自信、信任、荣誉、地位等。

（5）求知需求。这是一种期望进一步了解和探索知识，以达到更高精神境界的需求。

（6）美的需求。人们在物质与精神得到极大满足后，希望自己匀称、整齐、美丽，以达到美的享受并被人羡慕。

（7）自我实现需求。这是人类追求的最高层次的需求，期望发挥自己最大的潜能，做一些自认为有价值、有意义的事，以实现自己的理想和抱负。

马斯洛认为生理需求是最基本的需求，只有最基本的需求得到满足后，才会产生高级的需求。但也有例外情况，即消费者几种需求同时存在或最基本需求未获得满足时，人们也可能优先满足更高层次的需求。根据马斯洛理论，旅游需求属于较高层次的精神需求。因国度的差异性和人类自身的复杂性，旅游需求往往具有综合性，从产生旅游动机到采取旅游行动是一个比较复杂的心理过程。在这个过程中，人们会考虑旅游所需要的主客观条件，如经济条件、时间条件以及客观的生活与旅游环境等。只有当主客观条件具备并能满足某种旅游需求时，旅游动机才能确立，并实现由思想向行动的转变。在旅游活动中，消费者的一种需求得到满足之后，还会产生另一种新的需求，这时，新的动机又会出现,所以,旅游动机是一种动态的过程。在现实社会里,人们的所有动机并非都能转变成行为。在旅游环境里,人们的需要是随着社会、经济的发展与环境的变化而发展变化的。如何时到哪里去旅游、乘坐哪类交通工具、选择什么样的住宿环境等问题必然会出现在旅游者的头脑里并展开关于动机的筛选。只有那些最迫切的动机才会引发行动。所以,人的行为与相对应的动机强度变化有密切的关系。作为导游员,了解这种变化关系对掌握旅游者心理并更好地为之服务有着重要的意义。

（二）旅游动机的分类

随着社会的发展、人们的生活需要不断变化,旅游动机也日趋多样而复杂。根据研究统计,常见的旅游动机包括求奇、求新、求名、求美、好胜、爱好、求知、访古寻友、追宗归祖等。美国著名旅游学家罗伯特·麦金托什经过长期研究归纳了旅游者的四种基本动机。

1. 健康动机

健康动机包括体力休整、体育运动、海滨娱乐等其他与健康有益的动机。比如,有些人由于医生的嘱托推荐,希望去洗矿泉浴、药浴,接受体检,进行健康疗养,治疗疾病,进行体育活动等。有此类旅游动机者都有一个相同的特点,即通过旅游来放松心理,消除紧张情绪,消除疲劳。

2. 文化动机

文化动机是指希望了解各地文化风情,如艺术、民俗、宗教、历史等,具体的活动可以表现为观赏风景名胜,游览名川大山,进行学术交流和艺术交流等。

3. 社会关系动机

社会关系动机包括结交新朋友、拜访老朋友、探望亲属、逃避日常事务,以及了解旅游目的地的社会制度、人们的生活方式等。

4. 声望动机

声望动机主要表现在关心个人利益和前途。有此类动机者的旅游活动往往与其工作、会议、研究课题、爱好及受教育程度有关。希望通过旅游活动,自己能够受到赏识、引起注意、得到称赞或取得一定成就并达到提高自身竞争力的目的。

对于具体旅游者而言,有的人是受某一种动机的驱使而出游的,而有的人是以某一种动机为主,同时带有其他的动机。导游员只有了解和把握了旅游者出游的动机,才能更恰当地安排旅游活动和提供导游服务。

（三）旅游动机的影响因素

旅游动机主要受以下两大方面的影响:

1. 性别、年龄和受教育程度

从性别来看,男性和女性在生理上存在一定差异,导致其在家庭和社会中的地位和作用,以及经济收入等方面存在一定差异,从而导致他们产生的旅游动机也会有差异。随着社会的发展,世界各国的男性和女性在家庭和社会中的地位和作用都在发生变化,性别带来的旅游动机差别将逐步缩小。

年龄对一个人的旅游选择起着决定性的作用。年轻人比较活跃好动,对各种新鲜事物有很强的接受能力,对社会和自然的探索欲望较强。青年旅游者往往对新地方、新事物有较大的兴趣。人到中年,在工作和经济上有了一定的基础,有较多的生活经验,对于他们来说,舒适显得更为重要,因此中年人喜欢集体活动,因为与同伴们一起行动,他们会感到更加安全无虑,从而共同选择出更为舒适的旅游活动。老年人则更需要稳定和亲切感,老年人喜欢清静、交通方便的旅游胜地,也喜爱能满足访友怀古需要的旅游景点。

受教育程度同样对人们接受新事物的兴趣及旅游动机有着直接的影响。通常来讲,受教育程度高的人,喜欢变换环境,乐于探险历奇,爱好具有挑战性的旅游活动。受教育程度低的人,喜欢到人们较熟悉的地方旅游,有趋众心理,对于远行常会有顾虑和不安全感。

2. 费用、时间、体力、家庭、兴趣等

由于旅游活动是一种高消费的社会活动,消费者在购买旅游产品时会根据自己的经济状况做决定。

时间也是形成旅游行为的必备条件,如果存在时间障碍,如无法丢下自己的工作,就无法去旅游。

体力也影响旅游动机,体力不足或身体状况欠佳,往往使得有些人不得不待在家中,难以实现旅游的愿望。

家庭是个人生活的一个重要方面,家庭结构的不同直接影响着旅游动机的强度。比如,许多有年幼孩子的父母往往难得去旅游,一方面是因为他们有家庭负担,另一方面是带着孩子去旅游很不方便。

兴趣对旅游动机的影响较大。对旅游有兴趣的人往往认为旅游可以带来愉悦感和满足感。缺乏这种兴趣,就会极大地影响人们旅游动机的产生,阻碍人们下决心去旅游或以什么方式去旅游。这种因素主要表现在人们对开辟新天地的需求与安全感需求之间的心理冲突。人们喜欢在家中生活,因为对家中的一切了如指掌,让他们很有安全感。但若居家时间太长则会使人厌倦,于是,人们会想改变一下生活环境。对安全感的需求与开辟新天地的欲望就形成了强烈的矛盾。对于这对矛盾,人们需要去平衡,而缓和这一心理冲突的方法就是进行室外活动或到一个熟悉的地方去旅游。

三、旅游活动要素

从旅游动机及需求分析来看,旅游者外出旅游主要涉及六个要素,即吃、住、行、游、购、娱。

(一)吃

从人类的需求看,对吃的需求贯穿人类所有的需求层次,"民以食为天",人要生存就必须要"吃"。吃既是生理需要,又是心理的需要。随着社会经济的发展,人们对吃的要求也产生了变化,其发展轨迹是:有得吃—吃得饱—吃得好—吃得有营养—吃得有"文化"。"吃"对旅游者来说,不仅仅是填饱肚子,更是一种旅游体验与享受。

品尝美食是一项重要的旅游活动,也是一个文化交流的过程。各地的特色美食会给旅游者的旅途增添许多内容。丰富的美食不仅丰富了旅游者的旅途生活,还能为旅游者增添"回家"后的"谈资"。更有甚者,"吃货"们还会组成特色美食旅游团,以"吃"

为主要目的。

（二）住

"住"是旅游的保障，没有舒适的住宿环境，旅游就难以有好的体验。

（三）行

"行"是关键，没有"行"就没有旅游。交通不仅要解决旅游者往来于不同旅游点之间的空间位移问题，更重要的是帮助旅游者节约路途上的时间。

（四）游

"游"是核心，通过游才能满足游客寻求美、探索美、欣赏美、享受美的需求，最终得到领悟大自然、接受丰富信息的审美体验。"游"不仅是"看热闹"，更要学会"看门道"。

（五）购

"购"是游中乐趣，购不仅是指购物本身，也是游客了解旅游目的地、与旅游目的地居民交流的过程。

（六）娱

"娱"是游中的消闲，不仅是对参观游览活动的补充，能使旅游活动更加充实，还是一种文化传播和交流。

旅游活动中最为根本的是游，吃、住、行、购、娱等都是旅游活动的必要条件或派生物。如果说过去世界上大多数游客到国外是为了观光、度假、消遣的话，那么这种倾向到如今已经开始向受教益、获得信息、领略异国他乡风情、获取知识方面转化了。

四、旅游行为

（一）旅游者的一般旅游行为表现

1. 旅游者个性与旅游行为

心理学家在对人的个性进行研究的过程中，将人的个性进行了多种分类，其中最著名、最常用的一种是分为内倾性格和外倾性格。处于两个极端以外的人数较少，大多数人则位于这两个极端之间，其中一部分人靠近内倾，另一部分人靠近外倾，余下的为中间型，总体呈正态分布。

两种性格倾向的人在旅游消费行为上存在着明显的不同，见表1-1。

表1-1 不同个性旅游者的旅游行为特征

内 倾 性 格	外 倾 性 格
喜欢熟悉的旅游目的地	喜欢人迹罕至的旅游目的地
喜欢老一套的旅游活动	喜欢获得新鲜经历和享受新的喜悦
喜欢明媚阳光下的娱乐和体育活动	喜欢新奇的、不同寻常的旅游活动
活动量小	活动量大
喜欢乘车前往旅游目的地	喜欢坐飞机前往旅游目的地
喜欢设备齐全的膳宿设施，如家庭式餐馆、旅游商店	只求一般饭店，不一定要现代化大饭店和专门的旅游商店

内倾性格	外倾性格
全部日程均要事先安排好	只求有基本的安排,要求有较大的自主性和灵活性
喜欢熟悉的气氛、熟悉的娱乐活动项目,异国情调要少	喜欢与不同文化背景的人结识、交谈

资料来源:陶汉军,黄松山.导游服务学概论[M].北京:中国旅游出版社,2003.

2. 旅游过程与旅游行为

从旅游者的角度来看,旅游过程包括出游前的准备阶段、在旅游目的地的旅游阶段和旅游结束后的返回阶段。从导游服务来看,旅游者的旅游过程仅表现为在旅游目的地旅游这一个阶段。这一阶段正是旅游者出外旅游的实质阶段,也是旅游者的旅游行为表现得最为充分的阶段。为了更好地分析和把握这一阶段旅游者的行为表现,根据旅游者的心理和环境的变化可将其分为几个小的阶段。

(1)到达目的地的初期阶段。旅游者到达旅游目的地初期,面对的是一个陌生的环境,人(包括导游人员在内)和事都是第一次接触的,他们总会有举目无亲之感,不仅人地生疏、风土人情不懂,而且可能有语言不通(尤其是外国游客)及气候、饮食不适应等问题。这种情况一方面使其有好奇、惊讶、兴奋之感,另一方面又会让旅游者有一些莫可名状的不安。这时,旅游者的行为是多样的,有的低声细语,有的沉默寡言,有的指指点点,有的大声叫嚷。但是,有一点是共同的,即他们会不约而同地把希望寄托在导游员身上,希望导游员能够理解他们的心情,帮助他们适应这个陌生的环境,使他们有一段愉快、顺利和安全的旅程。

(2)开始熟悉阶段。在这一阶段,随着旅游者对导游员逐渐熟悉,对目的地的情况有所了解并对环境逐步适应,旅游者不安的心情开始放松,思想也逐渐活跃起来。其行为表现主要有两个方面:一是游兴较浓,对参观和游览的那些或秀丽、或奇特、或古老、或壮丽的自然景观、文物古迹、现代建筑和民俗风情等表现出较大的热情;二是发问开始增多,急于了解目的地的有关情况及所见所闻的人和事。

(3)旅游中期阶段。随着时间的推移,旅游者对目的地的情况有了基本了解,同导游人员也逐渐熟悉起来,旅游者的心理包袱已基本消除,初到时的拘束、谨慎、陌生之感已不复存在,从而其个性表露也比较明显。所以,这一阶段是其个性表露的阶段。主要的表现有:第一,他们对旅游目标的实现更为关注,尤其是那些希望通过旅游对该地区的某一方面有更深入了解的旅游者,他们提出的问题会更深更广,会提出各种各样合理的或不合理的要求,希望导游人员能帮助他们圆满实现,若无法实现,他们则会表示不满。第二,在言行上比较放任。由于旅游者在这个阶段的心态比较轻松,使得他们的记忆力、思考力有意无意地发生分散或转移,游览中对导游人员的讲解不像以前那样全神贯注。

(4)旅游结束阶段。在旅游即将结束之际,旅游者的心理活动又开始复杂起来,会出现不同程度的紧迫感和不安感,因而在行为上也会有各种各样的表现。有的人思乡思家心切,盼望尽早同家人团聚;有的人急于到商店购物,以作纪念或馈赠亲友;有的人担心行李超重;有的人忙于给亲友打电话、发微信,明确旅游归期。总之,在这个阶段,旅游者的思绪甚为分散。

（二）东西方休闲文化旅游行为差异

不同特征的旅游者,其旅游需要和旅游动机存在着差异。表1-2列举了东西方休闲文化差异。

表1-2　东西方休闲文化差异（以度假需求为例）

比较项目	东方休闲文化	西方休闲文化
文化起源	黄土文明	海洋文明
文化趋向	归隐情结	开拓志向
度假偏好	乡村度假	海滨度假

（三）不同国家、地区旅游者的旅游行为表现

由于长期受本国、本地区、本民族传统文化、风俗习惯和生活方式的影响,不同国家、地区和民族的旅游者在到异国他乡旅游时,其行为方式不可能不带有本国、本地区、本民族的文化特色。对于某一相同的问题,来自不同国家的人不仅在询问或处置方式上不同,而且可能涉及禁忌。同样,我国不同地区、不同民族的人们在性格、行事方式及禁忌方面也有一些差别。

（四）旅游目的地与旅游行为

人们出游都是在一定的旅游动机推动下进行的。旅游动机最终体现在旅游目的地和旅游活动的选择上。根据世界旅游组织的分类,旅游目的分为六大类,即观光/娱乐/度假类、商务/专业访问类、医疗健康类、探亲访友类、宗教/朝拜类和其他。每一类中又分为若干种。表1-3列举的是不同旅游目的的旅游者在旅游过程中的主要行为表现。

表1-3　不同旅游目的的旅游者的主要行为表现

旅游目的		在旅游过程中的主要行为表现（按每种行为的重要性排列）
观光/娱乐/度假类	观光旅游	游览风景名胜,了解风俗民情,拍照,购买纪念品,在一地短暂停留
	娱乐旅游	参加娱乐活动,观赏自然景观,拍照,购买纪念品,有时与接触的人交往、交流
	度假旅游	休息娱乐,拍照,游览风景名胜,购买纪念品,避免社交
商务/专业访问类	商务旅游	进行商务活动,关心社会地位,乐于与同行交谈,过舒适生活,购买纪念品
	公务旅游	从事公务活动,关心社会地位,过舒适生活,游览风景名胜,购买纪念品
	会议旅游	参加会务活动,喜与同行交往,游览风景名胜,拍照,购买纪念品
	学习旅游	致力于专业学习,深入考察当地社会环境,游览风景名胜,拍照,购买纪念品
	奖励旅游	考察当地同行业务,过舒适生活,游览风景名胜,拍照,购买纪念品
	专项旅游	考察当地同行业务,与当地同行进行广泛交流,游览风景名胜,拍照,购买纪念品

旅游目的		在旅游过程中的主要行为表现（按每种行为的重要性排列）
医疗健康类	保健旅游	治疗或疗养疾病,与医生和病友进行交流,购买药品和保健器材,有时游览风景名胜,活动量小
	体育旅游	参加体育或健身活动,游览风景名胜,探究生活意义,拍照,购买纪念品
	生态旅游	参观、考察生态系统,沐浴大自然,保护生态环境,拍照,接触当地居民
探亲访友类		走访亲友,游览风景名胜,拍照,购买纪念品,对当地经济贡献小
宗教/朝拜类		传经布道或到宗教圣地朝拜,探究生活意义,不过舒适生活,不关心社会地位,对沿途经济无贡献
其他	探险旅游	到一地探险考察,拍照,对该地环境感兴趣,接触当地社会和居民,过艰苦生活
	过境旅游	等待航班,休息,有时购买纪念品,偶尔购买餐饮,对当地经济贡献微小

第二节　旅行社及导游员的职责

一、旅游行业核心价值观与旅行社的职责

（一）旅游行业核心价值观

"游客为本,服务至诚"是社会主义核心价值观在旅游行业的延伸和具体化,是旅游行业持续健康发展的精神指引和兴业之魂。

"游客为本"即一切旅游工作都要将旅游者的需求作为最根本的出发点和落脚点,是旅游行业赖以生存和发展的根本价值取向,解决的是"旅游发展为了谁"的理念问题。旅游行业只有以旅游者为本,才能在满足旅游者需求的基础上,充分发挥改善民生、推动消费、带动就业、调整结构、促进和谐等产业和社会功能,实现行业自身的价值,获得相应的社会认可。

"服务至诚"即以最大程度的诚恳、诚信和真诚做好旅游服务工作,是旅游行业服务社会的精神内核,是旅游从业人员应当保持的基本工作态度和应当遵循的根本行为准则,解决的是"旅游发展怎么做"的理念问题。"服务至诚"体现了对服务对象的承诺,展示了对自身工作的追求。服务是旅游行业的本质属性,至诚是人们道德修养追求的最高境界。《礼记·中庸》说:"唯天下至诚,为能经纶天下之大经,立天下之大本,知天地之化育。""服务至诚"的价值理念反映了广大旅游从业人员努力为旅游者提供更加优质服务的不懈追求。旅游企业要摒弃唯利是图、急功近利的经营理念,自觉维护和提升旅游行业形象,要通过为旅游者提供优质服务获得正当回报,而不是通过欺客、宰客来获取利益。旅游行业从业人员要正确认识旅游服务,增强职业认同感和工作主动性,以满腔热忱尽可能地满足旅游者不断增加的需求,以真诚服务赢得旅游者和社会的尊重。

"游客为本"和"服务至诚"相辅相成,共同构成旅游行业核心价值观的有机整体。"游客为本"为"服务至诚"指明方向,"服务至诚"为"游客为本"提供支撑。二者完美地结合在一起,将指引旅游行业沿着建设国民经济的战略性支柱产业和人民群众更加满意的现代服务业两大战略目标更好地前进,并在这一过程中实现从业人员、旅游者、企业、社会等多方利益相关者的共赢。

（二）旅行社的职责

《中华人民共和国旅游法》（2018 修正）第二十八、二十九、三十、三十一、三十二、三十三、三十四、三十五、三十六条对我国旅行社的成立及基本职责做了明确规定。

二、导游员的职责

（一）导游员的基本职责

根据当前我国旅游业发展的实际和各类导游人员的服务对象,导游人员的基本职责可概括如下:

（1）根据旅行社与旅游者签订的合同或约定,按照接待计划安排和组织旅游者参观、游览。

（2）负责向旅游者提供导游服务,讲解、介绍中国（地方）文化和旅游资源。

（3）配合和督促有关单位安排旅游者的交通、食宿等,保护旅游者的人身和财物安全。

（4）耐心解答旅游者的问询,协助处理旅途中遇到的问题。

（5）反映旅游者的意见和要求,协助安排旅游者会见、座谈等活动。

（二）不同类型导游员的职责

1. 海外领队的职责

海外领队是经国家旅游行政主管部门批准组织出境旅游的旅行社的代表,是出境旅游团的领导者和代言人。因此,海外领队在团结旅游团全体成员、组织旅游者完成旅游计划方面起着全陪、地陪很难起到的作用。其主要职责如下:

（1）介绍情况、全程陪同。领队应在出发前向旅游团介绍旅游目的地国家或地区的概况及注意事项,并全程陪同旅游团完成参观游览活动。

（2）落实旅游合同。领队应监督和配合旅游目的地国家或地区的全陪、地陪,全面落实旅游合同,安排好旅游计划,组织好旅游活动。

（3）组织和团结工作。领队应关心旅游者,做好旅游团的组织工作,维护旅游团内部的团结,调动旅游者的积极性,保证旅游活动顺利进行。

（4）联络工作。领队应负责旅游团与旅游目的地国家或地区接待旅行社的联络与沟通,转达旅游者的意见、要求与建议乃至投诉,维护旅游者的合法权益,必要时出面斡旋或帮助解决问题。

2. 全程陪同导游人员的职责

全程陪同导游人员（简称全陪）是组团旅行社的代表,对所率领的旅游团（旅游者）的旅游活动负有全责,因而在整个旅游活动中起主导作用。其主要职责如下:

（1）实施旅游接待计划。全陪应按照旅游合同或约定实施组团旅行社的接待计划,监督各地接待单位的执行情况和接待质量。

（2）联络工作。全陪负责旅游过程中同组团旅行社和各地方接待旅行社的联络,应做好旅行中各站的衔接工作。

（3）组织协调工作。全陪应协调领队、地陪、司机等各方面接待人员之间的合作关系,配合、督促地方接待单位安排好旅游团（旅游者）的吃、住、行、游、购、娱等旅游活动,照顾好旅游者的旅行生活。

（4）维护安全,处理问题。全陪应维护旅游者在旅游过程中的人身和财物安全,处理好各类突发事件;转达或处理旅游者的意见、建议和要求。

（5）宣传、调研。全陪应耐心解答旅游者的问询,介绍中国（地方）文化和旅游资源;开展市场调研,协助开发、改进旅游产品的设计和市场促销。

3. 地方陪同导游人员的职责

地方陪同导游人员（简称地陪）是接待旅行社的代表,是旅游接待计划在当地的执行者,是当地旅游活动的组织者。其主要职责如下:

（1）安排旅游活动。地陪应根据旅游接待计划,合理安排旅游团（旅游者）在当地的旅游活动。

（2）做好接待工作。地陪应认真落实旅游团（旅游者）在当地的接送服务和吃、住、行、游、购、娱等服务,与全陪、领队密切合作,做好当地旅游接待工作。

（3）导游讲解。地陪负责旅游团（旅游者）在当地参观游览中的导游讲解,解答旅游者的问题,积极介绍和传播中国（地方）文化和旅游资源。

（4）维护安全。地陪应维护旅游者在当地旅游过程中的人身和财物安全,做好事故防范和安全提示工作。

（5）处理问题。地陪应妥善处理旅游相关服务各方面的协作关系,以及旅游者在当地旅游过程中发生的各类问题。

4. 景区（点）导游人员的职责

（1）导游讲解。景区（点）导游人员负责所在景区、景点的导游讲解,解答旅游者的问询,结合景物向旅游者宣讲环境、生态和文物保护知识。

（2）安全提示。景区（点）导游人员应提醒旅游者在参观游览过程中注意安全,并给予必要的协助。

第三节　团体旅游接待服务规范与基本程序

旅游团队是指通过旅行社或旅游服务中介机构,采取支付综合服务费包价或部分包价的方式,有组织地按预定的行程计划进行旅游消费活动的旅游者群体。

一、领队的接待服务程序

领队的接待服务程序如表 1-4 所示。

表 1-4 领队的接待服务程序

	1. 熟悉情况
准备阶段	（1）旅游团情况 　　① 旅游团人数,组成成员的阶层、职业、年龄、性别、身体状况 　　② 旅游团内的夫妇人数、高龄老人及儿童的年龄和人数 　　③ 旅游团内的重点人物、需要特殊照顾的对象 　　④ 旅游团在生活、参观等方面的特殊要求 　　⑤ 旅游团成员的血型及如果在旅途中遇到意外需要通知的家属姓名和住址 （2）旅游目的地及旅游线路安排 　　① 旅游线路及其所经停的城市、地区的情况 　　② 旅游过程中需要游览和参观的主要旅游景点、单位及其主要特点 　　③ 旅游目的地组团旅行社的情况 　　④ 旅游线路经停的各城市或地区负责接待旅游团的旅行社情况 　　⑤ 旅游目的地相关政策、法律、法规 　　⑥ 旅游目的地相关旅游设施情况 　　⑦ 旅游目的地的民俗风情、生活习惯、宗教信仰等 2. 物质准备 　　主要包括旅游计划、有关票证、资料、相关费用、日常用品、导游用具和日常用品等 3. 与游客见面并介绍情况 　　领队在带领旅游团启程前往旅游目的地之前,应向旅游团介绍有关旅游目的地的情况及应注意的事项,可向旅游团成员分发一些有关旅游目的地的资料,并提醒旅游者注意遵守目的地国海关、动植物检疫等部门的有关规定。还应向旅游者讲解中国公民出境旅游团应遵守的《中国公民出境旅游文明行为指南》与文明旅游的要求
实际接待阶段	（1）第一天的工作 　　① 在旅游团预定启程的当天,领队须根据旅游计划提前到达预定的交通集散地,并向有关部门询问交通工具离开的时间有无变化 　　② 向旅游团成员介绍情况,特别是注意讲解如何办理出入境手续及注意事项 　　③ 协助旅游者办理登机、乘车或乘船手续和行李托运手续 　　④ 与旅游团一起核实旅游计划的各项内容,并宣布旅游团全体成员在旅游期间应共同遵守的一些规定 　　⑤ 领队在此期间应向旅游者表示愿意为他们服务,并将尽力维护他们的正当权益,随时为他们解决旅途中的各种困难 　　⑥ 抵达旅游目的地后协助旅游团办理入境手续,并及时与目的地导游联系 （2）日常工作 　　除了第一天和最后一天的工作外,领队在旅途中其他时间的工作基本相同。

实际接待阶段	① 每天向旅游团通报当天的活动日程,协助旅游目的地导游做好服务工作 ② 在旅游团抵达旅游景点下车游览时,提醒他们返回汽车的准确时间和地点 ③ 在旅游者返回后及时清点人数,并通报下阶段的活动内容 ④ 在前往下一个旅游景点途中,如果时间较长,可以协助地陪组织一些娱乐活动,以活跃车内的气氛 ⑤ 同全程导游员或地方导游员核实下一项或第二天的活动日程 ⑥ 向旅游团通报第二天的活动日程,特别是次日早上要进行的第一项活动内容及出发时间和乘车地点 ⑦ 当旅游者全部下车后,同其他导游员一起对车内进行细致的检查,妥善处理旅游者遗忘在车上的物品 （3）最后一天的工作 　① 调动旅游者情绪,提前做好离境准备工作 　② 帮助旅游者整理行装,提醒旅游者不要将行李等物品遗忘在所乘坐的交通工具上 　③ 主动征求旅游者对旅游活动的意见和建议 　④ 与旅游者互留联系地址或电话,以便保持联系 　⑤ 代表旅行社举办告别宴会,致欢送词,感谢旅游者在一路上给予的支持
总结阶段	（1）处理旅游团接待过程中的各种遗留问题,如旅游者的委托事项、可能的投诉等 （2）向旅行社结清账目,归还启程前从旅行社借的物品 （3）填写领队日志,总结旅游团的接待经过,如旅游者的表现及反应等 （4）汇报旅游目的地组团旅行社和各地接待旅行社执行旅游计划的情况 （5）汇报全程导游员和地方导游员的服务态度、知识水平、语言表达能力、处理问题的能力及与领队合作的情况等

二、全程导游员的接待服务程序

全程导游员的接待服务程序如表1-5所示。

表1-5　全程导游员的接待服务程序

准备阶段	（1）熟悉情况 　① 研究旅游团的接待计划 　② 熟悉旅游团的情况和全程旅游路线的情况 　③ 了解各地承担接待任务的旅行社的情况 　④ 确定接待计划的重点和服务方向 （2）物质准备 　主要包括导游证、接待计划、行李牌、相关票证、钱款、资料和日常用品等 （3）联系地陪 　① 在旅游团抵达前一天,全程导游员应主动设法与负责接待的地方导游员取得联系

准备阶段	② 了解第一站接待工作的详细安排情况,并确定集合地点和时间,以便在第二天准时前往旅游团抵达的地点迎接 ③ 如果由全程导游员兼任地方导游员,则应亲自同旅游汽车公司调度人员取得联系,落实接站事宜 (4) 若条件许可,可提前与旅游者见面(国内旅游团)并交代注意事项
迎接服务阶段	(1) 入境旅游团的迎接服务 　① 迎接旅游团,并在接到旅游团后主动与该旅游团的领队取得联系,了解并核实旅游团的实际到达人数、旅游团有无特殊要求和需要给予特殊关照的旅游者 　② 与领队、地方导游员和接待旅行社的行李员一起清点和交接行李 　③ 代表旅游目的地组团旅行社和个人向旅游团致欢迎词,做自我介绍,表达向全体旅游者提供服务的真诚愿望并预祝旅行顺利、愉快 　④ 协助地方导游员带领旅游团乘车前往预定下榻的饭店 　⑤ 协助旅游团领队办理入住手续 　⑥ 协助有关人员随时处理入住过程中可能出现的各种问题 　⑦ 与领队核对并商定旅游团的活动日程 　⑧ 掌握领队所住的房间号和电话号码,以便随时联系 　⑨ 掌握旅游团的住房分配名单 　⑩ 掌握饭店总服务台的电话号码 　⑪ 同地方导游员确定在紧急情况下联系的方法 (2) 国内旅游团的迎接服务 　① 进行自我介绍,代表组团旅行社向旅游者表示欢迎,并提醒注意事项 　② 介绍旅游线路及线路上的主要旅游景点概况 　③ 介绍旅游目的地的风土人情 　④ 介绍旅游线路沿途各城市或地区的接待条件 　⑤ 介绍旅游目的地的文化风俗等 　⑥ 介绍旅游者应注意的其他有关事项 　⑦ 向旅游团成员分发一些有关旅游目的地的资料 　⑧ 为旅游团分配在饭店或旅馆的住房 　⑨ 介绍地方导游员 　⑩ 在地方导游员的协助下办理旅游团入住饭店或旅馆的手续
途中服务阶段	(1) 做好旅游线路上各站之间的联络,通报旅游团旅游情况和旅游者在参观游览和生活上的特殊要求 (2) 协助各站地方导游员的工作,提醒他们认真落实旅游团在当地的抵离交通工具、饭店或旅馆的入住与离店手续,以及旅游景点的导游讲解服务等 (3) 照顾旅游者的旅途生活,并解答旅游者提出的各种问题

途中服务阶段	（4）注意保护旅游者的人身和财物安全，提醒旅游者保管好自己的随身物品及行李，提醒他们在旅游活动中远离危险地区和物品 （5）征求旅游者对整个旅游接待工作的意见和建议 （6）在旅游团预定的离境口岸为入境旅游团送别，或带领国内旅游团返回原出发地，代表组团旅行社对旅游者在旅途中的合作致以谢意，并欢迎他们再度光临
结束阶段	（1）结清账目 　　回到旅行社后，立即到财务部门结清各种账目，退还在准备接待阶段所借的款项，上交在各地旅游期间向当地旅行社提交的旅游费用结算单副本，并解释在途中所发生费用的具体情况 （2）处理遗留问题 　　协助旅行社领导处理好旅游过程中发生事故的遗留问题，认真办好旅游者的委托事项 （3）填写全陪日志 　　认真、按时填写全陪日志，实事求是地总结接待过程中的经验和教训，详细、真实地反映旅游者的意见和建议 （4）归还所借物品 　　在返回旅行社后及时向有关部门归还因接待旅游团所借的各种物品，如行李箱、话筒、标志牌（旗）等

三、地方导游员的接待服务程序

地方导游员的接待服务程序如表1-6所示。

表1-6　地方导游员的接待服务程序

准备阶段	（1）研究旅游接待计划 （2）安排和落实旅游活动日程 （3）做好知识准备和物质准备等
迎接服务阶段	（1）出发接站前，再次核实旅游团所乘交通工具抵达当地的确切时间，并通知旅行社的行李员 （2）在旅游团预定抵达当地的前半小时到达接站地点，并与司机商定停车等候的位置 （3）当旅游团乘坐的交通工具抵达后，应持接站标志牌（旗）站立在醒目的位置，迎接旅游团的到来 （4）旅游团出站后，主动上前同旅游者及领队或全程导游打招呼，进行自我介绍，向他们表示热烈欢迎 （5）与领队和全程导游员核实旅游团信息，如实到人数和托运的行李件数等，并与旅行社行李员办妥行李交接手续 （6）及时引导旅游者上车，协助旅游者就座，并清点人数。待全部人员到齐后，请司机启动旅游车

迎接服务阶段	（7）致欢迎词并进行沿途导游。在汽车行驶到旅游团预定下榻的饭店或旅馆附近时,向旅游团介绍饭店或旅馆的概况 （8）旅游者下车并进入饭店或旅馆后,引导并协助领队或全陪办理入住手续,介绍饭店或旅馆的各项服务设施及其位置和营业时间,并说明用餐时间和就餐形式 （9）旅游团的行李抵达后,与行李员进行核对,协助酒店行李员将行李送至旅游者房间 （10）同旅游团领队、全程导游员一起商定旅游团在当地的活动日程 （11）掌握领队和旅游团其他成员的房间号码,并根据旅游者的要求安排第二天的叫早服务 （12）带领旅游团到餐厅用好第一餐
导游讲解及生活服务阶段	（1）在每次出发之前至少提前10分钟到达预定集合地点,督促司机做好出发前的准备工作 （2）旅游者上车后,应及时清点人数,向旅游者表示问候并报告当日的重要新闻、天气情况、当日的活动安排和午、晚餐的就餐时间及地点 （3）在全部旅游者到齐后,请司机发车,并开始介绍沿途的风景、建筑物等 （4）到达景点后,应介绍景点的历史背景、风格特点、地理位置和欣赏价值,并告知旅游者在景点的停留时间、集合地点和游览注意事项 （5）在游览过程中,应始终同旅游者在一起,随时清点人数,以防旅游者走失,在领队、全陪配合下做好旅游团的安全工作 （6）根据旅游团的情况,有针对性地做好每个游览景点的导游讲解服务工作,同时根据实际情况做好相关宣传工作 （7）除导游讲解服务外,还必须在旅游者就餐、购物和观看文娱节目时提供相应的服务,如介绍餐馆和菜肴特色、酒水类别、餐馆设施、当地商品特色、节目内容及特点、回答旅游者的各种问题、随时解决出现的问题等 （8）旅游团结束在当地参观游览活动的前一天,应向有关部门确认交通票据和离站时间,准备好送站用的旅游车和行李车,与领队或全程导游员商定第二天叫早、出行李、用早餐和出发的时间,并提醒旅游者处理好离开饭店前的有关事项 （9）在旅游团离开饭店乘车前往飞机场(火车站、船舶码头)前,应主动协助饭店与旅游者结清有关账目,并与领队、全程导游员和接待旅行社的行李员一起清点行李,办好行李交接手续,然后招呼旅游者上车。上车后,地方导游员应清点人数,并再次提醒旅游者检查有无物品或旅行证件遗忘在房间里 （10）当旅游团到达飞机场(火车站、船舶码头)后,应与领队、全程导游员和接待旅行社的行李员交接行李,帮助旅游者办理行李托运手续,并将交通票据和行李托运票据移交给领队、全程导游员或旅游者 （11）如果旅游团乘坐国内航班(火车、轮船)离开当地前往国内其他城市或地区旅游,地方导游员须等旅游者所乘的交通工具启动后,才能离开送别地点 （12）如果旅游团乘坐国际航班离境,则应将旅游者送至海关处与旅游者告别;在旅游者进入海关后,方可离开送别地点
结束阶段	（1）送走旅游团后,应及时、认真、妥善地处理旅游团在当地参观游览时遗留的问题 （2）按规定处理旅游者的委托事项 （3）与旅行社结清账目,归还所借物品 （4）做好旅游团在当地活动期间的总结工作,并填写地方陪同日志

四、景区（点）导游员的接待服务程序

景区（点）导游员的接待服务程序见表1-7。

表1-7 景区（点）导游员的接待服务程序

准备阶段	（1）自身准备 　　包括身体准备、精神准备、情绪准备等 （2）知识准备 　　包括对景区（点）的了解、对自己的了解、对游客的了解等 （3）计划准备 　　① 联络人的姓名和联系方式。如果是旅游团队，还需掌握旅行社的名称、团队编号等 　　② 游客的人数、性别、年龄、职业、民族等，并确认有无需要特殊照顾的游客 　　③ 客源地、基本的旅游动机 　　④ 旅游者有无特殊要求和注意事项 　　⑤ 收费问题，有无可减免对象 　　⑥ 旅游者的其他行程安排等 （4）物质准备 　　主要包括导游证、话筒、其他相关证件和景区（点）的介绍等
迎接服务阶段	（1）致欢迎词 （2）商定游览线路，合理安排行程
游览阶段	该阶段的工作主要是带游客游览，重点是导游讲解。主要内容包括： （1）历史背景或成因。即景区（点）为何年所建、当时的历史背景是什么。对于自然景观则还需要说明其自然的成因 （2）景区（点）的用途。就是为什么而建，或者说当时的建造目的是什么。这主要是针对人文景观而言 （3）景区（点）的特色。即景观上有何独特之处、景观的观赏点如何分布，以及建筑结构布局有何特点、观赏意义何在、美学价值如何等 （4）景区（点）的地位。即该游览景区（点）在世界、在全国、在省内、在市内处于何种地位 （5）景点的价值。包括历史价值、文物价值、学术价值、旅游价值、美学价值、教育功能等 （6）名人的评论。即利用"名人效应法"介绍景区（点）受人赞颂的情况 导游人员在讲解时要灵活运用导游方法，使用生动、形象、富有表达力的导游语言
结束阶段	（1）送别。注意事项有： 　　① 了解每一位旅游者的反映和要求，征询旅游者对导游服务，特别是讲解服务的意见和建议 　　② 送别时，导游人员要表现出惜别之情，不可嘻嘻哈哈。送别时尽可能真诚地说一些惜别和祝福的话，当然还要注意表达的方式和旅游者当地的习俗，注意相应的礼节 　　③ 致欢送词 （2）写好接待总结。接待总结的具体内容包括： 　　① 接待旅游者的人数、抵离时间。若是旅游团队，还需记录团队的名称及旅行社的名称

续表

结束阶段	② 旅游者成员的基本情况、背景及特点 ③ 重点是旅游者的反应,尽量引用原文,并注明旅游者的姓名和身份 ④ 旅游者游览景区(点)景观,看到其建设情况后的感受以及提出的建议 ⑤ 对接待工作的反映 ⑥ 尚需办理的事情 ⑦ 自己的体会及对今后工作的建议 ⑧ 若发生重大问题,需另附专题报告

本章小结

　　导游工作是旅游服务工作的核心和焦点,在旅游服务中起主导作用。学生在进行实地模拟导游前必须完整地了解旅游活动的基本要素、导游服务工作的基本情况、导游员的职责,并全面掌握导游服务程序。

复习思考题

　　1. 分析旅游活动的基本要素。

　　2. 分析旅游者的一般旅游行为表现。

　　3. 目的不同的旅游者旅游行为有哪些不同?

　　4. 谈谈你对导游人员职业道德和基本职责的认识。

实训项目

　　1. 模拟地方导游人员的机场迎接工作程序。

　　2. 模拟全陪导游人员服务准备。

　　3. 选择三名同学分别扮演地陪、全陪和领队,其他同学扮演旅游者,进行一次日程的商谈。

　　4. 模拟景区(点)导游人员的讲解准备。

2 第二章　迎接与入住

学习目标

1. 完整掌握并熟练模拟导游员迎接工作的具体程序。

2. 掌握准备工作的具体内容，学会做接待计划。

3. 掌握各类交通票据的基本情况。

4. 熟悉订房、订餐的基本程序。

5. 掌握欢迎词的基本内容，学会针对不同游客撰写个性化的欢迎词。

6. 掌握游客入住饭店的基本程序，了解特殊情况及处理方法。

7. 掌握与其他导游人员商定日程的原则和技巧。

8. 学以致用，提升导游员的服务能力，通过服务展现旅游目的地良好的形象。

9. 爱国、爱家乡是做好导游服务和导游讲解工作的基础，真诚与信念是导游服务的"灵魂"。

教学建议

本章实际操作内容较多，因此，教师在上课前要把需要学生学会填写的各类表格准备好。用一个完整的案例，在教会学生操作的过程中，把关键的概念和理论分析清楚。不仅要求学生知道怎么做，还要求学生知道为什么及如何应变。课堂演练完成后，教师应进行一次完整的迎接过程的实际演示。

【关键词】

迎接　接待计划　机票　活动日程　欢迎词　入住名单

第一节 迎接的准备工作与欢迎词

一、迎接的准备与要求

俗话说:"不打无准备之仗。"做好充分的接团准备工作是整个导游工作顺利完成的重要保证。由于地方导游员在导游工作中具有特殊性,本章以地陪的工作为主要阐述对象。

导游的准备工作主要包括业务准备、语言和知识准备、物质准备、形象准备、心理准备。

(一) 业务准备

业务准备包括熟悉、研究计划,制订旅游活动日程,落实接待事宜等工作。

1. 熟悉、研究计划

导游人员在旅游团抵达前应认真阅读接待计划和有关资料,详细、确切地了解该旅游团的基本情况、日程安排及服务项目和要求,重要的事宜应记录在陪同日志上。

根据计划,地陪要分析、研究的问题如下。

(1) 计划签发单位(即组团社)、联络人的姓名及电话号码。

(2) 境外组团社的名称,旅游团的名称、代号、计算机序号、国籍、语种、收费标准和方式,领队的姓名。

(3) 团队组成情况,即人数、性别、姓名、年龄、职业、文化层次、宗教信仰、风俗习惯等。

(4) 全程旅游线路,出入境地点,旅游团上一站所乘的交通工具及班次、抵达时刻。

(5) 去下一站的交通票据是否订妥,与原计划有无变更及变更后的落实情况。

(6) 有无返程票。若有,则要弄清落实情况。要落实电子客票的基本信息。

(7) 有无国内段国际联程机票。若有,则要在飞机离站前两天的上午 12 点以前确认。

(8) 出境机票的票种是 OK 票(指订妥航班、座位等级、乘机日期和起飞时间的机票)还是 OPEN 票(指机票上没有确定起飞具体时间,没有订妥座位的有效机票),若是国际联程机票,要在离境前 72 小时加以确认。

(9) 掌握团队的特殊要求和有关注意事项,如会谈、拜会、宴请、口味、住房、用餐、交通及需特殊照顾的老弱病残者。

(10) 有无需办理通行证地区的游览项目。若有,则要及早办好有关手续。

(11) 有无增收费用的项目,如机场税、超公里费、额外游览项目等。

(12) 了解旅游团的接待规格及服务范围,例如团内有无 2 周岁以下的婴儿及 12 周岁以下的儿童、餐饮标准如何等,尤其要弄清楚饭店和餐饮是组团社自订、组团社代订、游客自理,还是由地接社代订。

以上内容可根据表 2-1 所示的旅游团队接待计划表进行分析。

表 2-1　旅游团队接待计划表

_____团接待计划
(_____)——联字第_____号
_____部、计调部、财务部

由_____旅行社组织的_____团一行_____人,将于_____月_____日乘坐_____航班(车次)抵_____,_____月_____日乘_____航班(车次)离_____赴_____。

该团在_____住_____饭店,住房早餐由_____订妥。

出境机票(车票)由_____自理,请代为确认。

请提供_____等级综合服务。

请安排导游员_____(如有其他要求附此处)。

联系人:_____电话:_____

名单附后:_____拟计划单位:_____

抄送:总经理、副总经理等

【提示】

导游人员要能熟练地读懂计划表。

2. 制订旅游活动日程

导游员在弄清并分析了旅游团的基本情况后,要制订出合理的活动日程。在制订活动日程时,应注意以下几个方面:

(1) 应本着"宾客至上,服务至上"的原则,切忌主观、片面地将自己的兴趣爱好和私人目的强加给旅游者。

(2) 活动内容的安排要适合旅游团的特点,注意点面结合,要留有余地、劳逸结合,要将参观、游览和购物相结合,避免雷同。

(3) 要尽可能地满足旅游者的要求,以达到他们求全、求新、求知的旅游目的。

一份旅游团队日程主要包括以下几个方面的内容:

(1) 本社名称,旅游团名称及代号,人数,抵离日期、班次、时间。

(2) 活动日期,出发时间,参观游览项目,就餐地点、时间,购物地点,自由活动时间,晚间活动内容、时间、地点,特殊项目。

(3) 城市交通工具、地陪、司机。

(4) 祝愿词。

(5) 制表时间、制表人。

以上内容应反映在如表 2-2 所示的旅游团接待通知单中。

表 2-2 旅游团接待通知单

团队名称或姓名			来自国家或地区			语种要求		
抵达时间	月	日	班次/车次	离开时间		月 日		班次/车次
游客	共 人,夫妇		对,单男	人,单女	人,小孩 人		陪同	
住宿饭店			游客房间数	双人房 间 单人房 间		陪同	双人房 间 单人房 间	
团队等级			膳食标准及要求					
游览活动	月 日	上午		下午			晚上	
	月 日	上午		下午			晚上	
	月 日	上午		下午			晚上	
	月 日	上午		下午			晚上	
用餐安排	月 日	早餐		午餐			晚餐	
	月 日	早餐		午餐			晚餐	
	月 日	早餐		午餐			晚餐	
文娱活动	月 日	时间		地点		内容		
市内用车车号		车型		数量		司机姓名		
游江(湖)时间	月 日 点 分			地点	码头	船号		
备注:								

业务员: 　　　　　　　　　　　　　　　年 月 日

3. 落实接待事宜

地方导游员应在旅游团抵达的前一天与旅行社各有关部门或人员取得联系,检查、落实旅游团的交通、住宿、行李运输等事宜。

（1）落实旅行车辆。地方导游员应提前与旅游车辆的派出单位取得联系,弄清接待车辆的车型、车牌号及车内设备的完好程度,并对以上情况作书面记录;与司机约定接头地点、出发时间(准确计算时间,提前半小时到达接站地点);接待大型旅游团时,须在车上贴编号或醒目标记。

（2）落实住房。地方导游员应熟悉旅游团所住饭店的位置、概况、服务设施和服务项目;核实旅游团所订房型、房间数、是否含早餐等。如有必要,特别是接待重点团时,地方导游员可亲自前往饭店向有关人员了解团队排房情况,主动介绍团队的特点,与饭店接待人员配合做好接待工作。

（3）落实用餐。地方导游员应提前与各有关餐厅取得联系,确认旅游团日程内所安排的每一次用餐的情况。在确认时,须讲明旅行社名称、团号、人数、餐饮标准、用餐日期和餐次、特殊要求等。最后记录接待人员的姓名和通知时间。

（4）与内、外勤联系。地方导游员应提前与有关人员落实票务、行李车（如果配有行李车）的安排情况，问清行李员的姓名和会面地点。

（5）与全陪联系。如所接待的旅游团是入境团（首站抵达），地方导游员应主动询问全陪情况，并与全陪取得联系，约定碰面地点和时间，一起提前前往机场（车站、码头）迎接旅游团。

（6）了解不熟悉的景点的情况。对新开放景点或不熟悉的景点，地方导游员应事先了解行车路线、景点设施、位置及开放时间等情况，以保证旅游活动的顺利进行。

【提示】

接待事项的落实对后续服务工作的开展影响较大，因此，导游员在具体工作中一定要细心，每一个环节要逐一落实，同时要有文字记录。

（二）语言和知识准备

在接团前，地方导游员要根据旅游团的特点和参观游览项目的安排，对自己和旅游者有充分的了解，充分了解旅游者的需求特点，做到知己知彼。

根据接待计划确定参观游览项目，对重点内容，特别是自己不太熟悉的内容，要提前做好语言和导游知识的准备。

要做好旅游团大部分成员所从事的职业涉及的专业知识的准备。如所接待的旅游团成员来自海外，还应做好外语语言准备。

了解当前的热门话题、国内外重大新闻及旅游者感兴趣的话题。

掌握旅行常识。地方导游员应熟悉并掌握在服务过程中所涉及的交通、通信、货币、海关、卫生等方面的常识。

（三）物质准备

地方导游员在接团前必须携带好旅游接待计划、导游证、导游旗、接站牌、公园门票结算单、团队结算凭证、行李牌（或行李标签）、必要的钱款、记事本、意见表等必备物品。

【提示】

导游员应理出物品清单，对照清单检查，避免遗漏。同时要根据不同旅行社的具体要求增减。在景点的室内进行讲解时，不宜用扩音器，以免影响其他旅游者。

（四）形象准备

导游员是旅游行业的一线服务人员，在旅游者面前是旅游目的地的形象代表和代言人。所以导游员的自身美不仅是个人的行为，而且在宣传旅游目的地、传播文明旅游理念过程中起着重要作用。另外，对导游工作而言，给旅游者一个美好的第一印象，有助于在旅游者心中树立导游员的良好形象，从而获取旅游者的信赖。因此，导游员要注重自身的形象美。

形象美,主要指人的内在美和外在美。内在美需长期努力培养,不是一朝一夕可以准备出来的。外在美经过修饰即可实现,所以地陪每次接团前要做好仪容、仪表方面的准备。

（五）心理准备

导游员需要具备良好的心理素质。在接团前应在以下三个方面做好心理准备:

1. 准备面对艰苦复杂的工作

导游工作既是一项脑力劳动,又是一项体力劳动。除了依照导游工作规范,热情地向旅游者提供正常的导游服务外,对需特殊照顾的旅游者,还要提供个性化服务。在接待工作中,常有可能出现各种各样的问题与事故,需要导游员去面对和处理。

2. 准备承受抱怨和投诉

在旅游接待过程中,有时可能会遇到下列情况:导游员已尽其所能为旅游者提供热情周到的服务,但由于其他接待环节出现差错或非人为因素造成旅游过程中的不愉快,旅游者会产生抱怨或提出投诉;甚至还有一些旅游者会无故挑剔或提出苛刻要求。对此,导游人员必须有足够的心理准备,冷静、沉着地应对,并继续以自己的工作热情感化旅游者。

3. 准备面对各种"精神污染"和"物质诱惑"

旅游在促进文化交流、促进消费的同时,难免会带来少部分游客传播一些不健康的思想和生活方式等问题。在旅游活动中,部分游客或当地企业为了自己的利益,会不择手段,甚至利用金钱诱惑导游为其服务,以满足他们不当的需要或获取违规甚至违法收益。导游员直接面对旅游者,接触的人员多,在为旅游者提供服务的过程中,必须要有较高的思想觉悟和坚强的意志,并保持警惕性,始终保持清醒的头脑,自觉抵制各种"精神污染"和"物质诱惑"。

二、迎接、欢迎词及首次沿途导游

（一）迎接与欢迎词

1. 迎接

迎接工作对于导游员来说是顺利开展工作的第一步,对旅游者来说则是了解游览目的地和愉快行程的开始。迎接的基本要求是及时、热情、友好。

迎接的服务程序及要求如下:

（1）提前抵达接站地点做好迎接准备。导游员应至少提前30分钟抵达接站地点等候旅游团的到来。抵达接站地后,要与机场、车站或码头取得联系,核实旅游团所乘的交通工具准确的抵达时间,并转告司机和行李员。

选择最佳等候位置,把接站牌设置于醒目位置,接站牌上应写清团名、团号、领队或全陪的姓名,接小型团队或无领队、全陪的旅游团时则要写上客人的姓名,等候旅游团的到达。同时要准备好导游旗。

（2）旅游团抵达后要及时认找旅游团,同时核实人数。

（3）集合团队,清点行李。

（4）登车。在从出口到停车位置的转移过程中,地陪、全陪和领队要分工协作,保证游客的安全。导游员在协助旅游者上车时,应敬候在旅游车靠近车头的车门一侧。

清点人数时,切忌用手指去清点人数。

2. 欢迎词

欢迎词好比一场戏的"序幕",一个乐章的"序曲",文章的"序言""开场白",致欢迎词是给人良好的第一印象的好机会。导游员应当努力展示自己的艺术风采,有"良好开端"就是"成功的一半"。

(1)致欢迎词的地点选择。一般情况下,在客人上车后赴饭店途中致欢迎词,但如果遇到有领导前往迎接或在机场逗留时间较长或旅游团人数较多、不能保证每辆车上都有陪同人员时,则可在机场(车站、码头)致欢迎词。欢迎词的内容应视旅游团的性质、国籍,旅游者的年龄、文化水平、职业、居住地区及旅游季节等的不同而有所不同,不应千篇一律。语言要符合导游身份,做到诚恳、亲切,切忌做作,做到简明扼要。

(2)欢迎词的基本要求。问候语;代表所在接待社、本人及司机欢迎旅游者来本地参观游览;介绍自己的姓名和所属旅行社的名称,介绍司机;表明自己提供服务的工作态度和希望得到合作的愿望;预祝旅游愉快、顺利等。

欢迎词切忌死板、沉闷,如能风趣、自然,会缩短与旅游者的距离。另外,欢迎词中应注意修辞,适当采用一些谚语、名言,会达到很好的效果。下面一些言语可参考使用,如"有缘千里来相会""百年修得同船渡""有朋自远方来,不亦乐乎"等。

一段完整的欢迎词不仅包括上述五个方面的内容,还往往与首次沿途导游相结合。致欢迎词的目的有以下几个方面:

第一,让旅游者认识导游员和司机,拉近导游员与旅游者的距离。

【欢迎词范例】

自我介绍与欢迎

各位团友,大家好!

我代表我们云南×××旅行社,热诚欢迎诸位嘉宾来到神奇的云南、美丽的春城。我姓张,张学友的张。我的歌喉也可与天王媲美,路上我一定会给大家表演一番。大家该如何叫我呢?告诉你们,我最喜欢人家称我张导,怎样,听着像张艺谋来了,多爽。我朋友说,还好我不姓夏,不然就要变成"瞎导"了。

今天,我非常高兴能为各位导游,我将竭尽全力为大家服务,并尽我所能把云南、昆明的基本情况和最美好的景观介绍给各位。各位在来云南之前是否了解过云南?对云南这样一个神奇的地方,一百个人有一百种想象。各位在云南期间有什么需要我帮忙的,有什么要了解的,请不要客气,尽管提出来,我一定尽力去满足大家。在此我也预祝大家在云南度过一段舒心、愉快的美好时光,结交更多的朋友。祝愿各位满载而归,心想事成。

第二,送上温暖和关心。欢迎词的目的之一是让旅游者对旅游目的地和旅游活动有安全感,对导游员产生信任感,缓解心理紧张。

【欢迎词范例】

一名全陪的欢迎词节选

各位团友,大家好!

欢迎大家参加我们×××旅行社组织的这次海南双飞5天团。(团队名称要讲得很流畅,给游客以专业、值得信任的感觉)

我先介绍一下自己。我是这次行程的全陪导游,叫×××,大家可以叫我阿×或××(不要称某小姐或某先生,显疏远。在这里还可以拿自己的名字开个小玩笑,以加深印象并活跃气氛)首先,我们有一件最重要的事。请大家拿出身份证,检查一下有效期,特别是临时身份证,它的有效期特别短,要看一看回来那天会不会过期,然后把身份证交给我。我要先核对身份证和机票上的名字是否相符,等一会儿到机场由我用这些身份证给大家办理登机手续,然后连同登机卡一起发还大家。我在这儿顺便说一下,身份证一定要保管好,而且请随身携带,不要放入大的行李箱中,以免匆忙中被托运了,就上不了飞机了。我们这次去海南要是没了身份证就只能游泳回来啦!

我作为大家的全陪,主要职责在于照顾大家这几天的食、住、行、游、购(景点讲解由地陪负责),解决大家在旅途中遇到的麻烦,尽我最大的努力维护大家的利益,务求大家在这一次的旅途中过得轻松愉快,但同时,我非常需要在座各位的合作和支持。俗话说,"百年修得同船渡",我觉得也可以说"百年修得同车行"。现在我们大家一起坐在这里,一起度过这几天的旅程,我觉得是一种缘分。所以我希望在这几天的行程中,我们能够相处得愉快,同时也祝愿大家旅游愉快,玩得开心! 这是我们公司赠送给大家的纪念品,有旅行袋、帽子、团徽,祝愿大家"袋袋平安,满载而归"。大家回程时一般都会买些当地的土特产,这个袋到时就有大用处了。现在如果有的人本身带的包较小,放不进去,可以打开公司送的这个大袋,把自己的小袋放进去,就不会多出行李来了。

还有呢,希望大家佩戴好这个团徽。因为等会儿到了机场,人比较多,流动性大,大家戴了团徽以后,就能够互相认识,并且知道都是来自同一个地方的,那样就不容易找不到人了。而且到了旅游景点,进门时检票员看见这个团徽就知道是我们团队的,没有戴的就会被拦住查票。所以请大家佩戴好它,千万不要遗失了。另外,这个团徽背后印有我们公司的总机电话号码,当您遇到什么问题可以及时打电话求助。

下面,我就来讲一讲大家最关心的行程……

第三,让旅游者了解旅行社、熟悉旅游目的地。在欢迎词中,向旅游者介绍目的地的大致情况,让旅游者产生向往之情。

【欢迎词范例】

石林2日游欢迎词

各位朋友,早上好!

我代表石林风景区管理局欢迎诸位来到阿诗玛的故乡——石林观光旅游。在石林期间由我为大家导游,各位叫我××就可以了。驾车的师傅姓×,是我们石林管理局最优秀的驾驶员。我和×师傅祝愿大家在石林度过一段顺心愉快的美好时光。各位朋友,在石林游览期间有什么事情要办,需要我帮忙之处,请不要客气,我定会尽力效劳。现在我们的车正向石林景区的一个重要景点——乃古石林行驶,从火车站到石林共5公里,行车大约需要8分钟。

各位朋友,在中国旅游的人们常说这样的俗语:"到了北京登墙头,到了西安看坟头,到了桂林观山头,到了上海数人头,到了苏州看丫头,到了昆明……"大家猜猜看,应该看什么了?对了,有朋友猜到了,看石头!这"石头"就是指我们石林国家重点风景名胜区内的石林了。云南人也常说,"不到石林等于没到昆明"。可见石林在中国云南旅游中的地位了。正因如此,上至国家元首,下至平民百姓,凡来昆明者必驱车到石林一饱眼福。而现在我们已置身石林所在的石林彝族自治县境内了。

我们此行在石林逗留的时间是两天一晚。我们从石林火车站出发,上午乘车到有"黑松林"之称的乃古石林观光游览,其中还有一座美丽的溶洞——白云洞。

中午,我们到达石林景区的精华所在地——大小石林。我们会先住进酒店,用餐后稍事休息,之后带领大家游览大小石林。届时,我还将带大家观看具有民族特色的撒尼歌舞和斗牛斗羊比赛。晚餐后我们去参加大型民族歌舞大联欢"石林之夜",亲身体验一下我们彝家人山一样的气概、火一样的热情,并请大家参加"天天火把节"的狂欢活动。

明天用完早餐后,我将带大家一睹珠江第一瀑——大叠水的风采,领略一下"银河落九天"的壮美景观。中午回到石林县城用午餐。然后参观撒尼人的母亲湖——长湖,去看一看高原溶蚀湖的秀美风光,亲身体验撒尼人的生活,了解一下彝家的风情。对了,看过电影《阿诗玛》的朋友,对长湖应该不会太陌生吧!明天下午,各位将乘"石林号"专列返回昆明。

　　第四,展示旅游目的地、旅行社及导游员的热情好客,营造轻松的气氛。致欢迎词的另一个目的是在短时间内缩短导游与旅游者之间的距离,从而营造轻松愉快的气氛。导游员在致欢迎词时,应包含感情,但表达又不宜过于强烈,过度的热情与慷慨激昂会给人虚假造作之感。

【欢迎词范例】

接待散客欢迎词

来自全国各地的朋友们,你们好!

欢迎你们来××(目的地名字)旅游!很荣幸认识大家,更荣幸能为大家导游。

首先做一下自我介绍,我姓×,名字叫××,这位司机先生姓×,希望我们今天的服务能让大家满意。

我们的车辆虽然不大,但却容纳五湖四海,因在座的朋友们来自祖国不同的地方,有道是"有缘千里来相会"。既然我们能相聚在我的家乡××,相聚在这小小的车厢里,这就是缘分!所以,我建议大家都能互相认识一下,好不好?

(游客每人做自我介绍,导游员顺便夸赞游客的家乡或小作调侃,以活跃气氛,增加与客人之间的感情)

好,从现在起,我们大家就算认识了。

相信各位朋友都十分珍惜人生旅程中这段同行的缘分,在今天的旅游活动中彼此关照,进一步加深我们之间的友谊。想必在座大多数人是第一次来××,对××还比较陌生。但不要紧,大家尽可放松身心,尽情享受旅游的乐趣,因为我和×先生是值得信赖的,一定会尽力为大家做好各种服务,因为我们的城市是值得信赖的,一定会使您有"宾至如归""在家千日好,出门也不难"的感觉。我们这里有好山好水还有好人,能送给您一份好心情,希望这份好心情能伴随您一生一世。

既然已经熟悉了,在此给大家提几点要求,想必大家不会见怪。第一,因为在座各位的生活习惯和爱好不同,希望有烟瘾的朋友,尽量不要在车里抽烟;第二,大家看,我们这座城市比较干净,希望大家不要把瓜果皮核等杂物扔到窗外;第三,因为是一日游,大家都希望在短时间内能多看景物,所以,请大家一定遵守时间。最后,还有一个要求,那就是在座的朋友们如果在旅游中有什么困难和特殊要求,请一定不要客气,尽管提出来,我们一定会尽力帮助您解决。

根据预定的计划,我们今天的旅游路线是这样的(介绍游程)……我和司机将努力工作,使大家玩得轻松、愉快。祝大家在××旅游期间身体健康,旅游愉快!

（二）首次沿途导游

对于大多数旅游者来说,经过长途旅行虽然疲劳,但踏上了异地的土地,其内心活动是复杂的:兴奋、好奇、急于了解,所以导游员应抓住时机,介绍他们最感兴趣、最想了解的事情。要向客人介绍一些具体、实用的知识和注意事项。在介绍之前,可向旅游者发放当地的导游图,或引导游客手机下载当地的旅游服务App。

1．行为要求

（1）站在车的前部、司机的右后侧，如旅行车辆系小型车辆，地陪应坐在前排，以能看到每一位旅游者为合适。

（2）面带微笑、表情自然。

（3）使用话筒时，切忌用向话筒吹气或以手拍打话筒等方式来试音，而应以问好的方式来检查音响效果。

（4）应注意音量适中、节奏快慢得当，使车内每一个旅游者都能听清楚。

（5）对重要的内容要重复讲解或加以解释。

2．内容要求

一般而言，首次沿途导游服务应包含以下10个方面的内容。

（1）风光导游。导游应向旅游者介绍沿途所见到的有代表性的景物。讲解时，注意借景抒情、点面结合、简明扼要；注意讲解速度和旅游车行进速度相一致；准确地对景物进行指向；适当采用类比的方法，使旅游者听后更有亲切感。

（2）风情导游。在进行沿途景物导游时，导游应适时地介绍当地的政治、经济、历史、文化、风土人情、风物、特产及注意事项。

（3）下榻饭店介绍。包括饭店的名称、位置、行车距离、星级、规模、主要设施及设备的使用方法、入住手续等。该项内容应根据路途距离和时间长短酌情增减，也可在入店时进行介绍。

（4）宣布在当地的活动日程。一般来说，导游可在沿途讲解中见缝插针地向旅游者讲解当地的活动日程安排，有时甚至在车上就可确定日程（对一般观光旅游团而言）。

（5）分发资料。根据旅行社规定，向旅游者分发旅游图和旅行社社徽等。

（6）明确集合时间、地点及停车位置。旅游车驶至下榻饭店，导游应在旅游者下车前向全体成员讲清并请其记住车牌号码、停车位置、集合地点和时间；提醒旅游者将手提行李和随身物品带下车；向司机交代清楚第二天出发的时间。

（7）介绍当地的时间、气候，并帮助大家适应时差。接待境外游客的导游要请旅游者们拿出手表，按北京时间进行调拨，并告诉大家今后按北京时间进行活动，这样，旅游者便会感到导游是内行，是关心他们的。此外，还要介绍一下当地的气候，请大家注意更衣。

（8）接待入境旅游团时，告知兑换货币的地方，以及当天旅游者所携带的货币和人民币的比价，即当日的兑换率。向游客介绍我国的各类支付方式，特别是手机及信用卡支付注意事项。

（9）介绍当地居民的风俗习惯、礼节礼貌、生活起居等。

（10）帮助旅游者下车。导游应在旅游者下车前首先下车，站在车门一侧，在旅游者下车时给予必要的帮助。

【提示】

以上 10 个方面并不要求导游在首次导游中全部完成。以讲解为例,导游可根据旅游者的年龄、文化层次来调整讲解节奏和讲解内容。一般来说,对年龄大的、文化水平低的可放慢讲解速度,反之则可适当加快讲解节奏。但是,一定要灵活掌握,要涵盖全部主要内容,最好结合沿途所见景物进行讲解,做到与客人的观赏同步,让游客对将参观的城市有所了解。总之,首次沿途导游要把游客最关心、最感兴趣、在今后旅游生活中最实用的知识都讲到。

第二节 入住饭店

一、入住程序

抵达预订饭店后,导游员应协助办理旅游团的入住事宜。其程序如图 2-1 所示。

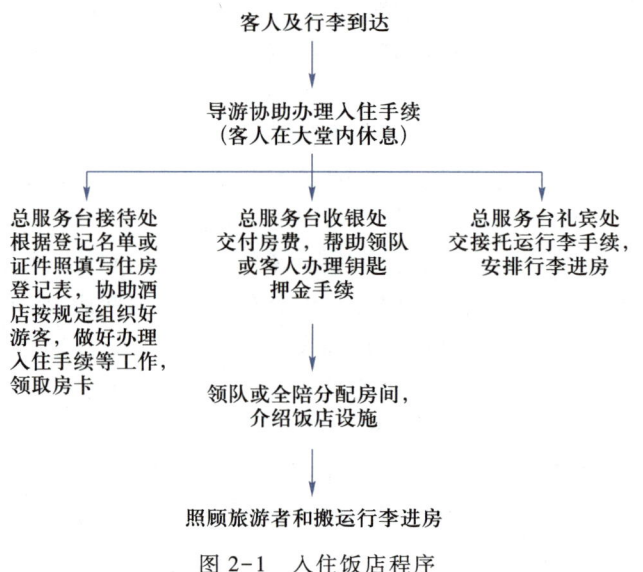

图 2-1 入住饭店程序

二、入店服务

导游员在旅游者进入饭店时为其提供周到的服务非常重要,因为饭店是旅游者在游览地"临时的家"。导游应尽快地协助领队办理旅游团入店手续,让旅游者了解饭店的基本情况和住店注意事项,照顾旅游者进房并取得行李,让旅游者知晓当天或第二天的行程安排:具体程序如下:

（一）协助领队或全陪帮助旅游者办理入住手续

（1）旅游者抵达饭店后,地陪可在饭店大堂内的指定位置让旅游者稍作等候,并尽快向饭店总服务台讲明团队名称、订房单位。

（2）帮助填写住房登记表，并向总服务台提供旅游团队名单，协助酒店做好办理入住手续等工作，拿到房卡后，请领队或全陪分配房间。

（3）地陪应记下全陪、领队或全团成员的房号。

（二）介绍下榻饭店的设施和服务项目

地陪在协助办理完旅游团入住手续后，应向全旅游团成员介绍饭店内的设施，例如，提醒旅游者住店期间的注意事项及各项服务的收费标准；外币兑换处、商场、娱乐场所、公共洗手间、中西餐厅等设施的位置等；说明旅游者住店期间的注意事项及各项服务的收费标准；如旅游者晚间抵达（需用晚餐），还应告知晚餐的时间、地点、用餐形式等。

（三）带领旅游团用好第一餐

旅游团第一餐安排在旅游者进房前还是进房后，要根据旅游者的入店时间和旅游者的要求来定。

（1）地陪应与旅游团全体成员约定集中用餐的时间和地点。

（2）全体成员到齐后，带领旅游者进入餐厅，向餐厅领座服务员询问本团的桌次，然后引领旅游团成员入座。

（3）大家坐好后，向旅游者介绍就餐的有关规定，如哪些饮料包括在费用之内、哪些不包括在内，若有超出规定的服务，费用需要由旅游者自理等，以免产生误会。

（4）地陪还应向餐厅说明团内有无素食者，有无特殊要求或饮食忌讳。

（5）将领队介绍给餐厅经理或主管服务员，以便直接联系。

（6）客人开始用餐后，地陪方可离开并祝大家用餐愉快。

（7）如果所带旅游团的第一餐安排为在外宴请、品尝风味或用便餐，地陪必须提前通知餐厅用餐的大概时间、团名、国籍、人数、标准、要求等。

（四）强调当天或第二天的活动安排

地陪应向全团旅游者强调当天或第二天的日程安排，包括用餐时间和地点、集合地点、出发时间等；提醒旅游者做必要的游览准备。一般应在第一餐将要结束、旅游者还未离开之前完成此项工作。

（五）照顾旅游者和行李进房

地陪应陪同旅游者到旅游团所住楼层，协助楼层服务员做好接待工作，并负责核对行李，督促行李员将行李送至旅游者的房间。旅游者进房并不意味着万事大吉，常常会发生以下问题：门锁打不开、客房不符合标准、房间不够整洁或漏做卫生、重复排房、室内设施不全或有损坏现象、卫生设施无法使用、电话线不通、不是夫妻的男女被安排在同一房间等。这时，地陪要协助饭店有关部门及时处理。同时，还会发生行李没有及时送到，或个别旅游者没有拿到行李、错拿行李、行李有破损等情况。这时，地陪应尽快查明原因，并采取相应的措施。

（六）确定叫早时间

待一切安排妥当后，地陪应与领队、全陪一起商定第二天的叫早时间，并请领队通知全团成员。地陪还应将叫早时间通知饭店总服务台，办理叫早手续。

三、餐饮、住房方面个别要求的处理

旅游者在生活、娱乐方面的特殊要求一般比较多,因为吃好、休息好是旅游活动顺利进行的前提和基本保证,娱乐活动是旅游活动的重要组成部分,是游览活动的重要补充。因此,导游要高度重视旅游者的个别要求,要认真、合情合理地提供服务。

(一) 餐饮方面的个别要求

1. 特殊的饮食要求

由于宗教信仰、生活习惯、身体状况等原因,个别旅游者会提出饮食方面的特殊要求,例如,不吃荤,不吃油腻、辛辣食品,不吃猪肉或其他肉食,甚至不吃盐、糖等。导游应做好以下的服务:

(1) 如果旅游者的特殊饮食要求在旅游协议中有明文规定,接待方旅行社必须早做安排,在导游服务过程中应不折不扣地兑现。

(2) 如果旅游团队抵达后提出饮食方面的特殊要求,导游人员要视具体情况处理,通常要与餐厅联系,尽可能满足旅游者的要求,若确有困难,应协助其自行解决。

2. 要求换餐

面对旅游者的换餐要求,导游应针对不同情况灵活处理。

(1) 旅游者在预定用餐时间前 3 小时提出换餐要求,要尽量与餐厅联系并按有关规定处理。

(2) 旅游者在快到用餐时间时提出换餐,即在预定用餐时间前的 3 小时以内提出换餐,导游可视其具体情况而定,如已接近预定用餐时间,餐厅不同意换餐,导游可以不接受旅游者的要求,但要做好解释工作。

(3) 餐厅不能换餐,但旅游者坚持换餐时,导游要做劝说工作,若劝说不成,可建议他们自己点菜,但要说明费用自理,且综合服务费中的单项费用不退。

【提示】

欧美旅游者来中国旅游时,饮食供应一般是早餐为西餐,午餐、晚餐是中餐。有些旅游者可能不适应,所以有换餐的要求。应尊重来自其他国家的旅游者的饮食习惯,例如,早餐为西餐,午餐、晚餐以中餐为主,但隔一两天提供一顿西餐,并适当推迟晚餐时间。这样,旅游者既可品尝到不同风味的中国饮食,又与平时的生活习惯相差不大,旅游者的旅游生活会更舒服、更愉快。

3. 要求单独用餐

由于旅游团队内部矛盾或其他原因,个别旅游者要求单独用餐时,导游可如下处理。

(1) 耐心解释,加以劝阻,并请领队或全陪调解。

(2) 若旅游者坚持单独用餐,可让其自己点菜,但要告知费用自理,且综合服务费中的单项服务费用不退。

4. 要求提供客房用餐服务

在旅游者提出这种要求时,导游员要视具体情况而定。

(1) 如果旅游者生病,导游员或饭店服务员应主动将饭菜端进旅游者的房间,以示关怀。

(2) 健康旅游者提出此要求时,地陪要与餐厅联系,餐厅若无此项服务,地陪要进行解释并表示歉意;如能提供此项服务,可满足旅游者的要求,但要告知服务费自理,饭菜费用则按规定处理。

5. 要求自费品尝风味

旅游团要求外出自费品尝风味时,导游人员应该予以协助,与有关餐厅取得联系,若受到邀请,可陪同前往。若风味餐订妥后旅游团又不想去了,导游人员要劝说他们在约定时间前往餐厅,并讲明若不去,要赔偿餐厅的损失。

6. 要求加菜、加饮料

旅游者提出加菜、加饮料的要求时,导游人员要与餐厅取得联系,尽可能予以满足,但要说明费用自理。

(二) 住房方面的个别要求

1. 要求调换房间

旅游者提出调换房间的要求时,原因各异,导游人员要视不同情况合理处理。

(1) 客房低于标准。旅游者出游时入住什么等级的饭店在旅游协议书上有明确规定,有的协议书连在什么城市下榻哪家饭店都写得清清楚楚。所以,如果旅行社提供的饭店星级低于合同标准,或用同星级的饭店替代协议书中标明的饭店,旅游者都会提出异议。如果旅行社提供的饭店星级低于合同标准,旅行社必须予以调换;若确有困难,必须说明情况,而且要提出补偿条件。如果旅游团下榻的饭店不是协议书中标明的饭店,旅行社要给出令人信服的理由。

(2) 卫生条件差。旅游者因客房内有蟑螂、臭虫、老鼠等提出换房要求,应满足其要求,必要时还应调换饭店。如客房卫生达不到标准,旅游者因此要求换房,又不能调换房间或调换饭店,导游人员应立即与饭店的楼层服务员取得联系,立即打扫、消毒,直至让旅游者满意。

(3) 房间朝向不好。如旅游者要求调换不同朝向的同一标准客房,导游可与饭店取得联系,若有可能,尽量予以满足;或请领队在内部调换;无法满足时,要耐心解释。

2. 要求住单间

(1) 付了双人间房费的旅游者提出住单间要求时,导游应与饭店取得联系,如有空房,可予以满足,但必须提醒游客单间房费自理。

(2) 同住标间的旅游者因闹矛盾或生活习惯不同而要求住单间时,导游应请领队调解或在内部调整;若调解、调配不成,而饭店有空房,可满足其要求,但要说明房费由旅游者自理,可双方共同承担或由提出调换者承担。

3. 要求住更高标准的客房

旅游者要求调往高于规定标准的房间时,若有,可予以满足,但要交纳房费差价及退房损失费。

4. 要求购买房中摆设

旅游者希望购买房中某一摆设时,导游可协助其与饭店有关部门取得联系。

第三节　日程的商定

商谈日程不仅表明对客人的尊重、欢迎,还是了解客人兴趣的重要途径,从而使行程更符合客人的要求,这是保证接待工作顺利进行的重要一环。商谈日程原则上应全体旅游团成员参加。若因条件限制,可由领队代表全体旅游团成员与全陪、地陪商定日程。日程商定应遵循的总原则是:既要尽量满足团内大多数人的要求,也不宜对自己制订的日程作较大的变动。因为过多的变动会涉及许多部门,影响接待工作。

一、商谈日程的时间和地点

商谈日程和节目的时间最好安排在旅游者到达的当天,进行得愈早愈好。因为早了解客人的要求,早知道他们的意见,安排起来就有充足的时间。

商谈日程和节目的地点一般可选在从入境点到饭店的路上,或在团长的房间,也可在饭店大堂内。如果是重点团、学术团、专业团,也可租用会议室进行座谈。

二、商谈日程的对象

(1) 如为国外旅行社组织的普通旅游团,该旅行社若派人陪同(这些陪同人员称为领队或随员),他们是入境旅游团的代表,也是商谈日程的主要对象;若领队希望团内有名望的人参加,也应当欢迎。

(2) 若入境旅游团未派领队,而团长又是临时推选的,此时可以同全团一起商谈日程。

(3) 较正式的代表团,一般有正、副团长,团长威望较高。这样的代表团,商谈日程的对象主要是团长、副团长及秘书长。

(4) 重点团、学术团、专业团的要求多,团内成员各有见解,因此应请团长、副团长、秘书长和他们认为有必要参加的人参加。针对学术问题,导游不应过分介入。对他们的要求应在合理而可能的前提下努力满足,因为这种要求往往也是我国学术界的要求,可以使我国专业人员不出国便学到不少东西。

三、商谈日程的具体原则

(1) 尽量维持既定的日程,内容不做较大变动。

(2) 尽力满足客人要求。

(3) 对于有异议的项目,应本着少数服从多数的原则安排;不应介入团内矛盾,避免将团分裂成小群体。

(4) 在变动日程确有困难、正当要求不能满足时,要耐心解释,争取得到大多数人的谅解。婉言拒绝要留余地,要让旅游者感到虽然要求没有满足,但主人已尽力而为。

四、核对、商定日程时,面对旅游团提出的不同意见应如何做好服务

在旅游团提出修改意见或增加新的游览项目时,导游应及时向旅行社有关部门反映,对合理而可能的要求应尽力予以满足;在无法满足某个要求时,要做细致耐心的解释、说服工作;如需增收费用,导游应事先向领队或旅游者讲明,并按规定的标准收取。

在对方提出与原日程不符且涉及接待规格的要求时,作为导游一般应婉言拒绝,并说明己方不便单方面违反合同。在特殊情况下,当由领队提出时,导游必须请示旅行社有关领导,根据领导指示而定。

在领队手中的计划与导游的接待计划有部分出入时,导游应及时报告旅行社,查明原因,分清责任。倘若责任在己方,导游应实事求是地说明情况并致歉。倘若非己方责任,导游也不应指责对方,必要时,可请领队做解释工作。

五、打印日程表

日程商定结束,导游应打印日程表(外文或中文)发给游客,人手一份。一份好的日程表应包括下列主要内容:

（1）旅行团的名称。

（2）每日活动内容,包括叫早时间,早、午、晚餐地点、时间,出发及返回住处时间,参观游览项目,所乘交通工具等。每项活动开始和结束的时间都应在表上标明。

（3）如离开当地赴外地,离开时交接行李的地点、时间、方法应一一说明;何时赴机场(车站、码头)、何时离开,也应讲明。

（4）导游和汽车司机的姓名(中文和汉语拼音)及车号。

（5）在日程表上还应代表接待单位表示欢迎,并写上"旅途愉快"等祝词。

（6）可将领队、地方陪同人员的房号也写上,以便有事联系。

提示:全程陪同导游的日程表应按日期,将参观的城市、各地的主要节目、城市间所乘的交通工具、出入境的时间和地点、各地参观应注意的事项及全程导游的姓名等内容均写清。

本章小结

迎接与入住是导游服务工作的第二阶段,是首次与旅游者见面的环节,服务的好坏、旅游者的认可程度都将影响后续服务及导游员与旅游者的交往。在具体工作中,导游员应做到眼到、手到、心到。

复习思考题

1. 地方导游人员在阅读接待计划时应弄清的主要情况有哪些?

2. 在商定日程时,如果领队代表旅游者提出对行程进行小修改或增加新项目时,地陪的正确做法是什么?

3. 请分别设计一份接待入境旅游团和国内旅游团的欢迎词(客源地由教师根据需要设定)。

案例分析

1. 地陪小李接待了一个来自日本的旅游团。在核对商定日程的时候,领队山本先生提出要增加一个景点并提高晚餐的标准,小李应如何办理?

2. 导游员小张受旅行社委托到机场接从北京来的王先生等一行 10 人。飞机的预计到达时间是10:30,小张于 10:25 到达机场。等到 10:40 王先生一行人仍未出现,小张打电话取消了中餐,并和司机返回了旅行社。

问题:

(1)小张在操作程序上有何不妥?

(2)在没有准点接到旅游者时,小张应如何做?

实训项目

路线:机场至下榻饭店。

要求:全程模拟地方陪同导游人员的迎接服务、途中讲解与办理入住手续流程。

3

第三章　参观游览过程中的导游服务

学习目标

1. 掌握导游在参观游览阶段的服务要求与程序。

2. 掌握导游在旅游团购物,以及参加社交活动、文娱活动、自由活动和市容游览时导游服务的基本要求与程序。

3. 能熟练掌握参观游览中的每一个环节,并能处理突发事件。

4. 了解参观游览活动是旅游者深度了解祖国的最好机会,导游在讲解时不仅要传播优秀文化,更要进行爱国主义教育。

5. 通过内容教学提升学生的家国情怀、文化素养、道德修养,增强文化自信。

6. 每个公民都要遵守法律法规,从业人员都要坚守职业道德,遵守职业规范。

教学建议

本章内容主要为实际操作,要求学生掌握基本操作技巧,按导游人员服务质量标准的要求完成参观游览服务工作。教学采用实训模拟教学法。可由教师设定不同的参观游览内容,由教师指导学生完成下列任务:做游览计划—游览前的准备—饭店迎接—上车—问候—途中导游(结合相关知识讲解、调节气氛等)—指定景点讲解—回程—结束。

【关键词】

参观游览　途中服务　景点讲解

第一节　参观游览服务

参观游览活动通常在日间进行,故也称为"日间活动",是旅游者在旅游目的地最重要的活动内容,是旅游者购买的旅游产品的核心,也是导游服务工作的中心环节。

导游员必须按照规范要求提供优质服务,要认真准备、精心安排、热情服务、主动讲解,使旅游者详细了解参观游览对象的历史背景、景观特色、艺术价值、形成原因,并随时解答旅游者感兴趣的其他问题,使旅游计划得以顺利、安全地完成。

一、出发前的服务

出发前,导游员(地陪)应提前到达集合地点,等旅游者到齐,做好必要的提醒、预报工作后,方可出发。具体的程序要求如下:

(1)应至少提前10分钟到达集合地,督促司机提前到达并做好各项准备工作。

【提示】

导游员提前抵达,一则表示导游人员以身作则,二则表示导游人员对旅游者的礼貌,三则导游人员可趁客人还未到齐时向已到的旅游者了解他们的要求和想法,以更好应对紧急突发事件。

(2)清点人数,请旅游者登车。

【提示】

旅游者上车时,地陪应恭候在靠近车头的车门一侧,热情地招呼旅游者。

(3)旅游者上车后,地陪应礼貌地清点人数(切忌用手指点旅游者)。若发现有旅游者未到,地陪应向领队或其他旅游者问明情况,设法及时找到该旅游者。若旅游者自愿留在饭店或不随团活动,地陪要问明情况,并作出妥善安排。若旅游者要求自由活动,地陪应做好提醒工作,必要时写便条交给旅游者,说明紧急情况的解决办法,并写明联系方式,以保证旅游者的安全。

(4)开车出发前,做好提醒、预报工作。预报、提醒内容包括当日的天气;游览的地点、地形;行走路线的长短及所需时间;提醒游客带好衣物、雨具、合适的鞋等。

【提示】

在预报天气时,如果旅游者来自使用华氏温度的国家和地区,地陪应按照摄氏温度与华氏温度换算公式进行换算后,再将华氏温度告诉旅游者。摄氏温度与华氏温度的换算方式为:华氏温度＝摄氏温度×9÷5+32。

(5)示意司机开车。一切准备妥当后,地陪可示意司机开车,并进行途中导游、讲解。

二、前往景点途中的导游服务

（一）明确当日活动日程

在前往景点途中,导游人员首先要问候旅游者,然后明确(重申)当天的活动日程。具体内容包括去程所需时间、每个游览项目所需时间、用餐的时间和地点。若遇有需乘船或乘坐缆车的项目,应讲明准确的乘坐时间、地点,并提醒注意事项。

（二）介绍新闻和热门话题

根据团队情况适当介绍国内外的重要新闻和热门话题。

【提示】

导游员要做一个有心人,通过观察和与旅游者的接触,并结合景物针对旅游目的地进行相应的宣传。了解旅游者的喜好,有针对性地选择信息与新闻,加强与旅游者的交流。

（三）途中讲解

途中讲解的内容主要包括以下几个方面。

1. 沿途风光讲解

导游员在沿途讲解时要不失时机地、有选择地介绍途中所见景物,回答旅游者提出的问题,讲解时要注意所见景物与介绍"同步",并留意观察旅游者的反应。

2. 介绍所游览景点的概况

在到达游览景点前,导游员应简明扼要地介绍景点概况,包括历史沿革、艺术价值、形成原因、景观特色等,以激起旅游者游览的欲望。

若从出发地到达游览景点路途较长,导游员可以选择一两个主题进行讲解,讨论一些旅游者感兴趣的问题;也可组织适当的娱乐活动,以活跃车内气氛,使旅途变得轻松愉快。要充分发挥和体现导游渊博的知识和较强的组织能力。

【提示】

导游员在途中讲解时,要坚决避免低级庸俗、迷信、黄色的内容,杜绝张冠李戴现象。在途中,要根据旅游者的国籍、民族、年龄、行业、文化程度、社会地位、兴趣好恶等社会心理和文化背景,灵活编排或适当调整导游词,使导游员的讲解或通俗平易,或广博深入,或平铺直叙,或跌宕起伏,或大力渲染,或一带而过,或委婉避讳,或直接鲜明,从而引起旅游者的共鸣。以色彩为例,不同国家、不同民族的人对颜色的心理偏向很不相同,比如,泰国人忌红色,日本人忌黄色,土耳其人忌花色,比利时人忌蓝色等。所以,导游词中对颜色词的运用及对景物颜色的渲染,要注意旅游者的文化心理背景。再如,文化背景不同的人对一些具体事物,如花鸟鱼虫、飞禽走兽、文物古玩、园林建筑等,也有不同的文化心理偏向,在导游词中都应加以注意,并要进行精心调整,以使解说达到最佳效果。总之,通过途中导游,导游员要拉近与旅游者之间的距离,为景点游览做良好的准备。

【导游范例】

昆明至周边景区途中——插入"云南概况"

……

现在，就让我把云南的一些基本情况给各位做一个简要介绍。

云南省位于中国西南部，这是一片古老神奇而美丽的土地。说她古老，是因这里是人类重要发祥地之一，早在约 170 万年前，元谋人就在这片红土地上繁衍生息。云南一词早在汉代就有了，据《云南通志》载："汉武帝元狩间，彩云现于南中，遣使迹之，云南之名始此。"

云南简称"滇"，属内陆省份，全省处于北纬 30° 以南的低纬度地区，总面积 39.4 万平方千米，全省东西横跨约 864.9 千米，南北纵跨约 990 千米，约占全国陆地总面积的 4.1%，其面积在全国仅次于新疆、西藏、内蒙古、青海、四川、黑龙江和甘肃 7 个省区，居第 8 位。说到云南的特点，我们可以用三个字来总结，即"山、边、民"。

"山"。云南地处中国三大阶梯地形的第一至第二级阶梯地带，地势西北高，东南低，地形复杂多样，多山、多峡谷、多江河、多湖泊。高原、山地面积约占了全省总面积的 94%，是一个典型的高原省份。云南地势高差起伏较大，最高点在滇西北德钦县境内的梅里雪山的主峰卡瓦格博峰，海拔 6 740 米，最低点在滇南河口的南溪河与元江交汇处，海拔仅 76.4 米。两地直线距离 900 千米，高差竟达 6 000 多米，为世界罕见。在这奇特的地形范围内，分布有 6 大水系，600 多条河流，40 多个湖泊（其中面积在 1 平方千米以上的湖泊有 37 个）。特殊的地理位置加上独特的地形，又导致云南部分地区形成了独特的高原季风气候，云南各地气候类型复杂多样，省会昆明因"天气常如二三月，花枝不断四时春"而享誉海内外。优越的地形及气候条件孕育了三大"王国"，即"植物王国"（含"药物宝库"和"香料之乡"）"动物王国""有色金属王国"。这些为云南建设"绿色经济强省"奠定了基础，也提供了条件。

（云南有高等植物约 1.8 万种，约占全国的 60%，国家级保护树种 59 种；云南仅脊椎动物就有 1 737 种，占全国的 58.9%，其中国家一级保护动物 46 种，二级保护动物 154 种；已发现的矿物 142 种）

"边"。云南地处边疆，西部与缅甸接壤，南部与越南和老挝相连，边界线总长约 4 060 千米。云南拥有 10 个国家级口岸，边界线上还有 16 个民族跨境而居。云南是我国通往南亚、东南亚的主要通道和必经之地，为云南建设"国际大通道"提供了先天条件。

"民"。云南是一个多民族省份。据 2021 年第七次全国人口普查统计，云南省共有约 4 720.9 万人，其中各少数民族约占 33.12%，各民族都有着自己独特的文化与风俗。因此，云南省提出了建设"民族文化大省"的战略目标。

云南省的旅游资源不仅数量多,且质量高,诸多旅游资源在全国甚至全世界都是绝无仅有的。截至 2023 年,云南有世界遗产 6 项,国家级风景名胜区 12 个,5A 级景区 8 个;国家历史文化名城 8 座,全国重点文物保护单位 39 项。

旅游业是云南省的重点支柱产业,旅游业在云南社会经济发展中发挥着越来越重要的作用。

说到这儿,我想各位对云南的情况已有了一个大概的了解,在接下来的几天中可以随我去亲身体验一下。对了,为了提升云南旅游的服务体验,我们还专门开发了"游云南"App,在接下来的行程中,各位有什么想问的,不仅可以问我,也可以打开"游云南"App,问问小云和小南哦。

……

三、抵达景点后的导游服务

抵达景点的服务可分为游览前和游览途中的导游服务。

（一）游览前的导游服务

游览前的导游服务是指进入景点前的导游服务,主要包括以下几方面:

（1）下车前地陪应向旅游者讲清在该景点的停留时间及参观游览结束后的集合时间和地点。

（2）提醒旅游者记住旅行车的型号、颜色、标志、车牌号;在进景点前,导游员要向旅游者讲解游览线路,提醒游览注意事项。若旅游团中有高龄旅游者,应有针对性地做好提醒服务工作。

（3）若沿途时间较短,来不及介绍景点的重要提示内容,这时可做补充说明。

（二）景点游览途中的导游服务

游览途中的导游服务是指进入景点后的导游服务,主要包括以下几方面:

（1）导游员应保证在计划时间和费用内,使旅游者充分地游览、观赏,做到导和游相结合、适当集中和分解相结合、劳逸结合。

（2）为防止旅游者在游览过程中走失,除了做好上述提醒工作外,还应做到时刻不离旅游者,并注意观察周围环境,与领队、全陪一起密切配合,随时清点人数,特别要关照老弱病残旅游者。

（3）做到有针对性地导游讲解。

【提示】

地陪在景点导游讲解时,要做到心中有数,先讲什么、后讲什么、中间穿插什么典故和趣闻逸事都要预先设计;讲解要内容翔实,语言流畅;要讲究讲解方法和技巧,并观察旅游者的反应,灵活调整讲解的内容和速度;力求做到有声有色、情景交融、详略得当、有虚有实,给旅游者以生动、形象、具体、亲切、灵活的感受。

【导游范例】

八达岭长城片段

　　各位团友,现在我们已经来到了著名的八达岭长城。您向远处看,可以发现这里的长城分为南、北两峰,蜿蜒于山脊之上,龙腾虎跃、气象万千,景色十分壮观。往下面看是由两个门洞和 U 字形的城墙组成的瓮城。在瓮城城墙上内外两面都有垛口墙,可四面拒敌。倘若敌人攻破关门涌入城内,将受到四面守城将士围攻,敌人如落瓮中。瓮城是长城的一个重要组成部分,它一般都建在地形险要的交通要道上。八达岭的瓮城也不例外。它建在山脊上,受地形限制,依山就势,东低西高,东窄西宽,仅有 5 000 平方米。瓮城内无井,水源缺乏,平常驻兵不多,守城部队驻在西北三里的岔道城中。瓮城中原有一座"察院公馆",是供皇帝路过驻跸或官员停留住宿的。瓮城两门之间相距 63.9 米,西门楣题额"北门锁钥",它的用意我在前面已经讲过。城门洞上,古时安装有巨大的双扇木门,门内安装有木顶柱和锁闩。平时,大门敞开,行人商旅自由出入;战时城门紧闭,严实坚固;一旦发出反击号令,城门洞又是千军万马发起冲锋的出口。瓮城的东门楣题额为"居庸外镇",修建于明嘉靖十八年。在"居庸外镇"关城的城台上,原来嵌有一块石碑,为明朝万历年间刻制。从碑文可以看出,这一带长城先后经 80 多年才修筑完成。这碑中还记录着修筑长城的时间、长度,主持官和管工头、烧头、窑匠头、泥瓦匠头的名字,以明确责任。站在城上向下看,我们可以看到来往不断的车辆和从门洞穿过的游人。这里不仅是古代重要的军事防御关口,而且也是交通要道。"路从此分,四通八达",八达岭也因此得名。

　　……

四、参观活动与导游服务

　　参观是旅游活动的重要组成部分之一,有助于旅游者了解当地人民的生活方式。所以在参观时,导游应做好以下几个方面的工作。

（一）参观前的准备工作

　　(1)地陪应问清前往人数,弄清参观的地点、时间、内容。

　　(2)了解宾主之间是否有礼品互赠,若礼品系赠送给外宾的应税物品,则要提醒有关人员缴税,保存发票和证明,以备旅游者出关时海关查验。

　　(3)提前联络,落实接待人员。

（二）参观时的导游工作

　　到达参观点后,地陪应及时联系接待人员,并向旅游者做介绍,提醒参观时的注意事项。

　　在接待方向旅游者做介绍时,地陪要认真做好翻译工作,翻译时如遇介绍者语言有不妥之处,或涉及保密事项,地陪要严格把关,予以提醒。如参观者系华侨或本国旅游者,地陪只需做好协助工作。

五、返程中的导游服务

返程中的导游服务是指一天的游览活动即将结束,从最后一个参观游览点返回饭店途中的导游服务工作。导游在这一过程中应着重做好以下几个方面工作。

(1)回顾当天活动。地陪在返程中应回顾当天参观、游览活动的内容,做必要的补遗讲解,回答旅游者的提问。

(2)风光导游。地陪在选择返程线路时,应尽量避免原路返回,力求做到让旅游者看到最多景物,并做好沿途讲解工作。如返途时间较长,旅游者经过一天的游览活动后较疲惫,地陪可作简单回顾后让大家休息。

(3)宣布次日活动日程。到达饭店前,地陪应向旅游者预报晚上和次日的活动日程和时间安排,特别强调第二天的叫早时间、早餐时间和地点、出发时间和集合地点,提醒旅游者下车前带好随身物品。车到饭店后,地陪应率先下车并站在车门一侧照顾旅游者下车,一一与他们告别。

第二节　游览中的其他服务

其他活动是指旅游者在旅游目的地的购物、社交活动、健康文明的休闲文娱活动及自由活动等,它是参观游览活动的延续和补充。安排好这类活动,能使旅游活动变得更加丰富多彩。

一、购物

购物是旅游的六大要素之一,导游做好这方面的服务工作,既能帮助旅游地推销商品,又可满足旅游者的购物需求。为了让旅游者的购物活动称心满意,导游应做好以下几个方面的工作。

(1)要严格按照《中华人民共和国旅游法》及旅行社的规定提供服务,应遵循旅游者"需要购物、愿意购物"的原则,坚决杜绝强行推销等情况发生。

(2)了解对象,因势利导,根据旅游团的特点,向旅游者介绍本地商品的特色。

(3)熟悉商品的产地、质量、使用价值和艺术价值等商品知识,在旅游者需要时,导游要做好讲解服务。如果是入境旅游团,还应介绍有关商品的托运,以及海关对旅游者携带物品出境的有关规定。

(4)如遇小贩强卖,地陪有责任提醒旅游者不要上当受骗,积极维护旅游者的利益,切不可放任不管;如遇商店不提供标准服务,地陪应向商店负责人反映,以维护旅游者的利益。事后也可向旅行社报告,通过旅行社的交涉,避免以后出现类似问题。

购物活动必须根据游客的需要来安排,若游客无购物需要,导游不应擅自安排购物活动。

二、社交活动

旅游团社交活动的形式主要有会见、宴请和品尝风味等。

（一）会见

1. 事先了解会见时是否有互赠礼品

如知道客方要赠送礼品，则要事先通知主方。如赠送的礼品属于应税物品，应提醒有关人员办妥必要的手续，以备旅游者出关时海关查验。

2. 承担必要的翻译工作

必要时地陪可充当翻译，若是重要会见，一般有专职翻译，地陪则在一旁认真倾听，做好记录，起协助作用。

3. 协助安排会见亲友事宜

境外旅游者若要求会见居住在旅游目的地的亲友，导游应协助安排，但一般没有充当翻译的义务。

（二）宴请和品尝风味

宴请和品尝风味主要包括宴会、冷餐会、鸡尾酒会和风味餐等。

1. 宴会

参加宴会时，导游员应做到准时出席、服装整洁大方（最好按要求着装），注意宴会礼节。要做的具体工作是介绍主宾双方，当好翻译，翻译时要注意气氛，切忌边吃东西边翻译。

2. 品尝风味餐

品尝具有地方特色的风味，是旅游者在旅游过程中经常参加的、形式自由的活动项目。

【提示】

风味餐有两种形式：一种是计划内的风味餐（在旅游接待计划中已安排，费用含在团费中），另一种是计划外的风味餐（由旅游者自费品尝）。地陪充当的角色主要是向旅游者介绍餐馆的历史、特点、名气、菜肴名称、特色、吃法、制作方法及著名菜肴的来历等，切忌喧宾夺主，不要主动敬酒、夹菜给客人或妄加评论当地特色菜肴。

三、休闲文娱活动

参加休闲文娱活动也是旅游活动的重要内容之一。导游应预先了解活动内容，向旅游者简单介绍旅游目的地的休闲文娱活动，主要突出内容和特点。若游览计划中有观看文艺演出等活动，导游员应提前向客人介绍节目，抵达后要引导旅游者入座；在观看节目的过程中，地陪可视具体情况向旅游者作内容介绍，解答旅游者的提问，但不能影响其他观众。在参加文娱活动过程中，导游员不得离开团队游客；活动结束时，要提醒客人不要走散，并注意客人动向和周围环境，以防不测。

四、自由活动

团队游客提出自由活动要求时，在不影响团体旅游活动计划、不涉及不对外开放的场所且有安全保障的前提下，导游可以满足游客的要求，并提供必要的帮助。

（1）在旅游者离开饭店时,地陪要提醒他们带上饭店名片或写有饭店名称的字条。

（2）提醒他们不要走得太远,不要太晚回饭店及其他安全注意事项。

（3）帮助旅游者找车离开(车费由旅游者自付)。

五、市容游览

市容游览是旅游者认识和了解旅游目的地的风土民情、城市面貌的方式之一,一般可采取徒步和乘车游览的方式。地陪在安排这一类游览活动时应做到如下几点：

（1）要注意选择当地最有特色的内容(如南京夫子庙、上海城隍庙、北京胡同等)。

（2）游览时要时刻注意周围环境和旅游者动向,确保旅游者安全。

（3）如旅游者乘坐不同的车辆前往,地陪要事先把乘车路线、目的地告知每位车主,并先与其事谈妥价格,地陪与全陪最好陪同前往。

本章小结

参观游览是旅游活动的重点,也是旅游者外出旅游的主要目的,是导游服务工作的重点和核心。导游员在提供相关服务的过程中,要能全面控制参观游览的进程,利用所掌握的知识,因人、因时、因地进行导游讲解服务。

复习思考题

1. 简述参观游览服务的基本程序。

2. 风味餐有几种类型？带旅游者品尝风味有哪些应注意的问题？

3. 为使旅游者能买到称心的商品,导游人员应注意哪些问题？

实训项目

进行一次景点参观游览活动的全程服务模拟(结合第三、四模块进行),要求如下：

1. 教师制订计划。

2. 学生模拟操作:做游览计划—游览前的准备—饭店迎接—上车—问候—途中导游(结合相关知识讲解、调节气氛等)—指定景点讲解—回程—结束。

3. 程序评价。

4. 讲解内容评估。

4

第四章　送行服务及后续工作

学习目标

1. 掌握送行前的业务工作程序和内容。

2. 掌握送行的具体程序。

3. 掌握后续工作的内容及基本程序。

4. 熟悉旅行社旅游团费用结算表的填写及使用。

5. 从导游个人与导游集体关系的处理上,培养学生的团队精神和合作能力。

6. 通过对导游服务程序的总结,强化爱国、敬业、诚信教育,提升学生的道德修养。

教学建议

本章内容主要为实际程序的操作,要求学生掌握基本操作技巧,按导游人员服务质量标准要求完成参观游览服务工作。教学采用实训模拟教学法,整堂课的设计为一次完整的送行服务过程。教师和学生分别扮演不同的角色(地陪、全陪、领队、行李员、旅游者等),可分小组进行演示性教学。

【关键词】

送行　交通票据　证件　欢送词　费用结算

第一节 送行前的业务准备

一、送行前的服务程序及要点

（一）核实交通票据

旅游团离开的前一天，导游员应认真做好团队交通票据的核实工作。包括核实启程的机场（车站、码头）的位置等事项。如交通工具班次有变更，应马上与内勤核实并问清是否已通知下一站，以免漏接；提醒全陪与下一站地接社取得联系。

如果是离境航班，应提醒或协助领队提前 72 小时向相关航空公司确认国际返程票。

> **【提示】**
>
> 交通票据核实内容包括：
>
> （1）姓名。若是团体机票包括电子客票，核对内容包括团名、代号、人数、全陪姓名；如非团体机票，则要核对每一位旅游者的姓名是否与有效证件吻合。
>
> （2）航班（车次、船次）。
>
> （3）始发及到达站、起飞（开车、起航）时间。（做到四核实，即核实计划时间、时刻表时间、票面时间、问询时间）

（二）确定出行李的时间

导游员应在旅游团离开的前一天与领队、全陪商定出行李的时间，并通知每一位游客；然后与旅行社行李部（或行李车队）取得联系，告知该团体出行李的时间、抵达启程站的大致时间等，并通知饭店行李部行李交接的时间。

（三）商定第二天叫早、早餐、集合及出发时间

导游员应在旅游团离开的前一天与领队、全陪商定第二天叫早、早餐、集合及出发的时间。时间商定后，要通知饭店有关部门和所有团队成员。如果该团所乘交通工具班次时间较早，无法在饭店餐厅用早餐，要及时做好相应的准备工作（如带盒饭），并需要向旅游者说明。

（四）协助饭店结清与旅游者有关的账目

导游员应在旅游团离店前一天提醒、督促旅游者尽早与饭店结清所有自费项目账单（如洗衣费、电话费、饮料酒水费等）。如有损坏客房设备的，应协助饭店妥善处理赔偿事宜。同时，应通知饭店总台或楼层旅游团离房的时间，提醒他们及时与旅游者结清账目。

（五）提醒有关注意事项

导游员应提早告知旅游者行李托运的有关规定，提醒其将有效证件、所购买的贵重物品及发票放在手提包里随身携带，如系离境团，还应该提醒其准备好海关申报单，以备出关时查验。

（六）及时归还证件

旅游团离开的前一天，导游要检查自己的行李，看是否还留有旅游者的证件、票据等物品。若有应立刻归还，并当面点清。一般情况下，地陪不应保留旅游团的旅行证件，若需要，应该由领队向旅游者收取，用完后，立即归还。

二、离店导游服务

离开饭店时的导游服务包括以下内容。

（1）集中交运行李。离店前，地陪应按商定的时间与领队、全陪、饭店行李员一起检查行李是否捆扎、上锁，有无破损等，在每件行李上加贴行李封条，然后共同清点、确认行李件数，并填写好行李交运卡。

（2）办理退房手续。

（3）集合登车。团队客人上车离开饭店前，地陪要清点人数，得到领队的确认，并再次提醒旅游者检查有效证件是否随身携带，有无遗漏物品等。一切妥当后方可开车。

三、送行服务

（一）致欢送词

欢送词能加深彼此间的感情，烘托告别气氛，令人难忘。导游在送行服务中一定要讲好欢送词。致欢送词的场合多选择在行车途中，也可选择在机场（车站、码头）。

欢送词要真诚，内容主要包括以下几个方面。

（1）回顾旅游行程与主要活动，感谢合作。

（2）表达友情和惜别之情。

（3）征求旅游者对工作的意见和建议。

（4）如果行程及旅游活动有不尽如人意之处，要向旅游者表示歉意。

（5）期待重逢。

（6）美好祝愿等。

【欢送词范例】

一位沈阳导游员的欢送词

各位朋友，虽然舍不得，但还是不得不说再见了。感谢大家几天来对我工作的配合和给予我的支持和帮助。我自问是一个有责任心的人，但是在这次旅游过程中，还是有很多地方做得不到位……就不一一列举了。大家不但理解我而且还十分支持我的工作，就是这些点点滴滴的小事情使我感动。也许我不是最好的导游，但是大家却是我遇见最好的客人，能和最好的客人一起度过这难忘的几天是我导游生涯中最大的收获。作为一个导游，虽然走的都是一些自己已经熟得不能再熟的景点，不过每次带不同的客人却能让我有不同的感受。在和大家初次见面的时候我曾说，相识即是缘，我们能同车而行即是修来的缘分；而现在我觉得不仅仅是所谓的缘了，而是一种幸运，能为最好的游客做导游是我的幸运。

我由衷地感谢大家对我的支持和配合。其实能和大家达成这种默契真的是很不容易。大家出来旅游，收获的是开心和快乐；而我作为导游带团，收获的则是友情和经历。我想这次我们都可以说是收获颇丰吧。也许大家登上飞机后，我们以后很难会有再见面的机会，不过我希望大家回去以后，在和自己的亲朋好友回忆自己的东北之行的时候，除了描述沈阳故宫如何雄伟壮丽，张氏帅府如何饱经沧桑之余，不要忘了加上一句，在沈阳有一个导游小×，那是我的朋友！

最后，预祝大家旅途愉快，以后若有机会，再来沈阳会会您的朋友！

【欢送词范例】

一位张家界导游员的欢送词

各位嘉宾：

我们的旅行车已行驶在去机场的路上。透过车窗可以看见，张家界又下起了雨。1 000多年前唐朝诗人王维有一首著名的诗，叫《渭城曲》，他在诗中写道：

渭城朝雨浥轻尘，

客舍青青柳色新。

劝君更尽一杯酒，

西出阳关无故人。

今天，我也将在雨中与各位分别。不同的是，王维送的人要西出阳关，没有故人，而大家是要飞回××，去见亲人。也许雨还是当年的雨。张家界人常说"下雨天留客"。我们张家界人的习俗是，但凡下雨的时候，是不放客人走的。一者下雨路滑，客人走路不方便；再者下雨无事，正是陪客的好时候。但是，由于行程的安排，我们不得不违反这一民俗，在此相送。

"好花不常开，好景不常在……今宵离别后，何日君再来？"这首《何日君再来》是我们常常唱起的一首歌。但我相信，我们之间友情的花朵会常开，张家界的美景永远常在，今日离别后，什么时候你会再来？也许从此之后我们不会再相见。在大家这次张家界黄金之旅的最后时刻，我想说，这一趟旅行大家都非常辛苦，但最辛苦的人却是我们的领队。她一路照顾大家的饮食起居，心系大家的安全，力求大家玩得快乐，同时给我的工作以极大的支持。有位伟人这样说道："服务人类是最崇高的职业。"我和领队同做不同层面的导游工作，更能体会这种工作的艰辛，因此，在这里，我要表达一个张家界导游，对领队真诚的谢意和崇高的敬意。请大家给我们领队一点掌声。谢谢！我还不得不谢谢一个人，就是我们的×师傅。×师傅用他高度的责任心和高超的车技，给了我们一段安全的旅行，也请大家给我们亲爱的师傅一点掌声。谢谢！

在张家界的这几天，我们一同走过了……（回顾行程）

好了，各位贵宾，我们的旅行车马上会到达我们行程的终点——张家界荷花机场。几天前我们从这里开始行程,今天大家又回到了起点。我们×天的行程马上就要结束了。有一首诗大家不会陌生:"轻轻地我走了,正如我轻轻地来,我挥一挥衣袖,不带走一片云彩。"天下之大,没有不散的宴席。短暂的相逢就要结束,挥挥手就要和大家告别。值此分别时(稍微停顿),首先小×要代表××旅行社,感谢大家几天以来对领队、×师傅和本人工作的关心、支持与配合,并对行程中不尽如人意的地方表示深深的歉意。

各位到了机场后,即将乘坐飞机回到自己温暖的家,在这里小×祝大家一路平安、旅途愉快。

最后,祝大家在以后的日子里,生活好、工作好、样样都好,亲戚好、朋友好、人人都好。欢迎再来张家界!谢谢大家!再见!

(二)提前到达机场、车站或码头

导游员应带领游客按民航规定的时间抵达机场。如旅游者乘坐出境航班,要求至少提前2小时抵达机场;如旅游者乘坐国内航班,则要求至少提前90分钟抵达机场,导游员要关注当地机场的通知,一些大型机场和旅游热点地区对旅客抵达机场的时间在不同季节还会有所不同;如旅游者乘火车、轮船离开,则要求提前1小时抵达车站、码头。

旅行车抵达机场(车站、码头),下车前,地陪应提醒旅游者带齐随身行李物品,准备好旅行证件,照顾全团旅游者下车,并请司机协助检查车内有无旅游者遗留的物品。

(三)移交交通票据和行李托运单

送乘坐国内航班(车、船)的旅行者到达机场(车站、码头)后,导游员应尽快与行李员取得联系,取得交通票据和行李托运单,将交通票据和行李托运单交给全陪或领队,并一一清点、核实。送乘坐国际航班(车、船)的旅游者,地陪应请领队、全陪一起与行李员交接行李,清点检查后将行李交给每一位旅游者。

(四)协助办理离站手续

在完成交通票据和行李托运单移交工作后,导游员不能马上离开旅游团。乘坐国内航班(车、船),地陪应协助旅游者办理手续(帮助旅游者领取登机牌,帮助办理超规格行李托运手续);乘坐国际航班(车、船),导游员将旅游团送往隔离区,由领队帮助旅游者办理有关离境手续(因为地陪、全陪不能进入隔离区),但导游要向他们介绍办理出境、行李托运和离站手续的程序。机场出境联检流动程序如图4-1所示。

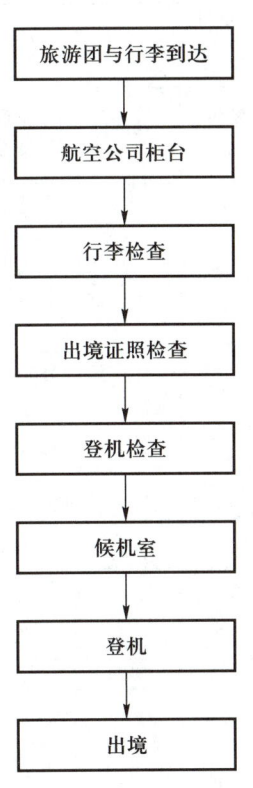

图4-1 机场出境联检流动程序

（五）道别

旅游者进入安检口或隔离区时，导游员应与旅游者告别，并祝他们一路平安。如旅游者系乘坐火车或汽车离开，导游员应等交通工具启动后方可返回；如旅游者系乘坐飞机离开，导游员应等旅游者安检结束后才能离开。

第二节 后 续 工 作

旅游团离开并不意味着全部接待工作的结束，导游员还必须做好善后总结工作。

一、结账工作

若接待国内团，地陪应在团体结束当地游览活动后、离开本地前与全陪办理好财务拨款结算手续；若接待境外团，地陪应在团体离开后，与全陪办理好财务拨款结算手续，并妥善保管好单据。旅行社旅游团费用结算表如表 4-1 所示。

表 4-1 旅行社旅游团费用结算表

部别： 填表人： 编号：

组团社名称		团号		旅游团名称						
服务范围		旅游等级		总人数	其中：成人	2~18岁	2岁以下	男	女	夫妻
全陪		地陪								
抵、离时间	月 日 时	（飞）机 抵 （火）车 抵		月 日 时	用餐后乘 （飞）机 用餐后乘 （火）车					赴
住房情况	人 月 日 — 月 日	国外自订	组团社代订	接团社安排	住饭店	间天		全陪床/天		地陪床/天
逗留时间	早餐		午餐		晚餐		参观、购物地点			
	人数	地点	人数	地点	人数	地点	上午	下午	晚上	
计划内加拨款项	超公里									
	参观游览									
	游江游湖									

现付项目	风味餐：	元 经手人：	发票号：
	其他现付内容：	元 经手人：	发票号：
	其他现付内容：	元 经手人：	发票号：
总计			
备注			

二、处理遗留问题

导游员要按有关规定和旅行社领导的指示,妥善处理好旅游者临行前的委托事宜,如委托代办托运、转交信件、转递物品等。

三、结清账目,归还物品

送走旅游团后,地陪应在旅行社规定的时间内与财务部门结清账目,归还有关资料、表单及物品。

四、总结工作

导游员应认真做好陪同小结,实事求是地汇报接团情况,如旅游中发生的重大事故,要整理成书面材料向旅行社领导汇报,并对旅游团的有关资料进行整理归档。导游员自己应及时总结,对导游服务中存在的问题进行总结,不断提高自己的服务水平。

本章小结

有好的开头还要有好的结尾,送行和后续工作在导游服务工作中同样重要。在送行服务阶段,由于旅游者急于回家,加之旅游后的疲劳,对导游人员的服务质量要求更高。因此在此阶段导游服务工作更应周到、细致,应严格按服务程序处理相关事宜,注重情感服务。欢送词与欢迎词要相互呼应。

复习思考题

1. 送行前导游员核实交通票据的注意事项有哪些?
2. 拟写一份欢送词。
3. 交运行李时应注意哪些问题?

实训项目

名称:送站服务全程实训。

地点:学校教室(即"饭店")—流动教室(旅游车)—机场或车站。

要求:教师进行程序讲解,学生实际操作。

内容:交通票据核实(教师预先准备),交运行李,上车致欢送词,办理机场或车站相关手续,费用结算单的填写与签字,填写报账单。

拓展阅读

视频:游客个别要求的处理

视频:游客投诉的心理与处理

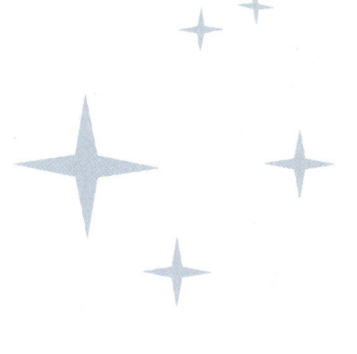

模块 二

导游讲解技能

5

第五章　导游讲解服务及技能

学习目标

1. 掌握导游讲解的基本原则。

2. 熟悉并灵活使用导游讲解方法。

3. 掌握不同服务阶段的讲解程序及要求。

4. 掌握六大要素的讲解要点。

5. 了解提高导游讲解技能的途径。

6. 通过对讲解原则及讲解方法的学习,特别是对技能提升路径的分析,增强学生勇于探索的创新精神和能力。

7. 培养学生明辨是非,解决复杂问题的能力。

教学建议

1. 教师在授课过程中对原则的把握要准确,需要上升到理论的高度。

2. 在讲解方法的运用过程中,教师应结合当地的实际景物做到理论联系实际,这样学生更容易接受。

3. 通过观摩、讨论,教师引导学生总结出不同服务阶段的讲解程序及要求。

4. 教师准备部分典型的风光片,让不同的学生从各自的关注角度来介绍,总结提高导游讲解技能的途径。

【关键词】

讲解原则　　讲解方法　　讲解技能

第一节　导游讲解服务的原则及方法

导游讲解是导游以丰富多彩的社会生活、丰厚与多彩的文化、璀璨壮丽的自然美景为题材，以兴趣爱好不同、审美情趣各异的游客为对象，通过对自己掌握的各类知识进行整理、加工和提炼，用简洁明快的语言进行的一种意境的再创造的过程。体现了导游讲解的多样性、灵活性和创造性。

一、导游讲解应遵循的基本原则

（一）计划性原则

"凡事预则立。"提前做好计划是提高导游员讲解服务水平的关键。

计划性原则要求导游员在接团前应根据接待计划、旅游团的线路安排及游客的组成等因素，做好接待的讲解计划。计划中应突显景物的特色、重点，观赏的途径、要点，时间的安排及顺序等。

（二）针对性原则

导游员每次带团面对的旅游者都不一样，旅游者所感兴趣的内容也不一样，导游员以一成不变的导游词面对不同的旅游者是行不通的。

针对性原则要求导游员要根据不同旅游者的具体情况，在接待方式、服务形式、导游内容、语言运用、讲解方式方法上有所不同；导游员进行讲解时，讲解内容的广度、深度及结构应该有变化，通俗地说，就是要看人说话。导游员讲的应该是旅游者想知道、有能力接受并感兴趣的内容。不同的旅游者对导游服务及导游讲解的要求是有区别的；导游词内容要符合旅游者的需要，要注意文化差异，导游员应做到针对每一特定的旅游者量体裁衣地传递信息。

【相关链接】

影响旅游者需求的主要因素

影响旅游者需求的主要因素包括国籍、生活环境、职业、年龄、受教育程度、身体、性格等。同时旅游者对同一景物"访问"的频度同样会影响旅游者对导游人员讲解内容的需求。

【案例】

不同旅游者对石林景区的兴趣分析

旅游者组成：

地质学、地理学专业人士。他们感兴趣的是喀斯特地貌的形成、特征和表现形式等。

研究农业的人士。他们感兴趣的是在这种保证不了水分和肥料的石灰岩地貌上,当地的农民是怎样进行耕作的。

普通观光型旅游者。他们感兴趣的是石林景观及彝族支系之一的撒尼人的民风民俗。

来访次数:

如果旅游者是第一次来到南方,就可以和旅游者讲讲南方的土为什么会呈现红色、为什么云南会"一山有四季,十里不同天"等。不同的讲解可以吸引不同的旅游者。

（三）灵活性原则

所谓灵活性,就是导游员的讲解要因人、因时、因地而异。

灵活性原则要求讲解的内容应可深可浅、可长可短、可断可续,一切需视具体的情况而定,切忌千篇一律、墨守成规;讲解贵在灵活、妙在变化,做到讲解随着景物改变而改变,注意调节旅游者的情绪,做到因人而异。

【案例】

雨中游览武夷山时导游员的不同讲解可带来不同的效果

请体会:

导游员如果说"下雨天,什么景色也看不清",就会大大影响旅游者的心境。

导游员如果换一种导游词,如"淅淅沥沥的雨声犹如美妙的音乐,珍珠般的雨珠在我们脚下溅起一朵朵美丽的水花,若隐若现的群山虚无缥缈,我们犹如在人间仙境中游览",那么效果可能会很不错。

（四）以客观事实为依托原则

客观事实是指独立于人的意识之外,又能为人的意识所反映的客观存在,它包括自然界的万事万物和人类社会的各种事物,其中有的是有形的,如名山大川、文物古迹,有的则是无形的,如社会制度、旅游目的地的居民对旅游者的态度等。

导游进行讲解时,无论采用何种方法或技巧,都必须以客观存在为依据。

二、导游讲解的常用方法

导游讲解应根据内容的不同、旅游者的差异和游览讲解的环境的不同而采用不同的讲解方法。目的是增加内容的生动性,以吸引旅游者的注意力。常见的讲解方法如下:

（一）分段讲解法

游览面积相对小的景区（点）时,导游员可采用平铺直叙法进行讲解。但规模大且内容较丰富的景区（点）就不可能面面俱到、用平铺直叙的方法讲解了,此时就应分段分主题进行讲解,即采用分段讲解法。

分段讲解是指将一处大的景区（点）分为前后衔接的若干部分来分段讲解的方法。

分段讲解法运用的建议：

（1）首先在前往景区（点）的途中或在景区（点）入口处的示意图前，导游员应用概述法介绍景区（点），主要包括历史沿革、占地面积、欣赏价值等，并且介绍主要景观的名称，使旅游者对即将游览的景区（点）有一个初步的印象，达到"见树先见林"的效果，使之有"一睹为快"的要求。

（2）到现场顺次参观时，导游员讲解应注意不要过多地涉及下一景区（点）的景物，要突出现场主题进行讲解。快要结束主题游览时，适当地讲一点下一个景区（点），目的是引起旅游者对下一景区（点）的兴趣，并使导游讲解一环扣一环，环环扣人心弦。

【案例】

游览颐和园

旅行团在颐和园的参观路线一般由东宫门进，从如意门出，所以通常导游员分三段进行讲解，即以仁寿殿为中心的政治活动区，以慈禧的寝宫乐寿堂和戊戌变法失败后的"天子监狱"为中心的帝后生活区，以及以昆明湖和前山（长廊、排云殿至佛香阁的中轴线和石舫）为中心的游览区。

（二）描绘法

描绘法就是运用具体形象、富有文采的语言对眼前的景观进行描绘，使其细微特点显现于旅游者眼前。在实践中，有些景物没有导游讲解和指引，旅游者很难发现其美之所在，更难唤起旅游者美的感受。而经导游员的解说后，感受会加深并能让旅游者记住相关景物。

（三）突出重点法

突出重点法就是在讲解中避免面面俱到，而是突出某一方面的讲解方法。

导游讲解应有的放矢，做到轻重搭配、详略得当、重点突出。如果导游讲解模糊，重点不突出，游览结束后，肯定不会给旅游者留下深刻的印象。具体来说，就是针对景点和旅游者两个方面突出重点。

1. 针对景点

（1）突出代表性景物。在游览大的景点时，导游必须做好周密的计划，确定重点景观。这些景观既要有自己的特征，又能概括全貌。现场游览时，导游重点讲解这些具有代表性的景观。

（2）突出与众不同之处。同为佛教寺院，其历史、宗派、规模、结构、建筑艺术、供奉的佛像等各不相同，导游员在讲解时应突出介绍其与众不同之处，能有效地吸引旅游者的注意力，避免产生雷同的感觉。

（3）突出"……之最"。面对某一景点，导游可根据实际情况介绍这是世界（中国、某省、某市、某地）最大（最长、最古老、最高、最小……）的。例如，介绍洛阳的白马寺时，可以说它是中国最早的佛教寺院等。有时第二、第三也值得一提，如长江是世界第三大河。但一定要注意划定范围，千万不能弄巧成拙。范围划定不同，比较的结果也不一样。如云南的抚仙湖是云南省第一深水湖,在中国则是第二深水湖。

2. 针对旅游者

导游员在研究旅游团的资料时,要注意旅游者的职业特点和文化层次,以便在游览时重点讲解旅游团大多数成员感兴趣的内容。投其所好的讲解方法能产生良好的效果。

【案例】

游 览 故 宫

面对以建筑界人士为主的旅游团,导游员除一般介绍故宫的概况外,要突出讲解中国古代宫殿建筑的布局、特征,故宫的主要建筑及其建筑艺术,还应介绍重点建筑物和装饰物的象征意义等。如果还能将中国的宫殿建筑与民间建筑进行比较,将中国的宫殿与西方宫殿的建筑艺术进行比较,导游讲解的层次就大大提高了,就更能吸引人。面对以历史学家为主的旅游团,导游员应更多地讲解故宫的历史沿革及在中国历史上的地位和作用,还可讲解在故宫中发生的重大事件。

【案例】

参观一座博物馆

导游员的讲解重点或放在青铜器上,或突出陶瓷,或侧重碑林,一切视博物馆的特色和旅游者的兴趣而定。

(四)简述法

简述法就是用准确、简洁、冷静的语言,把景观介绍给旅游者,使他们在具体欣赏、品味景观之前对景观有一个初步印象。

【导游范例】

月湖景区片段

今天我将带大家游览石林彝族自治县内一个独具特色的景区——月湖景区。它位于大石林的东北方向,距大石林景区约15千米,属石林县北大村的辖区范围。月湖距石林火车站约12千米,距石林县城约22千米,地处旅游专线(九乡—石林—阿庐古洞)的交通要冲,是从省会昆明至泸西阿庐古洞、丘北普者黑、罗平多依河等风景区的十字交叉路口。

景区面积约7.62平方千米,由大大小小约40个湖泊组成。湖泊一个紧挨着一个,相互毗连,湖水也相互沟通,鱼群可以自由往来互访。湖岸石峰林立,高度虽不及大小石林,但其千姿百态、嶙峋怪异,丝毫不在石林之下。湖中三个小岛风姿绰约,鼎足而立于碧波之上。更值得一游的是月湖附近的跃宝山、老挖、雨布宜等彝族撒尼人聚居的寨子。寨子中独特的草房建筑和民族习俗文化有着十分鲜明的地方特色,是月湖旅游资源的重要组成部分。

（五）触景生情法

触景生情即见物生情、借题发挥的导游讲解方法。

触景生情的第一层含义是导游员不能就事论事地介绍景物,而是要借题发挥,利用所见景物使旅游者产生联想。触景生情的第二层含义是导游员讲解的内容要与所见景物和谐统一,使其达到情景交融。

【案例】

故宫太和殿导游讲解

如当旅游团参观故宫太和门广场、高大巍峨的太和殿时,导游员可适当描述皇帝登基时的壮观场面:金銮殿香烟缭绕,殿前鼓乐喧天,广场上气氛庄严肃穆;皇帝升殿,文武百官三跪九叩,高呼万岁万万岁。还可讲一点末代皇帝溥仪三岁登基时被这隆重的场面吓得直哭,闹着要回家,而他的父亲连说"快完了、快完了"哄他的历史趣闻。旅游者望着宏伟的太和殿,听着导游员风趣的讲解,定会发出欢快的笑声。

触景生情法贵在发挥,导游员要自然、正确、切题地发挥。

（六）虚实结合法

虚实结合就是在讲解中将典故、传说与景物介绍有机结合,即编织故事情节的讲解手法。即讲解要故事化,从而会产生艺术感染力,使气氛变得轻松愉快。

虚实结合法运用的建议:

（1）这里的"实"是指景物的实体、史实、艺术价值等,"虚"是指与景点有关的民间传说、神话故事、趣闻逸事等。"虚"与"实"必须有机结合,以"实"为主,以"虚"为辅,并以"虚"加深"实"的存在。在中国,几乎每一个景点都有一个美丽的传说,如杭州西湖有"西湖明珠从天降,龙飞凤舞到钱塘"的传说。

【案例】

意大利和比利时的导游

意大利的导游员擅长描绘典故——介绍古庞贝城的大火从哪条街烧起,罗马竞技场的猛兽是从哪个门出来的,圣彼得教堂是如何建造的等。他们眉飞色舞、滔滔不绝,很能令旅游者信服。

比利时的导游员在讲解时也很善于运用题材。在旅游者游览比利时南部的滑铁卢时,导游员讲到了1815年拿破仑率领法军和英、普联军作战时双方的兵力布置情况,并说明拿破仑本可获胜,不料天公不作美,6月18日这一天下起了滂沱大雨,法军因雨水淋湿炮眼而无法开炮,拿破仑在滑铁卢这里打了败仗(6月22日拿破仑宣布退位并被流放)。这样的导游讲解很能引发旅游者的凭吊之情。

(2)虚实结合切忌胡编乱造、无中生有。典故、传说等的运用必须以客观存在的事物为依托,以增强可信程度。

(七)问答法

问答法是导游员根据不同的情况,有意识地创造一些情境,提出一些问题,以引起旅游者的注意,激起其欲知某事怎样的强烈愿望,使旅游者由被动地听变成主动地问,使被讲解之景物在其脑海中留下清晰而深刻的印象,同时也可使讲解过程生动活泼,使导游员和旅游者的关系更融洽的讲解方法。

问答法主要有四种形式:

1. 自问自答法

自问自答法是由导游员自己提出问题并作适当停顿,让旅游者猜想,但并不期待他们回答,这样只是为了吸引旅游者的注意力,促使旅游者思考,激起旅游者的兴趣,然后导游员才做简洁明了的回答或生动形象的介绍,给旅游者留下深刻印象。

自问自答法运用的建议:

通常想让旅游者记住的,是有一定难度,旅游者回答不出来的问题,类似一种疑问式的停顿。导游员使用这种方法是为了吸引旅游者的注意,提示接下来要讲解的内容是比较重要或关键的。

【案例】

游览西湖时的提问

刚才有的朋友问西湖的水为什么这样清澈纯净?

这就要从西湖的成因讲起:西湖在一万两千年以前还是与钱塘江相通的浅海湾,耸峙在西湖南北的吴山和宝石山,是环抱这个海湾的两个岬角。后来由于潮水的冲击导致泥沙淤塞,把海湾和钱塘江分隔开来。到了西汉时期(公元前206年—公元25年),西湖的湖形已基本固定。西湖真正固定下来是在隋朝(581年—618年)。地质学上把这种由浅海湾演变而成的湖泊叫潟湖。此后西湖承受山泉活水的冲刷,再经过历代由白居易、苏东坡、杨孟瑛等发动的五次大规模的人工疏浚治理,终于从一个自然湖泊成为风光秀丽的、半封闭的浅水风景湖泊。

2. 我问客答法

我问客答法即由导游员提出问题,逐步引导旅游者回答或讨论的方法。

我问客答法运用的建议:

(1)我问客答法要求导游员善于提问题,所提的问题旅游者不会毫无所知,但会有不同的答案。

（2）通常要回答的问题不是很难，即只要稍加提示，旅游者就可以回答出来的问题。

（3）导游员要引导旅游者回答，但不要强迫回答，以免尴尬。

（4）旅游者的回答不论对错，导游员都不应随便打断，要给予鼓励，最后再进行解说。

3. 客问我答法

客问我答法即旅游者提出问题，导游员回答旅游者问题的方法。

客问我答法运用的建议：

（1）导游员要欢迎旅游者提问，这样可以减少导游员唱"独角戏"的尴尬，增加旅游者与导游交流的机会。

（2）当旅游者提出某一问题时，表示他们对某一景物产生了兴趣。旅游者提出的问题即使是幼稚的、可笑的，导游员也不能笑话，更不能显出不耐烦，而是要善于有选择地将提问和讲解有机地结合起来。

（3）导游员要掌握主动权，不要让旅游者的提问干扰讲解，打乱计划。引导旅游者提问时导游员要巧妙地设定问题的范围，让旅游者的提问顺着游览的计划进行。

4. 客问客答法

客问客答法即旅游者提问，由导游员引导其他旅游者回答问题的方法。

客问客答法运用的建议。

（1）有时当旅游者提出某一问题的时候，导游员不立即作出回答，而是把这个问题又转给其他的旅游者，让其他的旅游者来回答，这样能调动大家参与的积极性，活跃气氛。

（2）导游员要扮演好"导演"的角色。

（八）悬念法

悬念法是在讲解时提出某些令人感兴趣的话题，但又故意引而不发，以激起旅游者急于知道答案的欲望的方法，即"欲知后事如何，且听下回分解"。

悬念法运用的建议：

（1）导游员先提出问题但不告知下文或暂不回答，让旅游者自己思考、琢磨、判断，最后才讲出结果。

（2）可借助其他方法来体现悬念，如问答法、引而不发法、引人入胜法、分段讲解法等都可以产生制造悬念的效果。

（3）制造悬念法不能运用过多，过多效果反而不好。

【案例】

游览苏州园林

苏州网师园有"月到风来亭"，此亭傍池而建，面东而立，亭后装有一面大镜子，前面的树石檐墙尽映其中。旅游者到此游览时，导游员可提问一句：每当皓月当空的夜晚，在这里可以看到三个月亮。这句话定会引起旅游者的好奇：天上一月，水中一月，怎会有第三个月亮？当旅游者的脸上露出迷惑不解的表情时，导游员才点破：第三个月亮在镜中。旅游者顿时恍然大悟，高兴之余定会赞叹大镜子的安置之妙。

（九）类比法

类比法就是以熟喻生,达到触类旁通效果的讲解方法。导游员用旅游者熟悉的事物与眼前的景物相比较,定会使旅游者感到亲切和便于理解,达到事半功倍的导游效果。

运用类比法可有下面四种具体方法:

1. 同类相似类比

同类相似类比即将相似的两物进行比较。

【案例】

一些常用的中外相似类比

导游员在实际讲解中,针对不同国家的旅游者,可将北京的王府井大街比作日本东京的银座、美国纽约的第五大街、法国巴黎的香榭丽舍大街;把上海的城隍庙比作日本东京的浅草;把苏州比作"东方威尼斯"(马可·波罗将苏州称为"东方威尼斯");讲到梁山伯与祝英台或《白蛇传》中的许仙和白娘子的故事时,可将其比作中国的"罗密欧与朱丽叶"。

2. 同类相异类比

同类相异类比即将两种风物比出规模、质量、风格、水平、价值等方面的不同。

【案例】

一些常用的中外相异类比

如导游员在讲解古建筑中,在规模上,将唐代的长安城与东罗马帝国的首都君士坦丁堡相比;在价值上,将秦始皇皇陵地宫宝藏同古埃及第十八朝法老图坦卡蒙陵墓的宝藏相比;在宫殿建筑和皇家园林风格和艺术上,将北京的故宫和巴黎附近的凡尔赛宫相比,将颐和园与凡尔赛宫花园相比。

对同样的两种景物,如果要比较的是相同之处,则可以选择同类相似类比;如要比较的是不同之处,则可选择同类相异类比。这两种方法可以同时使用,互相并不矛盾。

3. 时代之比

导游员在导游讲解时,可进行时代之比。由于各国纪年方式不同,在介绍历史年代时应用旅游者能理解的表述方式。

【案例】

故宫的建造年代

第一种介绍说故宫建成于明永乐十八年,外国旅游者听了效果不会好,因为一般不会有几个外国旅游者知道这究竟是哪一年。

第二种介绍说故宫建成于 1420 年,讲解的效果比第一种好一些,这样说起码给了一个通用的时间概念,但仍不能给人以深刻印象。

第三种介绍说在哥伦布发现新大陆前 72 年、莎士比亚诞生前 144 年,中国人就建成了面前的宏伟建筑群,讲解效果最佳。

第三种介绍方法不仅便于外国旅游者记住故宫的修建年代,留下深刻印象,还会使外国旅游者产生中国人了不起、中华文明历史悠久的感觉。

4. 换算

换算就是将抽象的数字换算成具体的事物,以方便旅游者理解,换算时一定要注意对应性和相宜性。

【案例】

故宫导游

导游员在介绍故宫的时候如果直接说故宫的房间有 8 704 间,这个数字太过抽象,不太好理解。可以做这样一个换算:"如果让一个婴儿从出生的第一天开始,每天晚上住一间的话,等他把全部房间都住完,他已经快 24 岁了。"这样旅游者就会发出由衷的感叹。

【案例】

燕子洞导游

云南建水燕子洞的洞口的高度为 54 米。导游员可以这样来介绍:"将昆明工人文化宫(昆明 20 世纪 80 年代最高的建筑物,高 18 层)放在燕子洞的洞口处,你(指旅游者)站在顶楼还要踮起脚尖才能摸到洞顶。"旅游者对这种换算之后的数字就有了较具体的理解了。

(十)归纳法

归纳法即用凝练的词句概括所游览景点的独特之处,给旅游者留下突出印象的导游方法。旅游者边听导游人员讲解边观赏景物,既看到了"林",又欣赏了"树",一般都会有一番议论。这时,导游员可以做适当总结,让旅游者留下深刻、易记的印象。

运用归纳法时,语言要简练,应能用较少的几个字来点出景物精华之所在。

【案例】

各地导游的点睛之笔

上海的导游员曾用"大、洋、挤、全"四个字作为介绍上海的点睛之笔。

云南的导游员用"美丽、富饶、古老、神奇"来赞美云南风光。云南大理的导游员可以将大理风光概括为"风、花、雪、月"。云南罗平的导游员可以用"金花、银瀑"来概括罗平的 30 万亩油菜花和九龙瀑布群。

对南京则可用"古、大、重、绿"四字来描述其风光特点:"古"是指南京有悠久的历史,曾是六朝古都;"大"是指南京有中国最大的河、最大的桥及最大的城墙;"重"是指南京在历史和地理两方面都举足轻重;"绿"是指南京树木繁多,绿色是南京的突出特点之一。

除了上述十种方法之外,导游讲解的方法还有很多,如知识渗透法、科学成因介绍法、创新立意法等。各种方法是相互渗透和联系的,既可以独立使用,又可以几种一起使用。导游员在学习众家之长的同时,应结合自己的特点融会贯通,在实践中形成自己的导游风格,这样才能获得不同凡响的导游效果。

第二节　旅游活动不同场景的导游讲解服务

导游讲解主要涉及五个方面,即首次导游讲解、景区游览讲解、旅行途中讲解、游乐及文化生活讲解。要取得较为理想的讲解效果,导游员就要了解旅游者。讲解不看对象,就等于无的放矢。如果导游员向野生动物保护协会会员推荐野味餐,不仅收不到好的效果,还可能引起误解和不良后果。因此,要有高质量的导游讲解,导游员需要了解旅游团成员的性别、年龄、阶层、身份、职业、志趣及客源国历史、地理、文化和风俗民情等一系列相关问题,要分析旅游者的主要审美趋向,有针对性地安排讲解内容,使旅游者有兴趣。当然,不同场景的导游讲解,其侧重点也是不同的。

一、风景区(点)讲解

(一)讲解要引导旅游者寻觅、发现、享受美

游览风景名胜是旅游者的主要活动项目,也是导游讲解的重头戏。从旅游地理学的角度可把景观分为自然景观和人文景观。从美学角度看,它们都具有美的特征和审美价值,美是两者的共性。然而,正如法国艺术家罗丹所说:"美是到处都有的,生活中不是缺乏美,而是缺乏发现美的眼睛。"对于旅游者来说,游览的目的是对美的追求,然而追求美并不等于能发现美。因此,导游员的任务就是帮助旅游者发现美,指导他们欣赏美,激发旅游者的审美意识,让所有旅游者获得美的享受。

(二)讲解内容

导游讲解中应包括以下内容:

(1)名胜古迹的历史知识,以提高观赏价值。

(2)地理知识。对于风景名胜地,导游员应做到"知其然,知其所以然",不仅要讲其特色,还要讲解其成因,帮助旅游者将感性认识上升至理性认识,提高旅游的审美效果。

(3)文学知识。涉及与风景游览点相关的逸事传说、神话典故、对联匾额、诗词歌

赋、碑帖雕塑等,应予以讲解,以丰富内容,使旅游者充分感受到中国的风景美和文化美。

（4）其他知识,如古建筑、宗教、民俗、书法等。

二、途中导游讲解

（一）途中导游讲解的目的

旅行有长、短途之分,根据行速游缓的要求,旅行宜快。

快与慢往往不以人的主观愿望而转移,而是受交通工具及天气的制约。因此,旅途客观上也构成了游览活动的一部分。尤其是长途陆路旅行较枯燥,旅游者易疲劳,容易使人产生"怎么还没到"的乏味的感觉。旅途中,导游员不仅要介绍风物、风情等,更要增加娱乐活动调节气氛。

（二）讲解内容

讲解内容通常取决于两个方面:旅游者和沿途景物。即旅游者对什么感兴趣?沿途能看到什么?

1. 长途陆路旅行

长途陆路旅行常要经过一些城市,各城市都有值得讲解的风景名胜、文化古迹和民族风情,导游员应该熟悉经过的每一地,虽然不能下车游览,也应顺便介绍讲解。

【案例】

丝 路 之 旅

陕甘的"丝路之旅"、内蒙古的"塞外风光"、云南的"民族采风"之游都需要长途陆路旅行,而旅行途中需经过不少值得介绍讲解的地方。如从西安到敦煌,可乘飞机,也可坐火车,但参加"丝绸之旅"的旅游者大都坐火车,以免失去其意义。如坐火车,先从西安到兰州,再从兰州到柳园,然后换乘汽车到敦煌,可谓长途跋涉。沿途许多城市原为"丝绸之路"上的重镇,如天水、武威、张掖、酒泉、嘉峪关,这些重镇都有一段历史,值得介绍。如天水境内有出名的麦积山石窟,历代造窟 194 个,有各种雕像 7 000 余尊,壁画 1 300 多平方米。天水还有西汉"飞将军"李广墓。酒泉是丝绸之路上的文化古城,据传,因西汉大将霍去病大破匈奴,曾把汉武帝所赐的御酒倒入泉中,与将士共饮,因此得名。酒泉生产的夜光杯是用祁连山的优质玉石雕琢的酒杯,历史悠久,在中国也是素负盛名。相传周穆王时,西戎曾献"五光常满杯",倾酒入杯,对月映照,雪白有光,香味倍增,名"夜光杯"。唐代诗人王翰《凉州词》云:"葡萄美酒夜光杯,欲饮琵琶马上催。醉卧沙场君莫笑,古来征战几人回?"嘉峪关是长城西端的一个关口,与东端的山海关齐名,建于明朝。据传,建筑工匠建关时计算用料十分精确,建成后只剩一块砖。此砖至今仍然保存着。沿途讲解类似的史料、逸事,会给旅途生活带来很多乐趣。

2. 短途旅行

即便是几十分钟的短途旅程,如从机场到市区、从下榻饭店到风景游览点,导游员都应熟知沿途情况,做到见什么讲什么,哪怕是一花一树、一幢建筑物、一个街心花园、一个自由市场,都应加以简短介绍,使初来乍到的旅游者产生兴趣。导游员不能认为自己司空见惯了的平常的事不值一谈。中国人习以为常的事,对外国旅游者来说却是很新鲜的。不同国家的生活环境和生活习惯不同,通过旅游可以增强国际交往,加强相互了解。

(三)导游方式

沿途景物讲解的形式比较呆板,不足以活跃旅游气氛。为减轻旅游者的旅途疲乏,导游员可以组织旅游者讲故事、做游戏、唱歌、猜谜等,以激发旅游者的参与意识。导游员不仅是组织者,更应是活动的引领者和重要参与者。

三、游乐及文化活动的讲解

旅游者每到一地,除参观游览活动外都希望参加文化娱乐活动,如观看各种表演,参加舞会或各种文娱晚会,逛商店、夜市等。这些活动有的是统一组织的,有的是个人自由活动,是旅游生活中的一部分。导游员应与有关方面配合,切实组织好旅游者的文娱活动,并做好讲解服务。

四、特殊场合的翻译讲解

当旅游者参观或与有关方面会见、座谈时,导游员有时还要承担翻译讲解工作。承担翻译讲解工作要求导游员外语要过关,事先要做语言方面的准备,要知道专有名词如何翻译。参观工厂、学校和其他机构时,对参观地的基本情况也要有所了解。在参观、会见、座谈等场合,导游员要明确自己角色的改变。在这些场合,主人是有关单位出面接待的负责人,客人是旅游者,导游员是主客之间的中介。在翻译讲解过程中,应注意不能喧宾夺主,不能取代客人,而是要协调主客间的关系,促进交流,要掌握好分寸。

第三节 "六要素"导游讲解

一、"吃"的讲解

"吃"是旅游活动六要素中的第一要素,是旅游者外出旅游的基本要求。旅游者对吃的要求是层次递进的,不仅要吃饱、吃好,还希望吃出营养,吃出文化和意境。中餐是中国文化中重要的瑰宝之一,其食用价值、美学价值、文化价值乃至科学价值极高。通过"吃"宣传中国传统文化,是导游员应掌握的能力,也是旅游者的希望所在。

(一)对导游员的要求

1. 导游员要有较高的文化素质,全面了解中国饮食文化

中国美食驰名中外,品尝享受中国的佳肴美味是旅游者在旅游过程中的一项重要内容。一次风味美食、一场中国式宴席,包括了美术、工艺、音乐、礼节、仪式、烹饪技艺

及职业道德修养等,几乎包含了中国美食美学的全部内容。对于外国旅游者,从某种意义上说,一次中国美食活动是全面了解和欣赏中国文化的一个窗口。

2. 懂得中国美食菜肴的特点及欣赏方式

导游员在陪同旅游者用餐,特别是品尝风味或出席宴会时,不仅要指导他们如何吃,还要通过"吃"向旅游者展示中国博大精深的饮食文化,引导旅游者从美食家的角度来品尝中国各地的美食佳肴。导游员讲解要做到绘声绘色,让旅游者全方位地感受中国美食。

3. 掌握中国各大菜系的特点,了解一些基本的制作方法

中国地大物博,各地资源与环境各异,人们的口味也不尽相同。在长期的历史发展进程中,中国各地形成了各具特色的地方菜系。每个菜系具有其独特的原料、工艺和口味特色。导游员在讲解各地菜肴时,要善于抓住典型特征,注意饮食与地方民俗相结合、理论分析与实证相结合,注意适当结合当地传说故事。

4. 了解所服务的旅游者的饮食习惯和要求

不同客源地的旅游者,其口味差别较大,不同年龄段的旅游者对食品的喜好也有所不同。因此,导游员在介绍当地特产美食时要有针对性,要兼顾旅游者的宗教信仰等对饮食的要求。

5. 讲解合时宜

导游员对"吃"的讲解通常应安排在去往餐厅的途中,或由于某种特殊事物引发,不能为了讲"吃"而讲"吃"。特别是在旅游者刚用完餐、没有任何胃口的情况下,导游员对"吃"的讲解是不会给旅游者留下深刻印象的。

(二)讲解途径与技巧

1. 菜肴审美

中国菜系众多,菜品丰富多彩,从菜肴的审美和体验来看,又具有共性。导游讲解介绍中餐菜肴时可从以下几个方面进行,引导旅游者获得美的感受。

(1)从"色"的角度。中国菜讲究色、香、味,首要的就是色。颜色的选择、颜色的搭配,与中华民族的审美情趣、菜式、上菜的场合等密切相关。导游员通过菜品讲解,让旅游者大饱眼福。

(2)从"香"的角度。再好看的菜,没有香气就不成为佳肴。导游员可引导旅游者品中国菜的香气,让旅游者的鼻子得到享受。

(3)从"味"的角度。中国菜味道丰富,讲究百菜百味,不同地方的菜肴味道各异。导游员可引导旅游者细细品尝菜味,介绍中国菜的烹饪方法,讲解中国"五味"与阴阳五行说在哲理上的内在联系。

(4)从"型"的角度。中国菜十分讲究造型,如拼盘中的"四拼""八拼""孔雀",热菜中的"龙凤呈祥""龙虎斗""金鱼""彩蝶",还有萝卜雕花、西瓜盅及各种蛋糕等。导游员在旅游者欣赏这些栩栩如生的美妙形象时,向旅游者介绍这些造型的含义,让旅游者在大饱眼福的同时,体会多样的中国文化。

(5)从"质"的角度。"饮食之道,所尚在质",是古人对美食的亲身感受。这里所说的质,包括营养卫生质量、烹调技术因素等,但最主要的是质地,即以触感及口感为对

象的松、软、脆、嫩、酥、滑、爽等。导游员可引导旅游者体会,让他们大饱口福。

（6）从"器"的角度。美食与美器的和谐统一,是中国传统烹饪艺术的一个重要组成部分,还可延伸到对中国瓷器与菜品关系的讲解。

（7）从"名"的角度。中国饮食文化中,除讲究菜的用料、刀工、火候等外,一个名菜往往有一个特殊的名字,如"鱼香肉丝""叫花鸡""佛跳墙"等。导游讲解可灵活地借用特色鲜明的菜名,向旅游者介绍历史悠久的中国饮食文化。

（8）从"意"的角度。中国菜点审美的最高境界是意境。但这种意境的实现多在主题明确的正规宴会之中。例如,文人宴的潇洒风流,喜宴的喜庆热烈……这些意境的实现都要求菜点在品种、命名、烹法等各方面严密配合,围绕主题。

2. 菜肴制作讲解

（1）讲原料。选料是中国厨师的首要技艺,是做好一道中国菜的基础。导游员在介绍菜品时,首先要讲选料。中国烹饪所用原料十分丰富,主要可分为主料、配料、辅料和调料等。而选料的指导思想是"精""细"二字,考虑其品种、产地、季节和生长期,以鲜嫩、质优为佳,并注意选料的部位。即孔子所谓的"食不厌精,脍不厌细"。

（2）讲刀工和火候。刀工是制作菜肴的一个重要环节,刀工直接影响了菜肴的色、形、味。火候是中国菜烹饪中最重要的事,是形成菜肴风味特色的关键之一,是保证菜肴色、香、味、形、营养等的关键。掌握火候是厨师的一门绝技。

（3）讲烹饪方法。烹饪方法是中国烹饪技艺的核心,其实质主要是对热能的运用。火力的大小、强弱、时间的长短及不同的运用方法,产生了许多不同的加热效果,从而形成了丰富多彩的烹饪方法,如炸、炒、熘、爆、炖、烹、煸、煮、焖、烤、烧、烩、煎、涮、蒸、煲、煨等,还有凉菜制作的卤、腌、拌、炝等。

（4）讲调味、讲营养。调味也是中国菜烹调的一种重要技艺。"五味调和百味香"。中国菜的调味手法有基本调味、定型调味和辅助调味三种,不同的菜系有不同的调味体系。

中国菜的选料和搭配十分讲究营养搭配,特别讲究食疗和饮食对身体的影响。不同的季节和不同身体条件的人食用的菜肴是有所不同的,即使是同一原料,季节不同、地域不同,烹制的方法也有较大的差异。

3. 讲解特色风味中所包含的风情——"风味里面有风情"

所谓风味,就是按照地源地域或以当地传统工艺及土特产品为原料制作的菜点,形成了独具特色的风味流派。俗话说"民以食为天,食以味为先"。由于各地物产、气候、习俗和传统不同,不同地方的口味有很大的差异,又形成了各自的特色。在旅游过程中,旅游者十分关心当地的地方风味。把当地与风味有关的风俗民情介绍给饮食者,会使"风味"更有"风味"。

4. 讲"吃"的程序

一次宴会也是一曲美妙的乐章。宴席或风味餐在旅游活动中是个重要的"节目",可以说食者是观众,供食者是演员。由于中国菜点千变万化,宴席主题与意境形形色色,上菜程序一般是不固定的。

二、"住"的讲解

（一）介绍星级饭店

有水平、有艺术、突出特点地介绍有关星级饭店的知识，是导游员水平的体现，是导游员必备的能力。导游员在向旅游者介绍下榻饭店时，要根据旅游者的知识水平、兴趣和所关心的内容来介绍。

在迎接阶段有经验的导游员会先提一下准备入住的饭店的位置、星级标准、服务项目及水平，让旅游者一到达就吃一颗"定心丸"。

（二）介绍所下榻饭店的特色服务

同样的星级饭店，在服务过程中都会有自己特色的服务，这也是饭店业在发展竞争中所必需的。导游员在带领旅游者入住前，要对所下榻饭店的特色有个基本了解，并向旅游者介绍。

通常情况下，旅游饭店的特色主要表现在建筑装饰、周边环境、客房布局与装饰、特色餐饮、服务水平与质量、娱乐项目、企业文化特殊等方面。导游员要根据旅游者的具体情况有选择地介绍，让旅游者全面了解饭店，相应提高旅游者对整个旅游产品质量的感知程度，进而加深对旅游目的地的印象。

导游员介绍饭店的内容一般包括：饭店名称（一定要让旅游者记住饭店的名称）、星级、规模、设施设备条件（根据旅游者的需要介绍）、饭店位置、交通状况（含周边交通条件，教会旅游者如何使用各种交通工具和注意事项）、饭店周围的商业及娱乐设施等。导游员的介绍要实事求是，要让旅游者感到下榻该饭店是旅行社为他们精心准备的，是当地同等档次饭店中最有特色的，他们所享受的是同级标准中最好的服务。

【提示】

不同饭店的导游讲解介绍要点。

老饭店——历史悠久，牌子响亮，服务规范，是身份的象征。

新饭店——设备齐全，装潢考究，虽不知名但住起来实惠、舒适。

闹市区——交通方便，商铺集中，夜生活丰富，自由活动好去处。

僻静区——闹中取静，环境幽雅，空气清新，休闲度假的最好选择。

其他如早餐品种丰富、有异国情调、有民族风格、依山傍水、风景独特等都可以算作饭店的优越条件。

（三）通过对饭店的介绍，引申介绍当地旅游业的发展

导游服务的任务之一是有意识地进行宣传。旅游饭店的建设数量和服务质量是当地旅游业发展的标志之一。通过对下榻饭店的介绍，运用对比、联想等导游讲解方法，介绍当地旅游业的发展，从心理上满足旅游者对旅游目的地求新、求安全的心理需要，对维护旅游目的地的形象和旅游想象促销起到催化剂的作用。

（四）注重饭店人文之美的介绍

目前许多旅游城市和旅游区在饭店的建设中引入了当地民居建筑的风格，在装饰

上体现地方特色和民族特色,使饭店本身成为审美对象,满足了旅游者猎奇的心理,使旅游者获得身心的双重享受。

三、"行"的讲解

途中包括去程和返程。按常规,返程应尽可能不走回头路,但由于景点分布、道路的实际情况及时间等方面的原因,游览的行车路线不可能不走回头路。

由于前面已对途中的导游服务有所介绍,此处只再强调一些导游讲解要点。在行进途中,导游员可根据车子的行进路线、行进速度,选择车窗外的景物引导旅游者观赏,同时介绍当地的自然地理、风土人情、历史典故等,加深旅游者对旅游目的地的了解,也为景点的参观游览做知识的铺垫。途中旅游者的注意力较为集中,是导游员进行宣传介绍的最佳机会。导游员应该根据旅游者的兴趣爱好、情绪选择讲解内容,灵活运用不同的导游讲解方法,吸引旅游者的注意力,引导旅游者参与。

在途中讲解过程中,当路途较长时,导游员的讲解要注意劳逸结合,在讲解中穿插一些有趣的故事和典故,为旅游者准备一些图片、视频或让旅游者下载当地旅游服务的App,作为导游讲解服务的辅助材料。可根据沿途的情况和路途的长短,适当安排旅游者休息。

四、"游"的讲解

(一)突出游览景点中所包容的博大精深的文化内涵

在中国,无论是自然景观还是人文景观,其间都含有独特的文化内涵。古人把自己的思想、感情、观念等融入了名山大川,把古代科技成果及不同时期文化的精髓用古建筑承载下来,通过节日庆典再现古老文明的传承……人们在游览景点时,虽然主要用自己的眼睛去看、去发现,用身心去体验,但要想真正领略其中的奥秘,聆听导游员的生动讲解是重要途径。

(二)在"游"的导游讲解中,要充分发挥中国景观资源的育人作用

中国历史上许多政治家、思想家、诗人、作家、艺术家等都曾以山水为师。中国历来讲究"师法自然"和"师法造化",这充分体现了中国山水的育人作用。近年来,中国的许多景点都被列为"爱国主义教育基地"。因此导游员在进行景点导游的讲解中,要充分挖掘景点的育人内涵,在向旅游者提供"游"的导游讲解服务中,充分发挥景点的育人功能,对旅游者进行爱国主义、国际主义教育。

(三)通过"游"景点,展示独特的华夏文化,向旅游者"传递历史文化信息"

中国几千年来形成的哲学观、价值观,通过众多有形或无形的文化旅游资源向世人展示。我们祖先虽然给我们留下了许多文字材料,但普通人难以读到或读懂,外国人要读到、读懂就更困难了。而蕴藏在景点、古建筑中的信息却是直观的。通过观赏古建筑或古文物,常常给旅游者以启示。以中国古建筑为例,它所传递的信息非常丰富。而且随着现代科学技术的不断发展,人们还将从中得到更多的信息和启迪。

(四)在"游"景点的讲解中,要注意留给旅游者想象的空间

在讲解内容的取舍上要讲究艺术,切忌"一览无余"和"全盘托出",要留下值得旅

游者回味的"遗憾",为其重游奠定"基础"。

（五）具体讲解途径

（1）通过诠释景名,导出景点、景物的特色与内涵。

（2）从不同的角度介绍景点、景物之胜。

（3）从艺术的规律讲解景点、景物之妙。

（4）借用文学素材讲解景点、景物之神。

（5）借用历史(含史实、典故、人物、事件等)讲解景点、景物之意。

五、"购"的讲解

中国地大物博、物产丰富,历史悠久、民族众多,在漫长的历史长河中,我们的祖先发现、创造了众多能反映不同民族和地方特色的、艺术特色鲜明的特产风物。

《中华人民共和国旅游法》(2018 年修正)对旅行社安排旅游者购物活动做了明确的规定:导游和领队……不得诱导、欺骗、强迫或者变相强迫旅游者购物。导游员应严格遵守《中华人民共和国旅游法》的这些规定。导游员在为旅游者提供服务时,不得强迫旅游者购物,但是如果有旅游者对当地土特产感兴趣,希望了解,导游员应根据旅游者的需要,结合当地的文化向旅游者介绍当地的土特产。具体讲解内容建议如下:

（1）特色旅游商品的名称。如果有品牌的话,还应介绍其品牌内涵;若有可能,还可介绍生产企业的基本情况。

（2）特色旅游商品的历史渊源及工艺特征,特别对当地非物质文化遗产类商品要重点介绍。

（3）文化承载与动人传说。在中国,特色传统旅游商品往往都附载动人的传说、故事,同时承载了不同时期人们的美好愿望和文化特色,如中国传统的陶瓷制品、玉器、绣品等。

（4）旅游商品生产制作的基本过程和工艺特色,如中国传统的风筝的制作、功夫茶、普洱茶工艺特色等。

六、"娱"的讲解

（一）欣赏性娱乐活动与导游讲解

由于在观看节目过程中不便于临场过多地讲解,而旅游者特别是外国旅游者对相关戏曲了解不多,为了让旅游者尽兴,从观看节目中了解中国历史文化和地方、民族文化的精髓,导游员要事先对有本地特色的表演和剧目的内容、特色有一个详尽的了解,同时还应把握观看节目的技巧,在恰当的时机向旅游者讲解。通常是在前往观看节目的途中先做一个概述性的介绍,旅游者看完节目后,做总结性讲解,同时要回答旅游者的相关问题。

1. 知识要求

（1）对于戏剧艺术,应全面了解演出的剧目、剧种特点、历史背景、人物刻画、场景布局、服装道具、角色内涵、舞台文化、民俗风情、表演技巧、观看细节、故事情节等。

（2）对于歌舞表演,应了解历史进程、歌舞内涵、服装变化、动作要领、文化展示、歌舞来源、表达含义、表演程序、观赏途径、细节要点、舞台道具、肢体语言等。

（3）对于著名的演艺作品，在观看前可对作品的创作及背景作概要讲解，提示旅游者注意一些细节。浏览观赏结束回程中可进行归纳总结。

（4）对于传统工艺，应了解工艺名称、用料要求、历史发展、现实意义、文化价值、实用价值、艺术价值、操作工艺、制作程序、特色与地位、优点与不足、保存价值等。

2. 导游讲解的要求

欣赏性娱乐活动导游讲解的要求是：简明扼要，通俗易懂，突出要点，语言规范、形象，声情并茂，模拟"表演"。

（二）参与性娱乐活动的导游讲解

这类活动的形式与内容较多，通常在旅游者时间较为充裕时安排，主要形式有骑马、民族节庆活动、民族体育项目、垂钓等。

要参与这类休闲活动，在安排过程中导游员必须向旅游者讲清注意事项，包括安全的保障、活动技巧、注意尊重民族习俗等。要全面了解旅游者所参与项目的注意事项，注重安全问题，在讲解中要介绍项目的发展历史和特点、项目进程安排、活动的技巧、项目与当地民族和民俗的关系等。

第四节　讲解技能提升

导游员讲解，临场发挥尤其重要。导游的原则、常用的导游方法和技巧学得再好，也不能代替讲解实践。导游员讲解水平需要导游员从以下诸方面加以提高：

一、诠释名称、讲解景点的特色与内涵

在实地讲解中，为了让旅游者能对所讲游览景点有更多的了解，若能提纲挈领，就能加深旅游者的理解和印象。如一名杭州导游员在介绍杭州西湖十景时，将西湖十景景名均用一个字来概括，即"春夏秋冬花，晚云夕月柳"，分别道出了苏堤春晓、曲院风荷、平湖秋月、断桥残雪、花港观鱼、南屏晚钟、双峰插云、雷峰夕照、三潭印月、柳浪闻莺的内涵。联语中有五组对景，春对秋、夏对冬、晚对夕、云对月、花对柳。不仅如此，这位导游员还从另一个角度来帮助旅游者理解十景内涵。他说，倘若您对西湖山水流连忘返，便可"曲桥闻春雷，南峰观秋月"。这又从听觉、视觉上对西湖十景进行了概括。"曲桥"是指曲院风荷、断桥残雪，"南峰"是指南屏晚钟、双峰插云，"春雷"隐喻苏堤春晓、雷峰夕照，"秋月"既指平湖秋月，又指三潭印月，"闻"是指柳浪闻莺，"观"是指花港观鱼。在曲桥上忽听一声春雷，在南峰上乍见一轮秋月，真是：此景只应天堂有，西湖美景不胜收。一席话说得对仗工整，朗朗上口，使旅游者情趣盎然。

二、从不同的角度介绍景点之胜

导游员讲解要有一定的深度才能让旅游者留下深刻的印象。因此，导游员必须学习多方面的知识，并运用到实际讲解中去，使旅游者通过听讲，感觉、理解、领悟其中的奥秘和内在的美。如一名庐山的导游员在介绍庐山时，引用了两首诗。一首是李白的

"日照香炉生紫烟,遥看瀑布挂前川。飞流直下三千尺,疑是银河落九天"。另一首是苏轼的"横看成岭侧成峰,远近高低各不同。不识庐山真面目,只缘身在此山中"。他对旅游者说,同是描写风光的诗,但角度各不相同。李白是从文学的角度,采用了修辞中的夸张手法来写景;而苏轼却是从哲学的角度,强调从各个不同的侧面来欣赏庐山。这样一讲,使旅游者在审美赏景时得到了知识的启迪。

三、从艺术的规律介绍景点之妙

指点出各个景点匠心独运的技巧,就可使旅游者品味、揣摩出其独到的奥妙和雅趣。如介绍园林建筑时,把园林构造"以小见大""曲尽其妙"的含蓄造园技巧讲解给旅游者听,才能让他们理解感受到我国江南园林"取于自然,高于自然,虽为人作,宛自天开"的奇妙。

四、用文学素材介绍景点之神

恰到好处地把神话故事、民间传说和名人轶事穿插于景点的讲解中,能增添浪漫的气氛。导游人员可用简洁易记、一语连串的方法来进行介绍,如"断桥不断心肠断"把许仙和白素贞断桥相会这个家喻户晓的故事提炼了出来,"长桥不长情义长"就是由驰名中外的梁山伯与祝英台十八里相送的故事演绎而来的,"孤山不孤"引出了北宋隐逸诗人林和靖"梅妻鹤子"的传说等。

五、用历史史实介绍景点之真

风景名胜之地总是有众多著名史迹,导游员把这些史迹的背景运用在游览讲解中,会使旅游者生发思古之幽情,从而加深对景点及景点所在城市的感情。

总之,导游讲解不仅是一个语言问题,而且是一种导游的方法和技巧问题。导游员通过自己的主观能动作用,以合理、有效的安排,对有不同特点的旅游团(旅游者)进行有针对性的分类讲解,才可能把不动的景致讲活,把不同旅游者的兴致调动起来,使旅游不仅成为一种异乡经历,还成为一种在与人交往中得到精神享受和在审美情趣中得到文化享受的高尚活动。

本章小结

导游讲解服务是导游服务中的核心内容,要提高导游服务质量,必须提高导游讲解技能。讲解技能的提高要从点滴做起。首先要把握导游讲解的原则,其次要掌握并灵活运用导游讲解方法,最后要根据旅游者的情况、旅游的阶段和景区(点)的特色进行讲解。讲解技能需要在实践中不断地得到提高。

复习思考题

1. 如何把握导游讲解的原则?
2. 比较问答法和制造悬念法的特点。
3. 分析归纳法的意义。

4. 景区(点)讲解中应涉及的主要内容有哪些?

5. 分析途中导游的注意事项。

6. 如何提升实地讲解技能?

实训项目

教师带领学生参观一处当地景区(点),由主讲教师模拟导游,由学生分析导游方法的运用及原则的把握。再由主讲教师设定景物对象,指定方法,由同学讲解。

拓展阅读

视频:导游接待重点游客的服务技巧

资料:冰雪旅游

资料:露营与非遗体验旅游

6

第六章　导游词、导游语言与导游训练

学习目标

1. 了解导游词的性质和特点,掌握导游词创作的原则。

2. 了解导游语言的基本特点。

3. 掌握导游词、导游语言的运用。

4. 通过导游词及导游语言的学习,让学生学会把握事物发展的规律,提升学生文学素养写作能力及语言表达能力,增强自信心。

5. 通过实训教学,培养学生在实践中发现问题和解决问题的能力,增强责任意识。

教学建议

1. 主要以教师的课堂讲授为主。

2. 通过观摩让学生掌握口语导游词与书面导游词的创作。

【关键词】

导游词　导游语言　导游词创作

第一节　导　游　词

一、导游员与导游词

导游员与导游词之间的关系就如同演员与剧本之间的关系。剧本提供给演员一个基本的框架,是表演的脚本。优秀的演员在阅读剧本时,自己已经融入角色,已经在体验角色的生活与情感,还可以经过自己的理解与加工,升华剧本。他们表演出来的角色不完全是他们自己,而是角色本身,演员与角色已经融为一体。而蹩脚的演员就只能照本宣科,在表演的时候,观众体验不到角色的情感经历,感受到的是演员在背台词。这样的表演是失败的,同样,这样的演员也是失败的。

导游员与导游词的关系也有异曲同工之处。随着旅游业的发展及旅游者各方面需求的提高,各地都精心编纂了大量的导游词及导游指南等书籍。导游词只提供给导游员一些基本的数据、知识及方法,由于旅游者是千变万化的,不能以不变应万变,对所有的旅游者都背同一篇导游词。正如同演员要体验角色的情感经历一样,导游员也要根据旅游者的年龄、身份、职业、修养、地区等的不同而变换讲解的重点与方法,给旅游者提供所需的知识与信息,才能做到有的放矢,满足旅游者了解旅游目的地的需求。

【提示】

导游员应该根据自己的性格特点与知识水平,创作自己的导游词,形成自己的风格。有风格的导游员才能吸引旅游者、让旅游者记住、让旅游者喜欢。如果导游员的性格外向,那么,导游词的风格就应该是热情大方的;如果导游员的性格内向,导游词的风格就应该是文质彬彬的;导游词风格还可以是知识型的、幽默型的等。

创作的导游词只是一个基础和雏形,在实际导游讲解中切记要根据旅游者的情况及现场要求灵活讲解。

在模拟导游中,导游词的学习、写作与导游讲解训练同样重要。在学校学习或研读经典导游词的基础上,应通过课堂教学或总结他人的经验,学会创作导游词。

二、导游词的特点与性质

这里所说的导游词,主要是指书面导游词,即用文字形式书写出来的导游词。这种导游词一般是根据实际的游览景观、遵照一定的游览线路、模拟游览活动而创作的,它是口语导游词的基础与脚本。掌握了书面导游词的基本内容,再根据旅游者的实际情况加以临场发挥,即成为现场口语导游词。书面导游词既为导游员提供口语导游的材料与借鉴,也为不能身临其境的人们提供了精神旅游的可能性。

（一）书面导游词的特点

1. 临场性

虽然书面导游词没有直接面对旅游者及景观,但它模拟了现场导游的场景,创作者把自己视为导游员,设想自己正带领旅游者游览。因此导游词是循游览线路层层展开的,而且为增加现场感,多以第一人称的方式写作;在修辞方面,多用设问、反问等手法,仿佛旅游者就在眼前,造成很强烈的临场效果。

2. 实用性

导游词的写作目的有两方面,一是给导游员作为实际讲解的参考,二是给旅游者作为了解某一景点或某一旅游目的地的资料。由于上述两个目的,导游词针对每一个景点都使用了翔实的资料,并从各个方面加以讲述。导游员读了以后,经过加工就能成为自己导游讲解的内容,游客读了,能对此景点或旅游目的地有详尽的了解。因此,导游词有很强的实用性。

3. 综合性

导游词既有说明性的特点,还有欣赏性的特点,因此,导游词是综合性的。在一篇导游词中,会用到自然科学知识,如地质成因、动植物学知识、力学原理等,还会用到社会科学知识,如哲学美学知识、诗词歌赋、中外文学等,另外,建筑、园林、书法、绘画等各种领域都会有所涉猎。一篇优秀的导游词往往综合了各个学科门类,多角度、多层面地对景点加以叙述,为阅读者提供全方位的信息。

4. 规范性

导游词的用语应该规范,避免口语化的表达方法,避免地方方言等,即便为了增加幽默感而需要运用地方方言,也应该加以解释,让全国各地的读者都能读懂。规范的用语反映了写作者良好的中文修养与造诣。

（二）书面导游词的性质

导游词是对某一景点或旅游目的地的介绍,它不同于科学文体的说明文。说明文是完全中立的一种书写形式,它以科学、客观的口吻介绍某个事物或过程,为体现其客观性,一般以第三人称的视角写作,在说明文中看不到作者的影子。导游词虽然也是对一个景点游览活动的介绍,但它不等同于游记。游记虽然也是叙述一次游览活动,也描写景观、介绍景点,但游记的写作以游历者个人的感受为重点,虽然记叙了游览活动,但侧重点在于抒发个人情感并阐述通过游历而获得的感悟。古代著名的游记,如柳宗元的《永州八记》、欧阳修的《醉翁亭记》等,文章以描写景物开始,以抒发感慨终结,带有强烈的个人感情色彩。

书面导游词的创作属于文学创作的范畴,但由于其实用性的特点,又不是纯粹的文学创作。它融合了说明性与文学性的特点,是一种综合性的文体。例如,在创作桂林山水、云南石林、贵州龙宫、福建武夷山丹霞地貌等景点的导游词时,必须运用地质学的知识;在写作赵州桥、悬空寺等景点的导游词时,需要运用力学、建筑学的知识;在创作卧龙自然保护区及西双版纳热带植物园时,又要用到动物学、植物学的知识;在创作西安碑林的导游词时,需要运用到书法、文学、历史的知识;创作拙政园、颐和园的导游词时,要用到园林、建筑的知识;创作峨眉山、武当山等景点的导游词时,需要用到丰富的宗教、风景美学知识。

三、导游词的创作原则

导游词是引导旅游者了解游览景点，进而达到审美目的的重要组成部分，因此，它兼具说明性、文学性、艺术性的特点。包含了上述三个方面的导游词，才是成功的、完美的。

说明性、文学性、艺术性，在这里可借用清末著名翻译家严复先生"信、达、雅"的翻译三原则来加以说明。

"信"，其最古老、最基本的意思是"真实、确实"。导游词首先要满足客人对景点最低层次了解的要求，必须做到"信"，即把最基本的信息传达出来。如市容导游词中，城市的海拔、建筑年代、人口、气候特点、工农业情况、重要的历史事件等信息就应在导游词中传达给读者。

"达"，"通达"之义，即所表达的意思要有通达性、可读性。如果只注重"信"，即基本信息的传达，那么，一篇导游词就成了数据的堆积。这样的导游词枯燥乏味，即使读了也记不住。因此，在导游词的创作中，需要加入文学的要素，用恰当的词语加以描述，在写作中运用文学的修辞手法，如排比、对偶、比喻、拟人、夸张、设问、反问等，增加导游词的生动性。同时在内容方面，也需要加入传说、故事、典故等文学性的内容，虚实结合，增强导游词的流畅性与吸引力。

一篇兼具"信""达"的导游词，是一篇合格的导游词。如果要更上一层楼，做到"雅"，那就是一篇优秀的导游词，成为一件"艺术"作品。阅读这样的导游词就是一次愉悦的审美享受。

"雅"，"高尚"之意，高雅、雅致、文雅是描述一个人或一件物的极致之语。一个面容娇美的人有可能是艳俗的；而一个容貌普通的人也可能是高雅的。这里的高雅是一种气质、一种内在的美。表现在导游词的创作方面，雅即艺术性。什么是艺术性？这是非常难以回答的一个问题。正如绘画，如果完全按照现实事物来描绘，那仅是模仿、复制，而不是艺术品。艺术植根于现实而超越现实，是对现实的再创造。

一篇"雅"的导游词，并不是华丽辞藻的堆砌，它应该包含以下的特点：行云流水，风格突出，词句优美，幽默诙谐，虚实结合。阅读这样一篇导游词，读者在文字的带领下，与作者一起神游，如同天马行空，来去自如，不受空间、时间的制约，应该是酣畅淋漓、无比愉悦的。这样的神游，甚至会优于实际的游览，因为，导游词的作者为读者设计了一个最佳时间、最佳环境，没有喧嚣嘈杂，没有风雨雷电，没有游人如织。这就是为什么我们在阅读过一些景点的资料后，再实际游览时，往往会觉得失望，觉得不如想象中的美好。因为优美的导游词已经在我们脑海中描绘了景点的最佳状态，并升华了美学的联想。

第二节 导游语言

一、导游语言的基本概念

语言是人们进行交流的工具。导游语言是旅游活动的交流工具,有广义和狭义之分。

广义的导游语言包括所有与旅游活动有关的语言,包括书面导游词、地方风物志、旅游广告、旅游线路介绍、旅游指南、旅游景点介绍、旅游景点画册、旅游声像资料、网络旅游信息等。

随着经济的发展,旅游成为人们生活中不可缺少的组成部分,它满足了人们放松身心、审美享受的高层次需要。随着旅游业及相关产业的进一步发展,交通、住宿等旅游要件越来越完善,旅游从大团体旅游渐渐向个人化旅游及自助旅游发展。随着人们旅游经验的丰富,旅游的盲目性渐渐被目的性及计划性代替,旅游也从简单的"出去走走"变成有放松身心、吸取知识、增长见识等多重目的。由于上述趋势的出现,人们对广义导游语言的需求越来越大,使静态导游语言呈现多元化的格局。在决定旅游目的地及旅游方式之前,人们会通过书面、声像及网络等多种渠道对旅游目的地进行了解,以便做出选择。

狭义的导游语言即人们通常理解的具体旅游活动中导游员的语言,包括导游员的讲解语言及与之相伴的非语言因素。这部分内容是从事旅游职业的导游员们必须重点掌握的,将在下文加以详细介绍。

二、导游语言的运用

(一)有言语言导游讲解

导游讲解是导游服务的一个重要组成部分,它全面反映了导游员的知识面、文化修养,是提高导游水平的重要方面。因此,做好导游讲解是每一位导游员必须做好的工作。

一个好的导游员,既需要做一个杂家,对各种门类的知识都有一定程度的了解,又要做一个专家,对一些与景点相关的知识深入了解。这是从事实际导游工作前的知识准备。有了充足的知识储备,才能满足旅游者的不同需要,在实际导游工作中得心应手。

丰富的知识储备是导游讲解的基础,要做好讲解服务还要有对知识的驾驭能力。要做一名优秀的导游员仅有知识是不够的。在现实中,不乏这样的例子:一个知识丰富的导游员的讲解却不能引起旅游者的共鸣。导游员是用语言与旅游者交流的,如果表达不出来,不能吸引旅游者,导游讲解就是失败的,导游语言就有问题。因此用什么方法进行讲解,怎样吸引旅游者的注意力并引起他们的共鸣,是值得好好研究的。

对于导游讲解语言应把握以下原则:

1. 灵活性

过什么山,唱什么歌,这是人人皆知的道理,但在实际运用中却不一定掌握得好。

导游员面对不同的旅游者,应该有不同的讲解重点与风格。

【提示】

　　对同一个景点的讲解,如果面对政务类代表团,讲解就要规范明确;面对学者,讲解就应注重知识及信息的传达;面对青年旅游者,讲解就应活泼生动;面对老年旅游者,讲解就应清晰易懂等。

　　对于同一个景点,就不同的侧重点,用不同的方法进行讲解,这要求导游对景点素材的不同侧面都有充分的了解,并有充分把握的能力。这样的讲解是有的放矢的。

　　2. 趣味性

　　旅游是一项愉悦的活动,人们外出旅游,除了为了满足好奇心、求知欲以外,愉悦身心是一个重要的目的。即便是出于学习的目的,能够在愉快的情绪中学习,也是一件令人心情愉悦的事。因此,导游员的讲解应该寓教于乐,注重趣味性。

【提示】

　　面对政务代表团时的讲解虽然在内容上要求规范明确,但不是做报告,形式上应该是有趣味的,不妨穿插一些小幽默及小故事,以调节气氛。但要注意故事及幽默素材的选择,要与时俱进,体现正能量。

　　面对学者时的讲解也不是在做学术报告,在干巴巴的数字外,增加一些故事传说,让数字活起来,同时也让讲解词活起来。

　　在给老年旅游者讲解的时候,如果能给他们唱一支老歌、表演一套太极拳,会立即缩短你与他们在年龄上的差距,赢得他们的认同。

　　平时多收集一些传说典故、幽默笑话,学唱不同时期的歌曲,学一些舞蹈、乐器、太极拳等,在实际导游工作中都会派得上用场,并大大增加导游讲解的趣味性。

　　3. 知识性

　　好奇心与求知欲是推动人类进步的内在动力,因此,每一个人都有增长见识的需要。旅游为人们提供了一个增长见识的好机会。因此,导游的讲解应该注重知识性。

　　对一些专业性很强的景点的讲解,应该在自己学习掌握这些专业知识的基础上,用最易让人明白的语言表达出来,让来自不同文化背景、文化程度不同的旅游者都能理解。

　　(二) 副语言

　　语言是导游员与旅游者交流沟通的最重要的工具。但除了口语语言外,还有副语言的因素,如服饰、表情、动作等,它们对语言有补充、强调的作用,有时甚至能脱离语言独立完成交流任务。恰如其分地运用这些副语言因素,对导游语言是一个重要的补充。

　　1. 服饰语

　　服装饰物及化妆等显示了一个人的气质、修养、爱好等文化价值取向。喜着冷色调服装的人,性格一般较为内向;爱穿色彩鲜艳服装的人,性格则一般比较外向热情。服装式样传统的人,也相应比较保守;服装式样新潮的人,则一般比较前卫。服装在不经意间流露着其主人的性格特点。旅游者见到导游员时,目光最先触及的是导游员的外部特征。因此,导游员穿什么衣服、戴什么首饰、理什么样的发型,是很有讲究的。导游是服务性的工作,服饰应该干净利落,表现出尊重游客、为旅游者提供服务的信息。

【提示】

　　接待正式代表团的旅游者,或者游览活动中有拜访、会谈等活动时,应该着正式服装。男性导游员着西装领带,女性导游员着套装。这样的服装透露出对接待任务的重视,反映出认真严肃的态度。如果在正式的、高规格的接待活动中着便装,在旅游者的心目中就留下了漫不经心、不注重旅游者的印象,非常不妥当。相反,在接待一般旅游团队或团队有登山、长时间户外活动等安排时,则不要穿西装、套装等正式服装,而应穿着适合运动的服装,表示已做好了为旅游者服务的准备。

2. 表情语

表情是人的面部肌肉变化及眼光所传递的感情信息。人的面部有丰富的肌肉,它们的运动会让脸部产生丰富的表情,如笑、哭、愤怒、惊奇、悲伤等。而眼睛在传达感情时所起的作用更是不可替代的。导游员是与旅游者面对面接触的,运用好表情这个副语言因素,将对导游语言表达的内涵起到补充与延伸的作用。

每一位旅游者都憧憬一次愉快的旅游,调节情绪是导游员的一项重要任务。我们提倡微笑服务,导游员发自内心的微笑像阳光一样,能带给旅游者温暖与关爱。在旅游者提问或表达愿望时,以关注的眼神注视着他,让他感觉到你在认真听,他的话很重要。千万不要不耐烦,甚至打断旅游者。你不尊重旅游者,旅游者怎么会尊重你!在长途汽车旅行时,为了调节气氛,常常需要讲一些笑话、有趣的故事等,可以运用夸张的表情来感染旅游者。平常可以研究一下相声、小品及喜剧演员是怎样用夸张的表情来感染观众的。

【提示】

　　导游讲解时配合恰当的表情,将把旅游者带入你预先设定的情景中,能对讲解起到烘托的作用。在参观烈士陵园或南京大屠杀博物馆等景点时,表情要凝重,语速放慢、语调低沉,营造庄严肃穆的气氛。在游览自然景观、公园等景点时,表情应该愉悦灵动,语速稍快、语调提高,传达出轻松快乐的情绪。整个游览过程中,导游员与旅游者就像指挥与乐队一样,导游员要运用好手中的"指挥棒",让旅游者的情绪随着你的"指挥棒"变化——庄严、凝重、轻松、快乐……用自己的情绪感染旅游者,使双方产生共鸣,一同完成一次难忘的、愉悦的审美旅程。

3. 动作语

我们在说话时,常常会配以一些手势及身体的动作,对所说的话加以强调。一些身体的动作可以脱离语言独立表达意思,如大多数国家点头表示同意,摇头表示反对,握手表示欢迎,挥手表示送别,鞠躬表示尊重,耸肩表示不知道或不置可否等。在实际导游活动中应该适当地运用身体语言。在初次接待旅游者时,在"你好"的问候声中,对每一位旅游者都点头示意,传达出导游对每一位旅游者的关注与欢迎。上车后,先致欢迎词,在"各位团友,你们好,欢迎你们"的话音中,向旅游者深深地鞠一躬,除表示对旅游者的欢迎之外,还表达出对他们的尊重之意。在游览途中,要不时用手指示出正在讲解的地方。在机场送别时,与旅游者一一握手送别,并招手致意,善始善终,圆满完成一次导游任务。

第三节　模拟讲解

模拟导游训练是在认真学习书面导游词的基础上进行的由浅入深的训练过程,它是导游培训的实战演练,是进入实际工作前必不可少的准备阶段。经过了良好的模拟训练,就可以直接进入实际导游工作,缩短甚至省略由理论到实践的适应过程。遵循由浅入深的原则,模拟导游训练分为以下五个阶段:自我训练、小组训练、模拟训练、实地训练、实践训练。

一、自我训练

导游工作是服务工作,是与人交流的工作。如何在最短的时间内得到旅游者的认同与信任,是每一个导游员都应该思索的问题。从接触到旅游者的一刹那开始,导游活动的大幕就已拉开,导游员的表演就此开始。怎样吸引住旅游者的注意力,让他们信任你、欣赏你,是一个由表及里的过程。

旅游者最先注意到的是导游员的仪容仪表和服饰装束,其次是表情态度,最后是讲解水平、处理问题的能力。这些方面结合在一起,在旅游者心目中形成了导游员的完整形象。要塑造一个好的形象,需要长期的训练。从小事做起,注意自己的一言一行,养成良好的习惯,就能在不经意间把自己最好的形象展示在旅游者面前。

对镜练习是简便易行且卓有成效的自我训练方法,分为以下三步:

(一)检查自己的仪容仪表和服饰装束

作为导游员,可以有个性,但在工作时不建议标新立异,毕竟导游员从事的是服务工作,让旅游者接受是首要目的。因此,怪异的发型、夸张的化妆、奇异的服饰等应该避免。面对镜子,仔细观察什么样的发型、服装适合自己。

男性导游员应该理短发,披肩长发或光头都不合适。要每天修面,显得精神焕发,而蓄须则让人感觉不卫生。衣着无须名牌,但应该大方得体,干净整洁,给旅游者一种健康向上、精神焕发的感觉。不要佩戴太多的饰物,特别是不要戴太粗的金属项链、手链,不要戴耳环、鼻环等。

女性导游员如果是长发,应该束拢,否则经过一天的户外活动,将变成一蓬乱发。头发不要染过于前卫的颜色,否则比较传统的旅游者会产生反感。面部可化淡妆,切忌浓妆艳抹,且不说旅游者是否接受,只说夏天接团时,汗水也会使脸成为一个色彩混合的"调色盘"。衣服鞋帽以舒适大方为原则,避免穿太短及透明的衣裙、高跟鞋等。导游员是为旅游者服务的,导游员的活动多在户外,穿着窄小的衣裙及高跟鞋,自己行动尚且不便,怎么为旅游者提供服务?而暴露太多或透明的服装给旅游者轻浮、不稳重的印象。女性导游员还应该避免佩戴太多的饰物,当一个装扮得珠光宝气的导游员出现在旅游者眼前时,旅游者的第一感觉恐怕是:她是我们的导游吗?她能为我们提供好的服务吗?

因此,平时要经常对镜子看看自己的仪容及装束,确定什么样的装饰最适合自己,最能表现出自己健康蓬勃的朝气。这是对镜练习的第一步。

(二)表情态度练习

旅游者接触到导游员,第一眼看到的是他的仪容装束这些外在的表象,之后他们开始注意导游员的言谈举止。因此,导游员在举手投足之间,都应该大方得体。首先来说表情。表情是人类特有的感情表达方式,即便与人类关系最近的大猩猩也只有简单的表情。人类的表情传达着语言所不能完全表达的意思,使人类的交流丰富多彩。旅游是一种愉悦的活动,旅游者期望的是一次愉快的旅行。而每天与旅游者朝夕相处的导游员的情绪将对旅游者产生很大的影响。

怎样才能把最佳的情绪传达给旅游者呢?表情、目光、举止传达着内心的情绪。面对镜子,研究怎样的面部表情显得最亲切、诚恳,并加以练习,让这种面部表情成为习惯。除了笑容外,我们还应该找到怎样的目光是诚恳的、可信赖的。眼睛是心灵的窗户,游移不定、闪烁回避的目光反映出你内心也是漂浮不定的。怎样站立、怎样坐下、言谈间配合怎样的手势等,都需要进行练习。对着镜子找到最佳姿势,使之形成习惯,让自己在举手投足之间显示出良好的教养、文质彬彬的气质、诚恳热情的态度。

(三)讲解训练

在认真阅读书面导游词及其他关于旅游景点的文字资料的基础上,经过自己加工,写作出自己的导游词,然后面对镜子大声讲解。一定要大声讲解,如果只是默读或小声地读,不能发现自己在语音语调方面的问题。设想镜子就是旅游者、是听众,把自己准备好的导游词大声朗读出来,克服内心的恐惧。同时配合适当的目光、表情、手势。自我纠正发音、调整语速语调,让自己的声音更加富有磁性。一遍遍地练习,直至整个讲解过程通顺流畅、语速适中、语调优美,并与恰当的表情、体态配合自如。

达到以上三步的训练目标后,对镜练习即可结束。

二、小组训练

对镜练习是关起门来自己练习,以找到自己的最佳表情与姿态,并记熟导游词。下一步即小组训练。有的人,特别是个性内向、怯场的人,自己表演的时候,效果非常好,可是,在大庭广众之下,往往会脸红,开不了口。但是性格中的这些弱点,可以通过训练加以克服。因此,下一步的训练是小组训练,即在小范围内练习,让每一个人都有一个逐步适应的过程。

小组训练一般以 5~6 人为一小组。根据当地的实际情况,拟定一些讲解题目,如欢迎词、沿途导游、市容导游、景点导游、专题讲解等。每次由一个人进行模拟讲解,其他人认真倾听并观察。讲解结束后,其他人可以以旅游者的口吻提一些问题,同时对讲解者的讲解内容、语音语调、表情姿态等进行评论。在进行小组训练时,说者与听者都应该全身心投入。说者应尽量表现出自己的最佳状态,注意每一个细节。听者也要全心投入,不但要认真听,还要开动脑筋,吸取说者好的方面,指出不足之处。这样的练习才能使听说双方都有长进。

小组训练期间,教师要进行点评,指出每一个学生的优点与不足之处,并提出改进意见。小组训练进行几轮后,开始进入模拟训练。

三、模拟训练

模拟训练需要一定的场地与辅助手段,例如大的教室或会议室、投影仪或幻灯等设备。学校需要按照游览线路事先录制好关键景点的资料,在学生讲解时同步播放。

模拟训练开始时,辅导老师及其余学生坐在教室的后半场,前场留给讲解的学生。一定要留出一定的空间,让讲解者有活动的余地,可以配合一定的手势及体态语言,增强讲解的生动性,避免僵硬死板地进行讲解。模拟训练开始,老师播放景点的照片,学生按照照片的顺序进行讲解。讲解时既要面对听众,把目光投向听众,又要不时地把目光投向屏幕,向听众指出讲解的地方。不能低着头,不看听众,自顾自地背书。也不能牢牢盯住一个人,而冷落别人。避免下意识的动作,比如搓手、摸脸、挠头等,更不能有不雅的动作,如挖鼻孔、随地吐痰等。发音尽量清楚,音调中等,太高的音调容易让人疲劳,太低的音调不清晰。要用中等语速讲解,太快了,旅游者听不清;太慢了,听众会丧失耐心。但不能以同样的语速及音调进行整个讲解,有如背书或念经,这不仅不能调动听众的积极性,反而会让听众昏昏欲睡。应该配合讲解的内容,在讲到激昂处时,提高音调,加快语速;在讲到深沉处时,用平缓低沉的语调;讲解基本数据时,放慢语速,并可适当重复;而讲到抒情处时,用热烈明快的语调。这样的讲解,有张有弛,抑扬顿挫,从声音上就已经吸引住听众了。

由于听者有数十人之多,这对讲解者的心理素质是一个考验。要做到脸不红心不跳,把自己平时积累的东西一一展示出来,不但要考虑讲解的内容,还要兼顾表情姿态,不能顾此失彼。有条件的学校还应该把模拟训练的过程录下来,在训练结束后,大家一起来观看。听别人的讲解,可以发现别人的错误及不足之处。但自己的讲解又是怎样的呢?看录像时才能更好地发现自己的缺点。把自己的讲解与他人的讲解进行对比,知己知彼,有利于找出差距,更好地吸取别人的长处,改进自己的不足。

四、实地训练

实地训练需要营造一个仿真的场景,让学生实地体验导游员工作的每一个细节,为下一步进行实际工作积累经验。

由培训单位事先选定实地训练的景点,安排车辆,组织学生前往景点进行实地导游训练。主讲学生从招呼大家上车开始,就以导游员的身份出现。在前往景点的途中,进行沿途导游。车上的其他学生也需要积极配合,把自己当作旅游者,认真听讲,并提出问题。到达景点后,主讲学生按照游览线路的安排,一一向"旅游者"介绍景点。导游是"导"与"游"的结合,讲解是非常重要的一环,但引导也是非常重要的。在一些游览线路非常复杂的景点,需要考虑选择怎样的游览线路才能欣赏到最佳景观,哪一个角度最适合照相,有安全隐患的地方要提醒游客等。讲解可以在教室里、图书馆里准备,但如何解决这些游览中的实际问题却必须在实地训练中积累。一个优秀导游员,除了有良好的讲解水平外,在细节上提醒旅游者、为旅游者提供周到的照顾也是必不可少的。否则,只能算是一个优秀讲解员,而非优秀导游员。

导游是一门综合的艺术,导游员既应是一个上通天文、下知地理、博古通今的"杂家",又应是一个周到细致的服务员。所以导游员需要积累大量的知识,同时又需要放下架子,认真做好每一项服务工作。现在,独生子女已经长大成人,开始走向工作岗位,而许多大学生更是把自己当作天之骄子。他们掌握了丰富的文化知识,但是,却不能做好服务工作。因为他们中的绝大多数从小到大都是被别人照顾,而从来没有照顾过他人。因此,在服务方面更需要进行培训。

五、实践训练

导游是一项实践性的工作,独立工作之前的实习是必不可少的。虽然实地训练已经给学生提供了一个实地导游的机会,但毕竟面对的是自己的同学与老师,而不是真实的旅游者,在心理上感觉是不一样的。而且,实地导游仍然以讲解为训练的主要部分,但在整个导游工作中,讲解工作只是一个组成部分,其他许多程序性的工作非常重要,其中一个环节出了差错,将会给整个旅游活动带来非常大的麻烦。

开展实践训练需要培训单位与旅行社建立良好的合作关系。每年在旅游旺季、团队多的时候,把已经过上述四个步骤训练的学生送到旅行社实习,实习期最好有一至两个月,从了解旅行社的业务流程开始,到实际随团实习。学生跟随有经验的导游员,从接到接待任务开始,认真阅读接待计划,事先联系与落实航班、车辆、酒店、餐厅等环节,根据旅游者的游览行程、来自的地区、年龄、性别、职业等特征,预先准备讲解的重点并进行相关的知识准备。

团队抵达后,从接站开始,交接行李、致欢迎词、入住酒店、景点导游、购物安排、餐饮安排、离境交通票据安排,直至送站,整个接待过程的每一个环节都应该认真学习并掌握。许多实际的工作流程在书本上虽也学过,但在实际操作中却是千变万化的。另外,怎样处理与领队、全陪的关系,怎样处理与客人的关系,怎样处理突发事件等,都是需要在实践中学习的。

随团实习了两三次后,尽可能地自己独立带几个团,从小包价团队开始,到正常的小团队,再到大的团队,把每一次跟团都当作一个挑战来面对。认真总结经验,不断提高,经过一两个月的实习之后,就可以独立胜任导游工作,成为一名合格的导游了。

本章小结

导游词和导游语言是进行实际导游的基础。导游词创作是模拟导游阶段的重要训练内容。导游词(书面和口语)的创作是以丰富的知识和灵活的导游技巧为前提的,但要创作导游词,首先要把握导游词创作的基本理论和示范训练。

复习思考题

1. 分析导游服务与导游词的关系。
2. 什么是导游词？它有什么特点和性质？
3. 创作导游词应遵循的原则有哪些？
4. 分析导游语言中的副语言因素。

实训项目

1. 在形体训练教室进行个人训练。
2. 教师指导学员进行小组训练。

拓展阅读

资料：云南概况导游讲解

视频：导游口头语言表达技巧

视频：实地导游讲解常用技法（一）

视频：实地导游讲解常用技法（二）

模块三

自然景观导游

7

第七章　自然景观

学习目标

1. 了解自然景观的基本内容和特征。

2. 理解和掌握旅游者对自然景观的审美要求。

3. 掌握导游自然景观的要求和注意事项。

4. 提升学生的审美素养及能力。

5. 通过对自然美的赏析,使学生树立"绿水青山就是金山银山"的生态文明观。

6. 培养学生探索自然、自主学习的能力。

教学建议

本章为概述、引导章。教师在教学中可配合相关的图片和声像资料,讲明自然景观的概念、特点,并启发学生总结出自然景观的美学特征。采用模拟教学方式,介绍导游员在进行自然景观导游时的要求和注意事项。

【关键词】

自然景观　构景要素　自然景观导游

第一节　自然景观概述

一、自然景观的概念及特点

（一）自然景观的概念

1. 基本概念

自然景观是指由具有一定美学、科学价值并具有旅游吸引功能和游览观赏价值的自然旅游资源构成的自然风光景象，即大自然自身形成的自然风景，如银光闪闪的河川、千姿百态的地貌、晶莹激滟的湖泉、波涛万顷的海洋、光怪陆离的洞穴、幽雅静谧的森林、珍奇逗人的动物和温暖宜人的气候等。

2. 自然景观的审美感知

山、水、气、光、动物、植物等自然要素的巧妙结合，构成了千变万化的景象和环境。人们对自然景观的观赏，主要是通过人的视觉、听觉、嗅觉、味觉、触觉等途径获得直接感受，进而产生联想，并通过理念的感知印象和综合分析，产生美感并获得精神上与物质上的享受。人们往往用"游山玩水"替代"旅游"，这也说明了山、水在旅游者心目中的地位。

【提示】

导游在导游服务中，要全面调动自己和旅游者的各种感觉器官，用特殊的导游语言启发旅游者产生联想，进而获得精神上的享受。

（二）自然景观的特点

在旅游过程中，自然景观主要表现为旅游者所见到的山水风景、气候天象奇观、动植物等直观景象。自然景观与人文景观相比，具有以下几个特点：

1. 天然赋存性

从发生学的角度看，一切自然景观都是大自然长期发展变化的产物，是大自然的鬼斧神工雕造而成，具有天然赋存的特点，即天赋性，因而它是旅游的第一环境。

【提示】

通过对自然景观天然赋存特点的介绍，提醒人们注意保护生态环境和自然景观。

2. 地域性

自然景观是由各种自然要素相互作用形成的自然环境，具有明显的地域性特征，如我国风景"北雄南秀"的特征反映了我国南北自然景观的总的差异。

【提示】

导游员在导游服务过程中要注意景观的地域对比,灵活运用导游讲解方法,吸引旅游者的注意力。

3. 科学性

自然景观各个要素之间所具有的复杂多样的因果关系和相互联系的特点,反映在自然景观的各个方面。因而自然景观的具体成因、特点和分布都是有科学道理的。

【提示】

导游员在讲解自然景观时,要讲究科学性和知识性,并注意措辞的准确和语言的生动。

4. 综合美

从旅游审美的角度看,一切自然景观都具有自然属性特征的美。在自然景观美中,单一的自然景物,由于构景因素单调,一般来说,它的美是单调的。大多数自然景观美都是由多种构景因素组成的,它们相互配合,融为一体,并与周围的环境相协调,所以体现出了综合美的特点。

【提示】

导游员在导游过程中,应注意知识的融合,用画家和文学家的眼光去审视自然景观,分清层次,引导旅游者欣赏自然景观之美。

5. 吸引价值的差异性

自然景观虽是大自然本身的产物,然而"千座山脉难以尽奇,万条江河难以尽秀",只有具备能引起人们美感属性的自然景观,只有能使观赏者获得美的感受的那部分景观,才是自然美的代表,才具有自然景观美。另外,自然景观之所以能成为人们审美的对象,是与社会的发展水平和人们的综合素质分不开的。两个人同游一处美景,一个人能看到它的美,另一个人却看不到它的美,这是由于两个人的综合素质存在差异。

【提示】

导游员如果自己不具备基本的专业水平、思想水平、文化水平和审美水平,那么无论面对什么自然景观也难以发现并欣赏它的美。所以自然景观并不是和人类文明无关的纯粹的自然物,它在本质上是人类文明发展的表征。因此,只有不断提高自己的专业、思想、文化和审美水平,才能领略到自然景观的隽永,才能正确引导旅游者发现和欣赏自然美景。

二、自然景观的类型

（一）根据开发利用情况划分

依据开发利用情况，可将自然景观分为以下两种：

1. 受人类活动影响较少的自然景观

这类景观大都分布在我国的西部和边远地区。原始自然美之所以原始，是因为它们深藏于崇山峻岭之中，交通不便，人烟稀少，不易发现，因此历史上人为干扰较少，才使其原始风貌保持至今。像珠穆朗玛峰奇景、东北的林海雪原、四川的稻城亚丁、西藏雅鲁藏布江大峡谷及边远地区的自然保护区等，都属于原始自然美景观。

2. 人文点缀自然美景观

人文点缀自然美景观主要分布在我国东部经济较发达的地区。这类景观大都经过了人为的加工，但这些加工都保持了自然美的原形，只是根据自然景物的特点，合理布局一些人文构筑物。这些人文构筑物不仅没有破坏自然美，反而使自然美的个性更加突出。如列入世界遗产名录的黄山、峨眉山、泰山、武夷山、庐山、青城山等都属于人文点缀自然美景观。

（二）根据构景要素及景观特征划分

根据构景要素及景观特征，可将自然景观分为以下四种：

1. 地质地貌景观

地质地貌景观包括一些特殊的地貌类型和地质景观。其中对旅游者吸引力较大的是山岳景观。地质地貌景观是其他类型景观形成的本底，有较高的游览价值，深受旅游者欢迎。

2. 水体景观

水体景观主要包括了地球表面的各种液态及固态水体景观。液态水体景观组合包括江河、湖泊、流泉、飞瀑和海洋；固态水体景观主要指各类冰川。

3. 生物景观

生物景观包括动物和植物景观。

4. 气候和气象景观

气候往往作为区域景观的背景景观而存在，而气象景观则直接作为旅游者观赏的对象。同时天气状况对旅游者的出行有较大影响。

第二节　自然景观的赏析

一、自然景观美所包含的美

（一）形式美

自然景观的美，首先表现在形式上，包括视觉美、听觉美、嗅觉美、味觉美、触觉美等。自然景观的形体、线条、色彩，观之能令人感受到视觉美；风声、雨声、涛声、瀑布声、流泉声、鸟鸣声等大自然发出的各种自然声响，听之能令人感受到听觉美；植物花卉散发出的各种气味,嗅之能令人感受到嗅觉美;植物果实或某些山林特产,尝之能令人感受到味觉美;自然景观,触之能令人感受到十分惬意的触觉美。一句话,能给人以感官上的愉悦、心理上的惬意的任何景观的具体形式,都属于形式美的范畴。

（二）文化美

自然景观的美,同时体现在独特的内容上,这就是具体的物象所表现出来的人类文明程度,这种程度越高,物象的审美价值就越大。许多风景区的名称,如九华山、张家界、黄山、华山;许多景点的名称,如神女峰、老人山、姐妹峰、望夫岩;一些风景区内的历史典故、传说,如登封嵩阳书院的"汉武帝封将军柏"的传说故事等,无不蕴含着前人的主观理解和审美情感。它们都是人类文化发展的产物,包含着一定的社会生活,因而它们不仅仅在形式上给人以美的愉悦,而且在内容上给人以智的启迪,即文化思想的教育和道德情操的熏陶,所以它们同时具有文化美。

（三）象征美

自然景观的美可以通过某些物体形象和意境表现出象征意义或象征美。象征是一种寓意或隐喻,如莲花象征高洁,竹子象征刚直、虚心,苍松象征刚强、长寿……象征美主要体现在景物自身的寓意上,它向审美者暗示景物本身以外的某一较大的、普遍的意义,所以它处在自然景观美的最深层次上。

导游的任务就是要在认识和掌握自然景观美的基础上,遵循形式美—文化美—象征美的思路去进行审美活动。

二、自然景观美的赏析

自然景观欣赏是一个渐进的过程。导游员带领旅游者游览自然景区时,应注意到景观美的特点,引导旅游者渐进地对自然景物进行赏析。

自然景观的外在美,对于普通旅游者来说基本可以通过自己的视觉感受到。但不同的旅游者由于自身条件的差异,对景观的深层次了解及文化内涵的延伸程度是不同的。从中国古代人们对山的审视及所得到的启迪来看也可以证实这一点。

【相关链接】

古人眼中的山

我国古人好山,但山之于其感受不同。孔子之山是陶冶万物的仁者之山;庄周之山是渊默沉潜的善性之师;一代枭雄曹操之山是闪烁着精神光辉之山;陶渊明之山是归隐之山;王维笔下的山是空灵之山……

在旅游过程中,旅游者不仅希望通过游览陶冶情操、获得精神的享受和身体的恢复,同时也希望获得一定的科学知识。每一类自然景观所内含的科学知识是极为丰富的,而这些旅游者通过自己的眼睛是不可能看出来的,例如山岳的成因、年代,河流的源头、水量,植物的种属与特色,气候与气象的变化及影响因素等。这就必须通过导游人员来进行有针对性的介绍。

三、导游自然景观的基本要求

（一）熟悉路线

以自然景观为主体的旅游风景区一般面积都较大,为了不破坏自然景物,游览线路往往较为隐蔽,因此导游人员在带领旅游者游览以自然景观为主体的景区时必须熟悉并掌握最佳游览线路。

【提示】

游览自然景区(点)时,导游员自己首先要熟悉景区(点)的游览路线,避免走回头路,线路不能是断径绝路。如果是自己不熟悉的景区(点),最好提前去踩线。带领旅游者到达景区后,应在导游示意图前讲清行走路径。

（二）掌握必要的自然科学知识

由于自然景观的类型丰富,因此,作为导游人员必须相对全面地掌握与自然景观相关的科学常识。

【提示】

导游员应掌握的与自然景观关系较为密切的知识主要包括地质地貌学、水文学、植物动物学、气象气候学、生态学等常识。

（三）掌握相关的文学知识

中国古代大量的文学作品都与山水有关。要提高讲解自然景观区时的品位,导游员应提高自己的文学修养,适时引入著名的山水诗、词、文,让旅游者真正体验到中国的山水文化精髓。

（四）熟悉相关的延伸文化常识

山水在中国往往作为不同景观的本底,在此基础上产生了不同的文化类型。中国的俗话说:"一方水土养育一方人""一方人创造一方文化"。在中国,自然山水和文化是密不可分的。

（五）掌握自然景观的观景方法

在带领旅游者游览的过程中,要根据不同的景观特点,将静态观赏与动态观赏有机结合,积极引导旅游者游览,在游览过程中要注意"导"与"游"的有机结合等。

在观赏过程中还应注意观赏的距离、角度、时间等。

（六）灵活运用导游方法

针对不同的景物、不同的旅游者要使用不同的导游方法。导游方法多种多样,贵在因时、因地、因人而异,贵在灵活。

本章小结

　　自然景观是吸引游客的要素之一。自然景观的审美是导游工作的重要组成部分。自然景观的导游讲解是导游讲解服务中的一个难点。

复习思考题

　　1. 什么是自然景观？人们是如何感知自然之美的？

　　2. 自然景观由哪些要素构成？

　　3. 自然景观包含了哪些美的内容？

　　4. 导游讲解自然景观的基本要求有哪些？

8

第八章　典型地貌景观导游

学习目标

1. 掌握地貌景观的基本常识。

2. 掌握山岳景观导游,熟悉山岳景观的造景功能及美学观赏特征。

3. 掌握典型山岳景观的导游,熟练进行模拟山岳景观导游。

4. 掌握其他地貌景观(喀斯特地貌、丹霞地貌、风沙地貌等)常识,熟练进行导游。

5. 通过本章的学习,培养学生对祖国大好河山的热爱,弘扬爱国主义精神。

6. 通过学习,锻炼学生坚忍不拔的意志。

7. 通过学习名山知识,理解人与自然和谐共生的内涵,培养学生树立正确的生态文明观。

教学建议

基本常识主要由教师进行课堂讲授,同时注意与"旅游地理""旅游资源"等课程有机衔接。借助影像资料,让学生用讨论的方式总结如何欣赏及如何成功地导游山岳景观。结合景点实习,组织学生进行典型地貌的模拟导游实训。

【关键词】

地貌　名山　造景功能　景观美学

第一节　特殊观赏价值地貌景观导游

一、地貌知识

（一）基本概念

地貌是指地球表面的各种形态,是地球的内力和外力相互作用于地表物质的结果,是地球上各种地表形态的总称。地貌是自然地理的基本要素之一,它与自然界的其他要素(如气候、水文、土壤、植被等)密切联系,相互制约,形成了千姿百态的地貌景观。

由于内、外引力在各地区及不同时间内的组合、作用强度和表现形式不同,各地区的地质构造、岩性不同,因而形成千差万别的地貌形态。

大自然中,地貌既可以直接影响风景的总特征,又可以影响地表水,改变风景的分布体系,还可以影响生物和气候,形成独特的风景气候和生物景观。地貌在很大程度上决定了旅游项目的兴建和选择。地貌类型不同,适于开展的旅游项目也有所不同。

地貌按其成因可分为构造地貌、流水地貌、岩溶地貌、干旱风沙区地貌、冰川冰缘地貌、湖泊地貌、熔岩地貌等;按其基本形态可分为平原、台地、丘陵和山地(山地又可按海拔高度区分为低山、中山、高山、极高山);按其规模可分为大尺度地貌、中尺度地貌和小尺度地貌。不管按哪种依据分类,不同地区的地貌存在明显差异,都具有自己的特点,从而形成了不同类型的地貌旅游景观。

地貌是构成区域风景总特征的基本条件。每一类风景总是与富有特定地貌形态的地域联系在一起。例如,峡谷、瀑布之类的地貌风景多出现在具有流水地貌特征的地域上,沙丘、雅丹之类的风景则多分布在具有干旱地貌特征的地域上。各种地貌景观总是分布于具有不同分异性的地域上,正是因为自然条件的地域差异,才导致居住在不同地区的旅游者产生外出旅游的动机。

（二）具有特殊观赏价值的地貌景观

在地质历史长河中,由于地貌成因的不同,不同地貌的外显景观也各不相同,一些观赏价值较高的就成为重要的旅游景观。

1. 冰川地貌

（1）概念。冰川地貌主要是由于冰川的侵蚀和堆积作用形成的,它分为现代冰川地貌和冰川遗迹。

（2）景观。具有观赏性的冰川景观类型多种多样,典型的如冰川、冰洞、冰巢、冰塔、U型谷、冰斗、角峰、刃脊等。

（3）分布。目前冰川地貌景观主要分布在高纬度和高山寒冷地区,如南极、我国的青藏高原等。冰川遗迹地貌景观分布较广,如我国的庐山、天目山等地。

2. 风沙地貌

（1）概念。风沙地貌是指在干旱或内陆地区,由于强风、流沙和间歇性地表水等因素形成的风化、侵蚀和堆积地貌。

（2）景观特征。风沙地貌景观中对旅游者较具吸引力的有风蚀洼地等各种景观。

连绵的沙丘构成波涛起伏、浩瀚无垠的茫茫沙海。沙丘有流动沙丘、半固定沙丘和固定沙丘之分。流动沙丘表面无植被覆盖,或仅有少许植物,风沙活动强烈,流动性大;半固定沙丘表面植被呈斑块状分布,有局部风沙活动,流动量较小;固定沙丘有密集的植被覆盖,沙丘不易被风吹蚀,比较稳定。风沙流动的稳定程度主要取决于气候条件,特别是水分条件。随着水分条件的变化,我国流动沙丘大致自西向东逐渐减少,固定、半固定沙丘逐渐增多。沙丘也有各种形态,如新月形沙丘和沙丘链、复合型沙丘链、纵向沙垄、金字塔沙丘、穹状沙丘、蜂窝状沙丘、树枝状沙垄等。

3. 流水地貌

(1)概念。由于地表水的侵蚀、搬运和堆积作用而形成的地貌为流水地貌,对旅游者吸引力最大的是峡谷。

(2)景观特征。峡谷常以"雄伟、险秀、寂静、隐蔽"的特色为旅游者所向往。"雄伟"表现在大山连绵,高陡出众,峡谷夹其间,可谓气势磅礴。"险"的含义有三:一为谷坡陡峭而险,二为谷底多急流而险,三为谷线曲折、缭绕而线路险峻。"秀"指山色、树木、花草、间断点缀的怪石和小的地质构造,"秀"还表现在偶有布设的小型建筑物和建筑群。"隐蔽"是山地形态造成的,人们的视野局限在"一线天"之中,加上谷线弯曲的连锁山谷,可闻其音而不见其形。"隐蔽"的另一含义是其处于交通咽喉的闭塞位置,旅游者置身其中,必然产生掩塞隐蔽之情。

【相关链接】

世界著名的峡谷风景

世界著名的峡谷风景有北美的科罗拉多大峡谷,长约 440 千米,平均深度超过 1 500 米,气候干燥,植物甚少,岩石有不同颜色,美国已辟其为国家公园。中国著名的虎跳峡峡谷位于云南省丽江市玉龙纳西族自治县境内,全长约 16 千米,高差约 3 790 米,是我国也是世界上最深的峡谷之一。

4. 喀斯特地貌

(1)概念。喀斯特地貌也叫岩溶地貌,是地表可溶性岩石受水的溶蚀作用和伴随的机械搬运作用形成的各种地貌形态。世界上许多岩溶地区多成为旅游胜地,其作为旅游资源具有很大的吸引力。

(2)景观特征。岩溶景观有地上、地下景观之分。地上岩溶景观最具代表性的如风光"甲天下"的桂林山水,号称"天下第一奇观"的云南石林。地下岩溶景观如被誉为中国第一洞的贵州织金洞,位于桂林、贵州、云南各地的溶洞等。

5. 海岸地貌

海岸地貌是在海岸地带,受风浪、沿岸海流、潮汐和生物作用,在地壳构造运动、岩性以及入海河流等的影响下所形成的对旅游者有吸引力的地貌,包括海蚀地貌和海积地貌。此类型旅游资源不仅能供人观光游览,更重要的能为游人提供 3S(阳光—sun、海洋—sea、沙滩—sand)旅游环境。

6. 丹霞地貌

（1）概念。丹霞地貌指中生代侏罗纪至新生代第三纪形成的红砂岩地层（以红色粗、中粒碎屑沉积的厚层岩为主），在近期地壳运动间歇抬升的作用下，受流水切割与侵蚀形成的独特丘陵地貌，相对高度常在200米以内。

（2）景观特征。丹霞地貌具有顶平、坡陡、麓缓的形态特点，常显奇、险、秀、美的丹崖赤壁和千姿百态的造型，有很高的游览与观赏价值。目前我国发现的丹霞地貌有350多处，典型的有广东丹霞山、江西龙虎山、四川青城山、福建武夷山等。

二、特殊地貌景观导游

（一）特殊地貌景观导游的基本要求

导游特殊地貌景观的基本要求包括以下几个方面：

（1）能根据景观特征辨别和判断不同的地貌景观。

（2）概括掌握不同地貌景观的成因机理，用简明扼要的语言向不同的旅游者讲解介绍。

（3）根据不同的地貌景观，结合旅游文学作品向旅游者讲解，引导旅游者产生审美联想。

（4）整体讲解与典型景物讲解相结合，注意点、线、面的结合。

（5）因时、因地、因人而异，选择导游讲解方法，灵活组织导游语言。

（二）中国著名特殊地貌景观游览与导游

【导游范例】

剑状喀斯特典型景观——昆明石林

（1）石林的地位。石林是1982年国务院批准的首批国家级风景名胜区之一，中国南方喀斯特世界自然遗产核心区，国家5A级景区，是世界最典型的喀斯特地貌景观，范围达350平方千米，素有"造型地貌天然博物馆"之称，是中国的四大自然景观之一。

（2）位置。位于云南省昆明市所属的石林彝族自治县境内，距昆明市区约78千米。

（3）石林的特点。一是发育面积广，目前已被严格保护的石林景观面积约达350平方千米。二是石林演化历史长而复杂。研究表明，在晚二叠纪玄武岩喷发前，石林地区就已有包括石牙、石柱、洼地等喀斯特的发育。玄武岩和凝灰岩的沉积，使本区裸露的和覆盖的喀斯特同时发育，到第三纪时，云南高原的强烈抬升和断陷盆地的形成，使一部分石林和石芽景观再次受到红色沉积的覆盖。第四纪受温暖潮湿气候和地壳不断上升的影响，裸露的石林景观持续发育，使被剥露的石林景观又不断受到改造。三是石林县石林的景观奇特，千姿百态，雄伟壮观，特别是那些剥露改造型石林，成为今日石林的典型代表。它们已成为中国文学、艺术和园林制作的源泉。因此，正如国际洞穴协会前主席所说：看了中国的石林县石林、桂林塔状喀斯特和广西大化七百弄峰丛洼地，就了解了整个宏观喀斯特地貌。四是石林县石林地区保存了大量的古人类化石和石器,有 6 000 年以前彝族的摩崖象形文化。优美和独特的自然环境塑造了彝族人民豪爽奔放、热情好客的特质和以大三弦、阿细跳月为代表的中国独特的彝族撒尼文化。

（4）成因。据科学鉴定,这里在 2.7 亿年前是一片汪洋大海,海底逐渐形成石灰岩沉积区,经过地壳运动,海底上升形成陆地。亿万年来,经过大自然长期的雨蚀和风化,有的石灰岩被溶蚀、沉淀,有的崩塌、陷落,有的堆积,约在 200 万年前即形成这千百万座拔地而起的石峰、石柱、石笋、石芽,远望犹如莽莽丛林的大片危岩石柱。在明末清初,人们就把它称为"石林"。

（5）景点简介。大小石林、乃古石林、芝云洞、长湖、大叠水瀑布、月湖(尚未开发)、奇风洞(尚未开发)7 个区域景区组成了石林风景名胜区。其中重点介绍大石林景区。

大石林游览线路:大门(石林导游、石碑)—石林湖(水与石林、出水观音、五棵树村等)—狮子池—狮子亭(游路上海拔最高的地方,1 778.6 米)—青牛戏水—石屏风(大鹏展翅产生"抑景"作用)—桂花林(人工种植)—朱德题刻("群峰壁立、千嶂叠翠")—海底世界—鳄鱼头(成因:石峰倒塌)—石林胜境(龙云、周钟岳的"石林"题刻,张维翰"天下第一奇观"等)—千钧一发(景观与字意)—刀山火海(典型剑状喀斯特,可导出成因)—且住为佳(土下溶蚀)—无欲则刚(中国的藏头句"壁立千仞")—剑锋池(成因与水源、二洞一石即剑锋石)—极狭通人—仰天俯地—古藤(喀斯特区植被)—双鸟渡食—象踞石台—千年龟—石钟(成因分析)—天然歌厅—老鼠吃火腿—望峰亭(游览路线景观回顾)……后可分三条游路——外围石林—莲花池—小石林……

（6）民族风情。石林彝族自治县有五乡美誉——岩溶之乡、歌舞之乡、摔跤之乡、绘画之乡、烟草之乡。彝族的族称、撒尼人的名称、服饰、居住形式、节日、饮食、习俗、歌舞等也是重要的民族风情。

（7）景点的对比评价。在中国的海南、浙江、福建、贵州、四川、湖南、广西及云南其他地区均有类似于石林县石林景观的分布;在法国、西班牙、土耳其、坦桑尼亚、巴西、澳大利亚、新西兰、巴布亚新几内亚、马来西亚、菲律宾、马达加斯加、越南等国均有剑状喀斯特和类石林的发育。特别是马达加斯加的安卡拉那、波马拉哈的井割景观,覆盖面积大,雄伟壮观;马来西亚穆鲁雨林中的剑状喀斯特形态壮观奇特。它们都是大自然长期刻蚀加工的杰作。然而,由于种种原因,它们的可入性、科学性、美学性和与人类社会、文化的进步的关联性均不可与中国石林县石林相提并论。

【导游范例】

峰林喀斯特景观导游——桂林

（1）概述。桂林市是世界著名的风景游览城市和历史文化名城,享有"山水甲天下"之美誉。地处广西壮族自治区东北部,市辖秀峰、象山、七星、叠彩、雁山、临桂六城区和灵川、兴安、全州、阳朔、平乐、荔浦、龙胜、永福、恭城、资源、灌阳十一县,行政区域总面积27 809平方千米,其中市区面积565平方千米。桂林市地处南岭山系的西南部,平均海拔150米,典型的喀斯特地貌。喀斯特峰林地貌是桂林重要旅游资源。

桂林市属亚热带季风气候。气候温和,雨量充沛,无霜期长,光照充足,四季分明,气候条件十分优越。年平均气温为19.3℃。

(2)峰林喀斯特成因。据地质研究,大约在3亿年前,桂林原是一片汪洋大海。由于地壳运动,海沉积的石灰岩上升为陆地,后经风化和溶蚀,终于形成了神姿仙态的峰林,幽深瑰丽的溶洞和神秘莫测的地下河。这些特殊的地貌与景象万千的漓江及其周围美丽迷人的田园风光融为一体,形成了独具一格、驰名中外的"山青、水秀、洞奇、石美"的"桂林山水",并有了"桂林山水甲天下"的美誉。

(3)景点介绍。漓江是世界上最长最美的画廊,是中国风景线的一颗明珠,是桂林旅游的精华和高潮所在。桂林至阳朔83千米的水程,奇峰万点、秀水千曲、变幻旖旎,一曲激动人心的自然乐章在此演奏。

其他景观有以甑皮岩为代表的丰富的史前历史文化,以灵渠为代表的秦代水利文化,以靖江王墓、王府为代表的宏伟壮观的明藩王文化,以摩崖石刻和山水诗词为代表的异彩纷呈的山水文化等。

【导游范例】

地下喀斯特(溶洞)的典型景观——宜良九乡

(1)地位。国际洞穴协会会员、国家AAAA级风景名胜区、国家级重点风景名胜区。

(2)位置。九乡风景区位于昆明市宜良县境内,距省城昆明90千米,距著名的石林风景名胜区28千米。

(3)景观概述。九乡风景区是云南省以溶洞景观为主体,融自然风光、人文景观、民族风情为一体的综合性风景名胜区。九乡风景区拥有上百座大小溶洞,为国内规模最大、数量最多、溶洞景观最奇特的洞穴群落体系。

(4)主要景区——叠虹桥景区游览。游览路线:荫翠峡—惊魂峡—雄狮厅—仙女洞—雌雄瀑—神田—彝家寨—蝙蝠洞(地下倒石林)—九乡旅游索道。

荫翠峡:峡长1 000米,可划船游览。两岸古崖苍苍,浓荫摇曳,一泓碧水,清幽迷人,如诗如画的景致使人流连忘返。许多诗人作家在荫翠峡留下了美丽动人的诗篇。荫翠峡又名情人谷。

惊魂峡:峡长700米,是目前国内发现的最为壮观的地下大峡谷。两岸刀劈斧削一般,峡底到洞顶将近百米,峡中最窄处仅三四米宽,游人走过无不感到惊心动魄。

雄狮厅:总面积 15 000 平方米,为世界上最大的地下广场大厅,可容上万人在这里聚会。更为神奇的是,整个大厅顶部由一个完整的板块构成,板块上嵌有几个窝形的漩涡,整个顶部板块可谓天衣无缝。

仙女洞:为典型的喀斯特地下风光特征,其中的钟乳石玲珑剔透、美妙绝伦,或依或偎,或坐或卧,宛如一群仙女在此轻歌曼舞,给人一种如临仙境的感觉。

雌雄瀑:两条瀑布由 30 多米高的崖上訇然而下,震耳欲聋。那雄浑壮丽的气势惊天动地,如同黄河倒悬一般。雌雄两条瀑布犹如两位浪漫的情侣难分难舍,使人产生许多联想,给游人留下深刻的记忆。

神田:神田景观奇伟壮丽,充满田园风味,为世界上罕见的一大奇观。神田,科学名为边石盆,在九乡则称为边石湖群。九乡的边石湖群以其独特和田体的博大,被国际洞穴专家誉为世界之最。

彝家寨:在深达 100 米的地下世界中,蕴藏着独特的彝家风情的景观,密枝林、土司城堡等,反映了古彝先民们淳厚的民族风情特征。

蝙蝠洞:地下倒石林的特点是钟乳石倒悬垂挂,如同石林倒长一般。这些钟乳石还有一个与众不同的特点,就是石体倾斜幅度大,不规则。细究起来,是因为空气流向不同而造成的。于是,在九乡,又添了一个风吹石弯的神奇景致。

九乡旅游索道:索道跨度近 1 000 米,如一条飞虹,横跨于青山翠岭之间,游人可以领略到四季不同的九乡地表风光,可跨越数万年的时空,参观古人类遗址张口洞。

【导游范例】

丹霞地貌景观导游——福建武夷山风景区

(1)位置。在福建省北部、闽江上游,方圆 60 千米的山岭溪谷地区。

(2)景观特点。整个武夷山景区可以说是一个以奇秀深幽为特征的天然山水园。自然风景被概括为"三三六六":"三三"是一条三三九曲的溪水,"六六"是六六三十六座峰峦。九曲溪依山而流,山回溪折,折复绕山,山溪相环,所谓"曲曲山口转,峰峰水抱流";三十六峰均由红色沙砾层构成,由于单斜山的构造,往往形成一峰多姿,比水平岩层构成的山峰富于变化。武夷山的山与水配合巧妙,其中以九曲溪最为典型,"曲曲备幽奇,别具山水理"。

武夷山开发的历史已很久远。自秦汉以来,各代帝王、名士、学者不断来山祭扫、游览、讲学等等,故而寺院、书舍、亭台、楼阁等多达 300 余处。山麓有汉代古迹遗址、宋代古窑等古迹。三十六峰上摩崖石刻共有 700 余处。乘竹筏观览九曲风光,沿江可见"空谷传声""金鸡晓月""太公钓鱼""虹桥架壑""玉女临汝"等佳景。故而历代赞:武夷山水天下奇,人间仙境在武夷。

(3)武夷山名产。"茶中之王"的"大红袍"。

【导游范例】

冰川地貌景观——四川海螺沟（现代冰川地貌的典范）

（1）特色。地球上的冰川,几乎全部存在于远离人类聚居的南极地区。其余极少部分,虽分布于各个纬度,但又大多处于高寒、高海拔地区,一般人难以到达。而中国四川的海螺沟冰川,其最下端的海拔高度仅为 2 850 米,低于贡嘎山雪线 1 850 米,使具有一般体力的旅游者都可以亲身登上宽达 2 千米、冰体厚度达 100～300 米的冰川,领略它独有的魅力。

海螺沟的原始森林中蕴藏着日流量达 8 900 吨的高山温泉、热泉和沸泉,出水口温度高达 92℃,水质属碳酸氢钙中性,可饮可浴,对多种疾病有奇效。200 平方米的温泉露天泳池和大小不等的多个露天温泉池蒸汽滚滚腾空,使原始森林中的绿树与奇花异草朦胧一片,影影绰绰。如在冬季至此,还可以一边泡温泉一边赏雪山,在热乎乎的天然温泉里欣赏雪花漫天飞舞的奇景。

（2）位置:海螺沟冰川森林公园位于我国著名山峰贡嘎山东坡,是一条长 30.7 千米的冰川峡谷,浏览区面积约为 200 平方千米。海螺沟以其独有的四大特色而有别于我国的所有著名风景旅游区。

（3）形成:海螺沟冰川生成于大约 1 600 年前,地质学称其为现代冰川。它是贡嘎山最大的一条冰川,长 14.2 千米,末端落入森林带内 6 千米,又形成冰川与原始森林共生的绝景。

（4）景观:冰面河、冰面湖、冰下河、冰川城门洞、冰裂隙、冰阶梯、冰石蘑菇、巨大的冰川漂砾、冰川弧拱和极其宽阔的 U 形冰川峡谷,两侧高逾数百米的留有冰川擦痕的绝壁和黛绿色的原始森林等,形成唯冰川所有的独特景观。更妙的却是这样接近冰川的地方,却有大流量的温泉、热泉甚至沸泉。

（5）游览:由于海螺沟冰川的特殊地理条件,除了冬季外,其他季节均可着单衣或夹衣浏览冰川。

【导游范例】

风沙地貌景观——雅丹地貌

（1）位置。在玉门关西北边 80 余千米的地方,有一大片雅丹地貌,长约 15 千米,似乎一点也看不出来风沙吹着的痕迹。

（2）景观特点。远看,犹如一座建筑风格十分典雅别致的大城市,雅丹地貌高低不同,方圆参差,错落有致,布局有序,而且形成一条条宽阔笔直的大马路,如同巧夺天工的建筑师精心修筑一样,若不亲临,实难相信大自然竟有如此造化。近看,每个雅丹地貌都各具形态,千奇百怪。有的像座塔,有的像宫殿,有的像麦垛,有的像或立或卧的各种动物,有的像大海中乘风破浪的船队,有相当一部分宛如少数民族游牧居住的圆顶毡房。多姿多彩的雅丹地貌不仅赏心悦目,更让人浮想联翩,引起梦幻般的思绪。这又不能不使人们惊奇,大自然的创造与人类的现实生活有着惊人的相似。

这些雅丹地貌土质坚硬,呈浅红色,与青色的戈壁滩形成强烈的对比,在蓝天白云的映衬下格外引人注目。千百年来虽经风吹雨淋、烈日暴晒,但至今英姿不变,或许随着历史的变迁,这些雅丹地貌会变得越来越俊美秀丽。

【导游范例】

火山地貌景观——黑龙江五大连池景区

（1）地位。五大连池位于黑龙江省北部,是国务院 1983 年公布的第一批国家级风景名胜区,为国家级自然保护区,是中国旅游名胜风景区"四十佳"之一,是国家级"地质公园"。

（2）位置。东经 126°00′~126°20′,北纬 48°34′~48°48′。平均海拔高度为 250~300 米,属寒温带大陆性气候。本区夏季较炎热,最高气温可达 34℃,多见于 6~7 月份;冬季较冷,气温一般在-20℃左右,最低日温可达-36℃。年日照时数在 2 100~2 850 小时,年平均降水量在 500 毫米。

（3）景观特点。五大连池在不同时期先后有十四座火山爆发过,早期火山喷发距今已有 130 万年,近期喷发的火山也有 280 年的历史,目前仍保留着完好的火山爆发时的壮观遗迹,素有"火山公园""天然火山博物馆"之美誉,是火山地质科学考察和研究基地。最后一次火山爆发发生在 1719 年—1721 年间,火山熔岩阻塞了当时的河流,形成了五个串珠样的自然湖泊——火山堰塞湖,故得名"五大连池"。

第二节　山岳景观导游

"山是风景的骨架,水是风景的眉目。"山是风景构成的基本要素,而气候、气象、水体、植物、动物等,均因不同的山地条件,呈现出不同的风景形态。

一、山岳导游基本知识

（一）基本概念

山是地球发展过程中所留下的历史遗物。

山岳是组成一个地区地貌的骨架。在地理学上,人们习惯将陆地上海拔高度在 500 米以上,相对高度在 200 米以上,具有明显山顶、山坡和山麓的隆起高地统称为山。而山又是风景的本地,是诸多景观发育的基础,是人文景观的主要承载体。

许多山地还是自然保护区和风景名胜区的所在地,并且拥有丰富的文化遗产和很高的科学价值。山地还是其他风景不可缺少的背景和借景物。

【相关链接】

中 国 山 地

中国是一个多山的国家,地形分布的规律是地势西高东低,呈三级阶梯,自西而东,逐级下降,平原少,山地多,陆地高低悬殊。山地、高原、丘陵等约占全国总面积的66%,平地约占34%,近70%的县区分布于山区。山地和高原多集中于西部地区。海拔500米以下的地区仅占全国面积的16%,海拔1 000米以上的高达65%。全球高于8 000米的12座山峰中,有7座在中国。中国和尼泊尔接壤处的珠穆朗玛峰,据2020年12月8日认定,海拔8 848.86米,是世界最高峰。新疆吐鲁番盆地的艾丁湖海拔在-155米以下。中国陆地正负比差超过9 000米,为世界之最。生活在这样的地理环境中,中国人自古就对山有着特殊的感情,并且有热爱山水、崇尚自然的传统。

(二)观山的途径——山岳的造景功能

1. 山地地貌是山地风景总特征的基本骨架

任何山地及其旅游景观的存在,必须具有某种形式,这是人们能够感知其存在的首要条件,其形态、数量、规模、某些特征、组合方式以及分布的空间位置等,均可能导致形成不同的美感。每个景点都有自身的风景特点。一个山地若有许多景点,便会有许多风景特点,但只有一个或少数几个主要风景特点能代表该山地风景的总特征。这个山地风景的总特征,应该是直接或间接地建立在该山地的地貌特征基础上的。因此可以说,山地的地貌是山地风景总特征的基本骨架。

2. 同为山地,山景因"石"而异

构成山地的"石"既然岩性不同、内外力作用不同,则景色不同。由于岩石自身的物理性质和化学性质不同,常形成特殊的地貌景观。

花岗岩、变质岩相对坚硬,经过地壳上升运动常形成挺拔陡峭的山峰,而得以长期保存。

页岩、石灰岩硬度较小,很容易被风化侵蚀破坏,从而向下、向里凹陷,而使相对坚硬的岩石突起、凸出,使整个山势显得奇、险、秀、绝。

即使是同一种岩石,也因其各部分软硬不同,在长期风化侵蚀作用影响之下,形成形形色色的小景点。张家界的"夫妻岩"和"金龟岩"、大连郊区的"海龟探陆"、普陀山的"二龟听法石"、漓江沿岸的"仙人推磨"、青岛的"石老人"等,都是由于岩石各部位的软硬性质不同和外力作用强度不同而形成的风景形态。

3. 构成山地的地层产状不同,呈现的景观不同

地层呈水平状态分布,容易较长时期地保持着地貌高陡的特点,像桂林、阳朔之间的许多柱状山、张家界的峰林峡谷景观的形成便是其地层呈水平状态分布、岩层重心稳的缘故。

岩层呈倾斜状态分布,就很容易被侵蚀,除某些单面山外,一般不容易形成高大磅礴的气势。

4. 内力作用和外力作用影响的程度不同,则山地景色不同

明朝文学家杨慎在《艺林伐山》一书中,对我国山地做了概括而形象的描述:"玲珑剔透,桂林之山也;岩窬空,巴蜀之山也;绵延庞魄,河北之山也;俊俏巧丽,江南之山也。"这是山景因山而异的典型写照,也是因内外力作用程度不同而形成不同景色的典型例证。

5. 山地地貌形态和位置不同,则景色不同

清代魏源在观赏五岳后,这样写道:"恒山如行,岱(泰)山如坐,华山如立,嵩山如卧,唯有南岳(衡山)独如飞。"他把五岳的形状描写得生动形象、活灵活现。有许多其他的山也是因山形而命名的。

【相关链接】

山体形态与景色

河南省的鸡公山形如雄鸡报晓;浙江省雁荡山的灵峰,犹如一对情深意浓的新婚夫妇,故有夫妻峰之称;长江三峡的巫山十二峰中的神女峰,好像翘首等待夫君归来的女郎;云南昆明的路南石林中的阿诗玛,玉立在她的阿黑哥身旁;江西庐山有酷似五位老人并坐的五老峰。一系列比人拟物的大小山形,不胜枚举。

6. 山地所处的纬度位置、海拔及相对高度不同,景色也不同

有些山地,海拔高度相同或相近,因其所处纬度不同、气象特点不同,则植被类型不同、山地自然景观也不同。

如果山地海拔很高或相对高度很大,会导致高山气候的垂直变化显著,导致出现高山植被类型垂直分布,形成高山自然景色的垂直变化现象。

我国的横断山甚至形成"一山有四季,十里不同天"的垂直景色。其他如天山、喜马拉雅山等高山和极高山的山地,也都有明显的垂直变化的规律。

7. 山景随季节而变

由于我国绝大部分地区位于温带,气候上有着明显的季节性特征,因而导致了同一个山地在不同季节的景色不同。

南宋画家韩拙在《山水纯全集》一书中写道:"山有四时之色,春山艳冶而如笑,夏山苍翠而如滴,秋山明净而如洗,冬山惨淡而如睡之说。"他形象地说明了这个道理。

【提示】

导游员带领旅游者游览山岳前,必须全面了解山岳的构景情况,只有这样才能正确地引导旅游者观景。

(三)观山的内容——山岳的美学特征

山岳的美包括自然美和人工美两个方面,其中自然美是主要方面,其又具体表现为

形态美、色彩美、动态美和听觉美。

1. 形态美

在多种情况下,人们以雄、险、秀、幽、旷、奥、奇7个方面来概括自然景观的自然美。

(1)如果山地体态高大(包括其绝对高度和相对高度均高,体量也大)、岩石陡峭,则产生雄伟的美感。五岳中的泰山便是典型的例子。

【案例】

泰山天下"雄"

由于泰山形体厚重,主峰拔地冲天,相对高差达千米,犹如一人坐在那里,显得稳重磅礴;加之它又高耸于齐鲁丘陵之上,自然就生出雄伟的美感来。

(2)如果山体高陡,山脊狭窄,断层和垂直节理发育,则产生险峻的美感。这个特点以华山最为典型。

【案例】

华山天下"险"

由于华山东西两侧都有节理发育,并受到河谷的深切,南北两侧各有一条断层线,华山断裂上升的角度近90°,且断裂上升的幅度又很大,造成谷底至峰顶的高差达千米以上。更有长达1.5千米的苍龙岭等山脊,径宽不足1米,两旁深渊不可见底,十分险峻。华山五座山峰,座座如立。这种地貌特点决定了华山风景的总特征是险峻。

(3)如果山势起伏蜿蜒,山体线条柔和,植被葱郁,水色净美,则产生秀丽的美感。这种例子很多,尤以峨眉山最突出。

【案例】

峨眉天下"秀"

峨眉山秀在何处?秀在它的山脉波澜起伏,其轮廓状如眉,轻快流畅;秀在茂密的植被覆盖其上;秀在其云雾缭绕。

(4)如果山地山环水绕,丛山深谷,植被茂密,环境寂静,则产生幽的美感。其中以青城山最为典型。

【案例】

青城天下"幽"

青城山的峰林峡谷呈相间分布,各条溪水纵横绕流,森林覆盖率很高,环境既幽深又幽静,特别是夏季里,能将游人带进"蝉噪林逾静,鸟鸣山更幽"的境界。

(5)如果地貌平畴无垠,或者水面坦荡,视野开阔,可极目天际,则产生旷远之美感。这种情况主要产生于大江大河的中下游地区、大湖泊地区、大平原地区、坦荡的高原地区、低缓的丘陵地区以及近岸、广水、旷阔而远山的环境条件下。

(6)如果空间景观显得很封闭,四周崖壁环列,通道狭如岩隙,曲折而出,深邃如井,或是岩溶洞穴,则令人产生神秘莫测的美感。如长达12.1千米的贵州省织金洞,以及"中岳"嵩山,都具有奥的特征。

【案例】

嵩山天下"奥"

中岳嵩山,自古就有"嵩山天下奥""奥岳嵩山"之称。嵩山之奥,除了因地形封闭、空间环境奥之外,还具有古迹众多,文化内涵奥之含义。

(7)如果景观为本身独有,且独具一格,则产生奇特的美感。其中以黄山最为典型。

【案例】

黄山天下"奇"

安徽的黄山,以奇闻名中外,特别是黄山既以云雾为其名景,又以云雾作为划分景区的标志,这在国内独此一处,在世界也没有第二个,足见黄山云雾之奇了。人说山之奇,以泉、云、松为三个条件,黄山齐备,再加上奇特的怪石,怎能不奇?故黄山自古被赞为"震旦中国第一奇山"。今天它已经成为中外公认的天下第一奇山了。

有些山地,不止一个典型风景特征,可能有两个或两个以上的典型风景特征。例如,有一首咏河南石人山的诗曰:"千里访伏牛,佼佼石人山。苍茫饶野趣,雄浑自天然。翅绽金万点,瀑飞玉千里。欲看秀丽姿,遍山开杜鹃。"从这首诗中,我们看到了属于伏牛山脉的石人山风景区的风景总特征是"雄"和"秀"。"雄"的特征是直接通过石人山本身的地貌特点体现出来的;"秀"的特征是通过石人山茂密的植被和杜鹃花体现出来的,正如诗中所写的"遍山开杜鹃"。"秀"在杜鹃,但地貌是基础。

2. 色彩美

山岳的色彩美主要是因四季的交替和晴、雨、阴、晦的天气现象构成了山地自然色彩的变化。所谓"春山如翡,夏山如翠,秋山如金,冬山如银",便是自然景观的季象变化呈现出来的色彩美。

3. 动态美

山岳自然景观的动态美,主要由流水、飞瀑和云雾等要素组成。如"飞流直下三千尺,疑是银河落九天""船上看山如走马,倏忽过去数百群",都是动态美的生动写照;"明月松间照,清泉石上流"是动静结合的具体表现。

山中观瀑,远望如匹练垂空,似为静态,近而观之,又如龙飞凤舞,充满活力,这也是动态美的一种表现;云雾在山谷升起,峰峦在云雾中时隐时现,风吹云动,云动似乎山也在动,这种"云飞而地摇,车行而地转"的现象,构成了"山在虚无缥缈间"的意境,这仍然是动态美的一种表现;还有些静止的物体(景观)自身呈现了动态美。

4. 听觉美

山岳景观还赋予我们以听觉之美。瀑落深潭、溪流山涧、雨打芭蕉、风起松涛等声音,都会在特定的环境中,给人以音乐般的享受。

以上从四个方面论述了山岳景观的自然美,而山岳景观中的人工美——主要是建筑物、桥梁和道路,也是构成风景美不可缺少的组成部分,它与自然景物一起构成绚丽多姿的风景美。山岳风景区的古代建筑能为风景美增添丰富的色彩,具有极高的美学价值和观赏价值。凡是能吸引旅游者的风景区里,古代建筑往往起着主导的作用。

【提示】

山岳景观之美往往是很直观的,但在游览过程中,普通旅游者的观赏一般只停留在单一的美上。因此导游员在进行山岳景观导游服务中要掌握山岳景观美的内涵和特色,同时把握观赏美的时机,引导旅游者观景审美,让旅游者体验到山岳的综合美,进而让他们留下深刻的记忆。

二、中国名山

(一)名山概念

我国广大的山地面积和绚烂多姿的山地景观,成为我国发展旅游业的自然基础。我国的名山众多,数不胜数,雄、奇、灵、秀,各具特色。不少名山是被作为山的代表和山神的象征予以崇拜的。

名山是人们按照自己精神文化的需要,赋予了它种种美好的含义,并从千千万万的山岳中挑选出来的佼佼者。名山是神话传说最多的地方,从三皇五帝、王公大臣到民间的凡夫俗子,都留下了或喜、或悲、或怒、或怨的美丽传说,名山也因此而充满了灵性;而历代名人留下的诗词题赋则更增加了这些名山的文化底蕴,留给人们无尽的遐想。

（二）中国名山名录选

1. 风景名山——黄山和庐山

中国的名山众多，一向以其俊秀的英姿、绚丽的风采吸引着全世界的旅游者，其中以"黄山归来不看岳"闻名的安徽黄山和以"匡庐奇秀甲天下"著称的江西庐山的名气最大，享有"世界级名山"的声誉。

2. 佛教名山

中国有句俗话："天下名山僧占多。"在众多的名山中，宗教名山占据了重要的地位。其中著名的佛教名山有山西五台山、四川峨眉山、浙江普陀山、安徽九华山，故称之为"佛教四大名山"，明代起就有"金五台、银普陀、铜峨眉、铁九华"之说。

3. 道教名山

江西省贵溪市西南有龙虎山，传说第一代天师张道陵炼九转神丹于此，得道后入蜀，其孙张鲁在巴蜀传其道。当时道教有十大洞天、七十二福地，均为道教名山，其中湖北武当山、江西龙虎山、安徽齐云山、四川青城山尤为著名。

五岳是道教崇奉的中国五大名山的总称。道教认为每岳都有岳神，东岳泰山岳神"齐天王"、南岳衡山岳神"司天王"、西岳华山岳神"金天王"、北岳恒山岳神"安天王"、中岳嵩山岳神"中天王"，各领仙宫玉女几万人治理其地。

4. 其他山岳类风景名胜

中国先后两批公布的以山岳景观为主的"国家重点风景名胜区"有近 50 处。除上述"黄庐""五岳""四佛""四道"名山外，还有辽宁千山、浙江雁荡山、安徽天柱山、福建武夷山、山东崂山、陕西骊山、河南鸡公山、重庆缙云山、甘肃麦积山、新疆天山、江西井冈山、河北苍岩山、江苏云台山、浙江天台山、安徽琅琊山、福建清源山、福建万石山、福建太姥山、江西三清山、湖北大洪山、湖南韶山、广西西樵山、广东丹霞山、四川贡嘎山、重庆金佛山、云南玉龙雪山等。

三、山岳景观导游

（一）山岳景观导游途径

1. 从地质角度导游

此种导游带有科普性质，要求导游员全面了解所游览山地的相关地质、地貌学基础知识。

2. 按山地景观在旅游业中所起的作用导游

要求导游员根据不同山地景观资源的旅游功能，突出重点，灵活运用导游方法。

3. 从文化的角度导游

针对我国一些特殊的风景名山，特别是宗教名山等，在导游过程中应该突出其文化特色。

4. 从美学特征的角度导游

对于普通的山岳，或以游览休闲为主体功能的山地，则应该从美学特征的角度进行导游。

（二）导游示范

1. 黄山——一座以景观奇特而著称于世的山体

（1）从地质角度导游。

① 位置。黄山位于安徽省的南部,属黄山市管辖。黄山在秦朝(公元前 221—前 206 年)时叫作黔山,到 747 年(唐朝天宝六年)才有如今的名字。

② 成因。1 亿多年前的地球地壳运动使得黄山崛起于地面,后来历经第四纪冰川的侵蚀作用,慢慢地就变成了今天这个样子。黄山宏伟、庄严,风光迷人,为著名的风景区。

③ 景观特点。黄山是一个奇迹,面积为 154 平方千米,群峰耸立,许多山峰是形如其名,"莲花""光明顶"和"天都"是其中最主要的三个,高度都在 1 800 米以上。这些山峰都是花岗岩体,通常是由竖直接合点连接。侵蚀和断裂促使这些岩石变成巨大的石柱,形成了高峰和深谷。天阴时这些高山在雾霭中隐现,如虚幻一般,天晴时则尽展其威严与壮丽。

（2）从美学特征导游。

黄山的颜色和景色随四季的更替而不断变化。春天,盛开的鲜花色彩缤纷,点缀着四处的山坡;夏天,可以看到青绿的山峰一座连一座,泉水在欢乐地汩汩流着;秋天正是枫树火红的季节,把整个黄山装扮成红、紫相间的世界;冬天则把群山变成一个冰与雾的世界,到处是银枝银石。

（3）按山地景观在旅游业中所起的作用导游。

自古以来就一直有许多旅游者来到黄山,探求其神秘、惊叹其美景。人们渐渐地总结出黄山的四大特征和其吸引人之处,即奇松、怪石、云海和温泉。黄山作为一座著名的中国名山,在以安徽一线为主题的旅游线路中起着画龙点睛的作用,是整个旅游讲解的重点所在。

（4）从文化的角度导游。

黄山看起来清新、年轻,但却有着悠久的历史,古代的书籍、诗歌、绘画和雕刻都是很好的证明。李白并非歌颂黄山的唯一的诗人,唐代诗人贾岛(779 年—843 年)和杜荀鹤(846 年—904 年)也曾来此吟诗作赋。在唐以后的各个朝代中不断有人游览黄山,并在诗中表达他们的赞美之情。明朝伟大的地理学家和旅行家徐霞客(1587 年—1641 年)专门写了两本关于黄山的游记,清朝的新安派大画家渐江(1610 年—1664 年)和石涛(1642 年—1708 年)在身后留下了许多幅关于黄山的画。已经去世的地理学家李四光在其专著《安徽黄山之第四纪冰川现象》中总结了他个人对黄山的考察成果。一代又一代人的题词随处可见,"千姿百态黄山云""刺天峰""清凉世界""奇美"和"独具魅力的风景"等仅仅是其中的几个而已。这些诗一般的词汇配上优美的书法不仅仅是装饰品,它们本身就是一道迷人风景。

2. 卡瓦格博(梅里雪山主峰)——至今未被人类征服的山峰

一座人类尚未登顶的山峰,对游客来讲充满了神秘感。对于普通旅游者来说,游览主要是远观,导游员的讲解过程尤显重要。在实际导游中,导游员要根据内容的需要灵活运用语言技巧,调动旅游者的情绪,制造一种特殊的氛围。

（1）位置。梅里雪山位于云南省德钦县。梅里雪山是云南最壮观的雪山山群，数百里兀立绵延的雪岭雪峰，占去德钦县约 34.5% 的面积。

（2）成因。第三纪造山运动及冰蚀作用。

（3）景观特点。梅里雪山主体雪峰的太子十三峰海拔约 6 000 米以上，各显其姿，又紧紧相连。主峰卡瓦格博峰海拔 6 740 米，是云南境内最高的山峰。迪庆藏族人民世世代代在梅里雪山山脚下留下了生存痕迹，也将深厚的文化意蕴赋予了梅里雪山。

若巧逢天气晴朗，清远澄净的蓝天映衬着高洁雄奇的雪峰，卡瓦格博峰白色的锋芒直指苍穹。左右排列的各个雪峰都仿佛受其制约着，又仿佛是其麾下不可分离的一个整体。这个整体显现着奇异多姿的形态，在广阔明净的空间绘出一道白得耀眼的线条。许多时候，云就罩在雪峰之顶，或系挂于山腰，使其呈现出朦胧神秘的特点。这种缥缈的景象使太子十三峰愈发神奇。雪比云白，比云亮，而云只是雪峰含蓄婉约的一种符号。

3. 泰山——名山之祖

泰山是一座以历史的"厚重"和文化的"广博"而著称的名山，登临泰山犹如阅读一部中国历史与华夏文化的教科书。同时它又以四大自然奇观闻名。这样的名山对导游员的导游讲解来说是一种挑战，要求导游员具备极高的文化素养，要把人文景观导游的相关知识，如古建筑导游、宗教文化导游、民俗导游、登山探险旅游等的知识运用进来，又要有较好的身体条件。在导游中要注意"历史文化"与"自然奇景"的有机融合、综合讲解与游览主题讲解相结合。

（1）历史沿革。秦汉以来，随着帝王的封禅，儒教、佛教、道教相继传入，泰山建筑亦陆续营建。这些建筑始终围绕着"朝天""升仙""祈福""登览"的主题，因山就势，巧妙地利用自然环境，与山石、林木融为一体，成为中国古老名山文化的例证。

（2）主要建筑。岱庙位于泰安城区，是泰山封禅祭祀古御道上的一座宏伟壮丽的古代建筑群，占地约 9.6 万平方米。这里城堞环绕，殿庑嵯峨，门楼高耸，气势非凡。庙以泰山称"岱宗"而得名，主祀泰山神，号称"东岳神府"。主要建筑有正阳门、配天门、仁安门、天贶殿、后寝宫、厚载门、铜亭等。庙内古柏参天，碑碣如林，文物荟萃，游人络绎不绝。

（3）主要景点。王母池—孔子登临处—南天门—碧霞祠—普照寺—十八盘—灵岩寺—齐长城遗址。

王母池位于环山路东首，古称"群玉庵"，又名"瑶池"。三国魏曹植有"驱风游四海，东过王母庐"的诗句，唐李白则有"朝饮王母池，暝投天门关"的吟咏，足见建庙历史之久远。王母池临溪而建，殿庑亭阁，参差坐落在三层台基之上，红墙黑瓦掩映于苍松翠柏之中。前院有王母泉，泉水清澈甘洌；后院为七真殿，殿内泥塑神情各异，栩栩如生。

孔子登临处位于一天门北，为四柱三门式跨道石坊。石坊古藤掩映，典雅端庄，额题"孔子登临处"五个大字，明嘉靖三十九年（1560 年）始建。柱联曰："素王独步传千古，圣主遥临庆万年。"坊两侧分立两碑，东为明嘉靖年间济南府同知翟涛题"登高必自"碑，西为巡抚山东监察御史李复初题"第一山"碑。北侧为两柱单门的"天阶"坊。

南天门位于泰山十八盘的尽头,海拔 1 460 米,古称"天门关"。它建在飞龙岩与翔凤岭之间的低坳处,双峰夹峙,仿佛天门自开。元中统五年(1264 年)由道士张志纯创建。门为阁楼式建筑,石砌拱形门洞,额题"南天门",红墙点缀,黄色琉璃瓦盖顶,气势雄伟。门侧有楹联曰:"门辟九霄仰步三天胜迹,阶崇万级俯临千嶂奇观。"

碧霞祠位于岱顶,是泰山女神碧霞元君祠宇,始建于宋大中祥符二年(1009 年)。整组建筑巍峨严整,气势恢宏。从远处眺望,白云缭绕,金碧辉煌,宛若天上宫阙。祠以山门为界,分内外两院,内院正殿供奉碧霞元君铜像,铜瓦覆顶,东西配殿铁瓦覆盖,是一组高山建筑中的杰作。

普照寺位于岱麓凌汉峰下,秀峰环抱,翠柏掩映,亭殿楼阁,气象峥嵘。清人有"门前几曲流水,寺后千寻碧峰,鸟语溪声断续,山光云影玲珑"的赞咏。普照寺取"佛光普照"之意,传为六朝时建,后历代皆有拓修。寺内东院禅舍清幽,西院绿竹千竿,前院钟鼓楼对峙,中院依次有山门、大雄宝殿、摩松楼等建筑。

十八盘是泰山登山盘路中最险要的一段,共有石阶 1 600 余级,为泰山的主要标志之一。此处两山崖壁如削,陡峭的盘路镶嵌其中,远远望去,恰似天门云梯。泰山之雄伟,尽在十八盘;泰山之壮美,尽在攀登中。

灵岩寺位于泰山西北麓,群山环抱,峰峦耸秀,松柏掩映,殿阁生辉,宝塔峥嵘,泉石清丽,令人流连忘返。灵岩寺历史悠久,最初由东晋高僧竺僧朗创建,唐慧崇和尚重建,以后历代皆有拓修。主要建筑有千佛殿、御书阁、五花殿、大雄宝殿、辟支塔、墓塔林等。寺内古碑林立,殿宇恢宏,香烟缭绕,被誉为"域中四绝第一"。千佛殿内的宋代罗汉彩塑栩栩如生,惟妙惟肖,堪称"海内第一名塑"。

齐长城遗址位于泰安西北 15 千米处。齐长城是春秋战国时期齐国所筑的战争防御建筑,全长 500 余千米,西起平阴,东至小珠山入黄海,将泰山、鲁山、沂山等数百个山岳连为一体,构成齐国的南境屏障。齐长城是我国历史上修筑最早的长城之一,是古代伟大的建筑工程。泰山存有约 10 千米的长城遗址,从断断续续的城基遗迹上,依稀可见当年风采。

本章小结

地貌是风景的骨架,各类地貌景观是游客外出游览观光自然景观的主要对象。要讲解好山岳及特殊地貌景观,导游要掌握一定的地质地貌学常识,并要能结合景观灵活运用。山岳及特殊地貌景观导游是导游解说的基础。

复习思考题

1. 举例说明什么是中国名山。

2. 分析山岳的造景功能及山岳的美学特征。

3. 山岳景观导游途径有哪些?

4. 导游特殊地貌景观的基本要求是什么?

5. 地貌按其成因可分为哪些类型?

实训项目

1. 以一个具体的山岳景观为例,讲述山岳的造景功能及美学特征。

2. 根据本章所给的地貌景观资料,编写一篇导游词(必须注意到地貌景观导游的细节问题),并进行模拟导游讲解。

拓展阅读

资料:全国导游大赛获奖导游词举例

资料:腾冲火山热海旅游区导游词

资料:大理崇圣寺三塔旅游区导游词

资料:丽江玉龙雪山导游词

9

第九章　水体景观导游

学习目标

1. 了解水体景观造景功能及特点。

2. 掌握水体景观的导游要领。

3. 掌握水体景观的美学特征。

4. 通过模拟掌握主要水体景观导游。

5. 培养学生探索大自然的兴趣。

6. 培养学生的爱国情怀,热爱祖国的江河湖海,通过对长江、黄河的导游讲解,增强学生的自信心,提升民族自豪感。

7. 培养学生树立"绿水青山就是金山银山"的生态文明观。

教学建议

相关水体导游的基本常识主要由教师进行课堂讲授,同时注意与"旅游地理""旅游资源"等课程有机衔接。借助影像资料,让学生用讨论的方式总结如何欣赏及如何成功地导游各类水体景观。结合景点实习,组织学生进行部分河段或湖泊的模拟导游实训。

【关键词】

水体景观　造景功能　海洋　江河　湖泊　泉水　瀑布

第一节　水体景观概述

自然界中的风景是由山和水组成的,有山无水,风景就会缺乏生命力,有山有水,环境就会有生机。水与山一样是构成风景的基本要素,是塑造其他风景不可缺少的背景和要素。我国主要的水体景观类型有海洋景观、江河景观、湖泊景观、泉水景观和瀑布景观等。这些景观在构景和造景中均具有形态美、倒影美、声音美、色彩美、光影美、奇特美等特点。因此,做好江河湖海的介绍讲解,能增强景观自身的美感,丰富游览情趣。

一、水体景观的造景功能分析

水是世界上最活跃的物质之一,它能以液态、固态和气态的形式存在,而且广布于大气、土壤、岩石、植物之中,成年人体内部也含有大约65%的水分。生物的出现、存在和进化,人类的诞生、存在和发展,没有水是不可想象的,所以说,"没有水便没有生命""水为万物之源"。

由于受地形和气候等自然因素的综合影响,水总是以多种形式存在于自然界,它或以水蒸气、云雾等气态形式出现,或以雨、露、泉、湖、江河、瀑布、海洋等液态形式存在,或以霜、雪、雾凇、冰雹、冰川等固态形式出现。在一般情况下,水就是江河、湖泉、瀑布、海洋的总称。这里所说的水体景观,主要包括海洋、江河、湖泊、泉水、瀑布等景观。其造景功能主要有以下几个方面:

(一) 独立成景

山脉是地形的骨架,水是山的灵魂。水域风光数量多、质量高、景观美。水有海、江、湖、瀑、泉、冰川之别。有些水域占地面积广,景观独特,以其固有的水态、水色、水形、水声等独立成景。例如,著名的太湖景区、杭州西湖、黄果树瀑布等,其景区名称得益于水景。以水为主的自然景点之美,不但在于各种水体类型本身,更在于各种水体与其他造景因素的相互配合。

(二) 与地形、地貌、动植物、天气和气候等因素配合成景

1. 水与地形、地貌的配合

水与地形的配合是基本的配合,众多自然风景区堪称山水浑然一体,形成了绿水青山交相辉映的绝妙风景。正如北宋画家郭熙所言:"山得水而活,水得山而媚"。从观赏角度看,我国有许多旅游观光胜地,都是以水的秀丽、幽曲所显示的柔性同山地的雄伟、险峻所显示的刚性相结合,而成为旅游观光胜地的。

【案例】

水与地形配合的典范

(1) 长江三峡。三峡的江面与两岸的山地、峡谷以及远山的配合,造就了闻名世

界的典型的河川峡谷景观,成为长江旅游的重点地段。三段峡区具体配合条件上的差异导致了三段峡谷美学特点的差异。如上段的瞿塘峡,江水劈夔门,浩荡东泻,唐代诗人杜甫写下"众水会涪万,瞿塘争一门"的名句;唐朝诗人刘禹锡在他的《巫山神女庙》中写道:"巫山十二郁苍苍,片石亭亭号女郎。"下段的西陵峡流传有"西陵滩如竹节稠,滩滩都是鬼见愁"的说法。又由于长江的树枝状水系发育得十分稠密,导致形成了大三峡之外的"小三峡"和"小小三峡"的美景,使整个长江三峡地区能集雄、奇、险、秀、幽等诸多特点于一处,为世人所向往。

(2)漓江。"江作青罗带,山如碧玉簪",就是由漓江之清水与其两岸之峰林地貌配合而成的绝句、绝景。

(3)其他。

太湖是一个湖中有岛、岛上有湖、湖中有湖、山外有山的旅游区,有"茫茫复茫茫,中有山苍苍"的自然美,同样是水与山配合而成的佳景。

黄果树、九寨沟、壶口等巨型飞瀑,使山水更添动态美。

西部大山的冰峰令人感觉雄奇和神秘;杭州西湖的湖光山色被游人喻为"淡妆浓抹总相宜"。

敦煌鸣沙山观月牙泉,江西大孤山赏鄱阳湖,北京万寿山赏昆明湖,云南昆明西山龙门瞰滇池等。

2. 水与动植物的配合

水与动植物结合成的景色,如杭州西湖的花港观鱼、虎跑梦泉、苏堤春晓,四川九寨沟的五彩池,海南省的"海岛椰林"等景观,以及济南的"四面荷花三面柳,一城山色半城湖"的大明湖,武汉东湖磨山"过尽千帆皆不是,斜晖脉脉水悠悠"的千帆亭,应该说是水与动植物配合而成的名景。而海南岛开展的海底旅游活动,让旅游者能在海底欣赏海底的动植物景观,这则是水与动植物最真实、最生动的配合。

3. 水与天气和气候的配合

水与天气和气候的配合中,如"爽气西来,云雾扫开天地撼;大江东去,波涛洗净古今愁""八月十八潮,壮观天下无""落霞与孤鹜齐飞,秋水共长天一色""万顷湖平长似镜,四时月好最宜秋",都是以文学艺术形式描述长江、钱塘江潮、鄱阳湖、杭州西湖的绝妙景色;还有"雷峰夕照""南屏晚钟""双峰插云""三潭印月"等,是水与天气组合而成的名景;而"苏堤春晓""曲院风荷""平湖秋月""断桥残雪"等,则分别是水与春、夏、秋、冬四季组合而成的名景。

任何自然美景,在一定意义上讲,都是各种造景因素相互配合的结果。白居易的《春题湖上》诗云:"湖上春来似画图,乱峰围绕水平铺。松排山面千重翠,月点波心一颗珠。"如果排除诗中除西湖水以外的所有因素,西湖就没有那么美。可见,凡是美景,皆源于各种造景因素的相互配合。

(三)为人文景观的布置创造了条件

在各种水体类型造景导游中,不但要联系除水以外的其他各种自然造景因素,还应该认真地了解和联系有关的人文造景因素。正是由于水与人文因素中的历史文化和现代建设成就的配合,才形成了许多富有文化内涵的自然景观。

1. 水与历史文化因素的配合

水与历史文化因素如经济、政治、军事、交通、文化、建筑、宗教、民俗等方面的配合,是导游讲解水体景观必须弄清楚的问题,水自然景观的历史文化内涵主要来源于此。

【导游范例】

水与史的"结合"

（1）导游长江三峡中对文史介绍的要求。讲解瞿塘峡必须讲解"奉节"一名的来历,并联系《三国演义》中三兄弟结义的故事,以及白帝城中最感人的"刘备托孤"的故事。"奉节"一词源于"许尤点灯赔老本"的传说。

讲解巫峡的幽深秀丽时,要联系屈原故里——秭归。屈原是我国著名的爱国诗人。当楚国被秦国攻破时,他奋而以身殉国,投汨罗江而死,至今我国在端午节时吃粽子、赛龙舟等民俗,都反映了后人对这位伟大人物的崇敬与怀念。这里还有昭君故里——兴山。昭君和亲对结束汉匈的长期战争具有重要历史意义。在讲解西陵峡滩多流急,以奇、险著称时,还应联系宜昌的三游洞,有"前三游"和"后三游"之说。

（2）西安临潼华清池讲解。应该联系西周、秦、汉、隋、唐等在此大兴土木、修建宫室园林的历史。如周幽王千金难买褒姒一笑,以"烽火戏诸侯"来讨褒姒的欢心,结果导致了西周灭亡的历史悲剧。秦朝秦始皇在此大兴土木,唐代诗人王维在《过始皇墓》中写道:"古墓成苍岭,幽宫象紫台。"唐朝唐玄宗建造华清宫,供杨贵妃宴游,导致"安史之乱",特别是古籍和诗词中留下了许多关于贵妃洗温泉、居华清宫的描写,如白居易《长恨歌》中所描述的"春寒赐浴华清池,温泉水滑洗凝脂。侍儿扶起娇无力,始是新承恩泽时"。

2. 水与现代建设成就因素的配合

水与现代建设成就因素的配合是指新中国成立以来,我国在开发江河、防治水害中所取得的重大建设成就。这些建筑既是建筑工程,又是旅游资源,它们既点缀了原有的水体景观,又丰富了原有的水体景观,成为新奇的旅游资源。

（四）是旅游文学、艺术的创作源泉

水对文学、艺术、绘画等中国文化的发展具有深远意义。中国文学中有游记文学,更有以南朝谢灵运为起始的山水诗,为后人传诵和模仿,历久弥新。中国传统绘画中有大量的作品以山水作为题材,画家们用各种手法描绘祖国的大好河山,几乎使"山水画"一词成了"中国画"的代名词。

二、水体景观游览

（一）海洋景观游览

1. 概念

海洋是地球上广大连续水体的总称,其面积约占地球表面的 71%。海洋的中心部分叫洋;海洋的边缘部分叫海,其面积约占海洋总面积的 11%。海和洋很难截然分开,它们彼此沟通,组成统一的世界海洋。洋的面积虽然是海的近 9 倍,但作为旅游的重点对象的主要不是洋,而是海,并且又多局限于海岸带。

海岸带的旅游资源是在水、陆、气候、生物及多种人文因素的作用下产生的,特别是海水和陆地相接触地带的海岸、沙滩、岛屿等,始终是海洋旅游的重中之重,因此,海洋旅游中十分重视海滨景观。

2. 海滨景观康体体验游览

海滨地区水天一色,视野无比开阔,气候受海洋调节,冬暖夏凉,空气清新,尘埃极少,空气中含有一定量的碘,氧和臭氧的含量也高,有利于人体内维生素的积累和红细胞的增加,有利于食物消化和新陈代谢。海洋不仅是旅游航行的纽带,而且还有和煦的阳光、宽敞的海滩、清洁的海水;加上有大量富含氧的阴离子的空气,配合着大量海底生物和海滨地带的综合景物,使海滨成为最吸引旅游者和具有高尚情趣的旅游活动场所。

3. 中国著名海滨游览区

中国有长达约 1.8 万千米的大陆海岸线,还拥有渤海、黄海、东海、南海共 4 个海域,有广阔的领海。中国海域分布着近万个大小岛屿,岛屿海岸线就更长了,纵跨温带、亚热带、热带三个气候带。

【相关链接】

中国海岸类型

（1）钱塘江口以北,以泥沙质海岸为主,有利于开发游人休憩的海滨沙滩和海滨浴场。但个别地区如辽东半岛、山东半岛等地是基岩海滩。

（2）钱塘江口以南,以基岩海岸为主,多优良港湾,因海水侵蚀作用,多形成各种海蚀地貌景观,如海蚀岬、海蚀穴、海蚀崖、岩滩、海蚀柱以及千姿百态的石块等;但个别地方如珠江口等少数地区为平原海岸。

（3）我国北回归线以南的部分地区还发育了生物海岸,主要包括珊瑚海岸和红树林海岸。珊瑚海岸发育在气候温暖、风浪不大的沿岸海底,故雷州半岛南部、香港地区及南海中一些岛屿的沿岸均有分布。红树林则是抗盐性很强的灌木林,主要分布于福建、台湾、广东、海南岛等地的海岸潮间带。所以,在我国的生物海岸地带能看到热带、亚热带的海滨风光。

　　以上三大海岸类型中,海滨景观多姿多彩。不少海滨风平浪静、沙细滩平、阳光充足、风景美丽,是进行海滨度假和游览的好去处。其中最富有代表性的海滨景观有:大连海滨景观、北戴河海滨景观、青岛海滨景观、厦门海滨景观、北海海滨景观、三亚海滨景观(包括亚龙湾海滨和天涯海角海滨)等。此外,还有蓬莱、烟台、连云港、普陀山、深圳、珠海、汕头等海滨景观。

(二) 江河景观游览

1. 概念

江河是一种天然的地表水流,是由一定区域的地表水(雨水、冰雪融水)和地下水补给,并沿着狭长的谷槽流动的水体。较小的称为溪、涧,较大的称为江、河。江河的旅游价值首先在于观光。这种价值是由江河水体与两岸流水地貌恰当组合而成的。

2. 江河景观观赏与导游

由于流水作用在上中游主要表现为切割,而在中下游主要表现为堆积,因此形成了江河各段落风光的差异。江河景观的特点主要是因它所处的地理环境特点和社会历史背景不同而不同。

(1) 不同温度带的江河,其景色不同。位于北回归线以南的热带季风区的河流,河流虽短,却有热带季雨林景观,所谓椰林风光、雨林奇观便是其代表景观。

在亚热带季风区江河附近能看到亚热带常绿阔叶林景观,如长江因其流量大、汛期长、植被丰、湖泊多、农业富,成为一条"黄金旅游路线"。

暖温带河流,如黄河,主要地处落叶阔叶林地带,虽然流量小、泥沙多、植被稀,但它是中华民族主要的文明发祥地之一,所以,黄河旅游路线是展示我国古老灿烂文化的一条最佳旅游路线。

中温带以松花江、鸭绿江为代表,流量大、植被丰,能看到山清水秀的特色风景。寒温带以黑龙江北段为代表,暖季水漫漫,冬季成冰带,能看到典型的林海雪原的北国特色风光。

(2) 同一江河的不同地段,其景色不同。一条河流,其上、中、下游各段因地貌地势差异而景色不同。以长江为例,其上游的江源处终年白雪皑皑、冰峰雪岭,具有原始、幽静、清新、神秘诱人的特点;上游的峡谷处是典型的河川峡谷景观,它以雄伟险峻的瞿塘峡、曲折幽深的巫峡、滩多水急的西陵峡组合成壮丽的长江三峡,闻名中外。长江的中游江涛滚滚、银光闪闪,组成平原巨川风光。长江的下游更是河渠纵横交错、湖泊星罗棋布,形成"水乡泽国"的景色;河口地带口宽岛多、波涛万顷、江海相连、水天一色,造就了河口三角洲风光。所以整条长江的各段都是优美的旅游走廊。其他江河上、中、下游各段的风光也都各有其特色。

(3) 同一河段,在不同的历史阶段,其景色也是不同的。以淮河为例,在中华人民共和国成立以前,在黄河夺淮入海前,淮河是一条美丽富饶的河流;黄河夺淮入海时,淮河是一片汪洋,并常常发生水灾。中华人民共和国成立后,国家开始重视治理淮河,两岸农田处处绿树成荫。

我国幅员辽阔,江河众多,类型复杂,景色多姿,其中以长江、黄河、珠江、黑龙江、富春江和京杭大运河等为我国最著名的江河景观。

（三）湖泊景观游览

湖泊是陆地表面比较宽阔的天然凹地中蓄积的停滞或缓慢流动的水体。湖泊作为旅游资源,与动态的河流不同,其美感首先在于静态的湖光山色。湖泊素有"大地明珠"之称。

我国的湖泊众多,天然湖泊有 2 万多个。湖泊遍布全国各地,但形态、景观各不相同。有的地区湖泊星罗棋布,有的则串联如带;有的湖泊深居层峦叠嶂之中,有的处于平川之上。这些都与它们的成因和所处环境相关。

湖泊的游览与导游应从类型始,主要有以下三种分类方式:

1. 按湖泊的成因分类

（1）冰川湖。冰川湖是因冰川的刨蚀作用而形成的冰蚀湖,或是冰川消融过程中在冰碛物之间的凹地积水而形成的冰碛湖。我国西部山地冰川活动区都有冰蚀湖或冰碛湖分布,其中尤以新疆天山天池最为著名。

（2）风沙湖。在西北干旱、半干旱地区,由于地表覆盖着松散沙层,地表水多下渗成为地下水,雨季少量洪流与地下水一起汇集在沙丘间低洼处,形成湖泊或沼泽,如内蒙古毛乌素沙漠中的湖泊群。全国最有名的风沙湖,要数甘肃敦煌鸣沙山下的月牙泉。

（3）岩溶湖。岩溶湖是因地表水或地下水对可溶性岩石的溶解和搬运而形成的湖泊。云南东南部、贵州西南部、广西西部有密集的岩溶湖群。

（4）潟湖。潟湖是因古代浅海湾湾口泥沙淤积,形成封闭的沙嘴或沙坝,进而形成的湖泊。其中最有名的是杭州西湖。

（5）构造湖。构造湖是因地壳运动所产生的凹陷盆地积水而形成的湖泊,如洞庭湖、鄱阳湖。

（6）断层湖。断层湖是因地壳构造运动使地面凹陷积水而形成的湖泊,是最常见的湖泊,如滇池、洱海。

（7）火口湖。火口湖是因火山喷发后,火山口洼地积水而形成的湖泊,如长白山天池、台湾日月潭。

（8）火山堰塞湖。火山堰塞湖是火山喷发时,因喷出来的玄武岩流阻塞了河道而形成的湖泊,如镜泊湖、五大连池。

（9）人工湖。人工湖是人工建设形成的各种水库,如三门峡水库、千岛湖、北京密云水库等。

2. 按湖泊所含的盐分分类

按湖泊所含的成分,可分为淡水湖、咸水湖、干盐湖三大类。鄱阳湖、洞庭湖、太湖、洪泽湖、巢湖为我国五大淡水湖;青海湖是我国最大、最著名的咸水湖;察尔汗盐湖是我国的干盐湖,即固体盐湖。

3. 按所处的地形环境分类

按所处地形环境,湖泊可分为平原湖泊和山地丘陵湖泊两大类。前者,特别是面积较大者,如我国五大淡水湖,给人以壮阔浩渺之感。北宋范仲淹写洞庭湖"衔远山,吞长江,浩浩汤汤,横无际涯",是对这类湖景的极好写照。山地丘陵湖泊以及山地与平原结合地带的湖泊则得山水相映之丽。这类湖光山色首推杭州西湖,如苏轼描写道:"水光潋滟晴方好,山色空蒙雨亦奇。欲把西湖比西子,淡妆浓抹总相宜。"与杭州西湖同享盛名的还有扬州的瘦西湖、惠州的西湖、肇庆的星湖、武汉的东湖、南京的玄武湖、昆明的滇池、大理的洱海等。

因民族和地域的差异,我国各地对湖泊的称呼亦有差异:内地多数汉族聚集区称之为湖泊,太湖一带称之为荡、漾、塘,东北平原称泡子,内蒙古自治区称之为诺尔淖或海,新疆维吾尔自治区有称库尔、库勒的,西藏地区则称之为错或茶卡。

(四)泉水景观游览

泉是地下水的天然露头。达到一定规模的泉水,才有可能被开发成为泉水景观。严格地说,地下水出露地表,才称为"泉",但人们习惯上把直接取自地下岩层中的水叫"泉水"。泉水有冷泉、温泉、矿泉之分。泉水是造景育景的重要条件,常让人感觉景色幽雅、秀丽。泉水还可转化为溪、涧、河、湖,造就了更大的风景场地和丰富多彩的特色风景。

1. 冷泉——观赏与品茗

凡是泉温等于或低于该地年平均气温的泉水,叫作冷泉。冷泉主要由雨水或地表水渗入地下不太深的透水层后,又沿着岩石裂隙出露地表而形成的,故冷泉多为浅层地下水的露头。我国的冷泉,以镇江中冷泉、庐山谷帘泉、济南趵突泉、南岳衡山的水帘洞泉、无锡惠山泉、杭州虎跑泉等为代表。

2. 温泉——康体与游览

凡是泉温超过当地年平均气温的泉水(或者水温超过 20℃的泉),叫作温泉。温泉成因较多,多数温泉是由下渗的雨水和地表水,沿着岩石空隙和断裂处循环至地表深处,受地热烘烤增温后,再出露地表而成的;有的是因地壳运动(如火山、断层活动),地下岩浆体在向上部地层侵入地表过程中,水汽、二氧化碳以及某些矿物元素沿着断裂上升,出露地表而成为温泉;有些地壳运动强烈活动地区,在岩浆侵入地表过程中,地下的高温热水发生汽化,在冲破覆盖表层时,产生水热爆炸现象(其水温达 170℃)。无论是何种原因形成的温泉,在高温和高矿化条件下,水中均含有一定数量的特殊化学成分,故温泉一般是矿泉。

我国的温泉资源十分丰富,初步统计有 3 000 多处。有代表性的如:北京小汤山温泉、南京汤山温泉、鞍山汤岗子温泉、西安骊山温泉、云南安宁温泉、广东从化温泉、重庆南北温泉、台湾北投温泉和阳明山温泉等。

3. 矿泉——饮用与健身

凡是泉水中富含有益于人体健康的微量元素等矿物成分和气体的泉水(其矿化度为 1 克/升以上),叫作矿泉。我国是矿泉资源丰富的国家,著名的矿泉有黑龙江五大连池的药泉、山东崂山矿泉、河南三门峡温塘村的温泉、内蒙古阿尔山温泉等。

【相关链接】

泉 水 观 赏

（1）中国奇泉名录。大理的蝴蝶泉、四川广元的含羞泉、寿县的喊泉、湖北当阳的珍珠泉和西藏的水热爆炸等。

（2）"泉城"——济南。济南市南部由石灰岩构成的千佛山，石灰岩地层中有丰富的地下水。当地下水在济南市区露出时，便构成了以趵突泉、珍珠泉、金线泉等72名泉为代表的济南市区的108个上升泉眼。这些泉水顺着地势北流时，就形成了济南市的小河。当这些水随地势北流至市区以北的浅形洼地中汇聚后，便构成了城北的大明湖。从而形成了济南的千佛山、趵突泉、大明湖三绝。济南市也因此被誉为"家家泉水，户户垂柳"的"泉城"。

（五）瀑布景观游览

1. 概念与构景要素

瀑布是因河床落差而形成的跌水。观赏、导游瀑布景观，首先应了解构成瀑布景观的四大要素：一是造瀑层，即河谷中突然形成急坡地段的坚硬岩层。如黄果树的造瀑层是石灰岩，壶口的造瀑层是厚层绿色坚硬砂岩，吊水楼的造瀑层是玄武岩。二是有从造瀑层倾泻下来的水体，即瀑布。三是瀑下深潭。一般瀑下有潭，基本结构是一瀑一潭、瀑潭交错分布，形成瀑潭景观。四是瀑前峡谷。它是造瀑层被侵蚀后退的产物，表明瀑布位置仍在向后。峡谷一般不太长，但很幽深狭窄。

2. 观景与审美体验引导

瀑布的最大特点是山水完美结合、融为一体，给人以动态的声、色美。具体表现为瀑布的三态变化：一是瀑布形态，其形态或飞流急泻，或喷珠溅玉，有喷洒百米以上的飞瀑，也有巨涛滚滚的瀑浪，形态万千，各有特色，给人以雄、奇、险、壮之美感。二是瀑布声态，或轰鸣之声，或巨雷之声，令人未见瀑布先闻其声，具有"先声夺人"之趣。三是瀑布色态，即瀑布下落时形成的各种颜色。瀑布一般呈白色，文人笔下多描写为白练、白绢、白纱、堆雪、素练、银河等，如李白的"日照香炉生紫烟，遥看瀑布挂前川。飞流直下三千尺，疑是银河落九天"。当瀑布的三态变化同周围的山石、峰洞、树林、花草、白云、蓝天乃至人文景观等条件协调结合时，常形成千岩竞秀、万壑争流、美若仙境的奇妙景观。

我国的瀑布众多，最具有代表性的有贵州的黄果树瀑布、黄河的壶口瀑布、黑龙江镜泊湖的吊水楼瀑布，此外，还有雁荡山的大龙湫瀑布，云南的大叠水瀑布，黄山的人字瀑、九龙瀑、百丈瀑等三大瀑布，庐山的三叠泉瀑布、香炉峰瀑布，九寨沟的诺日朗瀑布等。

第二节　水体景观导游

水不仅是人类生存的必要条件,也是人类审美活动的主要对象。

水体景观的吸引力是旅游者难以抗拒的。水有一种天然的亲和力,越来越多的旅游者都将以水为主的景观作为主要目的地。因此,做好江河湖海的介绍讲解,能增强景观的美感,丰富游览情趣。

一、水体景观导游要领

(一) 从水的美学特征进行讲解

水是构景的基本要素,在构景中具有形、影、声、色、光、味、奇等特点。导游人员如能正确掌握这些特点,把自然美和人文美有机地结合起来,将这些美感特征介绍给旅游者,定会提高旅游者兴致,将其导入情景交融的境界。

1. 形态美

海洋、江河、流泉、瀑布一般以动态为主,湖泊则以静态为主,也有受到地形和季节的影响呈现动中有静、静中有动的特点的。因此,导游员对江河湖海形态美的讲解能对旅游者产生很强的吸引力。如"西子三千个,群山已失高,峰峦成岛屿,平地卷波涛",把千岛湖的形态惟妙惟肖地勾勒了出来。又如"黄河之水天上来,奔流到海不复回",写出了黄河一泻千里、气势磅礴的壮阔场景。同样,"五百里滇池,奔来眼底",道尽了滇池的浩渺与辽阔。对景物形态美的讲解,不仅能使旅游者在游览中欣赏到自然景观的美,而且还能受到历史文化美的熏陶。

2. 倒影美

由于水是无色的透明体,所以在光线的作用下,万物倒入皆成影。山石树木、蓝天白云、飞禽走兽,乃至人的活动都会在水中形成倒影,从而让水上水下、实物虚影相互辉映,构成奇趣无穷的画面。如李白在《峨眉山月歌》中写的"峨眉山月半轮秋,影入平羌江水流",就是描写了峨眉山上空的半轮秋月倒映在流动不息的平羌江上的情境,非常幽雅宁静。还有九寨沟镜湖等具有"鸟在水底飞,鱼在天上游"的倒影景观美等。

3. 声音美

水体运动所发出的各种声音,给旅游者营造了特定的情与境。声音能让游人在旅游过程中获得很大的乐趣,如泉水的叮咚声、溪流的潺潺声、瀑布的轰鸣声、海啸的雷鸣声等,清浊徐疾,各有节奏。

4. 色彩美

水本无色,但透入水中的光线,通过水分子的选择吸收和散射,则会出现不同的颜色,给人以色彩美的享受。如渤海、黄海呈黄色,东海呈蓝色,南海呈深蓝色,黄河呈黄色,黑龙江呈黑褐色,鸭绿江呈鸭绿色,九寨沟的五彩池、五花海和火花海等则呈现出多种色彩等。

5. 光影美

水体自身的运动在光线的作用下,会出现美妙无比的光学现象,令人感到赏心悦目。著名的"水光潋滟晴方好",就是描写西湖在晴空下湖水光影美的绝句;又如三潭印月现象,就是月光、烛光、水光的交相辉映,形成"天上月一轮,湖中影成三"的美丽景色;宋代范仲淹称洞庭湖景色是"上下天光,一碧万顷";而丽江古城中的万家灯火让本已浪漫的"小桥流水"再添万种风情。水体在日光、月光和灯光的作用下呈现出来的各种光学景象是非常美妙神奇的。

6. 水味美

有些水体的水质清洌甘甜,还含有丰富的微量元素,如青岛崂山矿泉水、杭州虎跑泉水、济南的趵突泉水等均为甘甜醇厚的泉水,成为酿酒、泡茶和饮料加工的理想水源。

7. 奇特美

水体的最后一个造景功能是奇特美,这是因自然界的一些奇特现象造成的。如安徽寿县的"喊泉",其涌泉量与声音大小成正比;四川广元的"含羞泉",一遇震动,泉水便似害羞的姑娘,悄然隐去,待安静后泉水复出;云南大理有"蝴蝶泉",其他地方还有"笑泉""水火泉""色泉",都是因奇特现象而成为趣景。还有的水体含有丰富的矿物质,具有可饮、可浴、可看、可赏的特点,如庐山温泉、五大连池药泉等,成为我国著名的矿泉理疗康复旅游区。

【提示】

　　导游员在进行江河湖海等水体景观的导游时,如能正确运用其造景功能的形态美、倒影美、声音美、色彩美、光影美、水味美、奇特美来加以讲解,把握其内在特征,就一定能丰富介绍内容,激发旅游者的兴趣,提高人们的审美能力。

（二）突出"水文化"

关于"水文化",吴殿廷教授在他的《水体景观旅游开发规划实务》[①]中总结道:

"水是人生活中接触最多、应用最广、须臾不能离开的物质,所以人们对水的感触最多。久旱逢甘霖、春雨贵如油,表达的是人们对水的渴望;洪水猛兽、水患无情,表达的是人们对水的憎恶;相濡以沫、鱼水深情,说的是感情至深;覆水难收、落花流水,则表现出几多无奈。

水是有形的,因它无处不在;

水是无形的,变化万千不可捉摸;

水是刚毅的,因可水滴石穿;

水是温柔的,恰如中国古代之贤妻良母;

水是纯洁的,既可以水为净,也应以水为镜,以水为鉴;

水是浪漫的,载着童子、诗人、画家云游梦幻天国。

水是生命的源泉,孕育所有生机,包括人类,而且构成人身之主体;水博大精深,既用宽阔温暖的胸膛包容人间万象,又用豪迈奔放的气概荡涤世间污浊。"

辞海里关于水的词条,仅首字为水者即达 400 多个;中国文学、历史书籍中,关于

---

① 吴殿廷. 水体景观旅游开发实务[J]. 北京:中国旅游出版社,2003.

水、涉及水的成语、俚语、俗语数不胜数,水确实构成了一种文化现象。

广义水文化:水科学+水文学+水艺术。

狭义水文化:水文学+水艺术＝成语、俗语、典故、传说、音乐、美术、电影、电视……

水文化隐含了河流文化、湖泊文化、海洋文化、泉文化、桥文化、船文化……可以进一步引申为酒文化、茶文化、汤文化、粥文化等。正如我们生息的这颗蓝色星球上的水体一样,水文化亦可谓博大精深。

【提示】

导游员在进行水体景观导游的过程中,应多从文化的角度予以评价。水在人们的心目中,能给人以不同的启迪,水体景观是其独特的"形"与特定的"意"的统一。在实地导游过程中,导游人员应深入挖掘水体中所蕴含的力量、温柔、纯洁、无私等内涵,通过传神的语言和丰富的导游方法,把不同层次的信息传达给旅游者。

（三）全面了解水体的风格与差异

同为水景,但因为水的类型不同,如海水、江水、河水、湖水、泉水、溪水等,所展现给人们的景致也不同。

1. 水体类型不同,美的风格不同

自古以来,人们一直觉得,海洋浩瀚无际、碧波万顷、怒潮澎湃、深邃奥妙,唐代诗人白居易的"海漫漫,直下无底旁无边"的诗句,就是这种望洋兴叹的写照。的确,碧蓝无垠的海水、洁白飞溅的浪花、汹涌澎湃的怒潮,能给人以视野开阔、极目天涯之感,能使人精神振奋、思潮澎湃,催人奋进。而流泉、溪涧、小湖,则多给人以秀丽、幽美之感。江河大湖常介于两者之间,江河虽有"孤帆远影碧空尽"的意境,但终不及海洋带给人们的意境真切又强烈。某些海岸虽然也有秀丽幽美的景色,但终不如泉、溪、小湖带给人的恬静与浓厚。所有这些,都是由于水体的类型不同。所以,同为水体,其类型不同,美的风格不同。

2. 同一水体类型,因各自组合条件不同,其美的意境也不同

以湖泊为例,湖泊面积大小不同,给人的美感不同。大湖泊能给人以开阔的美感,所以古人用"帆影点点,烟波浩渺"来描述太湖风光,用"落霞与孤鹜齐飞,秋水共长天一色"来赞美鄱阳湖的绝妙景色。小湖泊多给人以清秀的美感,所以,苏轼用"欲把西湖比西子,淡妆浓抹总相宜"来赞美西湖,此外,人们还用"一面明镜""一颗明珠"来形容清澈的小湖。

再以河流为例,黄河、长江、珠江等江河,虽然皆有源头和入海口,但由于受各自地貌、气候、植被等自然地理环境条件的影响,各自的水文特点不同,故各条江河各有其特色。如宋代范成大的《初入巫峡》中写出"束江崖欲合,漱石水多漩。卓午三竿日,中间一罅天",长江在这里显得很险峻;唐朝诗人王之涣在《登鹳雀楼》中描述"白日依山尽,黄河入海流。欲穷千里目,更上一层楼",成为描写黄河壮阔场面的千古绝唱。即使同一条江河,因地段不同,所造景致也不同,如长江三峡中的瞿塘雄、巫峡秀、西陵险,美的具体内容是有差异的。

其他如海洋、流泉、瀑布也均无例外。

（四）从景观类型讲解其特征

（1）海洋景观——突出海滨的伟岸、辽阔。

（2）江河景观——景色多姿、类型丰富。

（3）湖泊景观——大湖泊的开阔，小湖泊的清秀，高山之巅的湖泊神秘、奥妙、幽静、清澈。

（4）泉水景观——奇特、多功能及转换性。

（5）瀑布景观——三态变化：形态、声态、色态。

（五）从时代变迁讲解其作用

面对江河湖海塑造的景观，不但要联系除水以外的各种自然造景因素，还应从时代变迁讲解其作用，从历史和现实两方面加以分析，从而揭示其历史文化内涵，丰富原有水体景观。

从时代变迁讲解江河湖海的作用，可使旅游者全面地了解有关的人文造景因素，诸如政治、经济、军事、交通、文化、宗教、民俗等方面的内容。只有将其实际情况正确运用到讲解中去，才能丰富讲解内容和文化内涵，体现人与自然的完美结合、和谐统一，从而将导游工作开展得有声有色。

【导游范例】

时代变迁与水体景观内涵

（1）长江导游片段。长江黄金水道旅游线，不但景色雄伟壮观，而且还存在着众多的名胜古迹。白帝城刘备托孤，秭归城屈原故乡，一条长江如深远的文化纽带，连接着中华民族的历史长河。新建的三峡库区工程，又谱写了中国人征服长江，利用长江取得发电、灌溉、航运、养殖等多方面成就的一曲凯歌，并为旅游带来新的经济增长点。

（2）杭州西湖。西湖在一万两千年前还是与钱塘江相通的一个浅海湾，宝石山和吴山是它的两个岬角，后来由于泥沙的冲击导致淤塞，逐渐形成了一个半封闭的浅水风景湖泊。地质学上把这种现象称为潟湖。一个自然的湖泊形成当然少不了历代功臣对它的疏浚治理，白居易、苏东坡、杨孟瑛等都对西湖建设作出了重大的贡献。中华人民共和国成立后，西湖得到了人民政府的综合治理，从而使西湖的水更净了，环境更美了，群山更翠了，空气更清了。西湖这个使杭州人引以为豪的湖，不仅具有游赏功能，而且起到了城市环境的调节作用、人民生活的保障作用和富有时代韵律的美感作用。

（六）从景观配合讲解其特色

以水为主的自然景点之美，不但在于各种水体类型本身，更在于各种水体与其他造景因素的相互配合上，其中既包括同自然因素中的地貌、植物、动物、天气和气候等的配合,也包括同人文因素中的各种建筑等因素的配合,还包括同历史文化和现实建设成就的配合。

二、中国水体景观导游范例

【导游范例】

长 江 导 游

● 主题——"滚滚长江东逝水,浪花淘尽英雄"

● 讲解内容

(1)地位。长江,中国第一长河,以"长"而得名,它不仅是我国最长的河流,而且也是世界上著名的巨川之一。长江全长 6 300 千米,仅次于南美洲的亚马孙河和非洲的尼罗河,雄踞世界长河的第三位。

(2)源头。长江的源头,位于号称"世界屋脊"的青藏高原腹地。这里地势高峻,空气稀薄,气候恶劣,交通险阻,人迹罕至。长江的正源沱沱河、南源当曲、北源楚玛尔河都发源于此。沱沱河发源于唐古拉山主峰各拉丹冬雪山西南侧。在各拉丹东雪山的周围,簇拥着 20 座海拔 6 000 米以上的雪峰,共同组成了一个庞大的雪山群。远远望去,群峰耸峙,银装素裹,气象万千;近处细看,各拉丹东雪山则像玉雕的尖塔,直插云霄。正是这雪山群的冰川融水,成为万里长江的最初水源。

(3)流经区域。长江如气势恢宏的矫健苍龙,伸展于千回百转的崇山峻岭之间,横贯神州大地。长江流经青海、西藏、云南、四川、湖北、湖南、江西、安徽、江苏和上海 10 个省、自治区、直辖市。长江流域面积 180 多万平方千米,几乎占了全国面积的 1/5。整个流域的耕地面积约占全国耕地总面积的 1/4,但是粮食产量却占了全国的 40%,棉花产量占全国的 1/3 以上。因此,称长江为中华民族第一河,它是当之无愧的。

(4)水量。长江每年输送入海的总水量约 10 000 亿立方米,占全国河流入海总水量的 1/3 以上,是欧洲最大河流伏尔加河的 4 倍,仅次于亚马孙河(69 300 亿立方米)和非洲的刚果河(13 300 亿立方米),在世界上也排名第三。长江水系的水能资源极为充沛,干支流总蕴藏量达 2.68 亿千瓦,占了全国的 2/5,相当于美国、加拿大和日本三国水能资源的总和,在世界上同样位居第三。

(5)分段。长江自源头至入海口,跨越了我国地势三级阶梯。根据各段河流的水文特征,通常把长江分为上、中、下游三段:从江源至湖北省宜昌为上游;宜昌至鄱阳湖湖口为中游;湖口以东为下游。在不同的区段,长江又有不同的名称。青藏高原腹地内的一段,是河谷宽浅、水流较缓的通天河;从青海省玉树附近的巴塘河口到四川省的宜宾,是山高谷深、水流湍急的金沙江;自宜宾以下至湖北宜昌,是宽谷与峡谷相间、水流较缓的川江;湖北枝城至湖南洞庭湖出口城陵矶一段,迂回曲折,水流平缓,称为荆江;而江苏省扬州、镇江一带的长江干流,又称扬子江。自近代起,扬子江又成为长江的通称。

（6）支流。长江支流众多,集水面积超过 1 000 平方千米的支流就有 437 条。其中尤以嘉陵江、雅砻江、岷江、汉水、大渡河、乌江、湘江、沅江和赣江为大。此外,长江流域内湖泊众多,总面积约 22 000 平方千米,占全国湖泊总面积的 27.5%,形成了区别于其他大河的重要特点之一。

（7）文化的延续。在金沙江南岸的云南元谋县上那蚌村附近,发现了距今约 170 万年的"元谋猿人"化石,证明长江流域是人类起源的重要地区之一。其他文化遗址及遗存有:"长阳人"遗址、大溪文化、浙江余姚的河姆渡文化、四川广汉三星堆遗址和江西新干县商墓遗址等。

（8）多文化荟萃。长江沿线有巴蜀文化、楚文化和吴越文化。长江流域南方文化的这些基本特色,至两汉已基本定型,它与中原地区的北方文化融合而成的灿烂的中华文化,推动和促进了中华文明的发展。

（9）典型景区。长江在 6 300 多千米的流程中汇集千河百川,横切深山峡谷,浩浩荡荡泻入东海。当她流经四川盆地,接纳了岷江、嘉陵江、乌江几大支流后,水量骤然增加,以不可阻挡之势劈开崇山峻岭,夺路东下,形成了举世闻名的三峡。长江三峡,西起重庆市奉节县白帝城,东至湖北宜昌市南津关,由瞿塘峡、巫峡、西陵峡组成,全长 193 千米,其中瞿塘峡长 8 千米,巫峡长 44 千米,西陵峡长 76 千米,其余 65 千米则是衔接三个峡的两段丘陵河谷。

瞿塘峡又称夔峡,西起奉节白帝城,东至巫山黛溪,在三峡中以雄著称。郭沫若有诗云:"若言风景异,三峡此为魁。"峡口夔门南北两岸峭壁千仞,如刀砍斧削一般,江流汹涌于宽仅 100 余米的狭窄江道之中,呈现出"众水会涪万,瞿塘争一门"的壮观景象,所以自古有誉道"夔门天下雄"。顺江而下,云天一线,船过其间,旅游者会有"峰与天关接,舟从地窟行"之感。"便将万管玲珑笔,难写瞿塘两岸山。"瞿塘峡内,南岸有"瞿塘碑壁""孟良梯""凤凰泉""犀牛望月峰"等壮观景色,北岸有"七道门""风箱峡""瞿塘栈道"等奇丽景观。

巫峡西起重庆市巫山县大宁河口,东至湖北省巴东县官渡口,峡长谷深,迂回曲折,奇峰嵯峨连绵,烟云氤氲缭绕,景色清幽之极,如一条美不胜收的画廊。主要景观有三台（楚怀王梦会巫山神女的楚阳台,瑶姬授书大禹的授书台,大禹斩孽龙的斩龙台）、八景（南陵山顶"南陵春晓",杨柳坪"夕阳返照",大宁河口"宁河晚渡",清溪河上"清溪鱼钓",宁河渡口"澄潭秋月",五凤山上"秀峰禅刹",城西望夫之一的"女观贞石",高塘观"朝云暮雨"）和十二峰（江北岸的登龙、圣泉、朝云、神女、松峦、集仙六峰,南岸的飞凤、翠屏、聚鹤、净坛、起云、上升六峰）。有诗云:"放舟下巫峡,心在十二峰。"

西陵峡,西起香溪口,东至南津关,历史上以航道曲折、怪石林立、滩多水急、行舟惊险而闻名。中华人民共和国成立以后,经过对川江航道的多年治理和葛洲坝水利工程建成,水势已趋于平缓,绮丽景观如旧。主要景观,北岸有"兵书宝剑峡""牛肝马肺峡",南岸有"灯影峡"等。灯影峡出口处,南岸马牙山上,有四块酷似《西游记》中唐僧师徒四众的奇石。郭沫若先生有"玄奘师弟立山头,灯影联翩猪与猴"的题咏。船出西陵峡南津关,三百里峡江航程即告结束,长江自此进入中游,视野豁然开阔,江流东去千里,两岸平野万顷,"极目楚天舒",别是一番情趣。

（10）总结与概括。长江,从高山雪地走来,蜿蜒东去,如势不可挡的滚滚铁流,一路过关夺隘,冲破重重险阻,倾泻于山高谷深的横断山区,劈开重峦叠嶂的云贵高原,越过丘陵起伏的四川盆地,切穿险峻挺拔的巫山山脉,汇聚到广阔的长江中下游平原,最后奔腾为浩瀚无垠的东海。她以博大的胸怀孕育了华夏大地丰富灿烂的文化,用甘甜的乳汁滋润着繁衍不息的中华儿女,以神奇般的造化之力,造就了众多美不胜收的人文和自然景观。长江是中华民族的大动脉,那永不停息的奔流,记载了我们民族的荣辱兴衰,更代表了我们奋斗不息的精神。

【导游示范】

黄河导游

● 主题——"黄河之水天上来,奔流到海不复回"

● 讲解内容

（1）地位。黄河,中国的第二大河,是闻名世界的万里巨川。中国古代的《山海经》《禹贡》和《水经注》等书,皆称之为"河"。河水经黄土高原,遂呈黄色,故得名"黄河"。黄河全长5 464千米,从源头的涓涓细流,沿途汇集了40多条主要支流和成千上万条溪川,形成每年平均约480亿立方米水量的滚滚洪流,一泻万里。

（2）源头及流经区域。它源出青海省巴颜喀拉山北麓的约古宗列盆地,由此东流,经青海、四川、甘肃、宁夏、内蒙古、山西、陕西、河南、山东9个省区,在山东省东营市垦利区注入渤海。

黄河的源头在青海高原上的巴颜喀拉山北麓。山脚下几个泉眼溢出的清水,在绿草如茵的滩地上流淌,最终汇成了卡日曲,向东北流入星宿海。星宿海不是海,而是一片辽阔的草滩和沼泽,东西长30多千米,南北宽十多千米。这些沼泽和大小不一的湖泊在月光的照耀下,反射发光,好像绿色天幕上嵌着闪烁的群星,故名"星宿海"。卡日曲汇合了约古宗列渠、扎曲以后,水量大增,流向西南,流入我国高原最大的两个淡水湖泊——扎陵湖和鄂陵湖。史籍记载,这两个大湖,古称"柏海",湖面海拔4 200多米,是我国海拔最高的淡水湖。扎陵湖,藏族称"错加朗","错"意为湖,"加"为灰白色,"朗"是长形,所以"错加朗"意为灰白色的长湖。鄂陵湖藏语为"错鄂朗","鄂"为青蓝色,意为青色的长湖。扎陵湖面积为526平方千米,鄂陵湖面积为610平方千米。两湖蓄水量共有150多亿立方米。每年从鄂陵湖汇入黄河的水量达6亿多立方米,是理想的天然调节库。湖中鱼类资源丰富,主要有俗称大嘴鱼的花斑裸鲤和小嘴鱼,共计8种。过去藏族群众敬鱼为神,不捉不吃,鱼自然繁殖,从不怕人,若从岸边投入石块,鱼不但不惊散而去,反而向石子入水的地方聚集。这里气候寒冷,水温较低,湖水冰冻时间长,鱼类生长缓慢,一条一斤多重的鱼,需要七八年时间才能长成。两湖岛上是青藏高原鸟禽聚集区之一。鸟中以鱼鸥和野鸭为数最多。6 月产卵季节,鸟蛋布满全岛,平均每平方米就有十五六个。湖滨芳草萋萋,肃穆幽静,为野生动物提供了繁衍生息的良好条件。著名的高原野牦牛、野驴、西藏羚羊、马鹿等四处奔跑。这里还有珍贵的稀有动物白唇鹿,它与熊猫一样被列为国家一级保护动物。当 1 000 多年前的李白吟叹"黄河之水天上来"的时候,他大概没有想到,所谓天上来的黄河之水,就是源自这泉水、溪流和湖泊。

(3) 流域特色。黄河有许多大的曲折,故又名"九曲黄河"。从源头到内蒙古河口镇以上为黄河上游地区,自河口镇到河南孟津为中游地区,孟津以下则为它的下游地区。流域内有水草丰美的天然牧场,有风光绮丽的崇山峻岭,有广阔无垠的肥土沃壤,有雄浑粗犷的黄土高原,有一马平川的关中平原,有历史悠久的三大文明古都,有丰富的物产和地下宝藏。

(4) 九曲黄河第一曲。黄河离开河源地区的玛多,经过积石山南麓,流至川、青交界的松潘高原,河水受巍巍屹立的岷山拦阻,迫使它急转 180°,折向西北流去,形成一个大内折,这是"九曲黄河"的第一曲。经过玛曲县,黄河经拉加峡,出野狐峡后,折向东北,进入龙羊峡。河源段多湖泊草滩,水流清澈,水量大而稳定。这里是藏族同胞聚居的牧区,地广人稀。历史上这里被称为"穷荒绝地",杜甫曾感叹"君不见,青海头,古来白骨无人收"。如今青川公路干线已从这里经过,畜牧业在国家民族政策的鼓励下快速发展。现在湖泊四周,黄河两岸,到处是片片羊群。

(5) 峡谷段。黄河第一大转折后,从青海省的龙羊峡,进入一束一放、川峡相间的峡谷段。从龙羊峡到青铜峡,全长 918 千米,其间经过的较大峡谷有刘家峡、盐锅峡、八盘峡、桑园峡、黑山峡等 20 个。峡谷两岸皆为悬崖峭壁,谷深且窄。从谷底仰望高空,只见云天一线;俯视谷底,水流湍急,汹涌澎湃。其中龙羊峡以下至青海与甘肃接壤处的寺沟峡河段,长 276 千米,水势落差达 865 米,水能集中,可进行梯级开发,连续建造众多的大中型电站。因此,这一河段被称为"黄金水道",有水力资源的"富矿"之誉。现已规划了龙羊峡、拉西瓦、李家峡、公伯峡、积石峡、寺沟峡 6 座大型梯级水电站和尼那、三坪、直岗拉卡、康扬、苏只、循化、官亭 7 个中型梯级水电站。据测算,这 13 个大中型水电站建成后,装机容量可达 1 100 万千瓦,年均发电 365 亿千瓦时。

(6) 河套平原。黄河出青铜峡后,流经银川、内蒙古两大平原至托克托,进入黄河上游的第四个河段。这段河道因地势平坦,水流缓慢,泥沙沉积,在黄河两岸形成带状平原,这就是著名的河套平原。

黄河从内蒙古托克托的河口镇到河南省孟津为中游段。黄河出河口镇后,受吕梁山之阻,折向南流,它犹如一把利剑,把黄土高原一劈两半,分为东西两块,开出一条深邃的峡谷,成为晋陕两省的天然分界线。这就是人们习惯称呼的晋陕峡谷。峡谷两岸支流繁多,汛期来水迅猛,浊浪排空,大量泥沙随水汇入大河。

(7) 壶口瀑布。黄河流到山西吉县与陕西宜川相对峙的壶口,就看到了我国第二大瀑布——壶口瀑布。黄河水从壶口瀑布跌下,来到龙门(禹门口)。这里东岸是龙门山,西岸是梁山,两山夹河相对,相距百米,水流犹如从大门中流出。峡口有一孤岛,中间口宽仅 60 米,民间流传的"鲤鱼跳龙门"的传说就在此处。

(8)小浪底。出龙门至潼关,黄河流经汾渭谷地,由于汾河、洛河、泾河、渭河等支流汇入,水量急剧增加。因受秦岭的阻挡,黄河向东一拐,进入晋豫峡谷,滔滔河水穿行于崤山、熊耳山和中条山之间。小浪底水利工程就在峡谷的出口处。

(9)"地上悬河"。小浪底以下,河道进入低山丘陵区,穿过桃花峪进入华北大平原。这里河面宽阔,波涌连天。从桃花峪到入海口,由于大量的泥沙淤积,形成举世闻名的"地上悬河"及沿水而筑的水上长城——黄河大堤,由此黄河在千里大堤的约束下,流过中原腹地,经郑州,过开封,达泉城,最后在山东省东营市垦利区流入渤海。

(10)流域内景区(点)。古老的城——"王城岗"和"平粮台";最大的关帝庙——山西运城市的解州关帝庙;最大的龙王庙——黄河上最大的龙王庙在河南省武陟县城东南 13 千米处的二铺营乡杨庄村南,距黄河 3 千米,名嘉应观,俗名庙宫;最大的岩画——阴山岩画;最高的木塔——山西省应县木塔是我国现存最古老最高大的重楼式木结构塔,本名佛宫寺释迦塔,因塔身全部是木结构,故俗称应县木塔;第一座佛教寺院——洛阳白马寺被称为我国第一座佛教寺院,因汉使和外僧回洛阳时以白马驮经像而得名;"华夏第一龙"——是指 1987 年 5 月河南省考古工作者在黄河之滨,河南濮阳西水坡仰韶文化遗址发现的三组蚌砌动物图案,计有龙、虎、鹿等,共有蚌砌的龙 3 条、虎 3 只、鹿 1 头,这些蚌砌动物使用的是不经加工的自然蚌壳,所砌图像具有立体感;世界沙漠之都——宁夏中卫市的黄河岸的沙坡头。

(11)总结与概括。黄河众多的支流,不仅汇合形成黄河主干的滚滚巨流,而且最先为中华民族的祖先提供了优越的生存环境。在黄河干流两侧,特别是黄河诸多支流两侧,分布着数以万计的古代人类遗址。据考古发现,大约在距今 100 万年以前,我们的祖先就已生活在山西芮城西侯这片土地上。而从"蓝田猿人"到"大荔人",从"丁村人"到"河套人",又无一不在黄河怀抱里生息繁衍。分布在黄土高原和华北平原的仰韶文化时期的居民、山东大汶口文化时期的居民、黄河上游的马家窑文化时期的居民、黄河中游的龙山文化时期的居民等,更是在黄河的摇篮里走向文明。

黄河作为我们民族的摇篮,它孕育了最优秀的文化,留下了思想和智慧;它经历了最频繁的战争,造就了英雄与史诗。从殷商到北宋,黄河中下游一直是中国政治、经济和文化的中心。中国最早的封建统一帝国——秦朝,就在黄河流域建都。黄河哺育了华夏芸芸众生,也哺育了人类赫赫精英。孔子、司马迁、秦始皇、汉武帝、成吉思汗……都在中华民族的历史上写下了重要的一页。

50 多个世纪,黄河横贯天地。中华民族的子孙们,祖祖辈辈把热血、热泪和热汗抛洒给它,也把苦难、苦涩和苦闷倾诉给它。黄河,是一部滚动的民族史,一部中华儿女的家谱!

【导游范例】

京杭大运河

● 主题——世界上开凿最早、最长的一条人工河道

● 讲解内容

（1）地位。大运河北起北京，南达杭州，流经北京、河北、天津、山东、江苏、浙江六个省、直辖市，沟通了海河、黄河、淮河、长江、钱塘江五大水系，全长 1 794 千米，在中华民族的发展史上，为发展南北交通，沟通南北之间经济、文化等作出了巨大的贡献。

（2）开凿历史。京杭大运河从公元前 486 年始凿，至公元 1293 年全线通航，前后共持续了 1 779 年。在漫长的岁月里，主要经历三次较大的兴修过程。第一次是在公元前 5 世纪的春秋末期。当时统治长江下游一带的吴王夫差，为了北上伐齐，争夺中原霸主地位，调集民夫开挖自今扬州向东北，经射阳湖到淮安入淮河的运河（即今里运河），因途经邗城，故得名"邗沟"，全长 170 千米，把长江水引入淮河，成为大运河最早修建的一段。第二次是在公元 7 世纪初。隋朝统一全国后，建都洛阳。为了控制江南广大地区，使长江三角洲地区的丰富物资运往洛阳，隋炀帝于公元 603 年下令开凿从洛阳经山东临清至河北涿郡（今北京西南）长约 1 000 千米的"永济渠"，又于公元 605 年下令开凿洛阳到江苏清江（淮阴）约 1 000 千米长的"通洛渠"，再于公元 610 年开凿江苏镇江至浙江杭州长约 400 千米的"江南运河"，同时对邗沟进行了改造。这样，洛阳与杭州之间全长 1 700 多千米的河道，可以直通船舶。第三次是在 13 世纪末元朝定都北京后。为了使南北相连，不再绕道洛阳，元朝花了 10 年时间，先后开挖了"洛州河"和"会通河"，把天津至江苏清江之间的天然河道和湖泊连接起来，清江以南接邗沟和江南运河，直达杭州。而北京与天津之间，原有运河已废，又新修"通惠河"。这样，新的京杭大运河比绕道洛阳的大运河缩短了 900 多千米。

（3）河段划分。京杭大运河是由人工河道和部分河流、湖泊共同组成的，全程可分为七段：通惠河——北京市区至通州区，连接温榆河、昆明湖、白河，并加以疏通而成；北运河——北京通州区至天津市，利用潮白河的下游挖成；南运河——天津至临清，利用卫河的下游挖成；鲁运河——临清至台儿庄，利用汶水、泗水的水源，沿途经东平湖、南阳湖、昭阳湖、微山湖等天然湖泊；中运河——台儿庄至清江；里运河——清江至扬州，入长江；江南运河——镇江至杭州。

京杭大运河作为南北的交通大动脉，历史上曾起过"半天下之财赋，悉由此路而进"的巨大作用。运河的通航，促进了沿岸城市的迅速发展。

（4）现今通航运河的沿途名城。曲阜、沛县、徐州、淮安、扬州、南京、苏州、杭州等。

本章小结

　　水体景观既可作为独立观景景观存在,又更多地与其他自然与人文景观配合,体现了一种综合美。水展示给旅游者的美有别于山岳,导游员应把握住内涵才能导游好水体景观。同时水体往往能带给人们更多的参与体验,因此水体景观导游还要学会如何更好地引导旅游者进行参与体验。

复习思考题

　　1. 分析水体景观造景功能。

　　2. 水体景观的导游要领有哪些?

　　3. 什么是海洋?海岸带由哪些要素构成?

　　4. 分析水体的美学特征。

　　5. 讨论:"水文化"与导游方式。

实训项目

　　实景模拟导游水体景观。要求:

　　1. 根据当地旅游资源的具体情况,教师选择一处有代表性的水景景区(点)。

　　2. 学生查阅资料。

　　3. 学生准备导游素材。

　　4. 实地模拟实训。

　　5. 教师提出要求。

　　6. 学生分组模拟讲解。

　　7. 讲解评估。

　　8. 分析总结。

　　9. 撰写书面导游词。

拓展阅读

资料:面向研学活动的导游词举例

10

第十章 生物景观导游

学习目标

1. 了解生物景观的基本常识。

2. 熟悉植物景观的构景功能和讲解要求,能熟练进行植物景观导游讲解。

3. 熟悉动物的观赏功能,能熟练进行观赏动物的导游讲解。

4. 生物多样性保护已经成为我国生态文明建设的重要内容,通过本章学习,让学生了解生物多样性保护关系着人类的福祉和未来,保护地球生物多样性,人人有责。

5. 自觉爱护和保护动植物,成为"生物多样性保护"的践行者和宣传者。

6. 引导学生热爱自然,培养学生善于观察的能力。

教学建议

由于生物景观的固有特性,因此在教学中教师要注意培养学生的观察能力,实践教学尤为重要。介绍动、植物类别时,建议根据当地的条件,调整时间,把课堂搬到植物园或动物园。同时注意引导学生提高对景观价值进行延伸分析的能力。课堂教学多采用直观教学法,教师在备课过程中多备直观教具。

【关键词】

生物景观 动物 植物 演化 造景功能

随着旅游业的发展,人类旅游活动观赏的对象已不仅局限于山水风光,生物中有一部分也已成为促进旅游发展的因素,它们以自身独有的美学观赏性吸引着旅游者,与地理环境中的地质、地貌、水文、气候等要素共同组成了自然景观的总体系。

第一节　生物景观概述

世界上生物种类繁多,而目前被旅游开发利用的只是其中一小部分。目前人们观赏的生物景观主要包括动、植物景观。具有旅游观赏价值的植物或动物资源等生物景观及其相关内容被称为生物景观资源。植物和动物与人类有着十分密切的关系,并在维护大自然生态平衡方面起着重要作用,特别是在风景区内,具有美化环境、装点山水、分隔空间、塑造意境的功能。

一、生物景观的特征及构景功能分析

生物景观是由生物旅游资源组成的。生物(动物、植物)旅游资源为活的有机体,正常生活受到环境条件的制约,因此生物景观与其他自然景观相比而言,有着特殊的美学观赏特征,对旅游者也具有特殊的吸引力。

地带性植被及栖息在内的动物,是各地富有生气的自然风光的组成部分,构成山水风景的肌肤、风景区的容貌。如在秦岭山地温带阔叶林中栖息的金丝猴、大熊猫等动物使得景观更显生机。"山清水秀,鸟语花香",生物景观具有特殊的构景特征和功能。

旅游者的观赏对象除绿叶、红花等以外,主要还是以地带性动植物为主,特别是其中的奇花异草、珍禽异兽,人们从中可以得到知识,开阔视野,探索大自然。因此生物景观可作为独立对象来吸引旅游者。

生物景观还具有衬景的功能。其他各种自然和人文景观在其总体构景中都以一定的生物景观为背景,否则景观将失去生机。试想,西双版纳的民俗若脱离了热带雨林植被及动物,是否还能显出其独特的风姿?多数动植物对其所在地的景色起着装点、打扮和辅助作用。动植物园也可作为旅游点的组成部分。

生物景观与其他自然景观相比而言,具有可再生的特征。动植物在相当程度上便于更新、增减、替代、补充,能够应事、应时,根据需要更紧密地服务于旅游业,满足旅游者的观赏愿望。许多动植物可通过人类的干预来改变数量、分布等。最典型的如中国的水杉和大熊猫这两种濒危珍稀动植物,由于人为的作用,不仅使其数量得到保护并有所增长,而且也拓宽了其生存的范围,使得许多人都能亲眼看见这两种珍贵的"活化石"。

二、观赏对象

(一)动物景观

1. 概述

动物资源分为野生和家养两大类,每一大类又包括许许多多无脊椎动物和脊椎动物。这些动物不少都具备观赏功能,成为旅游活动中的客体对象。

由于地壳的变动、海洋阻隔及古地理环境的变化和局部自然环境影响,某些动物的分布有明显的特殊性和地域性。如大洋洲的新西兰及其附近岛屿上的动物至今仍保存着原始古老特色:缺少哺乳动物,多数鸟没翅膀,未发现蛇。澳大利亚大陆上有低等哺乳动物,如鸭嘴兽、大袋鼠等,其他大陆均没有。斑马、长颈鹿、鸵鸟等只见于非洲大陆。熊猫、金丝猴等也只出现于我国四川中北部和秦岭山地局部环境中,朱鹮只见于我国陕西洋县局部地方。

我国是一个动物资源极为丰富的国家。虽然我国面积仅占世界陆地总面积的6.5%,但陆生脊椎动物约有2 000种,占世界总数的10%;兽类400多种;鸟类近1 200种,占世界总数的15.3%;两栖爬行类500余种,占世界总数的8%。

【相关链接】

动物种类列举

世界上动物种类繁多,大范围可分为:

热带动物,如猩猩、大象、猴类、蛇类、孔雀及非洲羚羊、狮、豹等。

亚热带动物,如各种爬行类动物,以及不需冬眠,但繁殖上有明显季节性的各类动物,如猴类、牛、羊等。

温带动物,如刺猬、棕熊、东北虎、貂类、各种有蹄类及穴居的啮齿类动物、骆驼、野驴等。

寒带动物,动物种类少,多季节性迁移动物、地带性动物,如北极熊、海豹等。

另外还有大量水生动物。

2. 观赏动物的途径(导游引导)

就其功能而言,动物旅游资源可作为观赏对象、狩猎对象及食用对象,其中以其观赏价值最为突出。在游览过程中,人们可以从以下几个方面观赏动物:

(1) 观形。动物体形千奇百怪,各具特色,特别是一些珍禽猛兽体形奇异,为人所罕见或不易直观。典型的如虎,其形体雄壮,给人以王者气概。在我国,人们的观赏对象既有体形高大雄壮的东北虎,又有体形小巧灵活的华南虎。狮,乃是非洲大陆的猛兽,雄狮体形高大,毛色壮观。其他形体特异、观赏价值较高的还有非洲体态典雅华贵的长颈鹿、"沙漠之舟"骆驼、形体巨大的河马、世界上唯一的长鼻动物——大象,还有尾巴似马而非马、角似鹿而非鹿、蹄似牛而非牛、颈似骆驼而非骆驼的"四不像"——麋鹿,美国阿拉斯加的陆地上最大的食肉动物棕熊等。

(2) 观色。色彩是产生观赏感的重要因素,也是人们观赏动物的主要内容。世界上各类动物色彩斑斓,有一些就是以其色彩绚烂来吸引旅游者的。典型的如:我国珍稀动物金丝猴,雄猴肩上披着长达35厘米的金黄色毛发,金光闪闪;我国海南岛的坡鹿,背部有一条黑褐色的条带,从颈部沿脊梁一直到臀部,褐色条带下面点缀着若干平行排列的白斑,肋和腿呈土黄色,腹、胸、脚趾则呈一片雪白;其他还有我国广西的黑叶猴、各种白色动物(如白猴、白熊等)、非洲的斑马、中国的丹顶鹤,以及孔雀、鸳鸯、鹦鹉等。

(3)观态。许多动物不仅体形特异,色彩美观,而且动作也可爱逗人。典型的如大象表演、猴戏、大熊猫的憨态、孔雀开屏等。

(4)听声。动物中有许多"歌唱家",其声音颇被旅游者欣赏。典型的如鸟鸣、八哥学话、我国峨眉山的弹琴蛙的叫声、狼吼、猿啼等。

(5)动物科学观赏。这主要指按动物进化系统和区系类群布设展示的动物,除一般观赏外,还可进行教学观赏和科普观赏。

(二)植物景观

1. 概述

世界植物种类更为繁多,而且植物本身是一个地区地带性的主要标志。植物的生长受气候及土壤等因素影响,世界各地都有其代表性的植物旅游资源。植物旅游资源构景要素较多,常以其"幽""翠""形""色""香""古""奇"及保健作用——"森林浴",对旅游者产生吸引力。从目前世界地表植被分布来看可分为热带雨林、热带季雨林、稀树草原、照叶林、常绿硬叶林、夏绿林、针叶林、草原、荒漠植被、地衣苔藓等大类地带性植被。我国植物种类繁多,据调查,目前我国有高等植物 3 万多种,而且还保留了一些被称为"化石植物"的物种,如珙桐、水杉等。

2. 审美途径

植物的种类数以千万计,而且枝、叶、花、果实、种子的形态、色彩等均不相同,其观赏价值很高。人们观赏植物时可从以下途径审视:

(1)观花。花是植物最美的部分,也是人们观赏的主要对象。世界花卉资源极为丰富,有些具有极高的观赏价值。花卉种类繁多,有草本、木本、一年生、多年生和藤本、附生等植物的花卉。观花的内容包括花色、花姿、花香、花韵。

【相关链接】

观赏名花名录

中国十大名花:牡丹、芍药、月季、菊花、兰花、莲花、海棠、山茶、水仙、梅花。

云南八大名花:山茶花、杜鹃花、报春花、木兰花、百合花、兰花、龙胆、绿绒蒿。

(2)观果。果实是丰收的象征。观果植物以果实成熟之季最为壮观,如橘子、梨、苹果等各色果实,赤橙黄绿青蓝紫缀满枝头,还有一些热带果实如树瓜、牛心果等都极富观赏价值。

(3)观叶。植物的叶形状、色彩各异。有常绿的,有落叶的;有针叶,有单叶、复叶。或叶片分裂,或叶序多变,或叶形奇异,或叶色绚丽。典型的如枫叶、槭树科植物叶、冬青科植物叶等。

(4)观形。树木以其树形挺拔雄健、冠齐叶碧、婀娜多姿而吸引旅游者。典型的如望天树、大榕树、水杉、冷杉、柳树、香槐及竹类植物等。

（5）植物科学观赏。如为按植物界的进化类群布置的栽培植物，观赏其全部，可以大体了解植物界系统进化的梗概和脉络，可为教学和科普观赏服务，是研学旅行活动开展的主要依托。

第二节　植物景观导游

一、植物景观导游必备常识

（一）概述

在自然界中，植物的种类多种多样。经过数十亿年漫长的生物进化，造就了当今地球上繁花似锦的绿色世界。现在已知植物有约 50 万种，它们分布在地球上几乎所有的地方。最小的植物只有几微米，在显微镜下才能看到，高大的可达 60～100 米，如澳大利亚的桉树和在我国南部发现的望天树。最简单的植物只有一个细胞，如小球藻和衣藻，最后发展到具有根、茎、叶分化的高等植物。植物界按进化系统分为藻类植物、菌类植物、苔藓植物、蕨类植物及种子植物。植物中最多的是种子植物，其中又分被子植物与裸子植物。

世界上的植物，通常还分为明显开花的"显花植物"和不明显开花的"隐花植物"（如蕨类）。显花植物大约诞生于 13 600 万年以前，原始的花单调而纤小，生长在高大乔木的顶端，直到 2 600 万年前，才出现了草本显花植物。经过长期的历史演变，植物在不断的自然选择中进化和发展，再加上人工的驯化、培育，现在地球上的显花植物约有 27 万种，占世界植物总数的一半以上，构成了花的世界。

（二）驯化

最早被人类驯化、栽培的是粮食作物，接着是豆类、蔬菜以及油料、纤维、药用植物，随后是木本果树，最后才出现了栽培的观赏花卉。《西京杂记》载，汉人采菊花并茎叶，与黍酿造菊花酒，说明人开始对植物产生兴趣，目的在"实用"，而不是为了"审美"，"美源于功利"。观赏植物是人类生活水平达到一定程度后发展起来的，它的出现是文化高度成熟的标志。

（三）花卉

我国古代把观赏植物简称为"花卉"，为草本植物的通称。今日"花卉"二字，从内涵到外延，都有了发展与变化，它不仅包括草本观赏植物，还包括木本观赏植物。草本花是指茎干草质柔软者，木本花指茎干木质坚硬者，另有一种茎基带木质性，叫草木本花。其中，草本花卉又分三种：当年播种当年开花、结果、死亡的，为"一年生花卉"，如醉蝶花、飞燕草等；秋天播种，翌春开花，然后结果、死亡的，称"二年生花卉"，如锦葵、桂竹香等；另有一类草花，它们大都有块根、块茎或鳞茎，春华秋实，入冬地下部分不死，翌年再发，年复一年，则称"多年生花卉"，或曰"宿根花卉"。宿根花卉中根部特别膨大者，如大丽花、唐菖蒲，亦称"球根花卉"。

木本花卉分乔木、灌木和蔓木三种。乔木多为高达 5 米以上的植物，树形高大，主干明显，有常绿和落叶之分，也有针叶、阔叶之别，常绿的如松、柏、白兰、蒲葵等，落叶的如梅花、木棉、苦楝等。灌木一般高度在5米以下,低矮,呈丛生状,无明显主干,其中有的四季常青,如夹竹桃、茉莉、含笑等,有的落叶,如牡丹、紫薇、蜡梅等。蔓木亦称攀缘植物,具有长而柔弱的主干,不能独立向上生长,必须缠绕或攀附他物才能伸枝展叶,常绿的有龟背竹、常春藤等,落叶的如炮仗花、金银花、紫藤等。此外,花卉依栽培条件分温室花卉、露地花卉,依观赏部位不同,还可分为观花类、观叶类及观果类等。

我国是花卉资源最丰富的国家,仅驰誉世界的就上百个属,许多属的植物种类为世界之首,如山茶、杜鹃、丁香、报春花、菊、龙胆、金粟兰、含笑、绿绒蒿、忍冬、蔷薇、紫堇、乌头等属,占世界种量的70%以上。

二、植物景观导游

(一)植物景观的构景功能

1. 植物是自然构景中不可缺少的因素

植物是风景不可缺少的因素。花木犹如山峦之发,水景如果没有花木的映衬也没有美感。各类植物从姿、色、味、韵等方面,体现着自然界的美感。婀娜多姿的树干、大大小小的果实、疏密曲直的树枝、奇形怪状的树叶,都体现着植物的形美;红色的枫叶、青翠的竹叶、白色的广玉兰、紫色的紫薇,反映了大自然色彩的绚烂;淡雅的蜡梅、清幽的兰花、浓郁的桂花,又给人以香的体验;"出淤泥而不染"的莲花、虚心自持的竹子、饱满盛开的牡丹,在韵上对自然的美加以升华。除花木外,草也十分重要,平坦或起伏的草皮,也是令人陶醉向往的美景。

2. 植物特有的绿色效益

植物是大自然的制氧工厂,1亩森林每天可吸收70千克的二氧化碳,制造49千克的氧气;植物也是大自然的消毒员,1亩松柏林每昼夜可分泌2千克的有机杀菌素,其他植物所释放的气味中往往也含有杀菌的物质;植物也是大自然的消音器,它的叶、茎可吸收噪声。同时,绿色植物有利于视觉器官疾病的康复。总之,植被覆盖率高的地区的清新的空气、静谧的环境和悦目的色彩,有利于人的健康,尤其是对呼吸系统、神经系统和感官系统的健康有明显的作用。故近年来"森林旅游""绿色旅游"等项目蓬勃兴起,并日益受到人们的喜爱。

3. 植物所蕴藏的文化内涵

一些寓意深刻、传统色彩浓郁的观赏性植物最易使人获得丰富的意境和多种美感享受。它们或者有独特的形象供人借喻,或者有寓意深刻的民间传说供人思索,如牡丹、石榴、海棠、竹子、茶花、梅花、莲花、菊花等。

(二)植物导游讲解要领

1. 突出形态

大自然的花草树木,高低不同,大小不一,千姿百态,风格迥异。银杏、水杉等乔木可以长到几十米,有些草木却只有几厘米高;巨莲的叶子上可以坐一个小孩子,而青萍的叶片直径不足1厘米。白杨树像直插蓝天的宝剑,荔枝却"树形团团如帷盖";水杉如宝塔,雪杉却像巨伞;松柏遒劲刚直,柳树万条丝绦。如此丰富的形态,给了旅游者更多的审美感受。树叶和花形也是多种多样。叶有单叶、复叶、全叶、裂叶之别,形状有桃形、圆形、梭形、扇形之分；花有大、小、繁、简之分，层次有单层、多层之别。如凌霄花似一口倒挂的金钟，牵牛花像喇叭，更奇妙的是堪称"绿色国宝"的珙桐花，看上去像一只可爱的白鸽，菊花更是姿态万千，令人眼花缭乱，美不胜收。

2. 突出色彩

花草树木以其多样的色彩，给人以愉悦的感觉。所谓姹紫嫣红，就是对植物的色彩进行描绘。绿色，是植物最基本、最普遍的色彩，因为叶绿素的光合作用是植物赖以生存的重要生理机制。绿色已经成了生命和青春的象征。颜色对人们的心理和生理有着非常重要的作用，也是衡量花草树木美感价值的一个重要方面。但并非所有植物的叶子都是绿色的，如紫苏的叶就是深紫色的。

3. 突出香味

植物的茎、叶、花、果，不仅装饰了自然景观，有的还散发着沁人心脾的芳香，让人感受到无限愉悦的嗅觉美，从而调节情绪，益于身心。植物的芳香气味给人带来了极大的审美享受，无论是香远益清的荷花、浓香扑鼻的桂花，还是幽香缕缕的兰花、清香阵阵的梅花，它们的美与诱人的芬芳是分不开的。同是对梅花的描写，"暗香浮动月黄昏"的嗅觉美使得"疏影横斜水清浅"的视觉形象变得更加真实和生动，使美感趋于立体化。有些花就是主要依靠香气才吸引人们去观赏的。如桂花，它的花形很小，颜色也不是那么鲜艳，但却由于它的香气浓烈，在秋风中可以飘出数里外，才成为人们很喜爱的花。

4. 突出性能

植物除了具有审美价值之外，还具有实用价值。许多植物具有药用价值，成为中国博大精深的中草药文化中的主要组成部分；有的具有经济价值，可用来制作各种生活用品及工艺品；有的具有食用价值，成为人们餐桌上的美味佳肴。有的植物的这些功能较为明显，有的却不为常人所知。因此，更需要在导游讲解中介绍给旅游者。导游员在讲解中，应突出植物的性能，同时还包括对植物的生长特性的介绍，还有其对温度、气候、土壤条件等各方面的要求以及其分布特点，如白杨树的生长特性、银杏树的雄雌异株等。

5. 突出寓意

有些植物富有深刻的寓意，易使人获得稳定而丰富的意境和多种美感。我国人民自古有通过植物来寄托自己感情和理想的习惯。

【相关链接】

植物的寓意（中国）

松柏表示刚强、长寿；
竹表示刚直、清高、虚心；
梅表达坚骨、孤高；
荷代表洁身自好。
……

【提示】

导游员在讲解中,要突出植物的寓意美,这样,可以使旅游者在审美过程中获取更多的美的信息,并且可以达到陶冶性情、升华境界的审美目的。

切记,在不同国家,相同的植物会有不同的寓意!

(三) 植物景观现场导游途径

在游览实践中,人们最感缺乏的便是植物花卉知识,因为自然界的植物花卉种类繁多、千姿百态、风格各异,一时难以识别齐全。而美好的山水缺少了植物的造景,就无法创造出生机。一旦旅游者进入了自然山水景观,就会对周围环境中的植物花卉产生浓厚的兴趣。因此,导游员应全面地了解植物花卉知识。

1. 从资源分布讲解其类别

气候类型复杂多样,导致植物资源丰富多样。

植物通常分为木本和草本两类,木本植物又分为乔木和灌木两种。乔木植物有明显的主干,树木高大粗壮;灌木无明显主干,树木低矮,呈丛生状。草本植物又分为一年生、二年生及多年生草本。植物中最常见的是种子植物,种子植物又分为裸子植物和被子植物两类:裸子植物是只开花、结种子,但不结果实的植物,如松、柏、杉等;被子植物是开花也结果,种子被包裹在果皮之中的植物,如桃、李、杏、梨等。

【相关链接】

我国常见的观赏植物

常见的树木有苍松、桧柏、银杏、梧桐等荫木,有翠竹、芭蕉、红枫、垂柳等叶木,有枇杷、柑橘、枣树等果木,有紫藤、忍冬、葡萄、凌霄等蔓木。

特有的珍稀树种如裸子植物中的银杏、银杉、金钱松、台湾杉、白豆杉等,被子植物中的珙桐、香果树、昆兰树、连香树、鹅掌楸、水青树等。

被称为"世界化石植物"的孑遗树种,如银杏、银杉、水杉、珙桐、水松、台湾松等,具有极高的观赏价值和科研价值,并具有世界性保护意义。

我国一类保护植物有:银杉、水杉、珙桐、望天树、秃杉、桫椤、人参和金茶花等。

我国花木中,有传统的"花木五果"——桃、李、杏、梨和石榴;也有传统的四季花卉,如春季开花的春梅、桃花、海棠和牡丹等,夏季开花的石榴、荷花、紫薇和百合等,秋季开花的菊花、芙蓉、桂花和玉簪等,冬季开花的蜡梅、天竹、瑞香和迎春花等。

2. 从美的内涵讲解其功能

植物花卉的造景功能具有形、色、香、声、古、幽、光、影、奇等特征,导游人员如能了解这些特征并在导游过程中加以发挥,便能让旅游者获得更多美的享受。

观花要讲究花姿花形,看叶有单叶、复叶、全叶、裂叶之别,论树形有挺拔雄健、婀娜多姿之分,论果形有圆形、扁形和线形等形状。植物花卉的形态美是导游人员介绍花卉特色以及区别花卉品种的首要内容。如观叶可区分牡丹和芍药之差别,同是带刺的"花卉三姐妹"的玫瑰、蔷薇、月季,在一般人看来很难区分,而导游人员就必须熟知这些知识,帮助旅游者加以识别。

"千里莺啼绿映红",植物以绿色为主基调,但植物花卉的茎、叶、花、果都有不同的色彩,给人以多种色彩美。也有的植物以其特有的色彩构成了自然界五彩缤纷的景观,如北京香山的红叶、云南罗平的 10 万亩黄色油菜花等都赋予大自然以蓬勃的生机。不同的色彩使人产生了不同的特定的心理反应,使人们达到愉悦的精神状态。

植物的花香能给人以无限欢快的嗅觉美,能让人精神为之一振。如桂花的清香、兰花的幽香、荷花的熏香、梅花的暗香,无不令人陶醉,流连忘返。

自然界有很多现象与植物组合会产生许多美妙悦耳的效果,如林海松涛、空谷回音、雨打芭蕉等。

在景区内,一些古树往往能引起人们极大的兴趣,因为它们不仅具有旅游观赏价值,同时具有文物、科研价值。如陕西黄帝陵内的"轩辕柏"因其历史悠久被誉为"世界柏树之父",又如昆明黑龙潭内的"唐梅、宋柏、明茶"、成都杜甫草堂的"罗汉松"、安徽黄山的"迎客松""送客松"、庐山的"三宝树"等都是知名度很高、令人神往的游览对象。

"独怜幽草涧边生,上有黄鹂深树鸣。"幽是绿色植物最重要的造景功能。茂密的森林给人以幽深玄妙之感,葱郁的乔木给人以幽暗葱茏之感,植物茂盛的生长空间又给人以幽静、幽雅之感。总之,一个"幽"字更使植物花卉显得生机勃勃、情趣盎然。

植物表面的光泽能给人带来美感。讲解植物花卉的光泽美,应结合不同时辰的日光、月光,可构成许多奇妙的景色。

植物花卉的光影同样能产生更高的景观意境,如"疏影横斜水清浅"讲的是梅花的遒枝在水中产生的倒影,"月移花影上栏杆"就是月光洒射中所形成的景象,到了月夜,竹影婆娑,更是景象万千、风姿绰约。

植物花卉之奇是指奇特的植物形态,如西双版纳的"独木成林"、曲阜孔庙的"五柏抱槐"等都是自然界绝妙的奇景,成为人们竞相目睹的珍奇植物瑰宝。

3. 从品质内涵讲解其寓意

有些植物富有深刻的寓意,最容易使人到达稳定而丰富的意境并产生多种美感,这类观赏植物以花为主。花有花的精神内涵,花有花的生命寓意。我国人民自古有通过植物来寄托自己的感情和理想的习惯。如借苍松象征高洁、刚强、长寿,用竹象征刚直、清高、虚心,以梅花象征傲骨、孤高,以荷花象征洁身自好。周敦颐在《爱莲说》一文中说:"予谓菊,花之隐逸者也;牡丹,花之富贵者也;莲,花之君子者也。"指出了菊花、牡丹花和莲花的寓意美。

【相关链接】

中国花草雅称及寓意

在我国古代,人们就将松、竹、梅誉为"岁寒三友",将玫瑰、蔷薇、月季誉为"园中三杰",将报春花、杜鹃花、龙胆草誉为"三大名花",称山茶花、梅花、水仙花、迎春花为"雪中四友",称兰花、菊花、水仙、菖蒲为"花中四雅",称梅、兰、竹、菊为"四君子"（也有人将梅、兰、竹、菊和松合称"五君子"的）。

中国十大传统名花都有雅称：牡丹——花王、梅花——花魁（又称雪中高士）、水仙——凌波仙子、桂花——花中月老、荷花——花中君子、菊花——花中隐士、月季——花中皇后、山茶——花中妃子、兰花——花祖、杜鹃——花中西施。

（四）植物景观导游范例

【导游范例】

银 杏 树

（1）简介。由于生长周期长，银杏树又称公孙树，因其果实呈白色，因此老百姓俗称其白果树。在古老的传说中，它是神奇的不老之树，是我国特有的一种古老神奇的树种。它雌雄异株，果实可以吃，也可以入药。木质细密，可供雕刻用。

（2）特点。银杏树是中国独有的古老名贵树种，有1.5亿年的基因特征，是与恐龙同时代的植物，被称为地球的"活化石"和植物界的"熊猫"。因其具有长达3 500多年的自然寿命，且不论数百上千年均能开花结果，生命力十分顽强，又享有"长寿树"之美誉。

（3）古老的树种。据研究，银杏类起源于石炭纪（3.5亿年）、银杏目起源于二叠纪（2.99亿年）以前，银杏属则起源于1.9亿年前的侏罗纪早期。现存的银杏可追溯到6 500万年以前的古新世（第三纪早期）。到了白垩纪后期及新生代第三纪，银杏逐渐由盛变衰，第四纪冰川之后，在中欧及北美等地的银杏全部灭绝，只在我国保存一种。银杏的价值在于它能在这漫长的"地质时期"生存下来并保持该物种的遗传稳定。

（4）其他价值。银杏是我国特有的珍稀树种，其一身是宝，叶、皮、根、果皆能入药，具有很高的食用价值、药用价值、经济价值、生态价值和观赏价值，对人类健康有神奇功效。它不但具有润肺、止咳、平喘等多种功效，可治疗高血压、心脑血管等疾病，还在提高人体免疫力、抗衰老、抗病毒、抗癌、美容、护肤等方面具有特殊功效，有病食之治病，无病食之保健强身。

（5）副产品。国内外专家正致力于将银杏叶制成茶叶，将其提取物制成针剂、浸膏、胶囊、化妆品，用于医疗和保健。专家确认，银杏叶制剂的实用化特点是疗效确切，是目前最好的广谱药物。同时，银杏叶食品也因保健价值极高，在国外普遍作为保健强身的日常食品。

（6）果实。木本植物银杏树的果实，果形似杏，故名银杏，其核果壳白色，又名白果。果实呈椭圆形，果实外面有橙黄色带气味的种皮，果仁可以食用，也可以入药。

【导游范例】

水　杉

　　水杉是一种高大乔木,树高可达35米,胸径达2~3米,树姿优美,枝叶茂密,春嫩、夏青、秋黄、冬红,叶色多变,独具一格,被列为世界上古稀名贵植物之一。水杉在1亿年前的中生代白垩纪早期曾广泛分布于东亚、北美、欧洲等地,到第四纪冰川时期,全部被毁灭,人们只能见到这种植物的化石。1941年,在我国四川、湖北交界的地区,发现了1 000多株水杉,成为20世纪世界植物界的重大发现,当时轰动全世界。因此,人们称水杉为植物界的"活化石"。水杉生长快,材质好,不仅是很好的建筑材料,也是良好的庭院树种。

【导游范例】

珙　桐

　　珙桐被誉为"中国鸽子树"。它是世界著名的观赏树种,在世界其他地方均已绝迹。可是,由于我国特殊的自然地理环境,它在贵州、湖北、四川等地幸存下来,传宗接代。珙桐也被人们誉为"活化石"。这种树有奇特美丽的花朵,花开时如群鸽栖于树上,故有"中国鸽子树"之称。

【导游范例】

山　茶　花

　　山茶花原产于我国。公元7世纪初,日本就从我国引种茶花,到15世纪初大量引种我国山茶花的品种。1739年英国首次引种我国山茶花,以后山茶花传入欧美各国。至今,美国、英国、日本、澳大利亚和意大利等国在山茶花的育种、繁殖和生产方面发展很快,已进入产业化生产的阶段,品种间、种间杂种和新品种不断上市。

　　山茶花为常绿阔叶灌木,叶互生、革质、椭圆形,边缘有锯齿,深绿色,花单生或2~3朵生于枝梢顶端或叶腋间,单瓣或半重瓣、重瓣。常见品种有单瓣类的晨曦,花皱边,纯白色;赛金光,花白色,有桃红色线条和细点;大花金心,花大红色,花径6~7厘米。半重瓣类有赛洛阳,花红色,具白斑;大松子,花深红色;醉杨妃,花粉红色;星桃牡丹,花桃红色。重瓣类有白宝珠,花纯白色;红芙蓉,花夹竹桃红色;花芙蓉,花白色,有红色线条;花宝珠,花粉红色,有不规则红条纹;五鹤捧球,花大红色;花佛鼎,花大红色,有少量白斑;红十八学士,花红色;赤丹,花大红色;花鹤翎,花淡红色,有白色斑点。

第三节　动物景观导游

一、动物景观导游常识

（一）了解动物的演化

动物的祖先可能是原始鞭毛虫类,这类动物结构简单,只有一个细胞。经过若干亿年的演化,成为原始多细胞动物,如现代的多孔动物(海绵动物)等,进而分化出二胚层的腔肠动物,如现代的水螅等。腔肠动物进一步演化,从二胚层分化为三胚层动物,体形由辐射对称演变为两侧对称。

原始两侧对称动物演化成了两支,一支是原口动物,另一支是后口动物(在胚胎发育过程中,原口成为将来的口者,为原口动物;在原口相对的一端重新开孔形成口者为后口动物)。如棘皮动物和所有脊椎动物都属于后口动物。

脊椎动物起源于无脊椎动物。半索动物、尾索动物和头索动物是无脊椎动物向脊椎动物演化的中间过渡类型动物。这类动物只具有脊索(有人认为半索动物的脊索可能是内分泌器官),还未形成脊椎骨,未出现脑,无明显头部。

脊椎动物在演化的道路上,首先是背神经管的前端分化成为脑,并在身体前端形成嗅、视、听感觉器官,因而出现了头部,从而成为原始有头类,如圆口纲动物。原始有头类继续向前演化,出现上、下颌以及成对的偶鳍,因而成为原始颌口类,如鱼类。

早期鱼类都生活在淡水中,以后由于地壳的剧烈变化,有的水域变成了陆地,因而许多鱼类灭绝了,一部分迁入海洋,而古总鳍鱼类则被迫爬上了大陆,向陆生脊椎动物的方向演化。这是生物发展史上具有划时代意义的事件。古总鳍鱼类不但有鳃,而且有肺,又有像陆生动物四肢骨的偶鳍。登陆以后,偶鳍演变成了陆生动物的四肢,鳃让位于肺,逐渐演变成了两栖类动物。

古代部分两栖动物在继续演化的过程中出现了羊膜卵。这种卵经过受精以后能在陆地上孵化发育,最终摆脱了水环境的束缚,发展成真正的陆生脊椎动物——爬行类动物。

由古代爬行动物分别演化出鸟类和哺乳类。哺乳动物的神经系统、感觉器官以及运动器官进一步发展,为人类的诞生创造了条件。

（二）认识类别

地球上生存着形形色色的生物,人类发现并作了记录的有 200 多万种。其中植物有 30 多万种,动物有 150 多万种,微生物有 20 多万种。在动物界的类群中,昆虫的种类最多,已知的超过 100 万种,其他无脊椎动物约 35 万种,脊椎动物 4 万多种,其中鱼类占一半。

我国疆域辽阔,是世界上拥有野生动物种类最多的国家。脊椎动物约有 4 000 多种,占世界脊椎动物种数的 10% 以上。我国的动物类群种类丰富,而且有 100 多种闻名世界的珍贵稀有动物。

生活在地球上数以百万计的动物,它们大小相差是那样悬殊,最小的动物只是一个细胞,而最大的动物蓝鲸体长可达 34.6 米,体重可达 170 吨。将各种动物从小到大、从低等到高等、从简单到复杂分门别类,列成系统十分重要。现在所用的动物分类系统是以动物形态和解剖上的特征为基础的,有界、门、纲、目、科、属、种等几个重要等级。任何一个已知的动物均可无例外地归属于这几个等级之中。现以豹(金钱豹)为例,说明如下:界——动物界;门——脊索动物门;纲——哺乳纲;目——食肉目;科——猫科;属——豹属;种——豹。

【相关链接】

我国珍稀动物列举

大熊猫、金丝猴、台湾猴、羚牛、白唇鹿、黑麂、白鳍豚、褐马鸡、黑颈鹤、扬子鳄、中华鲟、白鲟等。

二、动物景观的造景功能

动物也是大自然景观的构景要素。奇特珍稀的动物往往令人注目,成为一种奇特少有的景观,如峨眉山的"枯叶蝶""弹琴蛙"、四川卧龙的大熊猫等。除了野生动物以外,在人类的饲养和训练下,动物还具有表演性,如斗鸡、斗狗、赛马、耍猴等。正因为动植物具有如此好的观赏性,才使得植物园、野生动物园、海洋公园、水族馆纷纷涌现。

中国动物种类十分丰富,据初步统计,无脊椎动物约有 17 万种,鱼类约 2 400 种,两栖爬行类约 500 种,鸟类约 1 200 种,哺乳类约 400 种。其中有数量众多的资源动物,约可归纳为珍贵特产动物、食用动物、药用动物、工业用动物、实验动物、害虫害兽的天敌动物、观赏动物和具有其他作用的资源动物等类。

在如此丰富的动物种类中,有许多珍稀物种,如哺乳动物中的大熊猫、金丝猴、白鳍豚,还有羚牛、白唇鹿、黑麂、野牦牛、藏羚等;鸟类中如鸳鸯、褐马鸡、蓝马鸡、蓝鹇、锦鸡、黄腹角雉、绿尾红雉及几种长尾雉;长江中下游的扬子鳄;中国中部及南部山区的大鲵等。以上物种不仅具有重大的科研价值,在旅游资源的构成上也有着不可替代的作用。

从造景功能上,动物景观有如下特性:

(一) 奇特性

奇特性指动物在形态、生态、习性、繁殖、迁徙及活动方面的奇特性、娱乐性。如我国高雄"蝴蝶山谷"的蝴蝶会、四川峨眉山的猴群、湖南衡山龙池的"蛙会",更有昆明冬天里的一个童话——红嘴鸥。以上种种,旅游者观赏后都可获得奇特美。

(二) 珍稀性

特有的、稀少的甚至濒临灭绝的动物往往成为人们注意的中心。如爬行类的扬子鳄、鳄蜥、象龟,鸟类中的褐马鸡、丹顶鹤、黑颈天鹅等,兽类中的大熊猫、金丝猴、东北虎、白唇鹿、犀牛、野象、羚牛等,都是集观赏价值与保护价值于一身的珍稀动物。

（三）表演性

在人工饲养和训练下,某些动物会模仿人类的动作或在人类的指挥下进行某些技艺表演。我国古代就有斗鸡、驯熊、耍猴、耍蛇、放鹰、赛马等以训练动物为特色的娱乐活动,如今,海豚表演、大象表演等已经成为某些旅游景区内不可分割的一部分旅游项目。

（四）造园性

动物的造园功能主要表现为动物园、野生动物园、水族馆、标本馆四种形式。

（五）宗教性

由于宗教原因,一些地方的宗教徒将某些动物奉为神灵,比如大象(如泰国)、牛(如印度、尼泊尔)、猴(如印度、尼泊尔)等。这些国家的信徒们对这些动物给予保护,从而带有了一定的宗教色彩。

一些动物也具有象征性含义,如大象象征稳重、狮子象征威猛、猴子象征机灵、喜鹊象征吉祥等,这些都是导游讲解的生动素材。

【导游范例】

云南野生动物园讲解片段

各位朋友,大家好!

首先,请允许我代表云南野生动物园的全体员工,以及可爱的动物们,欢迎大家的光临。

我是各位今天野生动物园之行的导游员。我叫×××,工号是×××××,各位叫我小×就可以。在今天的游览中,如果您有什么要求和需要请及时告诉我,我将尽最大的努力帮助大家解决,在此,我也预祝各位今天开心愉快。

各位朋友,云南野生动物园是目前云南省最大、也是唯一的以野生动物养殖、观赏、展示为主体,集观光旅游、科普教育、迁地保护于一体的新型旅游景区。我相信各位今天一定会乘兴而来,满意而归。

各位来宾知道云南"三大王国"的美誉吗?

这位游客答对了,就是"有色金属王国""植物王国"和"动物王国"。当然也有人把这些王国的内容进一步细分,就分出了"香料王国""花卉王国"等。这"三大王国"的美誉对许多人来说都充满了神秘的色彩,很多的人来到云南,其实是被"植物王国""动物王国"的称号吸引。

在纯野外的环境条件下,特别是云南这样以山地、高原为主体的地方,人们很难在野外与野生动物近距离接触,更别说零距离接触了。同时,野生动物是动态移动的生物,它有自身的生活习性,经常处于"移动"过程中,人们想在较短时间内见到想要见到的野生动物实在是一件不容易的事。

而在我们云南这块美丽而富饶的土地上,又蕴藏着十分丰富的野生动物资源。云南独特的气候和地理环境,使它能供种类繁多的动物栖息。按气候划分,在云南既有热带、亚热带、温带的动物,也有寒带的动物;按植被类型划分,既有高山森林、草甸，又有河谷、平原。因而形成了寒、温、热带动物均有，动物种类南北东西交汇的奇特现象，因而云南被誉为"动物王国"。据现有资料统计，我们云南省的动物种类居中国之首。

（此段内容可根据旅游者的游兴及游览进程灵活安排）现在我用数字来说明：云南拥有脊椎动物约 1 700 种，占全国种类的 58.9%；国内见于名录的昆虫 2.5 万种，云南有 1 万多种。在脊椎动物中，兽类有约 300 种，占全国种数的 51.1%；鸟类有约 800 种，占全国种数的 63.7%；爬行类约 140 种，占全国的 37.6%；两栖类约 100 种，占全国的 46.4%；淡水鱼类约 370 种，占全国的 45.7%。

这么多的资源，怎样才能展示在世人面前，让人们体味"动物王国"的神韵，接近并了解我们人类的伙伴，甚至与动物成为朋友呢？在过去的动物园中，人们几乎都是隔着铁笼看动物，人与动物没有亲近之感。因此人们希望能尽可能地减少铁笼的"隔阂"，能在相对"自然"的状态下与动物们"接触"。同时，人们有这样一个愿望——在较短的时间内同时领略云南"动、植物王国"的风采。

有这样的地方吗？

回答是"有"！那就是我们云南野生动物园。

现在，我们来到的是位于大门入口的迎宾广场。

正中间的花坛中种植着的云南特色名贵树种，再现了"植物王国"的神韵。

现在各位随我再登高，人们常说"欲穷千里目，更上一层楼"，好景致需登高才可见。

（在走动过程中讲解）

各位朋友，我们云南野生动物园内设儿童乐园、动物广场、珍稀动物区、水禽湖、樱花园、雉类公园、猕猴山庄、圣诞林休闲区和猛兽区等十余个景区，蓄养展示的动物 200 余种、18 000 多头（只）。

雉类公园、水禽湖各种鸟儿游走翻飞；大型草食动物区内，鹿科、牛科动物及大型鸟类悠闲地踱着方步；放养雄狮、猛虎、豹、熊等猛兽的猛兽区将会是最引人入胜的地方，游客可以站在周围特设的高位栈道上近距离观看动物们，不必受时间的限制；猕猴山庄内，200 多只猴子在其间上蹿下跳，峨眉山野猴神出鬼没"强抢"游人物品的情景会在这里再现。在观景台和观景长廊，游人们可通过望远镜俯瞰金殿公园、世博园及滇池。

现在我们来到了珍稀动物区。因为是珍稀动物，数量有限，加之保护的需要，在这个区域内仍是以分区划片圈养为主，人们不能零距离接触。

各位，我们面前的这个展馆就是中国最珍贵的"国宝"，人称"活化石"的国家一级保护动物——大熊猫的家。馆内的"主人"是从圆通动物园搬家过来的，名字叫"珍珍"，雌性，25 岁。这个年龄对于大熊猫来说已是高龄，如果用我们人类的年龄来比的话，相当于人的七八十岁，所以可以说它是"熊猫奶奶"了。它曾经三次产下自己的孩子，可惜都夭折了。各位至少在电视或图片里见过大熊猫，但各位可知它名称的来历？在野外它又是怎么生活的？它吃什么？它有些什么习性呢？

现在我就用一点时间给各位做一点简要介绍：

（以下有关动物的知识，导游人员要掌握知识要点，要根据旅游者的变化灵活运用，以满足不同旅游者的需要，调动旅游者的游览兴趣。涉及动物相关资料时，以动物说明牌为准）

……

本章小结

生物景观（主要是动物、植物）是一类特殊的景观，它具有一定的可再生性，与旅游者的日常生活关系更为密切。动物、植物景观的导游前提是认识动物、植物类别，重点在特色与习性的分析，难点在文化的延伸。

复习思考题

1. 生物景观的基本情况是什么？
2. 简述植物景观的构景功能。
3. 简述植物导游讲解要领。
4. 如何在导游自然景观的过程中突出生物景观的讲解？

实训项目

参观当地的植物园（花市）或动物园。

目的：认知动植物名录。

要求：

1. 请专业人士现场教学。
2. 学生撰写植物或动物导游词。

拓展阅读

资料：中国科学院西双版纳热带植物园导游词讲解范例

11

第十一章　气象、气候及天象景观导游

学习目标

1. 了解气候气象景观的基本知识。

2. 模拟并掌握气象气候景观导游。

3. 培养学生探索宇宙奥秘的兴趣,培养学生探究事物原理的能力,获得知识与感悟。

4. 引导学生从人与自然的和谐发展中深刻理解中华优秀传统文化,增强文化自信。

教学建议

本章的授课主要以教师课堂理论教学分析为主,同时注意与相关章节的结合。建议教师在授课过程中,制作形象生动的课件,相对直观地介绍天气、气候及天象景观及成因。借助相关声像资料,引导学生"观赏"各类奇观,训练学生导游讲解能力。

【关键词】

气象　气候　天气　天象

第一节　气象、气候及天象景观观赏

一、基本常识

（一）气象

人们把大气的各种物理现象和过程统称为气象。而吸引旅游者去观赏的大气中的各种物理现象及其过程,如云海、雾凇、佛光等,我们称其为气象景观。

（二）气候

气候是在太阳辐射、下垫面和大气环流的影响下形成的天气的多年综合状况,是长年天气特征的综合,包括其平均状况及极端变化。长年一般指至少30年或更长的记录时间。气候是通过水文、生物、土壤等地理因素影响到一定区域的自然景观。气候因空间尺度不同分为大气候、中气候与小气候。它们与其他景物要素相配合,共同形成某一地区的整体环境景观特征。

良好宜人的气候是旅游活动的必要条件之一,温暖明朗的天气、和煦明媚的阳光、奇特多彩的天气和气象现象,均为旅游资源的重要组成部分。

（三）天气

天气是短时间内大气出现的物理现象和物理过程,是云、温度、气压、气象因素的综合状况。适当的温度（11℃～18℃）与和谐的天气氛围会使旅游者身心舒畅,精力充沛。

日、月、天体和雪、雨、雾、露、霜、虹、霞、霓等气象因素与观赏物相结合,会构成特有的天气景观。如杭州西湖十景中的断桥残雪,每当雪后,在积雪尚未融尽时,形成天地一色、雪残桥断的美景;云南大理的四大名景“上关花,下关风,苍山雪,洱海月”,在风花雪月之中,尽享自然美色;桂林的象山夜月,形成“水底有明月,水上明月浮;水流月不去,月去水还流”的风景。

（四）天象

天象是指日月星辰在天幕上有规律的运动现象。天象是古代中国星占家对天空出现的各种自然现象的泛称。现代通常指出现在地球大气层外的现象,如日月变化、流星、极光等。

二、气象、气候与旅游

不管是短期的气象变化还是长年的气候变化,都与人类生产、生活有密切关系,同样与人类旅游活动也有直接或间接的关系。

（一）直接关系

气象、气候可直接造景、育景,即在不同的气象和气候条件下,可以形成不同的自然景观和旅游环境,如南方热带景观、北方冰雪景观等。

气候也能直接作用和影响人们的旅游活动。其影响主要表现在以下几个方面:

（1）影响旅游时间选择的。人们外出旅游时,一般选择最有利的气候条件,如气温在 17.6℃左右,湿度为 70%～75%,以免引起中暑、感冒、气闷、口干舌燥。同时也要选择最有利于景观观赏的时间,如观日出、赏枫叶、看雾凇等的气候条件。

（2）影响旅游路线选择的。

（3）影响旅游活动中饮食的准备和更换。

（4）影响旅游服装的准备和更换。

（5）影响旅游项目的调整。

（6）影响旅游商品的组织供应。

（7）影响旅游活动中医疗和药物的准备。

（8）影响旅游交通和工具的选择等。

（二）间接关系

间接关系是指由于气候的变化,影响了地貌、水文、生物及各种人文旅游资源。如地貌景观在形成过程中的外动力——风、雨、冷、热等都是受到气象、气候的影响。因此,气象和气候既是一项自然旅游资源,又是开展旅游活动的必要条件;既有造景的直接功能,又有育景的间接作用。但值得注意的是,气象和气候的全部要素对旅游并非只有正面的影响,如严寒、台风、冰雹等灾害性天气现象,不仅不能吸引旅游者,反而会阻碍旅游活动,破坏自然美景。

【提示】

由于天气、气候对旅游活动有较大的影响,而天气的变化是人类无法控制的,因此,导游员应该较为全面地了解旅游目的地长年的天气变化规律,做好充分的准备工作。同时要有较强的应变能力,学会根据天气变化调整节目安排和导游讲解内容。

三、气象景观的特点

由大气中的冷、热、干、湿、风、云、雨、雪、霜、雾、雷、电、光等各种物理现象和物理过程所构成的景观,与其他自然景观相比,有着显著的特征,主要分为以下五个方面:

（一）多变性

大气中的物理现象和过程往往是瞬息万变、变幻无穷的。典型的如一日内冷、暖、阴、晴的变化,刚刚是倾盆大雨,转瞬就晴空万里。这些变化常常影响着景物的色彩、风采和明快度,能给旅游者以不同的美感和多变感。

（二）速变性

气象要素中的雾、雨、电、光等要素变化极为迅速,典型景象如宝光、蜃景、日出、霞光、夕照等都是瞬间出现、瞬间消失的气象景观,旅游者只有把握时机,才能观赏到佳景。

（三）背景和借景性

许多气象景观的出现常常要与其他旅游资源相配合,要借助于其他景观为背景,如高山云海、海上日出、沙漠蜃景、名山佛光等。

（四）地域性

各种气象景观的出现都有一定的地域性，一些特殊景象必须在特定地点才可显现，如吉林雾凇、峨眉佛光、江南烟雨、大理"下关风"等。

（五）时间性和季节性

不同的气象景观要素在一年内所出现的时间各不相同，有明显的季节变化。如冰雪景观只出现于冬季，蜃景和宝光一般见于中午或下午，而日出、霞光等景时间性更强。

四、常见气象景观类型举例

（一）雪景

雪景是中纬度地区在冬季，高纬地区及雪线以上山顶地带出现的特殊降水现象，配合以其他自然条件，如高山、森林、冰川等，便构成了特异的雪景风光。雪有极大的观赏价值，是气象旅游资源中一个重要的组成部分，对旅游者有一定吸引力。在我国及世界上其他一些国家中都有许多以雪著称的景区，如我国东北的"林海雪原"。其他以"雪"构成的景观还有"少室晴雪""断桥残雪""坝柳风雪"（西安东坝桥附近）等。

雪不仅是一些名景的构景要素，同时雪花本身就具有较强的微观观赏性。此外，雪还为人类的冬季冰雪活动提供了条件和可能，如滑雪、滑冰、雪雕、冰雕等。

（二）雨景

在生活和旅游中，人们常常遇到下雨。雨不仅是气象的主要因素，而且是具有观赏功能的自然美景之一。雨丝可以唤起人们的多种情思遐想，如春雨贵如油、秋雨几多愁、暴雨成灾、雨助苗苗、雨后春笋、雨意绵绵等。"破雨游山也莫嫌，却缘山色雨中添""水光潋滟晴方好，山色空蒙雨亦奇"都是赞颂雨景之佳作，说明了雨在整个景观配置中的作用。

我国著名的雨景资源有：江南烟雨、梅雨赏梅、巴山夜雨等。还有许多以八景、十景命名的古景中，其中不少都有雨景，如峨眉十景之一的"洪椿晓雨"、蓬莱十景之一的"漏天滴润"等。

（三）雾景

气温下降时，空气中所含的水蒸气凝结成小水点，浮在接近地面的空气中，叫作雾。雾在特定的地点与其他自然条件相配合，也可以组成耐人寻味的景色。如在山区云雾积聚，急剧流动，会形成瞬息万变、引人入胜的云雾奇观。

典型雾景有："草堂烟雾"（关中八景之一）"柳州凝雾""双峰插云"（西湖十景之一）、大理苍山名景之"玉带云"和"望夫云"、泰山之"云海玉盘"、黄山"四奇"之一的"云海"等。

（四）霞光

霞是日月斜射天空时，由于空气的散射作用而使天空的云层呈现黄、橙、红等色彩的自然现象。霞光就是阳光穿过云雾射出的彩色光芒。霞和霞光多出现在日出或日落时，常与山地、水汽、云雾等相伴随，只有在特定的地区才可看到，成为瞬息变化的光景之一。主要形式有朝霞、晚霞、彩云、雾霞、宝光等。在我国许多名山和名胜区都有以霞光著称的旅游资源，著名的如"骊山晓照"、泰山"晚霞夕照"、浙江东湖"霞屿锁岚"、江西彭泽"观客流霞"等。

（五）风

风是空气相对于地面的运动,是气象变化的主要因素之一,也可直接造景。不过这种景看不见,摸不着,既无形象,又无色彩,但旅游者可以通过感官感受其美。凡作为景观,一般以"秋风""春风""松风""微风""和风""煦风"等为赏景标志。如峨眉山的"白水秋风"、浙江海盐的"茶磨松风"、大理的"下关风"等。

（六）蜃景

蜃景即海市蜃楼奇景。蜃景也是一种由于天气变化而形成的自然景象。它是由于气温在垂直方向上的剧烈变化,空气密度的垂直分布也随之显著变化,从而引起光线出现折射和全反射现象,导致远处的地面景物在人的眼前造成奇异幻觉。这种现象被称为"海市蜃楼",一般常见于海湾、沙漠和山岳顶部。在我国蜃景出现较多的是山东蓬莱海边,在沙漠中及我国一些名山,如庐山等地,也可观赏到蜃景奇观。

（七）雾凇、雨凇

雾凇又名"树挂",是雾天里形成于树枝上、电线上、景物上的白色而松软的水滴凝结物,呈现不透明的白色粒状和晶状物。雾凇凝于不同附着物,其外观也各不相同,有的像蜡梅,有的似水仙,有的如菊花、银丝……千姿百态,给人以特殊的艺术享受。在我国,雾凇出现最多的地方是吉林、峨眉山、五台山等地。

雨凇是与雾凇类似的景观。它是在寒冷的季节,雨滴或毛毛雨滴落在物体上很快冻结起来的透明或半透明的冰层。其产生必须要满足在近地层里有温度向上逆增的条件。雨凇密度小时为混浊而无光泽的冰层,密度大时则为透明的冰层。在我国,雨凇分布一般为南方较北方多,潮湿地区较干旱地区多,山区比平原多,而以高山最多,如我国峨眉山、衡山、庐山等地都是雨凇出现的地区。雨凇与云海、日出、夕阳、宝光、蜃景合称为"天象六景。"

（八）日出和日落

观赏日出或日落景观是人人都向往的一个项目,特别是到一些名山旅游,其游览目的之一就是观日出、日落。观日出、日落以晴天少云的天气为最佳。在我国许多名山中都已形成了固定的观日点,如泰山的观日峰、华山的东峰、峨眉的金顶、庐山的汉阳峰等。观日出、日落一定要把握时间,须在日出、日落前到达观日点。

五、世界主要的气候类型

（一）热带雨林气候

热带雨林气候多在赤道及其附近出现,又称赤道雨林气候。年平均气温26℃左右,最冷月平均气温大于20℃。年降水1 500~3 000毫米,相对湿度80%左右。主要分布于南美亚马孙河流域、北非刚果河流域及马来群岛赤道两侧其他岛屿。我国云南省的西双版纳属于此类气候。

（二）热带季风气候

热带季风气候气温年较差及日较差均大于15℃,年降水量1 000~1 500毫米,有明显的干湿季。典型地区分布在海南岛中部以南、南中国海、台湾岛南部、中南半岛(马来半岛中部以北）、菲律宾群岛北部、南亚等地。

（三）亚热带季风气候

此气候特点为夏雨冬干,夏季气温高雨水多,冬季气温低雨水少。主要分布于亚欧大陆东岸。

（四）亚热带地中海式气候

此气候特点为夏季晴朗干燥,冬季温暖湿润。主要分布于亚欧大陆西岸、地中海沿岸地区。

（五）温带季风气候

此气候特点为夏季高温多雨,冬季寒冷干燥。主要分布于欧亚大陆东北部地区。

（六）温带海洋性气候

此气候特点为冬季温暖,夏季凉爽,气温年较差小,全年降水分布较为均匀,分配均匀。主要分布于西欧的不列颠群岛、丹麦、荷兰等国及南美的智利和北美太平洋沿岸。

（七）副极地气候

此气候特点为冬季寒冷漫长,最热月平均气温为 0℃～10℃,无夏季。主要分布于亚洲北部、北美北部和北冰洋沿岸地区。因只适于生长苔藓、地衣,又叫苔原气候。

（八）极地气候

极地气候又称冰原气候,分布于南北两极地区,气候严寒,全年气温在 0℃ 以下,绝对低温可在-70℃ 左右,冰盖终年不化。

（九）山地气候

山地气候是一种出现于山区的特殊气候类型。气候特点因海拔、山峰分布、坡向及山系走向而变化,内部差异大。

六、我国的气候旅游资源

（一）总特点

我国气候旅游资源类型多样,按纬度位置从南到北可分为赤道带、热带、亚热带、暖温带、温带和寒温带六个热量带。按水分条件划分,全国自东南向西北可分为湿润、半湿润、半干旱和干旱四个类型。此外山区气候的垂直分异也很明显。虽然我国气候类型多样,但决定我国气候基本格局的是温带大陆性季风气候。

（二）区域气候

我国区域气候特点是华北平原四季分明,云贵高原四季如春,南岭以南终年少见霜雪、长夏无冬,东北北部冰封雪盖、长冬无夏。由于各地气候存在差异,便于组织与气候条件相适应的多种旅游活动。即使在同一季节,也可以在全国开展多种气候旅游活动:隆冬季节在海南岛可以避寒,还可以进行滑水、帆船等水上娱乐活动;而在哈尔滨可以观赏"千里冰封,万里雪飘"的北国风光,也可以组织滑雪、冬猎、观赏冰雕等旅游活动。

我国的气候是复杂多样的。黑龙江省北部长冬无夏,漫长的冬季是冰天雪地的世界。漠河曾出现过-50℃ 的严寒,是我国的最低气温记录。海南岛地区则是长夏无冬,树木花草终年常青,一片热带景象。西沙群岛年平均气温在 26℃ 左右,是我国平均气温最高的地区之一。东部沿海地区温暖湿润,四季分明,年降水量可达 1 600 毫米。西北内陆地区寒暑变化显著,人们形容这里的气候是"早穿皮袄午穿纱,围着火炉吃西瓜"。这里大部分地方降水少,气候干燥。塔里木盆地边缘年降水量不到10毫米,有时几年滴雨不下,是我国最干旱的地区。云贵高原则是冬无严寒,夏无酷暑,四季如春。西南高山峡谷地区,从山脚到山顶,气候垂直变化明显,谷底热而山顶寒,真可谓"十里不同天"。复杂多样,是我国气候的一个重要特征。

(三)小气候

近地1~2米高度的空气层内因土壤、植被等差异而产生的特殊气候统称小气候。小气候特征的空间水平尺度一般不越过10千米,垂直范围不越过1千米。近地1~2米高度层称"贴地层",故小气候亦称"贴地气候"。这一层是包括人类在内的一切生物活动的场所,也是人们旅游活动的主要场所,故小气候与人类旅游活动的关系极为密切。人类的活动在一定程度上可以改变小气候。小气候的差异是吸引人们近距离旅游的主要因素之一,如从城市气候转到湖滨气候、森林气候、乡村农田气候、洞穴气候等气候环境中。人们在开发利用气候旅游资源时,一定要注意对小气候的开发与保护,改变不利于旅游的小气候,使其向对旅游者有吸引力的气候类型发展。

(四)我国气候多样的基本原因

我国如此多样的气候的形成,基本原因可归纳为以下几点:

第一,我国的疆域广大,所跨纬度非常广。广东、广西、云南和台湾四省区的南部在北回归线以南,甚至接近赤道,地处热带;我国大部分地区在温带;北部则靠近寒带。南部纬度低,得到太阳光热较多,北部纬度高,得到太阳光热较少,这就使我国南北气温差别大,从北到南气温逐渐升高。在冬季,这种纬度的影响更为明显。

第二,我国位于世界最广阔的大陆——亚欧大陆的东部,面向世界最大的大洋——太平洋,海陆面积都很大,这对气候的影响非常显著。东南部接近海洋,受海洋的影响大,气候湿润,降水多,温差小;西北部远离海洋,气候干燥,降水少,温差大。这就是我国降水量的分布自东南向西北逐渐减少的原因。

第三,我国地形复杂多样,东西地势差别很大,对气候也有很大影响。一般地说,地势升高,气温降低,地势每升高1 000米,气温要降5℃~7℃。青藏高原和长江中下游平原相比所处的纬度差不多,但由于它们的海拔高度相差4 000多米,因此两地在同一季节的气温相差很多。由于气候多样性的特点,因此掌握游览点自然景观和季节的关系有助于分析客流流向,为设计旅游路线、开展导游活动提供科学依据。

第二节　气象、气候及天象景观导游

一、气象、气候景观导游要领

(一)从景观构景要素导游

1. 与云雾雨有关的气象奇景

云雾雨所构成的气象奇观是温暖湿润地区或温湿季节出现的气象景观。透过云雾雨看风景时,景物若隐若现,缥缈虚幻,令人捉摸不定,让人感受到一种朦胧美。如陕西的草堂烟雾、嘉兴的南湖烟雨、川东的巴山夜雨等。流云飞雾变幻莫测,气势磅礴,是云雾赋予大自然的另一种景观。如果说薄云、淡雾、细雨只是与其他实体景观的叠加,让其重新构景,那么流云飞雾则是云雾自身构成的景观,如黄山、峨眉山的云海,庐山的云瀑等。

2. 与冰雪相关的气象奇景

冰雪景观是寒冷季节或高寒气候区才能见到的气象景观。它借助本身的白色与周围的景象组合,形成多姿的景观吸引旅游者前来观看。我国许多风景名胜区都有著名的雪景,如燕京八景中的"西山晴雪"、西湖十景中的"断桥残雪"、峨眉十景中的"大坪霁雪"、台湾八景中的"玉山积雪"等。雾凇是一种独特的冰雪景观。它是雾气在低于0℃的附着物上直接凝华而成的。雾凇与一般的冰雪不同,其景致的美感不表现为覆盖地物的宏观造型,而是保持一切原有形态的微观造型。我国雾凇景观主要出现在吉林市的松花江畔。

3. 与光线和日月有关的奇景

太阳是地球主要的光源,太阳光的折射、散射和反射,为自然界带来了五颜六色、奇幻美丽的各种景观。在我国,主要与光线和日月有关的奇景有日出、日落、月色、霞霭、佛光和蜃景。

日出、日落是由于太阳在地平线上升或下沉而形成的自然景观,由于其持续时间短,地面景象变化反差巨大,所以具有很强的美感,在我国各大风景名山和海边都能观看到。

在一轮淡淡的明月下,大地显现出安静与祥和,体现出一种如烟似水的温柔,景色细腻而撩人。

佛光是因大气中光的折射现象而形成的奇幻景观。大气中由于光线的折射而形成的蜃景,常引人遐想。由于空气中密度的不同,蜃景常分为上现蜃楼(常见于海边)、下现蜃楼(常见于沙漠)和侧现蜃楼等。

(二) 从气象景观的美学欣赏角度导游

1. 形象美

自然界的气象景观变化万千,其形象也多种多样,体现了造化的神奇。波漾涌动的云海、雾霭,碧海之上的日出破晓,体现了一种雄大之美;夜空之中的淡淡月色,沉寂之中的一抹流星,又体现了一种阴柔之美;如梦如幻的"佛光"、亦真亦幻的"海市蜃楼",又让人感受到一种奇特之美。另外,薄雾淡云、细雨蒙蒙又给大地罩上了一股忧伤的韵味。

2. 色彩美

气象景观的色彩主要是由烟岚云霞和阳光构成的。当太阳光穿过大气层的时候,受天气和时辰的影响,就会出现色彩缤纷的朝霞、映霞、彩云、雾霭,使天空呈现出多种色彩。这些色彩令人神往和陶醉。"朝辞白帝彩云间,千里江陵一日还""日出江花红胜火,春来江水绿如蓝",李白笔下的三峡与白居易笔下的江南,正是对此生动的写照。

3. 动态美

气象景观的动态美主要包括烟岚、云雾的飘动及日月的升降。行云飘烟,从深谷里冉冉升起,峰峦似乎是在虚无缥缈的轻纱帷幔之中。日月升降没落,让人似乎也感受到了生命的轮回、岁月的沧桑。黄山的云海、峨眉的秋风,无不如此。

4．朦胧美

气象景观是朦胧美最好的体现。透过云雾看风景，云雾中的景物若隐若现，虚虚实实，令观者捉摸不定，于是产生幽邃、神秘、玄妙之感使观者产生许多遐想，这就是朦胧美所致。

在我国古代诗歌中也不难找到对这种朦胧美的描写。王维的"江流天地外，山色有无中"就是一种朦胧的美态；而苏轼的"山色空蒙雨亦奇"也是一种朦胧美的体现。

掌握正确的审美方法，激发旅游者的审美情趣，寻觅美、欣赏美、享受美，从一般的以生理快感为特征的"悦耳悦目"的审美体验，上升到以精神愉悦为特征的"悦心悦意"的审美层次，最后到以道德和理性审美为特征的"悦志悦神"的至高境界。"江山美不美，全靠导游一张嘴"，虽然这有一点夸张，但是我们不难看出导游讲解在旅游活动中的作用。

二、气象、气候景观导游范例

【导游范例】

峨眉山"金顶佛光"导游

发生地：我国佛教四大名山之一的四川峨眉山主峰金顶（最高峰海拔 3 077 米）。

现象：当旅游者站在峨眉山金顶背向太阳而立，而前下方又弥漫着云雾时，有时会在前下方的天幕上，看到一个外红内紫的彩色光环，中间显现出观者的身影，且人动影随，人去环空。即使两人拥抱在一起，每个人也只能看到各自的身影。这就是四川峨眉山神奇的"佛光"现象。

引出问题：这种"佛光"到底是怎么形成的呢？

成因分析：佛光，是峨眉山举世闻名的日出、云海、佛光和圣灯四大奇观中最奇特的一种自然现象。这种现象在其他地方极为罕见，但却在峨眉山经常出现，一年中平均会出现 60 多次，多的时候一年甚至出现 80 多次，因此人们又把它称为"峨眉宝光"。此现象必须在云海平荡、日灿风静、观察者前面有浓密云雾、背后有强烈阳光的下午 3～4 时才可呈现。千百年来，"峨眉宝光"驰名古今中外，佛教的渲染使其更富有传奇色彩和神秘感，吸引着无数的好奇者。许多人都试图对神秘的"佛光"作出科学解释。

"佛光"作为一种自然现象，引起中外科学界的重视和研究。有中国学者认为：佛光是日光在传播过程中，经过障碍物的边缘或空隙间产生的展衍现象，即衍射作用而形成的。当云层较厚时，日光在射透云层后，会受到云层深处的水滴或冰晶的反射。这种反射在穿过云雾表面时，在微小的水滴边缘产生衍射现象，有一部分光束会偏离原来的放射方向，其偏离的角度与水滴直径成反比，而与各色光的波长成正比。

于是,不同的单色光就逐渐扩散开来,在人们的眼前,出现一个彩色的光环。为什么会形成环形的光反应,而且与同样形成环的彩虹又不一样呢?这是因为只有位于某个"光锥"面的单色光,才能为人的肉眼所能见到,而且自己所站的位置,即"光锥"的视夹角大约为9°,而彩虹的视夹角达84°。同时光在衍射时,光波愈短其偏离的角度就愈大,所以佛光色彩的层次分布,一般呈紫色在外红色在内,愈接近中心部位,色彩的能辨程度就越减弱,到了光环中心就像一面发光的彩色玻璃镜。再由于衍射和漫反射的复杂作用,佛光的色相往往不像彩虹那样清晰分明,而是像水彩画那样湿润地融合在一起。又为什么只能看到自己的身影呢?主要原因是:虽然云层中的水滴和冰晶点很多,但人们各自所见的光环,只是各自眼睛所视顶点的那个光锥面的水滴或冰晶点的作用的结果。就如同各自对照着一面小圆镜,自然照见的也就是各自的身影了。至于出现影随人动、人去环空的景象,则是佛光中"摄身光"的原理,至今尚无科学解释,还需要专家、学者深入研究、探讨。

延伸知识:佛家认为,与佛有缘的人才能看到此光,因为佛光是从佛的眉宇间放射出的救世之光、吉祥之光。清代康熙皇帝还特地题写"玉毫光"三字,赐予佛光常现的金顶华藏寺。

【导游范例】

江南烟雨导游

主题:苏杭雨亦奇。

现象与成因解说:常言道:"上有天堂,下有苏杭。"苏杭地区属于长江以南的亚热带气候区,1月最冷,平均气温为3.3℃~3.6℃,最冷可达-10℃。尽管温度与北方相比不算低,但空气潮湿,总使人感到很冷,尤其在雨雪天,就更感到阴冷难忍。3月下旬以后,平均气温在14℃~20℃,气候舒适,凉暖宜人。春雨、薄雾、轻烟、晨霭模糊了山、水、小桥、人家,又使竹木花草、亭台楼宇隐约其间,别有一番诗情画意,真是"水光潋滟晴方好,山色空蒙雨亦奇"。正因为如此,江南民间久有"三月三看桃花""清明时节去踏青"的传统,在春回大地、桃红柳绿之时,游人云集,大有"紫陌红尘拂面来,无人不道看花回"之盛况。

苏杭一带虽然离海不远,又在湖畔,气候上可以受到海、湖环境的调节,但是夏季的气温仍然较高。7月最热,平均气温达28℃~29℃,炎热天数也有十多天,而且初夏时节,在梅子黄熟之际,是一年一度的梅雨期,历时约一个月,杭州始于6月上旬,姑苏、上海一带始于6月中旬。其间,连日里天气阴霾,晴雨多变,降雨频繁,雨量很大。这时外出旅游,雨具就成了必备之物了。因连日多雨,气温不高,此时苏、杭一带的气温甚至比北方地区还要偏低。所以北方来的旅游者,千万不要误认为南方总比北方温度高而少带衣服。梅雨期间,空气湿度很大,物体很容易长霉,故应妥善保藏,遇到晴日及时晾晒。

8月下旬到9月中旬,苏、杭一带又受台风活动影响,雨水显著增多,此时北来冷空气的影响亦逐渐增强,随后,金风飒爽,天高气爽,秋季来临。此时月平均气温为17℃~24℃,温凉适宜。中秋时节,钱塘江大潮景观极为壮观,曾有"远若素练横江,声如金鼓;近则巨如山岳,奋如雷霆"之说。

【导游范例】

城市与气候:昆明天气讲解

主题:春城无处不飞花。

昆明,山清水秀,环境优美,夏无酷暑,冬无严寒,四季皆宜。万紫千红花不谢,争芳斗艳总是春,故有"春城"的美称。

它地处高出海平面1 800多米的山间盆地,三面环山,南临滇池,北部高大的山峦,是冬季南下冷空气的屏障,南有滇池的调节,使得隆冬时节气候也较温暖。若按季节划分,昆明仍有两个多月的冬天,但由于晴天多,日照充足,平均最高气温仍可达15℃,所以并无严寒的感觉。夏季受南来季风的影响,云雨多,日照少,加之地势又高,所以虽值盛夏,最热的7月平均气温也只有19.9℃,年平均气温为15℃,平均温差为12℃。有趣的是,昆明气温的昼夜变化竟比冬夏变化还大,冬、春季节平均日较差可达14℃~15℃,真可谓一日之中有四季。游人要及时增减衣服,防止感冒生病。

昆明的冷暖季节差异不大,但干湿季节却很分明。11月至次年4月,雨量只100多毫米,气候相对干燥。仲春,春意盎然、百花盛开,圆通公园山上,桃李争妍,海棠红遍。特别是那灿若红霞的樱花,招人垂爱。

5~10月,正值雨季,各月雨日都有10~20天。登上大观楼远眺,五百里滇池烟云浩渺,拨浪千层,又有碧峰西望、美人卧波,游目骋怀,美不胜收。濒临滇池西山悬崖绝壁上的"龙门",高出滇池水面300多米,与三清阁连在一起。登达天阁,凭栏俯视,犹如置身虚无的太空。

昆明多有夜雨和午后阵雨。在雨季,常常是日落雨至,夜雨潇潇,晨曦中雨止云散,蓝天晴月。

三、天体天象景观导游

许多宇宙天体及其运动可作为观赏及研究的对象,典型的如太阳、月球、牛郎星、织女星、北斗星、金星,各类彗星、流星、陨石等。同时宇宙现象如五星或九星连珠,日食、月食、黑洞等都可直接作为观赏对象。现在人们还可借助各种天文仪器来对各种天体及天体运动进行观赏研究。一些特殊的宇宙现象较为罕见,而且出现又有一定地域性,如日全食、哈雷彗星、流星雨等,一旦经天文学家测出,人们都将涌向最佳观测点去欣赏。在一些高原地区,天气晴朗的夜晚,人们也喜欢仰望星空,观天象,寻找熟悉的星座与著名的天体。

　　在实际游览活动中,除了非常典型的天象景观,如日食等景观外,一般情况下天体及天象景观往往与其他景观和景物共生出现。因此导游员在实际导游服务特别是导游讲解服务中,要注意主动寻找和发现隐藏于其他景物、景象中的天体和天象景观,在游览中穿插讲解相关景观。同时导游员要充分了解与天体和天象相关的神话和传说故事,根据景区和景点的具体情况,把神话传说有机结合,有选择地为旅游者讲解介绍。这样可以提高旅游者的兴趣,加深旅游者对景物的印象。

　　导游员在讲解中要注意以客观事实为依托,神话传说的讲解要适当,内容要积极、健康、向上;在讲解中以天文科学常识为基础,进行必要的天文科学知识的讲授与传播。

本章小结

　　气候往往是构成特定区域景观特殊性的重要原因。在导游中,气候、天气直接影响旅游者的旅游行为和游览心理,因此在导游服务中应灵活把握气候和天气因素。在具体景点讲解中,让气候、气象内容成为其成因分析的重要一环(特别是自然景观导游)。

复习思考题

　　1. 什么是天气、什么是气候? 二者有何区别?

　　2. 气候如何影响旅游者的旅游行为?

　　3. 气象景观有何特点?

　　4. 分析气象、气候景观导游要领。

模块四

人文景观导游

12

第十二章　人文景观与导游

学习目标

1. 了解人文景观的基本概念和特点。
2. 熟悉人文景观的基本类型。
3. 掌握人文景观导游的基本要求。
4. 培养学生"格物致知"的精神。
5. 弘扬优秀传统文化,增强文化自信。

教学建议

本章为模块四的引导章,建议在教学过程中,通过对人文景观概念的分析,引导学生总结出人文景观的特点和对导游员的要求。以讨论的方式分析导游人文景观的要求及讲解要领。

【关键词】

人文景观　传统文化　导游途径　讲解要领

第一节 人文景观概述

一、人文景观的概念

人文景观是指人类在生产、生活等活动中所留下的具有观赏价值的艺术成就和文化结晶,是人类对自身发展过程科学的、历史的、艺术的概括。它们是人类历史的见证,在内容、形式、结构、格调等方面都具有历史特点,同时还表现出明显的地域性和民族性。它既包括有形的事物,也包括无形的精神,因此它涉及面广、范围很宽、类型也很多。人文旅游资源具有明显的时代性、民族性、地方性和高度的思想性、艺术性、活跃性,具有极强的生命力。

一个国家或地区独特的民族状况、历史发展、文化艺术及物质文明、精神文明的内容等,都可以构成人文景观。

二、人文景观的特点

(一)历史的遗存性

人文景观是人类在活动中所留下的痕迹和实物,具有时代的烙印,它的产生是历史发展进程中必然与偶然相结合的产物,是在特定的历史时期和特定的自然、人文环境下产生的。中国万里长城的修筑历史就是最好的证明。

【提示】

导游员在带领旅游者参观游览人文景观的过程中,必须注重其产生发展的历史背景,否则旅游者特别是外国旅游者是难以理解的。

(二)地域性

文化的产生受自然环境的影响较大,每一种人文景观都不可避免地打上了地域的烙印。因此同一时期的人文景观在不同的地区呈现出不同的特点。

【提示】

导游员在知识准备过程中,要把自然地理知识和文化常识有机结合起来,对所要介绍的景物要全面了解,同时要能与类似的典型景观或景物进行对比。例如,介绍大理三塔中的千寻塔的形状时,应与西安小雁塔对比,首先证明它们同为唐塔,但其造型有明显的区别,进而显示文化景观的地域特点。

(三)继承性与流变性

人文景观是随文化的发展、变迁而发展的。文化是一种历史现象,每一段时期,社会都有与它相适应的文化,并随其生产的发展而发展。而文化的发展有历史连续性,物质生产的连续性是文化历史连续性的基础。

同时文化的发展又是一个变化的过程。随着社会的发展,各种文化也在相互融合、交叉,因此,从文化发展过程中产生的人文景观同样也在不断地变化。

【提示】

在导游人文景观的过程中,要注意历史的继承性。典型的如中国古建筑景观,导游员要通过细微之处如斗拱、彩画等,讲清文化继承之所在,同时又要介绍清楚时代特征。

(四)垄断性

人文景观是在特定的地理环境和特定历史时期形成的。就其自身文化和观赏价值而言,由于地域不同、民族不同、传统文化不同,各国、各地区的人文景观具有自身的独特性,即具有垄断性。例如,中国的长城、兵马俑、北京故宫,埃及的金字塔等。

【提示】

通过对文物垄断性的介绍,向旅游者介绍文物的价值所在,同时进行文物保护和爱国主义、国际主义教育。

第二节　人文景观类型

一、国家旅游资源普查分类

人文景观类型繁多,从不同的角度可划分为不同的类型。在国家旅游资源普查规范中,把人文类旅游资源分为三大类:

(一)古迹与古建筑类

包括人类文化遗址、社会经济文化遗址、军事遗址、古城遗址、宫廷建筑群、宗教建筑与礼制建筑群(殿堂、楼阁、塔、牌坊、碑碣)、建筑小品、园林、景观建筑、桥、雕塑、陵寝陵园、墓、石窟、摩崖字画、水工建筑、厂矿、农林牧渔场、特色城镇与村落、港口、广场、乡土建筑、民俗街区、纪念地、观景地、其他建筑或古迹等。

(二)休闲求知健身类

包括科学教育文化设施、休闲疗养和社会福利设施、动物园、植物园、公园、体育中心、运动场馆、游乐场所、节日庆典活动、文艺团体、其他休闲求知健身活动等。

(三)购物类

包括市场与购物中心、庙会、著名店铺、地方产品、其他物产等。

二、按属性划分

（一）历史文物古迹

主要包括了历史遗迹、建筑遗址、石窟石刻等，如著名的长城、故宫、敦煌莫高窟等。

（二）民族文化及其载体

主要包括可视、可感、可参与的特殊民俗礼仪、习俗风情、节日庆典、民族艺术和工艺等。

（三）宗教文化类

主要包括两类，一类是参观游览型的宗教建筑艺术，如坛、庙、寺、观、带有人格神色彩的大型塑像，以及其中的装饰、雕塑、壁画、楹联、碑刻等；另一类是体现文化和艺术的建筑。

（四）城乡风貌

包括具有视觉形象的历史文化名城、独具特色的现代都市风光、清新质朴的田园风光和古镇村落等。

（五）现代人造设施

主要指富有特色、具有规模、有某种特殊意义和影响力的大型工程及文化设施。

（六）有影响的国际性体育和文化节事活动

如昆明世界园艺博览会（1999 年）、北京奥运会（2008 年）、G20 杭州峰会（2016 年）、上海世博会（2010 年）、北京世界园艺博览会（2019 年）等。

（七）饮食购物

包括各种富有特色的地方风味美食、特产名品、特色市场与著名店铺等。

三、根据观赏游览及导游讲解划分

（一）历史文化类

此类人文景观主要包括以下几种。

1. 古人类遗址

如元谋人遗址、北京山顶洞、良渚文化遗址、红山文化遗址等。此类景观构成主要为古人类留下的一些活动痕迹及使用过的工具等。在游览时需要通过阅读相关资料及导游解说，了解相关知识。

2. 历史古迹类

从游览的角度，历史古迹包括古建筑、古代伟大工程、古城镇及石窟岩画等。古建筑及古代伟大工程是凝固的文化，是古人书写在大地上的文化杰作，是了解一个民族及地方文化发展的重要依据及符号。是旅游者在旅游目的地重要的游览及审美对象。如长城、故宫等不仅代表了中国文化，更成了全人类的文化遗产。

古镇村落是活态文化的承载地，是人们领略乡村风景和体验地方文化的重要区域，丽江古城、平遥古城、凤凰古城、浙江乌镇等都是游客"打卡"必去之地。

石窟岩画是人类文化的精髓，是记录人类文明的重要符号，是旅游者了解世界文明的重要旅游目的地之一，典型的如敦煌壁画、龙门石窟雕像、云南沧源岩画等。

（二）民族文化类

民族文化包括物质文化和精神文化两大类,是一个民族长期生产生活发展与积累的精华,是吸引旅游者离开惯常环境,异地体验生活文化的重要吸引物。民族文化类景观包括了旅游目的地的民族风俗、风情、风物和风貌,具体体现在民居、服饰、节庆、饮食、民歌、舞蹈、工艺品等方面。

（三）宗教文化类

中国名山往往与文化结合在一起,著名的五岳、佛教名山、道教名山等,其景观都体现了自然景观与文化景观的结合。从观光游览的角度看,宗教文化景观主要包括宗教圣地(如四大佛教名山)、寺观建筑群、塔幢的特色宗教建筑及壁画、宗教仪轨等文化现象。

（四）园林类

中国古典园林被誉为世界园林之母,是中国传统古建筑中的一枝奇葩,是中国古建筑旅游资源中的重要组成部分。中国古典园林既可独立成景,又可作为其他景区内的观赏点,它不仅包含了丰富的古建筑精品,同时承载着极为丰富的文化内涵。中国园林有北方园林、南方园林和岭南园林之分;还可分为私家园林、公共园林(自唐代开始出现了公共园林,体现了中国传统的休闲文化特色)、宗教寺观园林和皇家园林。这些园林特色各异,是中国传统文化承载之地,更是古代文化和现代文化交融之地,对旅游者极具吸引力。

（五）文化娱乐类

随着社会经济的进步与提升,人们对文化与娱乐的追求不断增加,与之相关的人文类景观也不断涌现,成为人们旅游、休闲、娱乐的重要场所,典型的如以迪士尼、长隆为代表的各类主题公园,还有郊野公园、动物园、植物园、博物馆、展览馆、体育馆、休闲街区等。

（六）购物类

购物类人文景观包括了购物场所、商业设施(如上海的南京路、淮海路,北京王府井和各地的特色购物街、农贸市场等)及地方特色旅游商品。逛街对旅游者来说不仅是为了购物,更重要的是可以了解当地居民的生活状况,加深旅游者对旅游目的地的了解。

第三节 人文景观导游概述

一、人文景观导游的途径

（一）把握人文景观的历史特征,讲解中突出时代特征

由于人文景观具有明显的时代性和地域性,是人类在其历史发展进程中改造、利用、适应自然后创造的。因此,导游讲解应突出它的时代性。

（二）紧扣"人与环境"的主题

现今保留下来的人文景观往往都是人类创造的精品,是人与自然和谐发展的结晶。

导游讲解要讲"古"论今,发挥人文景观的延续教育性。

（三）突出文化内涵

每一种类型的人文景观都有博大精深的文化内涵。在导游实践中应把景观所包含的、旅游者不可能直观看到的内容,通过不同的导游技巧和方法传导给旅游者。

二、人文景观导游讲解要领

（一）强化知识基础

人文景观与自然景观相比,最大的特点之一就是文化内涵具有延伸性。自然景观往往可以直观赏析,但人文景观却不能。要相对完整地了解一个人文景物,必须要有一定的文化底蕴。因此,导游员要有丰厚的文化基础知识。

（二）注重讲解的通俗性

人文景观的文化内涵博大精深,而旅游者旅游的目的并不是做学术研究。因此,导游员要合理组织自己的语言,以满足旅游者的需要。

（三）有针对地讲解,做好充分的准备

旅游者的组成是极为复杂的,导游员在提供导游服务之前,应对旅游者的文化背景等进行尽可能全面的研究和分析,找出旅游者背景的差异,提高讲解服务的针对性。

（四）灵活运用导游方法

导游员应根据所讲授景点的特色和旅游者的实际需求选择适合的导游方法。

（五）突出景物的思想特征

导游服务功能中包含教育功能。因此,导游讲解要能客观地介绍历史,并恰当地结合现实,做到借题发挥、有的放矢,把人文景观的学术价值、思想价值充分地展现在旅游者面前。

（六）把握人文景观的审美特征

人文景观具有特殊的协调美、统一美、艺术美和创造美。导游员应尽可能全面地把人文景观中所包容的内容介绍给旅游者。

本章小结

作为引导章,内容在精不在广。人文景观的垄断性和不可再生性显示了其独特的魅力,同时人文景观作为文化的承载体而存在,人文景观的欣赏与自然景观存在较大差异。要讲解好人文景观,导游员应全面提高知识水平,并灵活运用导游语言,通过现象启发旅游者发现其内在的文化美。

复习思考题

1. 什么是人文景观？与自然景观相比有何特点？
2. 分析人文景观导游的途径。
3. 讲解人文景观要掌握哪些要领？

13

第十三章　民俗风情导游

学习目标

1. 了解民俗风情的概念、分类、基本特点。

2. 熟悉民俗风情导游讲解的要求。

3. 掌握民俗风情导游讲解的方法与技巧,模拟导游讲解民族风情类景区(点)。

4. 掌握相关的民俗知识,能将相关民俗知识融会于民俗风情导游讲解中。

5. 通过学习,让学生认识到保护民族传统文化的重要性,增强学生文化传承的使命感。

6. 让学生了解并深刻认识铸牢中华民族共同体意识的重要意义。

教学建议

基础理论部分主要由教师进行课堂分析、讲授;在不同的地区,根据当地旅游资源和景区的特色,采用课堂演示模拟与实景观摩模拟讲解相结合的授课方法。在授课中,教师要多准备一些视频、图片资料。因民族、民俗的内涵与外延较为厚广,在实际教学中,应注意与其他章节相关知识的有机结合。

【关键词】

民俗风情　导游讲解

随着旅游业的发展,民俗风情旅游在旅游业中的地位越来越重要。了解和体验风俗民情成为越来越多旅游者的需求,也是人们外出旅游的主要动机之一。民俗风情作为各民族传承的文化事物,是民族传统文化的重要组成部分,也是最能体现民族特色的部分。对于追求新奇体验的旅游者来说,民族、民俗风情是重要的旅游吸引物。人们渴望在旅游过程中更全面地了解一个民族,体验一种全新的生活。要达到这一目的,导游员的导游服务,特别是讲解介绍,起到了非常重要的作用。

第一节　民俗风情旅游概述

一、民俗风情概述

（一）民俗的概念

民俗风情,也称风俗民情,而"风情"是"民俗"的诗化和叠用强调,因此,关键在于把握"民俗"。民俗,顾名思义,是风尚习俗的意思,就是民间风俗,是产生与流行于广大民众社会生活各方面且世代相袭的文化现象。

民俗是在人类历史的发展过程中,一定的群体为适应生产实践和社会生活而创造的,以民族的群体为载体、以群体的心理结构为依据,是表现在广泛而富有情趣的社会生产与生活领域的一种程式化的行为模式和生活惯制,是一种集体性的文化积淀,是人类物质文化与精神文化的一个最基本的组成部分。

民俗创造于民间,传承于社会,并世代延续承袭。

（二）民俗分类

民俗学界对民俗的分类有多种意见,代表性的分法有三分法和四分法。前者将民俗分成心理民俗、行为民俗、语言民俗三大类,后者将民俗分成经济民俗、社会民俗、信仰民俗、游艺民俗四大类。根据导游工作的需要,我们采用四分法。

1. 经济民俗

经济民俗指人民在创造和消费物质财富过程中形成的民俗,它主要包括自然生态民俗、物质生产民俗、交易和运输民俗、服饰民俗、居住民俗等。

2. 社会民俗

社会民俗指人们在特定的条件下所结成的社会关系,它所牵涉的是从个人到家庭、家族、民族在结合、交往过程中使用并传承的集体行为方式,主要包括家庭亲族民俗、个人人生礼仪民俗、婚姻民俗等。

3. 信仰民俗

信仰民俗指在物质文化与制度文化基础上形成的有关意识形态方面的民俗,主要包括信仰的原始形态(包括自然崇拜、动植物崇拜、图腾崇拜、祖先崇拜)、岁时节日与现代信仰民俗等。

4. 游艺民俗

游艺民俗指民间传统、文化娱乐体育活动方面的民俗,主要包括民间歌舞民俗、民间竞技民俗、民间杂艺民俗等。

【提示】

各种民俗大类中还包括了诸多的亚类,其中大部分都与旅游活动有关,或者说都是导游员在导游讲解中所要涉及的内容。具体来说,主要包括衣着打扮习俗、居住习俗、饮食习俗、婚姻习俗、丧葬习俗、人际交往习俗、岁时习俗、节日习俗、信仰习俗、迷信习俗、礼仪习俗、禁忌习俗、游艺习俗、娱乐习俗等。

（三）民俗的基本特点

民俗作为某一相对独立的地域与群体的一种传承文化,有以下共同特征:

1. 集体性和社会性

民俗是集体智慧的结晶。首先,民俗是集体创造的(也有的民俗是先由集体中的个别人创造,再经集体的认可或加工而形成的);其次,民俗的认同、流变、完善和创新是依靠集体的行为来完成的。集体性体现了民俗的整体意识,也决定了民俗的价值取向。这是民俗的生命力所在,也是民俗最基本的特征。

民俗的社会性是指民俗是人们共同遵守的标准和约定俗成的行为方式,是民众集体创造、传承和享用的,不会形成单个个体的个性化符号系统。

2. 传承性与播布性

民俗的传承性是民俗文化在时间上纵向延续的过程,体现了某一民俗的历史发展。民俗一旦产生,并得到社会的承认,就有很强的稳固性,并不断为人们所承袭。

民俗的播布是民俗文化在空间上的横向传播过程,体现了某一民俗前后左右的空间伸展。这种传播有两种方式:其一是由民族迁徙造成的传播;其二是由于采借而造成某一民俗向不同的地区和民族扩散。

民俗是在纵向的传承和横向的播布的结合中发展的,从而导致了多元民俗文化相互间的碰撞、吸收和发展。

3. 稳定性与变异性

民俗一旦产生,就会随着人们的生产和生活方式的稳定而相对固定下来,成为人们日常生活的一部分,这就是民俗的相对稳定性。民俗的稳定性取决于民俗本身的民众基础,以及民俗对各时期社会经济基础和与经济基础相适应的意识形态的适应性。在朝代的更迭和社会的变革中,有些民俗随经济基础的消失、生活方式的改变而自然消亡,有些民俗则经过某些调整和修补,一直传承至今。这体现了民俗文化传承的稳定性。

民俗的变异性是指民俗文化在传承和播布过程中引起内容和形式上的变化。由于民俗是由集体创造,靠语言和行为传承和播布的,创造意味着创新,传承和播布说明民俗是呈流态的,这就决定民俗总处于不断变化的状态之中。变异实际上是民俗文化自身的调整,以适应变化的社会和新的环境或民众群体,因此变异是民俗文化传承和发展的内在动力。

4. 民族性与地方性

民俗是民族的标志,是民族构成的一个要素,每个民族都有自己特殊的民俗。这里所说的民族性包括两种：一是同一类民俗事物在不同的民族中有不同的表现形式；二是不同的民族由于各自的历史过程、地理环境和经济条件等的不同而产生区别于其他民族的独特民俗。

地方性是民俗在空间上所显示出来的地域特征和乡土气息。由于所处的地域环境和自然环境不同，各类民俗显现出了不同程度的地方色彩。由于地理环境的差异及巨大地形单元的阻隔，各民族各自发展形成了自己的特殊民俗，有时即使是同一民族，由于所处的地理区域不同，民俗也有差异。

【提示】

在掌握概念的基础上进一步把握民俗风情的特点，有助于导游人员把握讲解的尺度，有针对性地选择讲解的内容。导游员在进行民俗风情讲解的过程中，应将民俗独有的特点作为导游讲解中的重点。

二、民俗在旅游中的应用

（一）生计方式

各民族、各地区的不同经济生活、生计方式，是生态旅游导游员和旅游者需要了解的知识。

【案例】

生计方式的应用

从事山地狩猎的鄂伦春族人民，在世世代代的生产实践活动中形成了一整套习俗，规定了在什么季节、由什么人员、使用什么工具参加狩猎活动，甚至对狩猎的对象和数量都有严格规定。例如，在某种野兽繁殖的季节，禁止捕猎这种野兽，在其他时间也要尽可能保护雌兽。这种风俗习惯既保证了民族的生存繁衍，又保护了林区的生态环境，使该民族赖以为生的狩猎生产能长期维持下去。

在把狩猎民族的生产生活习俗作为旅游资源开发利用时，必须了解这些习俗，尊重这些习俗。旅游部门也必须认真向旅游者讲解这些内容和作用，要求旅游者严格遵守民族风俗习惯。否则，不仅影响了民族关系，还会破坏生态环境，不利于旅游事业的可持续发展。

（二）物质生活民俗

生活方式、衣食住行是表征性最强的民俗，因而是最明显的民族特征，也最容易引起旅游者的注意并激发旅游者的兴趣。

【案例】

物质生活方式对旅游者的吸引

中国北方旅游者到南方某些地区旅游时,首先就会被傣族、壮族等民族的干栏式建筑吸引。因为这种开放式的居住方式和北方严密封闭式居住习俗相差甚远。再加上看到身着民族服饰的居民,顿时会产生新奇感。同样,南方旅游者在鄂伦春族特有的"仙人柱"里住宿,乘坐桦皮船,对这种新鲜体验也能产生强烈的反应。

物质民俗具有直观性的特点,便于作为旅游资源加以开发利用。但是物质民俗所具有的精神象征意义却不是可以直观感受的,在旅游中需要有导游员的正确解说,让旅游者对民族文化有全面了解。

【案例】

物质民俗与导游

苗族在设宴待客时,往往把动物肝脏切成小块并分给每人一份;对最尊贵的客人,献上鸡头、鸡心、鸡翅、鸡爪。这些民族特色鲜明的饮食习俗就具有特别的精神象征意义,而不能单纯从口味角度来解释。因此需要导游员掌握一定的民俗学理论和知识,向旅游者作深入浅出而又正确的讲解和引导。

（三）社会民俗

1. 人生仪礼

人类和动物的一个重要区别是人类具有社会性。任何人在人生的任何阶段都要扮演某种社会角色,需要通过各种相应的人生仪礼使他的社会身份得到社会承认。人生仪礼具有鲜明的民族色彩,也常常作为旅游活动的项目。

在旅游活动中安排这类具有浓厚异族特色的民俗风情表演,对旅游者来说具有很强的吸引力。但同样要由导游员对各种习俗产生的历史背景、民族根源、社会功能等予以正确的讲解和引导。

【相关链接】

成 人 礼

许多民族的少男少女都要经过成年仪礼,常常有更换服饰的内容。汉族传统的成年仪礼叫"成丁礼",又叫"冠礼"或"笄礼"。云南一些民族的成年仪礼叫"穿裤子礼"或"穿裙子礼"。通过成年仪礼,就被允许和必须穿着成年人的服饰,从此享有成年人的权利,如社交、婚恋、继承等,同时也要承担成年人义务和责任,如生产等。

2. 交际习俗

来自四面八方的旅游者走到各个地区,都免不了要广泛地互相接触,还要和各种各样的旅游地居民、旅游从业人员相互交往。这样就有机会接触到多种多样的交际礼俗。

3. 节庆习俗

人类生活随着自然季节的周期更替,也呈现出循环反复的节律。为了调节生活的节律,就产生了各种节日习俗。各种节日都有特定的内容和活动方式,都不同程度地具有综合性,是各民族传统文化的集中展示,因而成为旅游活动中必不可少的重要项目。

(四) 精神民俗

1. 信仰民俗

信仰、崇拜、宗教、祭祀等都是各民族普遍存在的民俗事项,具有鲜明的民族特色。

2. 文艺民俗

民间文学和民间音乐、歌舞、戏曲、绘画、工艺等民间艺术具有很高的观赏价值和很强的娱乐功能,是又一个重要的旅游吸引物。各民族的神话、传说、叙事诗经过悠久岁月的积淀,充满了民间的智慧和动人的情节,体现了人民群众的美好心灵,反映了民族的价值取向。这类优美的民间文学通过各种艺术形式表演出来,对旅游者来说具有极强的感染力,使旅游者既能得到美的享受,又能潜移默化地受到教育和启迪。

民间艺术能最集中地体现一个民族的审美观,也直观地展示了民族精神、民族性格。东北"二人转"的粗犷质朴、闽南戏曲的柔婉低回,无不是北方、南方民族性格在艺术上的体现。民间艺术既有最典型的娱乐功能,又有助于加深旅游者对民族文化精神的认识。导游员要对民间文艺有广泛的了解、深入的认识,才能精选出最有代表性的民间艺术内容和表现形式,推荐给旅游者。

【相关链接】

典型民族文艺资源

藏族的《格萨尔王传》刻画了一个令人景仰、智勇双全的大英雄形象。

侗族的《秦娘美》则歌颂了与"娘还舅"(女孩必须优先嫁表哥)陋俗抗争,追求纯洁爱情、有胆有识的勇敢少女。

三、民俗风情旅游对导游员的要求

(一) 努力成为民俗学的专家

导游员在旅游者的心目中是"万事通",是"博学多才的杂家",而要做好民俗风情的专项导游,导游员除了是一个杂家外,还应该是一位"民俗学专家"。

导游员应掌握民族、民俗学知识,包括民族或地方的简史、地理环境的特征与衣食住行的喜好、婚娶生丧的习尚、节日庆典的仪式和内容及传说、信仰崇拜的缘由、待人接物的禁忌、游娱竞技的规则及风物特产的状况等。尤其要注意学习有关民族或地方人们的服饰、建筑、饮食、节庆和婚恋习俗方面的知识。因为它们的直观性、可参与性与神秘性直接导致了它们可能成为热点问题或问题焦点。

(二)了解民族语言或方言

各民族和各地方的人们对自己的语言都寄予了深厚的感情。会说哪怕仅仅是一点点当地的语言,就能赢得当地人的友爱与亲近,有利于工作的开展;同时民族语言和方言蕴涵着民族文化和乡土文化的"灵性",了解民族语言和方言有助于全面、生动地讲解民俗风情。

(三)熟悉重要政策,尊重当地民族

民族平等政策、民族区域自治政策、宗教信仰政策等在《中华人民共和国宪法》中有明确规定。值得一提的是,宗教问题与民族问题是两个不同的概念。但在我国,由于大多数民族都有宗教信仰,宗教影响较深,要解决好民族问题,必须正确处理好宗教问题。

在熟悉重要政策的前提下,要提醒旅游者尊重当地民族的宗教信仰、风俗习惯和乡规民约。

(四)掌握并灵活运用导游讲解方法和技巧

在为旅游者进行民族风情导游时,除灵活运用常规导游讲解方法,如第五章提到的各类方法外,应根据民俗风情旅游资源的特点,有针对性地运用一些更有效的方法。

1. 借助声像资料法

由于民俗风情涉及的内容丰富多样,而旅游者外出旅游和游览范围是有限的,有些民俗,如节日、婚恋习俗、葬礼等内容,有的只在固定时间发生,有些内容旅游者是无法直接参观或参与的。而这些内容又往往是旅游者了解旅游目的地民俗风情必不可少的内容。目前的旅游车一般都有较好的声像设备,因此在导游讲解过程中,可以借助相关的声像资料对旅游者感兴趣的问题进行讲解。

【提示】

导游员要准备相关资料并根据需要加以编辑;必要时导游员也可在踩线时自己拍摄一些照片或录像,自己制作导游讲解的辅助材料。

2. 载歌载舞法

民俗风情中有一项对旅游者有特殊吸引力的内容,就是民族歌舞。人们都喜欢用歌舞的形式来表达和展示民族文化、表现民族情感。歌舞往往能体现不同的民俗风情,同时旅游者可以直接参与和体验。进行民俗风情导游前可以学一些旅游目的地的歌舞,在导游过程中载歌载舞,或自己表演以达到强化、提升讲解内容的目的,或领唱领舞,带领旅游者参与民俗活动。我们把这种方法称为载歌载舞法。

【提示】

导游员应熟悉当地各类经典民歌和民间舞蹈,不求精,但求会,还要善于为旅游者演示,同时要掌握歌、舞中所包含的文化内涵。

3. 故事引导法

各个民族都有自己的传说和故事,许多的民俗风情都与传说故事有关。导游员应根据旅游者的兴趣和参观对象的情况,精选特色鲜明、教育与娱乐内容并存的传说故事,运用生动的语言进行讲解。要把一个民俗风情旅游景点(区)讲得全面、生动和精彩,仅用一两种方法是不够的。要想提高讲解服务的质量、让旅游者满意,导游员应在讲解方法上做到灵活运用和融会贯通。

第二节　部分民俗风情导游背景知识与导游范例

一、汉族民俗节选——传统节日导游讲解要点提示

（一）春节

春节俗称"新年",即农历正月初一,是中国最隆重的传统节日,除汉族外,蒙古族、壮族、布依族、朝鲜族、侗族、瑶族等民族也都过此节。

起源:春节起源于原始社会的腊祭。我国古代民族在岁尾年初之际用一年的收获物来祭祀众神和祖先,并歌舞戏耍,举办各种娱乐活动,逐渐演变成了新春佳节。

时间:春节活动从腊月二十三小年开始,经过除夕、春节,直到正月十五元宵节结束。

活动内容:春节活动因时因地而异。在我国,由于地域的差异,南方和北方在活动细节上有一些差异,但通常都有以下主要内容:操办年货、做新衣、扫尘、祭祀、吃团圆饭、守岁、贴春联、挂年画等,节日期间人们还互相拜年,放爆竹,吃年糕、饺子、元宵,舞狮子、扭秧歌等。

除夕之夜,即年三十晚,家家团聚,吃团圆饭,闭门团坐待旦,谓之守岁。

春联、年画起源于古代的桃符。

拜年是我国民间的传统习俗,是人们相互走访祝贺春节,表示辞旧迎新的一种形式。

闹元宵在正月十五日,为每年第一个望月,被称为上元节,也称元宵节,是春节活动的高潮和结束。在元宵节有放灯、观灯、耍社火等娱乐活动。元宵耍灯起源于汉代,后来逐渐演变成为民间的盛大节日,各地区、各民族因地制宜,形成了具有地方特色和民族风格的活动。

（二）清明节

时间与流布区域:清明节又称聪明节、踏青节,是汉族民间传统节日,流行于全国各地。除汉族外,彝族、壮族、布依族、侗族、瑶族、白族等民族皆过此节。节期在农历三月

间,即公历 4 月 5 日前后。

来历:清明原是二十四节气之一,后来演变为节日。清明节前两天为寒食节,所以人们常将其合并、称清明寒食节。

活动内容:清明节的民俗活动主要有扫墓、插柳、踏青、射柳、放风筝、荡秋千等。其中扫墓以前已有,唐代成为定俗,宋代得到沿袭,一直持续至今。踏青又叫春游,古时叫探春,起源于唐代。荡秋千的习俗盛行于唐代。

(三)端午节

时间与流布区域:端午节又名端阳节,是汉族民间传统节日,流行于全国大多数地区。除汉族外,蒙古族、回族、藏族、苗族、彝族、壮族、布依族等民族也过此节。每年阴历五月初五举行。

来历:关于端午节的起源,各地说法不一。大部分地区认为这是为纪念爱国诗人屈原。相传屈原于阴历五月初五投汨罗江而死。

活动内容:节日期间主要有赛龙舟、吃粽子、挂钟馗像、挂香袋、饮雄黄酒、插菖蒲、采药等活动。赛龙舟是端午节中一项重要的活动,主要流行于我国南方水乡。端午节吃粽子的风俗,魏晋时已很盛行,到了唐宋,粽子已成为端午节的名食。钟馗原是岁暮时挂的门神,清代成为端午节之神。

(四)中秋节

时间与流布区域:中秋节又名团圆节、促秋节及八月节,是汉族民间传统节日。除汉族外,蒙古族、回族、彝族、壮族、布依族、朝鲜族等民族也过此节。中秋节在每年阴历八月十五举行,恰值三秋之中,故名。

来历及活动内容:中秋佳节,民间有祭月、赏月、吃月饼、吃团圆饭及舞龙灯等活动。中国古代有帝王春天祭日、秋天祭月的礼制。祭月赏月活动始于周代,北宋始定为中秋节,南宋成为普遍的活动,明清以来盛行不衰。

二、蒙古族民俗节选

蒙古族主要聚居在内蒙古自治区,其余多分布于新疆、辽宁、吉林、黑龙江、甘肃、青海等省内,少数散居和小聚居于宁夏、河北、河南、四川、云南、北京等省级行政区。

语言文字:蒙古族有自己的语言文字。蒙古族语属阿尔泰语系。

生产、生活:长期以来主要从事畜牧业,近几十年来,已由游牧向定牧转化,而且发展了农业。蒙古族以能歌善舞、喜摔跤、爱赛马著称,表现了游牧民族的特色。

饮食:牧区主要是奶食和肉食。奶食俗称白食,有白油、黄油、奶皮子、奶豆腐、奶酪、奶果子等食品和奶茶(又名蒙古酒)等饮料;肉食俗称红食,以羊、牛肉为主。蒙古族人热情好客,用手抓羊肉和清水煮全羊款待客人。忌讳吃虾、蟹、鱼、海味等食物。

服饰:大体可分首饰、长袍、腰带、靴子四个主要组成部分。首饰是蒙古族妇女用于头上的装饰品,多用玛瑙、珍珠、宝石、金银制成,可在逢年过节、喜庆宴会、探亲访友时使用。平坦牧区女子多用红色、绿色等颜色的长绸子把头缠上。男子冬季多戴尖顶大耳的羊皮帽,夏日多戴前进帽或礼帽。蒙古族男女老幼都喜爱穿长袍,宽口边沿常用漂亮的花边点缀。腰带是穿蒙古袍必备的。

葬仪:大体有野葬(也叫天葬)、火葬和土葬(无坟)三种。

节日:那达慕大会、敖包祭祀、小年(腊月二十三日)和大年(春节)。

那达慕大会是蒙古族最具民族特色的传统节日。"那达慕"是蒙古语音译,意为"游戏"或"娱乐",流行于内蒙古、甘肃、青海、新疆等蒙古族地区。一年一次,每次一至数日,多在夏秋(阴历七八月)牧畜肥壮的季节择日举行。那达慕大会起源于古代的祭敖包。届时男女老少会身着盛装,带上蒙古包赶来参加。那达慕大会早期只有赛马、摔跤、射箭三项活动,俗称"男子三项那达慕",后渐有说书、歌舞、下棋等活动。

【导游范例】

独具特色的蒙古族婚礼

一曲《敖包相会》牵动了多少青年男女的情思:

十五的月亮升上了天空哟!为什么旁边没有云彩?

我等待着美丽的姑娘哟,你为什么还不到来呦嗬……

如果没有天上的雨水哟,海棠花儿不会自己开;

只要哥哥你耐心地等待哟,你心上的人儿就会跑过来呦嗬……

不过,这只是一首恋歌,如果一对恋人想成婚还得好几道程序呢!男方得请人到女方家求婚。这虽然只是个程序,但其中颇有讲究。男方得专请一位能说会道者为媒,此人带着男方用红布包裹的两瓶白酒和哈达到女方家提亲。但女方的家长会有故意刁难之举。这时能言善辩的媒人便会适时地赞美此家姑娘如何美丽、如何勤劳、如何好,并要道出小伙子如何英武、勇敢、勤劳,在牧区得特别夸耀小伙子放牧技术如何高,说得女方家长面露喜色时,便将男方带来的礼物献上,然后才算定下婚约。

现在牧人们举办婚礼虽然摒弃了旧时的许多陋习,但仍有一些独具特色的传统礼仪。比如在鄂尔多斯传统的婚礼中,迎亲的队伍由祝颂人、伴郎、大宾、新郎组成。迎新队伍出发前,祝颂人首先要对新郎所乘之马赞颂一番:

高山险峰般的身姿,大海涌浪般地行走。

你从天边跑来,像疾飞的利箭;

你从极地跑来,像骤然的闪电。

……

唱完颂词,喝一口鲜奶和美酒,迎亲的队伍才出发。

到了新娘家,门前有四位大嫂会对迎亲的队伍提出各种问题,男方祝颂人等要对答如流。这样一问一答常常持续数小时。比如女方的祝颂人问:"额吉(母亲)身上怀胎十月,洁白的乳汁喂养过她(指新娘),阿爸的怀里包裹二十个月,两条小腿才把地踏。嫂子们把着她的手教针线,才学得描龙画凤能绣花。为了报答这养育之恩,你准备了哪些美酒、香茶?又用什么把这些东西带到这个家?"男方祝颂人则大夸海口,答道:"有东方的香梨、北国的炼乳、西域的蜜瓜、南国的果脯。一只只全羊、一坛坛美酒、一箱箱砖茶、一斗斗红枣、一袋袋砂糖……用牛皮把这些东西带到这个家。"于是将一个象征礼品的皮筒放在地毯上。即使顺利进得门来,还得求名问庚,这道礼仪有时持续四五个小时,新郎跪地,双方的祝颂人一问一答,十分有趣。最后,男方祝颂人拿出金银对环,让新郎双手捧在哈达上敬献给大嫂,这才能问得新娘的名庚。在女方家,经过收受彩礼的仪式后,便是献羊祝酒仪式,以此礼招待宾客。在这有欢歌、有美酒的宴席上,能歌善舞的鄂尔多斯人会尽情地抒发自己的欢乐。

朝霞初露,新娘要上马随迎亲的队伍走了。娘家人唱起古老的《送亲歌》,表达他们不能割舍的情怀:

前额上嵌着玉点的骏马,还在沙丘上奔跑;

身穿蟒缎长袍的姑娘哟,就要离开娘家的毡包,

脊梁上洒满银花的骏马,还在冰滩上奔跑;

头戴珠宝玉器的姑娘哟,就要走进陌生的毡包。

……

新娘在这歌声中被送上路,踏上新生活的里程。

到了婆家,新娘行过拜灶、拜公婆礼后,公婆会有赠礼。最有趣的是婆婆将一把勺子交给新娘,象征着把一家的财产与权利交给了新娘,此后她得管理家务了。新娘接过勺子后得去兑奶茶,以展示她熬茶的手艺。接着就是男方家的喜庆典礼,于是通宵达旦的欢宴便开始了。对于男方家来说,婚庆是真正的喜庆,是他们家添丁进口的典礼。新郎心花怒放,全家喜气洋洋,人们在尽情的歌舞中领略着生活之无穷乐趣。

（资料来源:节选自颜其香.中国少数民族风土漫记[M].北京:农村读物出版社,2001）

三、维吾尔族民俗节选

维吾尔族主要聚居在新疆维吾尔自治区。

语言文字:维吾尔族有自己的语言文字,语言属阿尔泰语系突厥语族。

生产、生活:维吾尔族人善在盆地和河谷边缘开发绿洲,并开挖地下暗沟渠,被称作"坎儿井",用以灌溉农田,形成了独特的灌溉农业经济。棉花种植历史早,品种优良。瓜果生产闻名全国。维吾尔族是一个能歌善舞的民族。"十二木卡姆"(十二部大曲)是古代维吾尔族人民创作的长达340多首的大型民族音乐舞台史诗,长期在民间流传。民间乐器有"独他尔""巴拉曼"和"达甫"等弹拨、吹奏和打击乐器数十种。维吾尔族的舞蹈轻巧、优美,以旋转快速、多变著称,有顶碗舞、大鼓舞等,"赛乃姆"是民间集体舞蹈。

住房:传统的维吾尔族房屋一般用泥土建筑,开天窗,屋顶平坦,室内砌实心土炕,高约一尺,供起居坐卧。墙上开壁龛,内置食物和用具,喜爱在墙上挂壁毯。冬季以火

墙取暖,靠墙的一边为待客的上座。大门忌朝西开。

饮食:维吾尔族以面粉、玉米、大米为主食,很少吃蔬菜,夏季多拌食瓜果。有的地区喜喝奶茶,佐以玉米或面粉制成的馕。用羊油、胡萝卜、葡萄干、洋葱、大米做成的民族风味甜味饭,因要用手抓取,故又叫"抓饭"。这些都是节日和待客不可缺少的食品。维吾尔族人离不开果肉、果仁。据说,维吾尔族每人每年食用的干鲜瓜果平均一二百斤。

服饰:维吾尔族人多穿棉布,妇女喜穿丝绸,男子穿长袍,右衽斜领无纽扣,用腰带式的长方巾扎腰。城市妇女多穿西式短上装和裙子;农村妇女多穿宽袖连衣裙,外套黑色对襟背心。不论男女老少都喜爱戴四楞小花帽。过去未婚少女都梳十几条发辫,以长发为美。婚后一般改梳两条,辫梢散开,头上别上一新月形梳子作装饰,也有把双辫盘成发髻的。

葬仪:维吾尔族盛行土葬。

节日与禁忌:衣忌短小,最忌户外着短裤;在屋内坐下时忌双腿伸直脚底朝人;吃饭时忌随便拨弄盘中食品或剩食物在碗中;接受物品时忌用单手,尤忌左手;睡觉忌头东脚西。

四、回族民俗节选

回族是中国少数民族中在全国分布最广的民族在全国绝大多数县市都有分布。宁夏回族自治区是回族主要聚居区,其次是甘肃、青海、新疆、河南、河北、山东等省区。

语言文字:由于长期和汉族杂居,回族逐渐习惯于以汉语作为本民族的语言。受阿拉伯、波斯等文化的影响,又吸收汉族文化,是回族文化的两大特点,但在心理状态、经济生活、宗教信仰和风俗习惯等方面,回族表现出了自己的特点。

经济生活:主要从事农业,也经营牧业、手工业和商业。回族工匠在制香、制药、制革等方面较为著名,尤以善于经营珠宝玉石、运输和服务等业著称。

住房:回族的民居建筑基本摆脱了阿拉伯和中亚建筑风格,采纳了中国传统的以殿宇式四合院为主的建筑式样,但布局和装修独具民族风格。

服饰:由于受到汉族传统文化的影响,回族居民的衣着已逐渐与汉族基本相同,但也保留着自己的特点。西北地区回族男装多衣服肥大,裤长及脚面,老年人扎裤腿,穿西装式的长大衣,戴青色、白色圆形平顶小帽。妇女的衣服上窄下宽,一般长及膝盖或过膝,戴披肩盖头。盖头是用丝织品或棉织品做成的,从头上套下,披肩上,两耳盖在里面,颔下扣扣,只露面部在外,颜色根据年龄而定,年轻姑娘用绿色,已婚中年妇女用青色,老年妇人用白色。总之,男女外出必须戴帽子或头巾,严禁露顶。

饮食:回族对肉食的选择比较严格,只吃反刍类偶蹄食草动物如牛、羊、驼的肉和食谷物类的禽肉及带鳞的海鲜类。回族的民族风味小吃有清汤羊肉、羊羔肉、牛羊肉夹馍、羊杂碎汤、白水鸡、切糕等,回族爱吃各种油煎食品,如油香和馓子。回族的盖碗茶有红糖砖茶、白糖清茶、冰糖窝窝茶及八宝茶。八宝茶里面放有花生、柿饼、红枣、核桃仁、芝麻等果脯佐料,揭开碗盖,香气四溢。

禁忌习俗:回族的饮食禁忌比较严格,严禁食猪肉,忌养猪,忌别人提着猪肉进回族商店和住处;不吃马、驴、骡、狗肉,也不食用自死的禽畜和畜血;一切凶猛禽兽的肉和没有鳞的海鲜也都在禁食之列;非经阿訇念经宰的牲畜也禁食,盛过上述禁食的炊具、碗筷、器皿也都禁用。回族所用的水井或水塘,非信伊斯兰教的人不能动手取水,如有需要,必须请回族人代取或征得主人的允许,但一定要保持清洁,取水容器中若有剩水忌倒回井中或水塘,更忌在水井、水塘附近洗涤物件;尤其忌到回族人的住所里洗澡;忌说"杀"字,只说宰鸡宰牛。

五、壮族民俗节选

壮族主要聚居于广西壮族自治区,在云南省文山、湖南省江华、广东省连山和贵州省从江等地也有分布。

语言文字:壮族有本民族的语言文字,壮语属汉藏语系,壮文是以拉丁字母为基础创制的文字,已在壮族地区全面推行使用。

文化、歌舞:壮族有悠久灿烂的民族文化,广西南部的花山原始崖壁画是壮族古代文学艺术的精华,壮族人民铸造使用铜鼓已有 2 000 多年历史,素有"铜鼓之乡"的誉称。壮歌久负盛名,有定期举办对歌比赛的"歌圩"盛会。壮锦是壮族享有盛誉的工艺纺织品,以织工精巧、图案别致、色彩绚丽和结实耐用著称。壮族刺绣、竹篾编等皆名扬远近。

【导游范例】

岭海奇绝情更浓

"苍苍森八桂,兹地在湘南。江作青罗带,山如碧玉簪。户多输翠羽,家自种黄甘。远胜登仙去,飞鸾不假骖。"唐代著名文学家韩愈的这首名诗,在历史上不知激起多少文人墨客对岭南的艳羡。在这连仙人也流连忘返的地方,遍地奇峰如剑,翠净如洗,倒映在澄碧如练的江流上,使人陶醉。古人有"桂林山水甲天下"之称号,还有"阳朔山水甲桂林"之美誉。其实在岭南,可谓乡乡有桂林山水,县县有阳朔风光。

在青山绿水的怀抱里,生活着一个历史悠久的民族——壮族。早在 5 万～10 万年前,壮族的先民"柳江人"就生活在岭南。从那时以来,历代壮族祖先就用自己辛勤的汗水猎杀毒物,历尽艰辛,终于与后来进入岭南的汉族人民一起,把岭南开发得物产丰饶,打扮得风光迷人。壮族也发展成为中华民族大家庭中人口仅次于汉族的一个民族,人数可达 1 690 多万人。其中少数分布在云南、贵州、广东和湖南,90%以上分布在广西壮族自治区。

壮族人开朗热情,善于吸取他人之长。他们与壮侗语族的侗族、傣族、布依族等民族的语言相近,文化共同源于古代的越人,与越南的侬人、泰国的泰人、老挝的老挝人、缅甸的掸人、印度东部的坎提人在语言文化上也较相近。跟汉族、苗族、瑶族等民族关系亲密,在文化上有长期交流。壮族以自己的传统文化为核心,广泛吸取各民族先进文化,形成了主体内核相对稳定、各个层次多姿多彩的独特文化景观。在南宁、柳州、桂林这些都市里,壮族在生活习俗上几乎与汉族无异。然而如果你步入乡间,会立刻感受到有一股清新朴实的民族风情扑面而来。

六、土家族民俗节选

土家族集中居住在湘、鄂、渝、黔四省市交界的丛山之中。从现有的史迹可以推断,大约在五代以后,土家族便开始形成单一民族。清代雍正年间之后,土家族跟汉族交流密切,政治、经济、文化发展加速。

语言文字:土家族有自己的语言,属汉藏语系,但是绝大多数人使用汉语,仅有少数聚居区还保留着土家语。土家族无本民族文字,通用汉字。

经济生活:主要从事农业生产,善于渔猎,其经济发展虽受汉族影响较大,但也有自己的特点。

歌舞与织锦:土家族文化艺术丰富多彩,摆手舞是土家族比较流行的一种古老的舞蹈,每年春节期间都要举办"摆手舞"会;土家锦(土家语称西兰长普,即花被面)是土家族妇女独特的织锦工艺品,仅织锦图案就多达数百种。它跟"摆手舞"并称土家族人民的艺术之花。

饮食:土家族多食苞谷、稻米,爱好喝酒,善食辣椒、花椒、山胡椒,习惯做腊肉、甜酒、团馓和糍粑等。

住房:土家族的房屋依山而建,呈虎坐形,其中土司或土官居住的木架屋雕梁画栋,房顶盖瓦,俗称吊脚楼。

服饰:土家族的服饰似乎与当地汉族的服饰差不多。但是在高山地区的土家老人穿着和保存的衣饰则与汉族、侗族和苗族的服饰不同。土家族服饰布料多为自纺自织的土布(史称溪布)。男装为短衣大袖,左衽开襟,无论年老年轻,都爱用青布包头。女装为短衣大袖,左衽开襟,滚镶花边,原着八幅罗裙,后改为镶边筒裤,头缠墨青丝帕或布帕。

婚俗:清雍正以后,土家族的婚姻制度逐渐和汉族接近,但仍保留了一些原始婚俗的残余,如"以山歌为媒"的自由择偶、婚礼中"哭嫁"的习俗等。

葬仪:土家族过去实行火葬,后受汉族影响实行土葬。

节日:土家族的传统节日主要有赶年、六月六等。赶年就是土家族比汉族提前一天或几天过春节,月大在腊月二十九,月小在腊月二十八,也有在二十七、二十六的,所以称为赶年或调年会。

禁忌:禁食狗肉;忌随意移动火炕中的三脚架,忌用脚踩灶或将衣裤、鞋袜和其他脏物放在灶上;客人不能与少女坐在一起,但可以与姑娘坐在一条长凳子上;忌在家里吹口哨和随意敲锣打鼓。

七、藏族民俗节选

藏族主要生活在中国辽阔的青藏高原上,主要聚居在西藏自治区,以及青海、甘肃、四川、云南省部分地区。

语言文字:藏语属汉藏语系,藏族文字是参照梵文某些字母创制的,至今通用。

经济生活:藏族以牧业为主,也从事农业。

文学艺术:藏族的医药、天文、历法、戏曲、文学、歌舞、"唐卡"和"热贡艺术"等都有较高水平。《格萨尔王传》是世界上最长的史诗之一。

居住形式:藏族在农区垒石建房,房屋平顶多窗,大都建筑于向阳高处,坐北向南。一般是以石块或夯土筑墙,形如碉房,楼房的屋顶上有经房,上层住人,下层多作仓库或牲畜圈,建有院落,屋里铺木板或坐垫。在牧区则住用牦牛毛织成的帐篷,冬暖夏凉,移动方便。

饮食:藏族人喜饮酥油奶茶、甜茶和青稞酒,爱吃牛奶制成的酸奶、奶渣等。藏族大部分地区还有不吃飞禽和鱼的习惯。藏族农区的主食是糌粑,即将炒熟的青稞或豌豆磨成面粉,用酥油或茶水拌食。牧区的主食是牛羊肉。

礼俗:在藏族的礼俗中,欢迎亲友互献哈达,这是最普遍的一种礼节。哈达种类繁多,质地、规格、颜色等也不一样,通常以白色为主。现在,下级向上级、晚辈向长辈称敬哈达,应低头躬身,双手捧着献到对方手里;上级对下级、长辈对晚辈称献哈达,接受人应低头躬身,让上级或长者将哈达挂在脖子上;平级、平辈称互赠哈达,献哈达给对方即可,对方接受后应回赠一条哈达。藏族人遇到寺院、嘛尼堆、佛塔等佛教设施都必须下马并从左往右绕行。

节日:藏族的节日很多,一年中的主要节日有藏历年、酥油花灯节、雪顿节、采花节、望果节、赛马节等。

雪顿节又名藏戏节,"雪"藏语意为酸奶子,"顿"藏语意为宴,即酸奶子的节日,流行于西藏、青海、甘肃、云南等地的藏区,在每年藏历七月初一举行,连续4~5天。雪顿节最初是一种纯宗教活动,是藏族世俗百姓受喇嘛们施舍酸奶子和喇嘛们纵情游玩的节日。

八、彝族民俗节选

彝族的居住特点是大分散、小聚居。该族主要分布在云南、四川、贵州三省和广西壮族自治区的西北部,主要聚居区有四川凉山彝族自治州(中国最大的彝族聚居地)、云南楚雄彝族自治州、红河哈尼族彝族自治州、贵州毕节市和六盘水地区。彝族人多数自称"诺苏""纳苏""聂苏"(或后面加"泼",彝语为"人"),意为"主体的民族""尚黑的民族"。

语言文字:彝族人民使用彝语,属汉藏语系藏缅语族彝语支,有6个方言区(其中又有多种次方言及土语)。滇、川、黔、桂等省区的彝族人中还有不少兼通汉语。彝族使用的文字被称为彝文,是现有文字中历史相当悠久的文字之一,历史上称之为"夷经""韪书""罗罗文",流行于川、滇、黔、桂四省区的彝族聚居地区。

服饰:彝族男女一般上衣开襟贴身,袖口、领口、襟边都绣有花边。女下装多为百褶裙,男下装根据裤脚大小分为大、中、小三种。男子以无须为美,左耳戴红、黄大耳珠。妇女头包绣花手帕,有瓦式帕、六角帕、鸡冠帽等,她们的首饰有耳坠、手镯、戒指、领排花等。男女都披用羊毛织成的形如斗篷、下缀长穗的"瓦拉"和无穗的、用羊毛制成的披毡"杰斯"。

彝族头饰因地而异,带有浓郁的地方色彩,其中尤以云南、四川大小凉山彝族保存的样式最多。大小凉山地区的彝族男子多蓄发堆髻于头顶,称为"字尔"或"字木"(汉族称"天菩萨"或"背天刺"),即男子在四五岁时,头顶留一小块两三寸的方形的黑发,成年后就挽成一个发结。人们把它视为能主吉凶祸福的天神所在,神圣不可侵犯,任何人也不能触摸,否则便是对他的最大侮辱,认为灾祸将临头,并因此与触摸者搏斗。

饮食:彝族大部分地区的人以食玉米为主,其次是荞麦、土豆、小麦和燕麦等,稻米数量很少。蔬菜主要有豆类、青菜。彝族人喜食酸、辣,饮料主要是酒和茶,有以酒待客的礼节。所酿的高粱"杆杆酒"驰名于西南地区。肉食主要有牛肉、猪肉、羊肉、鸡肉等。彝族人特别喜欢将肉切成拳头大小的块煮食,汉语称之为"砣砣肉"。

彝族最典型的食俗是"转转酒",饮酒时不分场合地点,也不分生人熟人,席地而坐,围成一个一个圆圈,端着酒杯彼此轮流饮酒,还可在酒坛上插几枝竹竿或麦秆一起喝酒(又称"杆杆酒")。

禁忌:彝族有敬"神树"的习惯,"神树"严禁砍伐,祭祀时忌外人观看。彝族人宰杀家禽、家畜时,忌外人在场。外人骑马进彝族寨子,必须在寨门的竹篱笆前下马。到彝族人家做客,要坐在火塘的上方或右方,忌用脚踏三脚架,忌掏挖火灰,尤忌在其中挖洞。彝族人忌把款待客人的食品带走,认为带走这种食品是不讲义气的。有些地方的彝族人忌食驴肉和骡肉。大凉山和大部分地方的彝族人禁食狗肉,也不食马肉及蛙、蛇之类的肉。

节日:彝族的民间节日大多是宗教祭祀节日或由民间祭祀活动演变而成的纪念节庆,主要有火把节、拜本主会、密枝节、杨梅节、跳歌节、丰收节、插花节、春节等。在传统节日里都要举办摔跤活动,摔跤能手非常受人尊敬。

火把节是彝族地区最普遍、最隆重的传统节日,一般多在农历六月二十四、二十五。传统的火把节是一种隆重的农业祭祀活动,用火来驱灾除邪,祈求丰年,现在则发展成一个融文体娱乐和经济贸易于一体的民族节日。

彝族的十月太阳历是世界上最古老的历法之一。十月太阳历因不按月亮盈亏为周期,而是以地球绕太阳为周期,故称"太阳历"。彝族历法具有与其他民族历法不同的特点:首先,它与汉族传统的农历不同,既不用初一、初二、初三等序数纪日,也不用甲子、乙丑、丙寅一类的干支纪日,而是用十二属相纪日。崇虎的彝族把虎放在首位,而将鼠、牛放在虎后来纪日。彝历以3个属相周,即36日为1个月,每轮回30个属相周,即360日为一年。10个月终结,另外5天(或6天)为"过年日",平年5天,每隔四年的闰年为6天。其次,一年五季,分别用土、铜、水、木、火代表,一季分公母(或称雌雄)两月,分别为一月土公、二月土母、三月铜公、四月铜母、五月水公、六月水母、七月木公、八月木母、九月火公、十月火母。再次,十月历以观测太阳运动来确定冬夏,以北斗星的斗柄指向来确定寒暑。彝族于大暑欢度火把节,以大寒为岁首,过"十月年"。

【导游范例】

月湖旁的撒尼人

看完了景色丰美、迷人的月湖之后,我们来到位于月湖旁的跃宝山村,在这里我将带大家充分领略当地撒尼人的民风民俗。

撒尼人是中华民族大家庭中的一员,是彝族的一个支系。早在公元2世纪,滇池一带是彝族先民活动的中心。大约在3世纪,逐渐扩展到了滇东北、滇南、贵州、广西一带,与其他民族杂居融合,形成了众多的支系,其中,居住在云南石林、丘北一带的彝族居民多为撒尼人。撒尼人非常崇尚老虎,在撒尼语里"罗"是虎,"倮"是龙,因此他们早先也自称为"罗倮",意思是像龙和虎一样勇猛而不可战胜的民族。

现在各位请看我的右手边,那就是我们撒尼人的寨子。说到寨子,我想有必要给大家介绍一下我们撒尼人的民居。在石林县境内,由于地形地貌多样,各地自然条件不尽相同,因此,我们撒尼人的居住形式也呈现出不同的风格。而我们现在看到的这所房屋就是月湖当地所特有的"茅草屋"。

茅草房以石块奠基,夯土为墙,以结实的圆木或方木为柱,双面斜顶,用草盖顶。做苫草顶时,先打尽绒草,泼上水让风吹,然后用火燎茅草,浸透水的部分因风吹不干而不会燃烧,从而形成坚实的草顶。茅草房虽比瓦房简陋,但节省费用,冬暖夏凉。另外,海邑的土库房、糯黑的石板房都是彝族具有代表性的住房。

你看,远处有个撒尼姑娘正朝这边走来。你一定注意到了我今天穿了和那位撒尼姑娘一样的漂亮服饰,也戴了和她一样引人注目的花包头。这种包头又称为"窝结",是以红、绿、蓝、紫、黄、白、青7种颜色的丝绸配制的,边沿钉有银泡泡,包头两侧缀有一对三角彩色图案,好像"彩蝶"一般,后坠一对串珠,末端系银铃。走起路来,银铃撞击,铮铮作响。传说这种包头是模仿天上的彩虹制作的,是为了纪念一对投火殉情的恋人,这对恋人死后化作七彩长虹。后人模仿彩虹做出包头,将其视为忠贞爱情的象征。

而撒尼姑娘头饰上的这对"彩蝶"也是很有讲究的。在每年农历六月二十四日彝族火把节这天,姑娘、小伙子们相约来到月湖,以对歌的形式互诉衷情,若哪个姑娘看上哪个小伙子,就将头上的彩蝶取下一只送给他,当作是两人的定情信物。所以啊,头上只有一只彩蝶的撒尼姑娘就表示她已"名花有主"了。而结婚生子以后的撒尼妇女则将彩蝶放平置于头顶,装饰也大为简化,无银泡和串珠。

撒尼男子上装为青色或灰色对襟衣,外加蓝布镶边的短褂,既朴素大方,又英姿勃勃。

你听,远处的田里传来了阵阵悦耳的歌声,只要你细听,不难听出他们唱的就是我们在众多电视节目和晚会上常常听到的《远方的客人请你留下来》。它是由石林当地撒尼人金贤创作、再由麦丁先生改编而成的,现在这首家喻户晓的彝族民歌已成为石林县歌。撒尼人不但劳作、农忙时要唱歌,就连谈恋爱也是以对歌、跳舞的方式来进行的。每当月夜,小伙子们带着三弦、月琴、笛子,约着姑娘们来到村旁的树林间,小伙子随着清脆的短笛,弹拨着浑厚的大三弦,姑娘们随着音乐的旋律,默默含笑地迈着轻盈的舞步,左旋右旋,跳起大三弦舞,气氛热烈、舞姿优美。

好! 那个朋友问我,大三弦舞是怎么来的? 那我就给大家做个简短的介绍。关于大三弦舞有这么一个传说。古时候,彝族人居住在深山老林里,以刀耕火种的方式种植庄稼。每年到播种季节,土司头人就强迫人们先种他们的土地,然后才准穷人种自己的地。为抢节令,人们等不及“火地”上的火炭完全熄灭,就赶紧点播种子。因为无鞋穿,双脚被烫得难受,人们只好每走三步就把脚抬起来蹬两下,两只脚轮着走,有时还被烫得嘴里直喊“阿喷喷”。农闲时,回忆这种动作,人们觉得它能表达自己的内心感受,于是配上三弦等乐器编成舞蹈,就成了今天的大三弦舞,又称“跳乐”。

大家看,现在我们经过的这户撒尼人家门上贴着鲜红的大喜字,一定是一对撒尼新人刚刚完婚。那我现在就给大家介绍一个撒尼人的婚俗。撒尼人的婚礼分为“喝小酒”“喝中酒”“喝大酒”。喝完大酒,新郎就带着10多个身着节日盛装、神采奕奕的伙伴前往新娘家正式迎娶新娘。他们肩挑箩筐,里面装满粮食和各种蔬菜,还有要送给新娘的衣物和银饰。当然这还不算完。迎亲队来到女家,女家故意闭门不纳,要男方迎亲者与女方的唱歌能手对歌,直到女方满意才肯作罢。姑娘们十分调皮,有意捉弄迎亲者,用锅灰抹迎亲者的脸,让他们难堪。迎亲者为了不示弱,反手抹黑姑娘的脸。因此引得众人大笑,全场洋溢着欢乐的气氛。

（资料来源:云南省总工会编.带你游云南:云南旅游精品景区导游解说词荟萃[M].昆明:云南人民出版社,2003）

九、傣族民俗节选

傣族主要聚居在云南省西南边境的弧形地区,西双版纳傣族自治州和德宏傣族景颇族自治州及耿马、孟连、元江、新平等自治县是傣族人口比较集中的地区,其他县区也多有傣族分布。

住房:干栏式建筑是傣族住房的特点。傣族居民大多住于平坝,村寨临江畔湖。住宅建筑以西双版纳地区的最具特色,每户一座竹楼,竹篱环绕、自成院落。竹楼有上下两层,上层住人,下层饲养牲畜及堆放杂物。登上竹楼,外有走廊、晒台,室内分为两半,外部为客室,内部为卧室。内室一间,一家数代分床同宿。德宏多数地区的傣族居民住平房,土墙茅顶。

饮食:傣族人通常以大米为主食,德宏人吃粳米,西双版纳等地的傣族人爱食糯米。喜酸味及烘烤水产食品,喜饮酒,喜嚼槟榔。

服饰:傣族男子上着无领对襟或大襟小袖短衫,下着长裤,冷天外披毛毡,多用白布或蓝布包头。妇女的服饰因地而异。西双版纳的妇女服饰艳丽,上着紧身内衣,大襟或对襟圆领窄袖衫,下身为花长筒裙,结发于顶,插梳子或顶头巾。德宏妇女婚前穿白色或浅蓝色大襟短衫、长裤,束小围腰,婚后着对襟短衫、黑色筒裙,青年妇女多束发于头顶,中年以上的妇女则戴黑色高筒帽。

节日:傣族的节日主要有泼水节、关门节和开门节。

泼水节是傣族的年节,又称"浴佛节",是傣族、布朗族、德昂族、阿昌族等民族的传统节日,流行于云南西部和南部。它源于印度,后随佛教经缅甸、泰国和老挝传入中国。另据传说,泼水活动最初是为洗去为人间谋福利而用计杀死魔王的七位妇女身上的污血而进行的。泼水节在农历清明前后举行,一般为期3~5天,头两天送旧,最后一天迎新。节日清晨,青年男女上山采摘山花和树枝制成花房,连同供品抬到佛寺,并在佛寺院中堆沙造塔三五座,塔尖插几根缠有彩色纸条的竹枝,然后围塔而坐,听佛爷诵经,有预祝风调雨顺、五谷丰登之意。中午时清水浴佛。礼毕后,青年男女到寺外相互泼水,以示祝福。人们常因泼得全身湿透而兴高采烈,以为吉祥如意。此外还举办赛龙舟、丢包、放高升、点孔明灯及歌舞等活动。

禁忌:傣族寨门附近的"寨神庙"平时忌进去,寨心忌坐也忌脚踏或拴马;"神树"忌砍伐、忌拴马,忌搬动或触弄"神树"下送鬼的鬼匾、鬼盘、鬼台、竹竿祭品。每寨都有佛寺。进寺要脱鞋袜,妇女进佛寺忌任意走动,忌随便敲打佛寺里的鼓,忌触摸神像及法器,忌摸小和尚的头顶。骑马进村寨时,在寨门前要下马,忌骑马进寨。祭寨时忌外人进寨,寨里的人出来也必须等祭寨完毕方可进寨。进入傣族住房时,到楼口要脱鞋,进门后忌在房子内的中柱上端挂东西和用背靠,楼下忌拴马,忌从家中火塘上面跨过,忌别人移动或抬起火塘上的三脚架,忌客人进卧室,忌头朝向主人家的内室睡觉,忌在傣族人家中剪指甲,忌在室内吹口哨和玩响乐器,忌从妇女脚上跨过或触摸妇女头上的发髻,忌女人招待男客、男人招待女客。

十、白族民俗节选

人口与分布:白族是我国西南地区一个历史悠久、经济文化发达的少数民族,自称"白子""白尼"。白族先民很早就居住在云南大理洱海地区。公元前2世纪,汉武帝在这里设置了郡县。此后,这里出现过以彝族、白族先民为主体的南诏奴隶制政权和大理国(以白族段氏为主体的封建领主制政权)。1956年,根据白族人民的意愿,其族称正式定名为白族。白族人民大多居住在云南省大理白族自治州(约占白族人口的80%),其余分布在云南省的昆明、元江、丽江、兰坪,贵州省毕节市,四川省凉山彝族自治州和湖南省桑植县。

语言文字:白族人讲白语,属汉藏语系藏缅语族,通用汉文。

本主信仰是白族的一种村落信仰习俗(主要有图腾崇拜、大石崇拜、英雄崇拜),庙内供奉泥塑或木雕的本主神像。本主是白族村落中供奉的村社之神,它被认为有保护村落本境的神力,凡是对本村、本境人民有过杰出贡献的人,不分身份地位,死后均会受到白族人民的爱戴,被立为本主。每当本主的生日、忌日或年终岁首,各村寨都要举办盛大的祭祀活动。

服饰:白族尚白,素以白色衣服为贵。大理男子头缠蓝色的包头,身着对襟衣或黑领褂,下穿蓝色宽裤,腰系缀有绣花带的短围腰,足穿绣花的"百节鞋"。

饮食:平坝地区的白族人主食稻米、小麦,山区以玉米、荞麦为主。口味喜酸、冷、辣等,特别是云龙一带,每逢白族人请客吃饭,不分四季,第一道菜必然是酸味的凉拌菜,就连过年吃团圆饭也不例外。白族人民还喜欢别具风味的"生肉"或"生皮",喜爱喝烤茶,常以"三道茶"待客。"三道茶"是白族的茶俗,流行于云南大理白族地区。第一道为纯烤茶,第二道加入核桃片、乳扇和红糖,第三道加入蜂蜜和几颗花椒,因而有"一苦、二甜、三回味"的特点。白族人烤茶很讲究茶具,即"酒盅要粗糙,茶盅要精巧"。献客的茶具以洁白、精致、小巧的瓷杯为上品。客人手端着茶具,一面品茗,一面欣赏茶盅。主人斟茶,以供品一两口为限,这就是白族俗语所说的"酒满敬人,茶满欺人"。

节日:白族的节日颇多,其中的一些和汉族一样,如春节、元宵、清明、端阳、中秋、重阳、冬至等。除此之外,白族还有些具有浓郁民族特色的节日,如"绕三灵"(白语称"观上览",意即游逛园林)、三月街、火把节、朝花节等。

三月街又名观音节,是白族盛大的节庆和街期,每年农历三月十五日至二十一日在大理城西点苍山下举行。最初的三月街是一种带着浓厚宗教色彩的民间活动。中华人民共和国成立后,三月街已发展成为一年一度的物资交流大会和民族体育文艺大会。人们在交换物资的同时,还要进行各种舞蹈、赛马和竞技表演。

十一、纳西族民俗节选

纳西族集中分布在云南、四川和西藏三省区相邻的地区。

语言文字:纳西语属汉藏语系。纳西族保留有最古老的象形文字东巴文,同时还使用标音音节文字哥巴文。用东巴文书写保留下来的东巴教的东巴古籍文献,已被联合国教科文组织评为"世界记忆遗产"。

住房:以"三房一照壁"为主,宁蒗摩梭人的住房为"木楞房"。

饮食:以玉米、大米和小麦为主。著名的特色饮食有丽江粑粑、琵琶肉等。

服饰:丽江纳西族妇女的服装具有民族特色,上身穿宽腰大袖大褂,外加坎肩,下穿长裤,系百褶围裙,脚穿绣花鞋,在领、袖、襟等处绣有花边,衣料多为蓝、白、黑三色,以黑为贵。劳动或出门披黑羊皮七星披肩。披肩过去在肩部缀有两个大圆布圈,代表日、月,背上并排缀着七个小圆布圈,垂穗七对,用丝线绣成各种图案,俗称披星戴月,象征着辛勤劳动。宁蒗一带的纳西族妇女穿短衫,下系百褶裙,背披羊皮,头包青布,以梳粗大辫子为美,用牦牛尾或线作假辫,喜欢系腰带。

葬仪:丽江地区以土葬为主,香格里拉三坝一带火葬、土葬并存,泸沽湖地区仍保留火葬古俗,且有以母系氏族为单位的公共墓地。

节日:纳西族有跟汉族大体相同的春节、清明、端阳、中秋等节日,但是节日活动内容不尽相同,也有与彝族、白族相似的火把节,更有本民族独特的传统节日,如三朵节等。三朵节是纳西族的传统节日。三朵是纳西族千百年来笃信的保护神,过去每年农历二月和八月羊日,纳西族人都会到各地的三朵阁举行隆重的祭拜活动,并举办各种文娱活动。1986年8月,每年农历二月初八日祭拜三朵活动的三朵节被定为纳西族传统节日。

禁忌:有的地方骑马到寨前必须下马,到主人家里不能将马拴在祭天堂的地方;忌触动大门两旁所立的石头"门神",忌手摸横在门上的束有鸡毛草绳的松木叉——"代口神";忌乱砍伐"神树";不能蹬踏架锅做饭用的三脚架,不能翻弄灶里的灰;祭天堂、祖先、战神时,忌外人观看;进屋后不能靠神位就座,最好坐在灶下方或周围;有的地方还忌在家里唱山歌。

本章小结

民俗风情导游是导游员必须掌握的内容。中国地大物博、民族众多,不同的民族有不同的民俗和风情,民俗风情内容丰富,即使是同一民族,由于生活的区域不同,其风俗也会产生变化,这给具体的导游讲解工作带来一定的难度。民俗风情导游往往与其他景观资源融合在一起,在实际工作中,导游员要注意知识的有机结合,全方位地锻炼自己的能力,多注意积累,从广度和深度上拓展自己的知识范围。

复习思考题

1. 什么是民俗? 它由哪些类型组成?
2. 简述民俗的基本特点。
3. 分析民俗在旅游业中的运用情况。
4. 进行民俗风情导游,对导游员有哪些具体要求?
5. 撰写一篇民俗导游词。

实训项目

1. 大型民族风情园

例如:深圳中华民俗村、云南民族村、贵州红枫湖景区。

特点:许多民族的民俗风情原貌、民间工艺、民族歌舞可集中展示,集购物、游玩、观赏、品尝风味于一体,交通方便。

实训建议:模拟导游。

2. 专题性民俗风情

(1)与山水相结合。例如,绍兴山水风俗游、元阳哈尼梯田游。

(2)与民居和其他建筑相结合。例如,西双版纳傣家竹楼、大理白族"三房一照壁"、广西壮乡吊脚楼。

(3)与饮食文化相结合。例如,湘、桂、黔交界地区的侗族油茶,藏族的酥油茶,蒙古族的全羊席,维吾尔族的烤羊肉,傣族的竹筒饭。

(4)与礼仪活动相结合。例如,西藏哲蚌寺的晒佛大典、云南楚雄的彝族婚礼、丽江泸沽湖摩梭人的"成年礼"。

(5)与喜庆相结合。例如,汉族春节、元宵节、中秋节,蒙古族那达慕大会,西双版纳傣族泼水节。

特点:专题型性强,较原汁原味,时间和空间跨度大,可深入考察,但难以全面。

实训建议:实地考察,选取一个实训地,深入领会,形成特色,进行专题模拟导游。

3. 地域性民族风情

(1)北部:蒙古族、满族、朝鲜族。

(2)西部:回族、维吾尔族、塔吉克族。

（3）西南部：藏族、彝族、白族、傣族、壮族、侗族。

特点：针对性强，地域色彩明显。

实训建议：实地考察贯穿片区旅游线，采用走马观花的方式，以地域特征为基础，与民俗知识相融合，进行长线模拟导游。

拓展阅读

资料：云南民族村导游讲解范例

资料：白族扎染技艺

资料："坡芽情歌"传习馆

14

第十四章　古建筑导游

学习目标

1. 掌握中国古建筑的基本常识。

2. 掌握中国古建筑的导游要求及途径。

3. 掌握中国古典园林导游的基本要求。

4. 引导学生了解并热爱中国传统建筑文化及技艺，自觉弘扬中华优秀传统文化。

5. 引导学生从中国传统建筑中理解中华优秀传统文化中讲仁爱、重民本、守诚信、崇正义、尚和合、求大同的思想精华和时代价值。

教学建议

建筑艺术的一切构成要素，如尺度、节奏、构图、形式、性格、风格等都是旅游者观赏的对象。各类中国古建筑承载了博大精深的中华文化。建议教师在本章的授课中，收集相关的图形资料，通过直观演示，让学生认清各种建筑类型及其要素，要结合各类艺术构件，要求学生通过直观的观赏对象，讲解丰富的文化内涵。同时建议教师带领学生观赏当地有代表性的实景，进行实践教学，同时让学生模拟导游。

【关键词】

中国古建筑　古典园林　古建筑名目　导游讲解

第一节　古建筑导游的知识准备

中国古建筑类别繁多、寓意较强,因此,要做好古建筑景区(点)或古建筑实体的导游工作,必须掌握一些必要的常识。关于中国古建筑的知识涉及面很广,这里精选了与导游讲解和游览有关的部分常识。

一、中国古建筑的艺术

（一）基本概念的掌握——中国古建筑及其影响

在现代建筑技术传入前,中国所建造的建筑统称中国古建筑。而与旅游有关的是中国建筑中具有审美价值的特征形式和风格。自先秦至19世纪中叶,中国古建筑基本上是一个封闭的、独立的体系,2 000多年间风格变化不大,通称为中国古代建筑艺术。

19世纪中叶以后,随着社会性质的改变,外国建筑,特别是西方建筑形式大量传入,中国建筑与世界建筑有了较多的接触和交流,建筑风格发生了急剧变化,通称为中国近现代建筑艺术。

中国古代建筑艺术在封建社会中发展成熟,它以汉族木结构建筑为主体,也包括各少数民族的优秀建筑,是世界上延续历史最长、分布地域最广、风格非常显明的一个独特的艺术体系。中国古代建筑对日本、朝鲜和越南的古代建筑有直接影响,17世纪以后,也对欧洲产生过影响。

（二）导游审美意识的提高——中国古代建筑艺术特征

1. 古建筑艺术特征综述

（1）审美价值与政治伦理价值的统一。艺术价值高的建筑,也同时发挥着维系、加强社会政治伦理制度和思想意识的作用。

（2）植根于深厚的传统文化,表现出鲜明的人文主义精神。建筑艺术的一切构成因素,如尺度、节奏、构图、形式、性格、风格等,都是从当代人的审美心理出发,能为人所欣赏和理解的,没有大起大落、怪异诡谲、不可理解的形象。

（3）总体性、综合性很强。古代优秀的建筑作品几乎是动员了当时可能构成建筑艺术的一切因素和手法综合而成的一个整体形象,从总体环境到单座房屋、从外部序列到内部空间、从色彩装饰到附属艺术,每一个部分都不是可有可无的,抽掉了其中一项,也就影响了整体效果。

2. 古建筑艺术特征具体表现

（1）重视环境整体经营。从春秋战国时期开始,中国就有了建筑环境整体经营的观念。中国的堪舆学说起源很早,除去迷信的外衣,绝大多数是讲求环境与建筑的关系。古代城市都注重将城市本体与周围环境统一经营。

【案例】

整体经营的城市和风景名胜

秦咸阳城北包北坂,中贯渭水,南抵南山,最盛时东西达到二三百里,是当时世界上最早的开放性大城市之一。

长安(今陕西西安)、洛阳、建康(今江苏南京)、北京等著名都城,其经营范围也都远远超过城墙的范围。即使是一般的府、州、县城,也将郊区包含在城市的整体环境中统一布局。

重要的风景名胜,如五岳五镇、佛道名山、邑郊园林等,也都把环境经营放在首位;帝王陵区更是着重于风水地理,这些地方的建筑大多是靠环境来显示其艺术魅力的。

(2)单体形象融于群体序列。中国古代的单体建筑形式比较简单,大部分是定型化的式样,孤立的单体建筑不能构成完整的艺术形象,建筑的艺术效果主要依靠群体序列来取得。当一座殿宇在序列中作为陪衬时,形体不会太大,形象也可能比较平淡,但若作为主体,则可能很高大。例如明清北京宫殿中单体建筑的式样并不多,但通过不同的空间序列转换,各个单体建筑便能显示自身在整体中的独立性格。

(3)构造技术与艺术形象统一。中国古代建筑的木结构体系适应性很强。这个体系以四柱二梁二枋构成一个称为间的基本框架,间可以左右相连,也可以前后相接,又可以上下相叠,还可以错落组合,或加以变通而成八角、六角、圆形、扇形或其他形状。屋顶构架有抬梁式和穿斗式两种,无论哪一种,都可以不改变构架体系而将屋面作出曲线,并在屋角做出翘角飞檐,还可以做出重檐、勾连、穿插、披搭等式样。单体建筑的艺术造型主要依靠间的灵活搭配和式样众多的曲线屋顶表现出来。此外,木结构的构件便于雕刻彩绘,以增强建筑的艺术表现力。中国古代建筑的造型美,很大程度上也表现为结构美。

(4)规格化与多样化统一。中国建筑以木结构为主,为便于构件的制作、安装和估算工料,必然走向构件规格化,也促进了设计模数化。

建筑的规格化促使建筑风格趋于统一,也保证了各座建筑可以达到一定的艺术水平。规格化并不过于限制序列构成,所以单体建筑的规格化与群体序列的多样化可以并行不悖,作为一种空间艺术,显然这是进步的成熟现象。中国古代建筑单体似乎稍欠变化,但群体组合却又变化多端,原因就是中国古代建筑实现了规格化与多样化的高度统一。

【相关链接】

中国古代建筑的规格化

早在春秋时的《考工记》中,就有了规格化、模数化的萌芽,至唐代时已经比较成熟。宋代的《营造法式》、清代的《工部工程做法则例》使中国古建筑更趋规格化。

（5）诗情画意的自然式园林。中国园林是中国古代建筑艺术的一项突出成就,也是世界各系园林中的重要典型。中国园林以自然为蓝本,摄取了自然美的精华,又注入了富有文化素养的人的审美情趣,采用建筑空间构图的手法,使自然美典型化,变成园林美。其中所包含的情趣,就是诗情画意;所采用的空间构图手法,就是自由灵活、运动流畅的序列设计。中国园林讲究"巧于因借,精在体宜",重视成景和得景的精微推求,以组织丰富的观赏画面。同时,还模拟自然山水,创造出叠山理水的特殊技艺,无论是土山石山,还是山水相连,都能使诗情画意更加深浓,趣味隽永。

（6）重视表现建筑的性格和象征含义。中国古代建筑艺术的政治伦理内容要求它表现出鲜明的性格和特定的象征含义,为此而使用的手法很多。第一是利用环境渲染出不同的情调和气氛,使人从中获得多种审美感受;第二是规定不同的建筑等级,包括体量、色彩、式样、装饰等,用以表现社会制度和建筑内容;第三是尽量利用许多具象化的附属艺术形式,直至匾联、碑刻的文字,来揭示、说明建筑的性格和内容;第四是重要的建筑,如宫殿、坛庙、寺观等,还有特定的象征主题。

【提示】

导游员应充分了解并掌握中国古建筑的艺术特征,能在具体的观赏、讲解中加以运用,同时以此为基础自我拓展知识。

二、导游讲解的单体建筑对象——中国古典建筑的名目

中国古典建筑的类别、名目是很多的。每一类别、每个名目都有自己特定的用途、功能和样式。

【提示】

导游员在导游讲解中国古建筑时,必须规范不同古建筑的称谓。

（一）建筑式样名称的基本概念

1. 宫

最早围起来的房子就叫宫,供祖宗牌位的庙也叫宫,只是到了秦代,"宫"才成为天子居所的专称。后世规格很高的寺、观也叫宫。

【相关链接】

名胜景区中的"宫"

山西芮城的永乐宫(元建道教宫观)、武当山的八宫(明建道教宫观)、北京的雍和宫(清建藏传佛教寺院)也都叫"宫"。最大的宫当然是北京的故宫。古代帝王的游憩之所叫离宫。

2. 阙

最早的阙只是宫门前两侧的方土台子。后来在台子上盖上圆形的顶盖,观望四方,所以又叫观。

3. 寝

寝本是人们卧息的地方。古代的王宫,前面是殿堂即朝宫,后面是帝王的居舍,叫寝(后妃住的地方也称宫),所以古代有"前宫后寝"的说法。陵墓也称为陵寝。

4. 廊

古代的堂,东西两侧的空位叫东序、西序,堂下的边屋都叫廊,又叫走廊、游廊。后来廊变得多种多样,园林中的廊更是不可缺少的空间分隔和点缀风景的小品,又是交通联系的纽带。

5. 庑

厅堂下两侧的房子叫庑,大屋也叫庑,所以太和殿的四阿(四坡水)屋顶又叫庑殿式屋顶。

6. 宇

宇就是屋檐的边,所以有"上栋(栋就是堂顶的大梁)下宇"的说法。把屋檐反曲上去叫"反宇"。四方上下也谓之宇。北京天坛圜(音元)丘北面供"昊天上帝"牌位的小圆殿就叫皇穹宇。

7. 间

间是中国古代建筑计量或者说构成房子规模的基本单位,就是两柱之间所夹的面幅,平常讲某殿堂面阔几间、进深几间就是这个意思。

(二)建筑形制名称及基本概念

在古建筑游览过程中,人们常见到各种式样的建筑物,一般旅游者不能对其进行区别。导游员在引导旅游者游览的过程中必须清楚地分辨出其形制,同时延伸其用途。

1. 楼

古代重屋——二层以上的房子叫楼,还有一层意思,即狭而修曲曰楼,即进深不是很大,又曲折又比较高的房子也叫楼。早在春秋战国时期就有楼这类建筑。中国名胜中著名的楼有黄鹤楼、岳阳楼、大观楼等。

2. 阁

阁也是重屋——楼房,但阁不"曲",比较集中地高耸。最早的"阁"只是搁东西的隔板,所以藏书的处所也叫阁。中国名胜中著名的阁有滕王阁等。

3. 馆

古代的客舍叫馆。庋藏之所也叫馆,所以后世把藏书的地方叫图书馆。有的官廨也称为馆,如唐代有弘文馆,宋代有昭文馆;私人授学的地方叫蒙馆,就是启蒙学校。

4. 所

所是处所的意思,故有招待所之名。所也是一组建筑的通称计量单位,如秦时有离宫别馆 600 所。所也叫窝,宋代的邵雍建有最早的"安乐窝"。

5. 亭

亭本是停憩的意思,古代有驿亭、邮亭。先秦时代,亭是一项军事设施——哨所的堡垒。后来,亭逐渐成为中国园林建筑中不可缺少的点景小品。

【相关链接】

亭 的 样 式

亭有多种样式,平面有正方、长方、十字、三角至多角、圆、菱形、扇面、梅花,还有用两个相同的几何图形套合而成的鸳鸯亭,如套方、套圆。用材有木、砖、石、铜等。构造及屋顶有单檐、重檐、三檐,攒尖、十字脊、歇山、卷棚等。

中国名胜中著名的亭有醉翁亭、陶然亭等。

6. 台

在古代,筑得四四方方的大夯土墩子就叫台。春秋战国时期,盛行建筑高台,在台上盖房子,通称作"台",以供游赏观眺。如楚有云梦的章华台,秦有咸阳的章台,赵有邯郸的丛台,都很有名。

7. 轩

古代叫有窗的长廊为轩,是空敞居高的意思。厅堂前面的步廊也叫轩。建于高旷地,能开敞通望的房子也常以轩为名。

【相关链接】

中 国 名 轩

中国名胜中著名的轩有苏州拙政园内的倚玉轩,其三面临水,留园内的闻木樨香轩三面临空,都可以徘徊远望。

8. 榭

古代台上有屋叫榭,榭也是开敞的。最早的榭原本是讲武之所,后来才逐渐成为府第、园林建筑中的小品,多临水而建。如《红楼梦》描述的大观园中的藕香榭正是水边玲珑之作。

9. 院

墙垣围着的空地叫院。一组建筑也可以总称为院,如宫院、寺院、道院、书院。中国著名的书院有白鹿洞书院、岳麓书院、嵩阳书院等。

（三）主要住所名目

1. 府

古代藏钱财的处所叫府,如《史记》中记载的三钱之府。贵族、官吏办公和居住的处所也叫府。北京恭王府是现存最完整的清代王府。

2. 第

第是宅的另一种称谓,如大夫第就是大夫的住宅。

3. 邸

古代的国舍——国宾馆叫邸,大住宅也叫邸,后世亦沿称王侯府第为邸。旅舍也叫旅邸。

4. 宅

宅就是人所居住的房子,住屋也叫家宅。

5. 别业

在本宅之外另营建的宅第、园林叫别业或别墅。

6. 庄

田家村落叫庄,山居园圃也叫庄。

（四）典型居所名目

1. 居

居本是蹲坐的意思,处所也叫居,所以有"上古穴居"的说法。

2. 堂

堂是高大开敞的正室,并不一定朝阳。殿堂、厅堂常为复合词。

3. 房

古代士大夫的高级住宅,位于中堂后墙后面两旁的室才叫作房,位于旁侧的室也叫房。后来房子、房屋才成为建筑物的通称。

4. 室

古代士大夫的住宅,南北当明的一间为堂,堂后里间的卧室才叫室。所以有夫以妻为室的说法。

（五）宗教建筑名称及来历

1. 寺

在汉代,寺是官府建筑的通称——凡府廷所在都叫寺。汉明帝时,印度人摄摩腾自西域用白马驮佛经来中国,到洛阳后,停驻在鸿胪寺(鸿胪寺是掌管朝贺庆吊之礼的官署),于是取"寺"名创建了白马寺,成为佛寺。

【相关链接】

中 国 名 寺

南北朝时,由于皇帝们信奉佛教,建佛寺的风气很盛。北魏孝明帝时,胡太后造永宁寺,有僧房100多间,都用珠玉锦绣装饰,她又在洛阳伊阙造石窟寺。北齐时佛教更是盛行,光都(邺都)下的大寺就有四千所,境内有寺四万所。南朝也不示弱,梁时都(建业)下的佛寺也有五百余所,从"南朝四百八十寺,多少楼台烟雨中"的诗句可以想见这些寺院的富丽繁华。现存的中国古代名寺,大江南北比比皆是,如五台山的佛光寺、正定的隆兴寺、嵩山的少林寺、镇江的金山寺、南京的灵谷寺、泉州的清真寺等。

敦煌(创建于南北朝前秦苻坚时)、云冈(创建于北魏文成帝时,有大小佛像十万余尊)、克孜尔(创建于东晋时的龟兹国)、龙门(创建于北魏太和时,也有大小佛像十万余尊),是著名的四大石窟寺。

2. 塔

塔来源于印度,原是给教祖保存遗骨(舍利)的小型坟墓,是在一个有两层台阶的圆形或方形的基础上覆盖着一个半球形或圆柱体,上面再加半球形的坟顶(塔身)。

3. 庵

盖有茅草顶的圆屋叫庵,佛教僧尼奉佛的小舍也叫庵,女僧(比丘尼,俗称尼姑)修行的处所叫尼姑庵。

4. 龛

安置佛像的石室或柜子叫龛,道教偶像座外的木帐和安置祖宗牌位的坐帐都叫龛。塔也称为龛。龛的样式多是仿木构建筑,有台座、立柱、斗拱、屋盖等。五台山普化寺弥勒佛龛是全仿木构殿堂的精雕珍品;武当山磨针井大殿旁的姥姆龛乃牌楼式,繁缛细腻,代表了南方一格。

5. 庙

古代祭神的宫室叫庙,祭祀祖宗的宫室叫宗庙,皇帝的祖庙叫太庙,太庙以下皆叫家庙。故宫端门左侧,即所谓"左祖"是太庙。奉祀名人的纪念性建筑也叫庙。

【相关链接】

中国名胜中著名的庙

药王庙是纪念神农氏的,曲阜有孔庙,灌县有纪念李冰父子的二王庙,杭州有纪念岳飞的岳庙,泰山有祭祀泰山的岱庙。封建社会时每个县都有三庙——文庙(祭祀孔子)、武庙(奉祀关羽)和城隍庙(祭祀城隍土地神)。

6. 祠

古代春祭曰"祠"。祠也就是神祠,家庙也叫宗祠或祠堂。封建社会时期,各个族姓几乎都建有大小宗祠——祠堂。纪念名人的建筑物也叫祠。

【相关链接】

中国名胜中著名的祠

太原晋祠是纪念周成王的弟弟晋侯叔虞的,秭归有屈原祠,成都、南阳、隆中都有纪念诸葛亮的武侯祠,北京和温州的江心岛上有纪念文天祥的文丞相祠,近年在南阳新建成了纪念医圣张仲景的祠。

7. 观

道教礼拜之所称观,有时也称庙(如昌祖庙),特别的还称宫。现存的著名道观有北京的白云观、苏州的玄妙观、昆明的龙泉观等。

8. 藏

藏物的处所叫藏。在某些佛教寺院中有一座别殿叫转轮经藏殿,中设专供藏经文又可旋转的装置,转一圈,即等于念完了一遍经文。

【相关链接】

著名的转轮藏殿

著名的转轮藏殿有河北正定隆兴寺在北宋时代建的转轮藏殿。颐和园佛香阁下的转轮藏经殿面阔三间、两层、三重檐,绿色琉璃瓦顶,两翼配亭亦各为上下两层,亭内有木塔贯穿其中,木塔八面皆贮藏经书;佛像中有轴,在地下装有转动装置,轻轻推动,即可旋转自如。

(六)园林名目列举

1. 苑

大型的山林动物园,汉代叫苑。早在秦代也有苑的称呼,如阿房宫是建在咸阳渭水以南的上林苑内;明代时北京有南苑。

2. 圃

古代养禽兽的地方叫圃,如周文王有灵圃。又有说没有墙垣围绕者才叫圃,有墙垣围绕着的叫苑。

3. 园

古代用篱笆围绕着的种植果树蔬菜的地方叫园,养禽兽的地方及别墅游憩之地也叫园。园中多林池,故后世称这种处所为园林。附于宅第旁之小型"园林"为庭园。

4. 庭

庭原是指宫中,故昔有朝廷之称。后世一般指堂阶前的空旷地。如有墙垣或房屋围绕者叫院,若空敞无阻碍者谓之庭,若在宅旁宅后有规模甚大兼设林池亭榭者叫庭园。

5. 坞

小障叫坞。古有梅坞、花坞等称,都因为有物遮挡。北京社稷坛(中山公园内)有唐花坞,就是一座大花房。

6. 舫

舫就是船。名园中多有舫,一般是在水中立一船形基座,在船上再建类似轩、榭的房子。

209

【相关链接】

中国名园中著名的舫

　　临潼华清池的石舫是一艘雕有双龙的舟,舷侧有水轮,舫上有 T 形的轩,屋顶形成十字交叉脊,古朴玲珑。颐和园昆明湖畔有清晏(石)舫,有楼可登。南京煦园的不系舟则全按民间木舟而作,十分逼真,别具特色。有的园因没有水面,则设旱舟,如苏州退思园,由于水面窄小,便设旱舫。

（七）古城建筑名目列举

1. 城

　　古代的城主要是指城垣(墙)。中国筑城的历史可以追溯到 4 000 多年以前的夏前时代,古文献中有关于大禹的父亲"鲧作城"的记载。

2. 廓

　　廓是大而空的意思。外城的城垣叫廓,故有内城外廓的说法。

3. 雉

　　雉本是野鸡。古代则以雉为城墙尺度的量度单位,以长三丈①、高一丈为一雉。城墙顶上外沿的砖垛叫雉堞。

4. 堞

　　堞就是城墙上外沿突出的齿状女墙。

（八）陵墓建筑名目列举

1. 陵

　　古代大的土岗叫陵。到了汉代,陵专指皇帝的坟,成了皇帝坟墓的专称。

【相关链接】

中国历代帝王陵寝

　　在中国,大大小小的皇陵何止几百座,著名的如秦始皇陵、汉武帝茂陵、唐太宗昭陵、唐高宗乾陵都是因山为穴为陵。到了明代,帝王陵墓的建筑格局已基本定型。明代的皇陵除太祖朱元璋孝陵在南京紫金山外,其余十三座陵墓都在北京昌平区的天寿山南麓,其中以成祖朱棣长陵最为宏大。满族人入关以前在辽宁新宾建有永陵,在沈阳还有福陵(东陵)、昭陵(北陵),入关以后,诸帝陵分别建在河北兴隆(称东陵)和易县(称西陵),陵墓的地面建筑都十分宏伟壮丽。

---

① 1 丈 ≈ 3.333 3 米。

2．墓

古代墓而无坟,不封(没有封土堆)不树才叫墓。后来凡是埋葬死人的地方都泛称为墓。但封建时代是有等级的,王侯的墓称冢,平民百姓的墓只能称坟,因土之高者叫坟。

3．丘

土之高者叫丘,所以天坛的祭天坛叫圜丘。阜(土山曰阜)也可叫丘,墓、冢也叫丘,但也有人说大冢才叫丘。

4．林

圣贤的墓叫林。曲阜孔夫子(文圣)的墓叫孔林,洛阳和当阳关夫子(武圣)的墓叫关林。

第二节　中国古建筑导游

在了解了中国古建筑的各种名目后,导游可根据具体景物向旅游者解说。

欣赏古建筑,应从构成一座精美古建筑的三大部分、附属构件及装饰去了解和欣赏。一座精美的古建筑,最底部为承托建筑全体的"台基"部分,"台基"上面是承托建筑主体的"梁柱"部分,在"梁柱"以上为"屋顶"部分。

一、登台基

"雕栏玉砌应犹在,只是朱颜改。"这是南唐后主李煜写下的佳句。玉砌就是白大理石砌筑的房屋阶基,也叫台基,而雕栏就是阶基上的石栏杆,古代也叫钩栏。

发展历史:旧石器时代的先民们只是利用天然条件构木为巢,入穴而居;巢居发展成了后世的干栏式(架空)建筑。从穴居到钻出地面,在平地上起房子,我们的祖先花了300万年的时间。由房屋初出地面到夏代有了20厘米高的台基,又花了2 400～2 800年。殷代"堂崇三尺",就是台基高三尺,即升到了60厘米的高度。周代,台基的高度已成了显示人们尊贵程度的标志,天子的朝堂才可有九尺高的台基(此处的尺为古尺,九尺约合1.8米)。

春秋战国时代,台基不断加大加高,形成了台式建筑,成为建筑中的一种类型。它可以是祭神的坛——高高的秃顶平台,也可以是单座的有高台的建筑——台榭,更多的是发展成为许多建筑物都坐落在一个大高台上面的"台"。战国时代,台基的外侧面有了一些小立柱式的贴面装饰。汉代,除了方台基以外,还出现了许多别的样式。

形态:台基高了,便要做栏杆,方能确保人行安全,一般用石作栏杆,叫钩栏。这石钩栏的构造和雕刻都是从木栏杆演变而来的。后世的钩栏逐渐向单一化和标准化的方向发展,明清时代的钩栏只是在望柱之间嵌上一整块石雕栏板便算完成。望柱头上多雕刻云纹,加工也比较简单。

台基面离外地面有一定高度,因此要做一些踏步(宋代叫踏道,清代叫踏跺)方能上去。皇宫的正殿则有三处台阶,中央的台阶叫陛,皇帝的尊称"陛下"即由此而来。

其中,中央台阶的中央又多了一条陛石,上面雕刻着龙凤云纹,那是帝后通行的御路。有的高规格的殿堂,中央台阶也有安置这条"御路"的,以示尊贵。

随着佛教的传入,中国古典建筑的台基也发生了变化——须弥座式的台基开始盛行。"须弥"得名须弥山。最早的须弥座是在南北朝时期的石窟寺中的塔座和佛座上。清代对须弥座的式样、尺度、比例、做法等都有规定。除了座中央凹进部分叫束腰外,上下的弧面分别叫上枭、下枭(通称为枭混),枭面都刻莲瓣。明清时代有一种叫"八达马"的莲瓣十分肥厚。上枭上的线条叫上枋,下枭下的线条叫下枋,夹着的一些分条小线道叫皮条线。下枋下面落地部分的基石叫圭脚(也叫龟脚)。

二、观斗拱

如果说,中国的古典建筑是一簇美丽的鲜花,那么斗拱就是它的花蕊。

名称来历:斗拱是"斗"和"拱"组合而成的复合名词,是在一根短短的扁方横木端部挖出"拱"状,再在拱顶装上一个"斗",便成了斗拱。完备的斗拱组件由斗、拱、昂、枋四种构件组合而成,但枋只是牵连相邻两座斗拱的加固杆件。

特点:唐代殿堂建筑中的斗拱非常大,到了五台山,便可在南禅寺和佛光寺大殿中欣赏到它们的雄姿。宋、辽、金时代的斗拱也十分可观,如太原晋祠的圣母殿、云南的曹溪寺大殿、宁波保国寺大殿、正定隆兴寺的摩尼殿,以及大同华严寺、善化寺的大殿、三圣殿等,在这些殿中就可以看到宋式斗拱。

三、赏屋顶

屋顶是中国古典建筑的三大构成要素之一,它经历了漫长的历史演变过程。6 000多年以前的半坡人在屋顶的处理方面就表现出非凡的创造力。

【相关链接】

屋顶的几种主要形式

(1) 单坡,即普通的拔水。

(2) 双坡,又可分硬山、悬山(可以是三角形尖脊或卷棚形弧脊)、封火墙式(民间建筑用得最多)。

(3) 四坡,又可分为庑殿、歇山。歇山式屋顶也可以是三角形尖脊或卷棚形弧脊。

(4) 攒尖,由于平面的不同,又可分为三边、四边或多边(亦即三角、四角或多角)形攒尖、圆锥形攒尖和盔顶(一种四坡凹曲面,其状如头盔的攒尖顶)。

(5) 平顶,又可分为平屋顶、盝顶(即将屋脊平切,造成一个顶部平台)。

(6) 弧面,又可分为囤顶、连续拱顶。

(7) 球面,即穹隆形屋顶。

观赏:中国古典建筑屋顶在形态上的最大特点就是一个字——曲,包含曲檐、曲脊、曲坡。这"三曲"使得屋顶的样式发生了多维的几何形态变化,从而构成了一个多曲线、面的空间曲态体系。

大屋顶是中国古建筑的标志之一。古建筑上的"大屋顶"亦可看作扩张的出檐部分。其作用主要有两点:一是防止雨水下流急聚,二是避免因檐深而阻碍日光射进。而屋顶出檐部分的四角之檐,除了具有实际作用以外,还是美观的需要,其四角之檐的仰翻曲度犹如裙子展开,给人一种自然轻快的感觉。北京天安门的城楼建筑,就是典型的重檐飞翘,它雕梁画栋,黄瓦红墙,异常壮丽。

除了屋顶自身的变化外,建筑物平面组合也呈现复杂化,还有层高和层数的变化,屋顶也成为多变化、多类型的组合体。

【案例】

紫禁城的角楼

紫禁城的角楼平面呈十字形,十字形的阴角又凸出一角,就有了十二个角。第一层的屋顶为单坡(即披檐),到了第二层,在四面凸出的十字上各做了一个歇山顶,到第三层(顶层),平面变作了正方形,屋顶就成了四面出山的十字顶。这一座小小的望楼,上下各层的屋脊(包括沿墙的围脊)加起来足足有64条之多,足以使人眼花缭乱;屋顶上还有许多锦上添花的饰件,五光十色。

配件介绍:在汉代的明器和画像砖、石的纹样上可以看到,那时的屋顶,正脊、斜脊以至重檐的围脊转角处都有向外延伸、向上翘起的尖头形配件。南北朝时,这种"尖头"呈现出由内凹曲的态势,于是就出现了初期的鸱尾。

鸱是海里的鱼虬,即有角的龙,它能激起水浪而降雨。鸱尾就是鸱的尾巴,带有防止火灾的象征性意义。最初它只是一个似像非像的龙尾巴。唐代以后,便多了一张大嘴,咬着那条正脊。由于动物的前颚叫吻,所以有些人又叫它鸱吻。宋代的鸱吻已完全化作龙形,头顶上还插了一柄剑把。在大型而华丽的殿堂里,正脊的中央部位还有一簇繁缛的装饰件,如日月、宝瓶、宝珠、三塔以至人物等,有的两侧面上有连续的浮雕或彩塑。如果到了太原晋祠圣母殿,不妨留心观看一番,那一条正脊正是这样的典型作品。唐以后,鸱尾限于用在宫殿中。

另一种配件是小蹲兽。南北朝时,宫殿斜脊的下段明显低矮,成为岔脊,以免单调、平淡。到后来,在岔脊上还生出许多小蹲兽来,时间越后,件数越多。故宫太和殿的岔脊上就有11件蹲兽,最前面的是骑凤的仙人,向后依次为龙、凤、狮、天马、海马、押鱼、狻猊、獬豸、斗牛、行什。

宫殿檐口的装点也是十分繁复的,檐边的板瓦(霄水沟瓦)带有滴水(或叫滴子),檐边的筒瓦则有圆形瓦当(或叫勾头),滴水和勾头上面都有浮雕。翼角的子角梁上有琉璃套兽,下面挂着铜(或铁)制的悬铎——铃铛,随风飘摇,发出清脆悦耳的当当声。

飘檐下有两层椽子,外面的一列是方头"飞椽",飞椽下面缩进去的还有一层下叠的圆头"檐椽",椽头上都有彩画,像一列列五彩珠。椽下是一簇簇似锦的斗拱,真是"丹刻翚飞"。这一个翼角上扬、线面皆曲、轻盈飘忽如翅而又五色缤纷的屋顶,不正像美丽的雉鸟展翅欲飞吗?

四、品彩画

曾有人把中国古典建筑的色彩之美比作敦煌石窟中水月观音那样的彩塑,这并不为过。

彩画主要用于露明的木构件,如柱(主要是柱头,只有最高级的殿堂的当心间或次间的立柱柱身才施用彩画)、梁、枋、斗拱、椽、平棊、藻井等,也用于墙面。它是中国古典建筑的特点之一,具有浓厚的民族色彩。

彩画除发挥装饰作用外,还是中国文化的有形体现,同时还具有保护建筑的功能。

彩画及建筑中对于色彩的运用,在中国有着古老的渊源和漫长的演变历史。不同的朝代具有不同的彩画风格和特色。目前保存下来的主要为明清时期的建筑彩画。

明代的彩画底层开始采用薄的衬地——油灰地仗,色调上趋向于仅用青绿,少用他种彩色(全红的除外)。由于明代的宫殿寺庙已盛行用黄、绿琉璃瓦屋顶,有必要将檐下的彩画转变为青绿冷色(只是主要线条用金),使整座建筑物的外貌明确,避免色调上的纷繁杂乱。

清代彩画在表现形式和绘制技巧上都进入了一个新的阶段。皇宫寺庙的殿堂为红色,最高级者如太和殿的明间内外立柱柱身全都贴金——用沥粉画成蟠龙,然后贴金。天坛的祈年殿、皇穹宇在红柱上画金色转枝莲等纹饰。有的寺庙、祠、观的殿堂立柱用黑或黑绿色髹漆。

南方的许多园林建筑、住宅中,其柱、梁、枋多不施彩画,而采用雕刻,或将雕好的饰件钉附在构件上。其髹漆者多用栗色、黑色等深色调,以显古老而幽深。高级宅第的柱、梁、枋、门窗髹漆常用红、黑、褐、深黄、黑绿等色,窗棂有的用绿色,室内板壁用深红色,以配合青砖、灰瓦。有的民居特别是山区的穿斗式木结构住宅多喜保留木本色,配合着白色的"粉墙",益显淡雅。

五、体验环境小品

中国古典建筑在其总体布局中十分注意环境小品的配置,它们起到衬托主体建筑、烘托主题气氛和丰富景观的作用。

环境小品是指那些在人们的生活和工作中并无实用功能的小型设置。常见的建筑小品包括:

(一)阙

现在全国遗存的著名的古石阙有河南登封汉太室、少室、启母三石阙(汉阙),山东嘉祥武梁祠阙,四川夹江杨宗、杨畅墓阙,雅安高颐墓阙等。这些石阙全是仿木建筑雕琢而成。宋以后,阙几乎销声匿迹。

（二）牌坊、牌楼

牌坊的起源很早。古代贫苦人家往往是在住处入口的地里栽上两根木柱,顶上加一根横木连接起来,再装上简陋的门扇,这就是古代的"衡门"。衡通横,就是横木为门。这可算得上是牌坊的起源。古代的牌坊是有门的,叫牌坊门。坊是古代的"绰楔",就是安旌表(表彰)牌的门。门的左右有高一丈二尺的白色土台子,四角涂赤色,就是最早的旌表牌坊门。唐、宋两代都规定,一定级别以上的贵族、大官府第入口用一种乌头门,乌头门是华表和板门的结合。宋代的乌头门在明清时称为棂星门,至今在曲阜的孔庙入口还可看到保留了乌头门风貌的带有门扇的棂星门。棂星门后来发展成为无门扇的牌坊(和牌楼),完全变成一种环境小品。牌坊(和牌楼)有的只有一间,有的有三间、五间以至七间,有木作、砖作、石作、琉璃作。

（三）华表

华表的起源很早,说法多样。有人说,尧舜时代,常在道路交叉之处立一根木柱,柱顶上贯穿着两根横木,成十字交叉,这可能是一种指路标志,同时也可让人们在木柱上写下自己对君主的批评建议,因此也被称为"谤木"或"诽谤之木"。有人说,西周时,在井田的阡陌相交处或各户的地界上立上一根木头,作为界别或记上里程,这叫"邮表",也就是早期的华表。还有人说,古代的墓葬四角各有一个小方台子,台上有小屋,屋上竖有一根一丈多高的柱子,有一块大木板"贯柱四出",即有两块木板成十字交叉贯通于柱头之上,这叫作"桓表",就是后来的华表。还有人认为华表是由古代氏族部落的图腾杆子演变而来的。华表的样式到了后代更为多样,兼具标志和装饰作用,不但皇宫前有,就连寺庙、陵墓前也有。

北京天安门前的蟠龙石柱高达 9.57 米,带八角形须弥座,座外有四方雕栏,栏柱上有四头小狮,柱头上顶着一个大的承露盘,盘顶还蹲着一头小犼,盘下贯穿着一块别致的大云板,这就是"望君归"——华表。门里还有一对,一模一样,叫"望君出",都含有对皇帝的劝诫警醒之意。

（四）碑

在古代,宗庙、宅院的庭院中立有碑,是用作栓系祭祀用牲口的板桩或石桩;也有人说碑是用来测量日影长度以定时间的。所谓"丰碑",是立于墓穴四角拴吊棺材绳子的桩子,这桩子在下棺后并不移去,而在上面铭刻死者的生平和功德等,于是就演变成了"碑"。

（五）碣

无方正棱角、形式圆浑的碑叫碣,屹然独立的巨石也叫碣。宋《法式》规定,碣比碑矮小,用于园林中点缀风景。

（六）幢

古代的幢本是旌旗之属,又叫旌幢。佛教传入中国后,在佛寺中兴起了在石柱上铭刻经文,立于庭院之中的做法,这种石柱就叫经幢,最早出现在唐初。经幢由台座、幢柱、幢顶三部分组成,幢柱为八角形,上铭刻经文;台座皆用须弥座,上下枭混刻制复莲、仰莲、束腰刻佛像、壶门;幢顶覆宝盖,上或再加短柱、屋盖、宝珠、火焰等。著名的经幢有五台山唐佛光寺经幢、河北赵县宋陀罗尼经幢、昆明宋制经幢等。

（七）影壁

影壁在古代叫萧墙，所谓"祸起萧墙""兄弟阋于墙"，就是源于此。"影壁"这一名称源于北宋，原是壁塑的一种。影壁在南方叫照墙或照壁。影壁是独立的环境小品，凡寺庙祠观府第邸宅的主入口大门处，往往在门的对面立一堵长而高大的直壁以作分隔、遮挡，增加层次和空间感。

著名的影壁有曲阜孔庙的"万仞宫墙"、大同的明制九龙壁、北京故宫和北海内的清制九龙壁，皆用五彩琉璃作。北海内还有一幅"铁影壁"，其石质色如铁。襄阳市明代襄阳藩王府门前的石影壁是规模宏大的石雕艺术珍品，矗立至今。兰州五泉山双龙壁则是深浮雕，别具特色。民间住宅前边常立有朴素的土质影壁。

（八）铺首

铺首又称门铺，是指安装在大门上衔门环的底座，它是中国传统的大门装饰。民用铺首一般安装在主要的大门上，这种门比较高大、厚实，其铺首呈圆形，多为铁制或铜制。客人来访时，以门环轻击铺首，发出清脆的金属之声。户主闻之，便开门迎客。主人出门，还能把门环锁住，以保安全。

（九）其他陈设性环境小品

其他的陈设性环境小品还有铜人、铜鸟、铜兽、灯、日晷、嘉量、香炉、鼎、石灯、石龛等。

六、看砖、石建筑

在中国，虽看不到像古希腊帕特农神庙、古罗马竞技场、拜占庭式圣索菲亚教堂那样的巨石和砖的建筑，但古代中国的砖、石建筑的成就同样是辉煌的。

古代中国的匠师对于土、木、砖、石等不同材料，多采取结合并用的方法，在一座建筑物中，往往也是根据材料的性能和建筑的部位予以不同的运用。当然，中国古代也有以砖、石为主的建筑物，而且留下了珍品，典型的如长城、石桥等。

单独的石建筑，除塔、幢、石窟寺、牌坊、坛、桥外，一般只将石用于建筑物中的某一部位，如台基、柱础、廊柱、栏杆、门杖、抱鼓及某些石作的环境小品等。

【导游范例】

故宫导游片段

各位团友，现在就请大家跟随我游览这世界上最大的宫殿、世界文化遗产——故宫。

有朋友问，最大的宫殿，有多大呢？

故宫占地72万平方米，其中建筑面积为16.3万平方米，南北长961米，东西宽753米，周围有10米高的城墙环绕，还有宽52米的护城河，在四角各建有一座精美的角楼。根据1973年的统计，故宫有大小院落90多座，房屋有980座，共计8 704间。如果一个人有机会在故宫的每个房间住一个晚上，大家帮他算算，他需要在故宫待几年？

二、古建筑的寓意与内涵

我国古代的建筑形式都有某种象征意义,体现出一种境界,即显示出封建皇帝奉天承运的合法地位和皇权的至高无上。这种象征不仅仅引发人们观感上的承仰感,而且往往还使人自审自问,发现自身的渺小。

中国古典园林毫无疑问是在构造一个游赏空间。人们观之、游之,莫不感受到心神在摇曳,从而身不由己地进入别样的境界。其山水花木,其建筑雕饰,都创造出几多脚下田园……无怪乎有人说,中国古典园林的建造本来就是为了追求某种生活的理想境界。

宅居,如四合院,自古以来就是一种单一化的空间环境,它无声地劝诫一个个家族要长幼有序、内外有别、自给自足……其精神境界确能使人感受到封建礼教、宗法观念对人的管束和压抑。因此,建筑实体、空间并不是单一的物质形态,它是一种生命体,生命在于它蕴涵着的意境。

三、古建筑的等级

我国封建社会等级森严,而古代建筑艺术也充分体现了这种特点。古建筑的等级主要从屋顶、台基、面阔间数、斗拱、纹饰、柱色等方面来辨别,其中,屋顶的等级差别最为明显。

（一）屋顶的式样

按等级次序,屋顶的式样有庑殿式、歇山式、攒尖式、悬山式、硬山式等。此外,屋顶还有单檐和重檐之分,重檐的屋顶高于单檐的。在这些屋顶中,重檐庑殿式级别最高,依次而下是重檐歇山式、重檐攒尖式、单檐庑殿式、单檐歇山式、单檐攒尖式、悬山式、硬山式等。屋顶的兽是指宫殿四翼角的脊上塑着的蹲兽。兽越多级别越高,最多的有 11 个兽。寺庙建筑上的兽多为奇数(在字数上奇数表示清白)。

（二）台基

台基级别的辨别比较简单:级数多的高于级数少的,白玉台基的高于其他材料的,有围栏的高于无围栏的。

（三）面阔间数

"间"是指由四根柱子所组成的空间,而面阔间数是指横向阔的间数。十根柱子面阔九间,六根柱子面阔五间。间数越多级别越高,一般间数为奇数,"九五"间象征"帝王之尊"。

（四）斗拱

有斗拱的高于无斗拱的,斗拱多的高于斗拱少的。

（五）纹饰

龙纹高于动物纹,动物纹高于其他纹。

（六）柱

金(黄)色的柱高于红色,红色高于黑色,黑色高于其他色。金(黄)色是尊贵的色彩,在五行学说中代表中央方位。自唐代始,黄色被规定为皇室专用的色彩。

第四节　中国古典园林导游

一、分析中国古典园林的造景手段

把自然界偌大的山山水水浓缩于一壶天地，并使之"虽由人作，宛自天开"，这便是中国园林造景的独特技艺。造景讲究主宾，一座园林要设主景。万寿山是颐和园的主景，琼华岛是北海公园的主景。围绕主景设置配景：昆明湖、谐趣园、苏州街是万寿山的配景，五龙亭、静心斋、画舫斋是琼华岛的配景。主景"大江东去"，配景"浅吟低唱"，二者相辅相成，彼此映趣。其间，山水花木、亭廊楼阁，主客远近，大小错落，在造园家的巧妙构思之下，谱成了一部园林"交响曲"。

造景手段分借景、框景、对景、分景、漏景、夹景等。

（一）借景

"采菊东篱下，悠然见南山"，南山是借景。"巧于因借"，为中国造园家的座右铭。明代造园大师计成曰："夫借景，林园之最要者也。"说明了借景的重要性。《红楼梦》中林黛玉咏"大观园"的词中有一句"借得山川秀，添来气象新"，说的就是借景的作用。借景分远借、近借、仰借、俯借、"应时而借"等。

【案例】

中国名胜风景区中的借景

游北京颐和园，站在"湖山真意"亭内西眺，玉泉山的塔影正好镶嵌在两柱之间，形成远借组成的最好框景。近借又称邻借，从首都北海公园五龙亭朝东南望去，景山公园的秀丽景色尽收眼底，相映生辉。在同一园内，透过空窗、门洞窥望，隔院楼台也可互借成景。"落霞与孤鹜齐飞，秋水共长天一色"，是站在高楼亭阁俯览到的湖光山色；"林瑟瑟，水泠泠。溪风群籁动，山鸟一声鸣"，是以"音"入景；"天上一轮皓月，池中一轮水月"，则是借"水"成景；至于"应时而借"，或"银装素裹""柳暗花明"，或"梧荫匝地""层林尽染"，都能构成不同时令的绚美画面。对此，造园大师计成说："极目所至，俗则屏之，嘉则收之。"意思是景胜者借入，景败者摒除。

（二）框景

"窗含西岭千秋雪，门泊东吴万里船。"这种以门窗、廊柱或树木间隙作"画框"而组成的天然图画，是谓"框景"。框景能使散漫的景色集中。北海"看画廊"就是专视框景的地方。

（三）对景

造园家或把"景"置于视线的端点，以获得庄严、雄伟的效果，或又把两"景"自由互对，使游者成为画面人物。站在颐和园南湖岛遥望万寿山，佛香阁便是对景。

（四）分景

游一座小小园林，为何有历尽千山万水般的感觉？这是"分景"的作用。匠师们用花木的掩映、地形的起伏、廊垣水体的分隔,把咫尺园林"化整为零",使之有"园中有园""景中有景""庭院深深深几许"的意境。分景的方法有隔有障。障景又称"抑景",即"欲扬先抑"。

（五）漏景

漏景是框景的发展。框景把自然美升华为艺术美,组成的是清晰明丽的画面。漏景则以隐现为胜,常从漏窗、花墙、漏屏风、漏隔扇,甚至枝影横斜之中取景。"春色满园关不住,一枝红杏出墙来","一枝红杏"即属"漏景"。

（六）夹景

夹景是运用透视线、轴线突出对景的艺术手法。游人泛舟颐和园后湖,在两岸岗阜林木的夹峙下,远处的苏州桥则称夹景。夹景是通过控制游人的视线起到增强景深和障丑显美的作用。

二、分析中国古典园林的造园方法

（一）先藏后露

中国园林美在含蓄,忌讳"开门见山,一览无余"。所以,不论是北京的皇家园林,还是江南的私家园林,都崇尚"先藏后露""欲扬先抑"。

我国造园惯用"先藏后露"的设计,先把景物"藏"一下,然后再凸显出来。藏和露都是为了表现。隐藏之后而现奇特,会增强游赏者的寻景兴致。这是一种"隐而愈现"的方法,正所谓"景愈藏境界愈大"。

（二）虚实相辅,大小相生

造景讲究"虚实相辅,大小相生"。树为实,影为虚,西子湖之美,就美在那一湖莹碧清丽的倒影上了。山为实,洞为虚,叠山无洞,容易形若顽石一堆。叠石构洞,实中寓虚,山因洞格外空灵。真为实,假为虚,北京北海公园有个园中园——静心斋,其园北有座爬山廊,廊壁上开列许多假窗。循廊游赏,人们或许以为廊外另有风光,其实,外面已是车水马龙的街道。这种以假乱真的处理手法,亦属虚实相辅手法的运用。园再大,空间也有限度。因此,中国假山为了表现出真山的雄伟高耸,难以从绝对高度入手,而是通过缩短视距的办法,将游者的视线限制在很近的距离之内,使其没有后退的余地。

【案例】

颐和园佛香阁

颐和园中的佛香阁,从德辉殿至阁下,游人观阁须仰视,给人"天上宫阙"之感。那层层台阶,亦恍若登"天"的云梯一般。与皇家园林相比,私家园林的空间更小。像苏州、扬州的许多私家小园,假山难以铺陈,常呈悬崖峭壁状,突出的是竖向风景。

上述手法，其实都是利用人的错觉，起着渲染风光的作用。正是这些虚实真假的写意手法，造就了中国园林的"多方胜景，咫尺山林"。这种"山林"无疑已升华为真山真水的艺术缩影。正是："高低曲折随人意，好字多从假字来。""景无情不发，情无景不生"，人是有感情的，加上错觉产生的效果，使人一路赏来，浮想联翩，百游而不厌。

大与小是相对的。造园利用大小相生的手法，使小园不觉其小，大园不觉其旷。常见的"园中园""园中院""湖中湖""岛中岛"，便使用了这种构景技巧，如杭州西湖的"三潭印月"、苏州拙政园中的枇杷园。

钱学森教授把盆景也列入园林的一个层次。盆景是中国山水的雏形，亦是中国园林的缩影。

（三）谐调与对比

园林景物美在对比。所谓对比，就是有矛盾，有反差。矛盾产生戏剧性，反差能把各自的特色强调出来，给人以鲜明的个性美感。例如，动与静、幽与朗、虚与实、高与低等。北京颐和园中的昆明湖、万寿山、苏州街（后湖）、谐趣园之间，便有着谐调与对比的关系。

【案例】

万寿山、佛香阁与昆明湖的谐调与对比

万寿山有了佛香阁建筑群，便显得分外金碧辉煌。金碧辉煌的万寿山在平远浩荡的昆明湖水的映衬下，亦显得更加高峻。而三者融合，又构成一幅壮美无比的仙山楼阁图。此"图"与玲珑纤巧的谐趣园"反差"也很强烈，正是有了玲珑纤巧的谐趣园，万寿山与昆明湖才愈显宏大，而在万寿山与昆明湖的对比下，谐趣园亦更加幽美而娴静。

通观中国园林，无论是布局或造景，运用对比设计手法的俯拾皆是。"柳暗花明"，是色调的对比；峭壁之下，一池横列，是直与横的对比；蜿蜒的溪流与宽阔的湖面，是阔与狭、收与放的对比；寂寂的小园，引二泓清泉，在树丛、岩石间潺潺作声，是动与静的对比。像扬州何园，分东西两部分，它的入口夹在这两部分之间，小而封闭。因此，经由这里，无论去东部或西部，都可借大与小、开敞与封闭的对比，使人感觉心旷神怡。

（四）高下有情，顾盼生姿

花草树木是园林中的"宠儿"，一旦失之，便没了生机。一座园林，种植何种树木，如何布局，决定了园林的风格与情趣。如苏州留园榆树挺立，银杏肥硕，引人入胜。网师园的古柏、拙政园的枫杨、沧浪亭的箬竹，各具风貌，做到了"园因景胜，景因园异"。

游赏中国园林，必须了解古代造园对园林植物的艺术认识。中国园林对植物题材的运用，重在通过植物的花容叶貌、生态习性等形象所引起的情感，来确认植物的性格

或个性,而且常常把这种"个性"所引起的精神上的影响,作为表现的主题。

【案例】

几种人格化的花木

松树,由于它的生命力很强,能在悬崖峭壁等险恶的环境生长,古人称它是"遇霜雪而不凋,历千年而不损",常以松树象征忠贞不渝。

柳,本性习水,柔枝万千,植于水滨池畔,给人垂丝依依的美感。古诗有"漏泄春光有柳条"之句,说明柳又预示着一园之中的春天。

"万花敢向雪中出,一树独先天下春",则是从梅的花期引起的对梅的品格的艺术认识。

以这种人格化了的花木为题材,在构景中表现了某种"意境",是我国植物造景的优秀传统。人们赋予不同性质的花木以不同的品性,如菊花操介清逸、竹子节格刚直、牡丹富贵、红豆相思、紫薇和睦等。因此,园中栽花种树,重在巧妙配合,各得其所。

三、带领旅游者欣赏园林

(一)入"门"

中国园林之门,如文章的开头,是一座园林的重要组成部分,园门往往有特殊寓意,也是赏园的引子。造园家在构思园门时,常常是搜神夺巧,匠心独运。

【案例】

园林中的门

北京颐和园的东官门采用的是面阔五间、歇山灰瓦卷棚带斗拱的大门,门上施加青绿和玺大点金的彩画,富丽而隆重,显示出皇家园林的至尊。这是以外观造型取胜。

苏州的沧浪亭,门外流水一湾,隔水以曲桥与园门沟通。其门东边是一道复廊,廊内是漏窗,皆隐现于花影横斜之中。门西是一面木格花窗墙,墙下又以黄石叠成假山驳岸,形成水波窗影。这种利用水面使园内外之景欲断还连的方法,妙在"未入园门,先得园景"。

苏州拙政园,园门设在住宅界墙间窄巷的一端,游人涉足无不感到如入绝境。而一入腰门,空间则由"收"而"放",丽景顿置眼前,使人有"绝处逢生"之感。此谓"景愈藏境界愈大",把景物的魅力蕴涵在了强烈的对比之中。

苏州留园门口的处理更是煞费苦心。园门类似库门,形式十分简单,入门后是一小厅,过厅东行,先进一过道,空间为之一"收",游人只好摸索前行。过道尽头是一横向长方厅,光线透过漏窗,厅内亮度较前厅稍明。过长方厅西行,仍是一过道,过道内交错地布置了两个开敞小院,院中光线再度增强,直至门厅廊下亮度才恢复正常。这种随着人的移动而光线由暗渐明、空间时收时放的布置,造成了游人扑朔迷离的感觉。等到过门厅继续西行,便见题额"长留天地间"的"古木交柯"门洞。门洞东侧开一月洞空窗,细竹摇翠,指示眼前即到佳境。

(二) 看墙

墙原本属于防护性建筑,意在围与屏、标明界线、封闭视野。而园林中的墙则兼有造景的意义。古诗曰,"桃花嫣然出篱笑""短墙半露石榴红",写的就是因墙构成的景色。用墙造景妙在"透":似隔还连,欲藏还露。一个"透"字,把一园景物融会贯通。墙上开门设窗就是这个道理。窗分空窗、漏窗,空窗不装窗扇,空透的窗框把隔院楼台"纳入"窗洞,构成一幅幅天然的立体画图。游者站在窗前,即如面对画幅,走进门中,也仿佛步入画里。

(三) 赏窗

游赏中国园林,人们会看到各式各样的窗。窗在园林中不只用来通风、采光,尚有"纳景"之妙。人们透过它,可以看到一个新美的世界。园林是时空艺术,通过四时景致的变换,空间的连续、流动,所谓"山重水复疑无路,柳暗花明又一村",来调节游人的心理活动。实物总有一种触觉的限度,而空间感受却是无穷的。比如,人们望着窗子,可以想到窗外变化着的许多景物。

园林中的窗十分讲究,或空窗,或漏窗,不同的窗洞组成不同的空窗。所谓空窗,是指不装窗扇的窗,有月窗式、蕉叶式、莲瓣式、海棠式、梅花式,样式极为丰富。所谓漏窗,是指窗洞内镶嵌各式窗格、窗花,单就漏窗的花纹图案,有的是琴、棋、书、画,有的是民间故事和传说,有的是吉祥图案,如蝙蝠、如意、荷花等,有的是古典小说故事、佛教故事等。园林中的窗多应用在轩、馆、亭、榭、席壁、墙垣之上。著名的有苏州沧浪亭复廊粉壁上的漏窗、颐和园粉垣上的灯窗等。

【案例】

苏 州 留 园

苏州留园的"古木交柯",顺着漏孔西望,一对月洞空窗又套了一个月洞,洞中框入了夹竹桃枝,花叶婆娑,恰似向人们点头示意……如果说空窗是把门窗内外的景致集中、升华,而后"和盘托出",使游者能从不同角度看到不同的画幅,那么漏窗则是让景物半隐半现,利用人的好奇心,起到了"艺术导游"的作用。

(四) 寻路

路与人类历史一样悠久。鲁迅说:"地上本没有路,走的人多了,也便成了路。"说明路是人类活动的产物。人走出来的路往往曲曲折折,这大概又是园路创作的依据。

224

路用于造园,既是"交通线",又是"风景线"。古人说:"园之路,犹眉目,如脉络,失之则面目全非,绝无精神;得之则神采飞扬,遍体通泰。"指明园路的重要性。路既是分割各景区的景界,又是联系各个景点的纽带。其如绘画中的轮廓线,是造园要素,也是一种艺术"导游",能决定一座园林的艺术形式。西方园林追求形式美、建筑美,园路宽大笔直,交叉对称,名曰"规则式园林",法国的凡尔赛宫便是一个杰出的范例。中国园林则讲究含蓄,崇尚自然,园路回环萦纡,以"自然式园林"著称于世。

园路美在"曲"。"曲径通幽处,禅房花木深。"明代造园大师计成所说的"不妨偏径,顿置婉转"就是"曲"的道理。一条弯弯曲曲的小路,因为"曲"而变得"遥远",无形中延长了游赏距离。"曲"还可以改变游人的视线,以致每一转折,景物都为之一新。

园路分主次,主路连接景区,次路连接景点。主次分明,才能把偌大的园子、若干景致连缀在一起,组成一个艺术整体。我国园林大都以山水为中心布置成环行路,或在环路中伸出若干登山越水的"幽径",其间时而设游廊环山枕水,时而以桥梁穿插在山池之间,时而又有花径、林径、竹径、石径,形成各具特色的游赏路。

(五)游廊

人们常说"亭、台、楼、阁","廊"似乎在园林中还排不上队。廊如文章中的虚字,有连贯作用。"五步一楼,十步一阁",是廊的"勾勒"与"穿插",让散漫的园中景物组成了一个丰富多变的艺术整体。

【案例】

苏州网师园

苏州网师园,面积八亩许,纤静曲折,小巧别致,是苏州小园中最精美的一座。唯其小,便以池为中心,景物间以各式廊道连缀。晦暗低矮的曲廊通向小园中部的"濯缨水阁"。阁前池面坦荡,碧波粼粼,水小而有浩渺之意,就是暗廊衬托明水的艺术。

(六)观亭

造园家以亭点景、衬景、造景,或为山水增美,或成组景的主体,最能显示中国园林的艺术美。赏亭要品味亭式:多角形的有梅花亭、海棠亭,多边形的有十字亭等。为表现亭体或轻盈或庄重的不同风姿,亭又分单檐、重檐、三重檐,尖顶、平顶、单坡顶等,若按建亭的位置分,有山亭、水亭、桥亭、路亭等。

(七)登山

用天然石块造园是中国园林的特色之一,至少有 2000 多年的历史。

假山是对真山的模拟,但要求"做假成真",讲究"自然之理,自然之趣""虽由人作,宛若天开"。这反映了中华民族对名山大岳自然美的追求。小品山石则主要点缀在门庭、小院、天井、廊间、角隅,以增加庭院的层次和景深。僵直的墙壁常因山石数块,幽篁一丛,构成一幅石竹图;门边、拐角常因几株花木、数点峰石而带有"庭院深深深几许"的意境。如苏州留园的"华步小筑""石林小院"就是这种叠石小品的典型。和西方的抽象雕塑相似,有时一块石头便是一座"山",这就是园林中常见的"峰石"。上海豫园的黄石假山、苏州环秀山庄的太湖石假山、北海公园濠濮间的青石假山,都是颇有规模的叠石巨作。

（八）看石

石景由来甚久,在几千年来中国历代的园林中,可谓"无园不石"。古代叠石家把各种天然石块用于造园,创造出千姿百态的山石景观,形成了我国独创的一门叠石艺术。石的运用,小至盆景,只需几块小石组合,便给人以群山耸立之感,大至以石叠山,模拟真实山林的峰峦洞壑。

鉴赏石景,因不同石类而相异其趣。南方太湖石以灵秀入画,北方大青石以粗犷取胜,都极力追求雄奇、峭拔、幽深、平远等意境。便是一块石头,也要"瘦漏生奇",备具山形气势,名曰"峰石"。苏州留园的冠、瑞、岫云三峰,便是闻名江南的三名石,细细鉴赏,可与抽象雕塑相媲美。石景要"外师造化,中得心源",凡自然界的名山秀色,如黄山、泰山,无不提炼成景。倘游者熟悉三山五岳,再细品叠石,才可"百仞一拳,千里一瞬,坐而得之",此谓赏石者也要"胸有丘壑"。叠石主张"有林则生,有水则媚,有路则活",并讲究"横看成岭侧成峰,远近高低各不同"的空间构图。同一石景,视点不同,其形象也千差万别,因而可形成近对（景）远借（景）的多种景致。石景是中国园林的构景要素,或独峰孤峙,或群山斗奇,都是因石组景。像北京中山公园的厕所入口,以湖石障景,"化腐朽为神奇",可谓别出心裁。凡此种种,只要游者稍加鉴识,经意品味,便会在饱览石景的过程中,领略到山野胜境的审美意趣,从而加深对中国叠石艺术的理解。

（九）戏水

中国造园离不开水。从西汉开始,我国造园家就利用水的势态声貌来再现湖海溪涧等不同水景,形成了"不下堂筵,坐穷泉壑"的理水传统,使人安居厅室即可遍阅自然界的山山水水。

"名园依绿水",苏州拙政园、北京圆明园,都是以水取胜。"水光潋滟晴方好,山色空蒙雨亦奇",西湖之美也在水。

水是最活跃的构景因素。一水萦回,蜿蜒于亭馆山林之间,或分泉溪,或聚为池,变化多姿;水如纽带,把园中景物融会贯通,使沉静、凝固的空间蕴含着流动美。

园林理水讲究"虽由人作,宛若天开"。水面再小,如苏州残粒园,池面不过 30 平方米,亦必石矶参错,曲折有致。造园讲究"园必隔,水必曲",利用桥、廊、堤、岛划分水面,以增加水景的深度与层次。

和西方园林中的"水法"（喷泉）不同,中国理水贵在有源。源头讲究"隐","洞府深深映水开,幽花怪石白云堆。中有一脉清流出,不识源从何处来",多么富于诗情画意。像苏州洽隐园中的"小林屋洞",洞中积水为池,有曲桥导入洞内,便别有一番情趣。

（十）赏植物

中国园林不注重树形的整齐划一,而注重欣赏其色、香、形、韵,尤其讲究疏密有致、高下有情,或孤植成独立的风景树,或三五株栽植成丛,或浅草疏林。这与西方园林盛行的把树木修剪成各种几何图形的做法相反,展现了我国园林特有的自然美。

中国园林讲究"疏影横斜",追求诗情画意。最常见的是以粉墙为"纸",栽一二花木,衬托前后,再点缀数块山石,组成一幅立体小景。

【案例】

拙政园"远香堂"

置身于拙政园内的"远香堂",人们可以以四面灵秀的窗棂为画框静赏:正面土山上花木扶疏,有"雪香云蔚"亭,因四周遍植蜡梅而著称;东边有玉兰、桃花点缀在亭台假山之间,花开时一片粉艳;西边又有朱红栋梁的"荷风四面"亭,亭边柳丝摇曳。倘三五游人漫步其间,但见"溪边照影行,天在清溪底。天上有行云,人在行云里"。斯情斯景,充分展现了我国园林的绘画美。

种花讲究"景因境异",即因不同的环境创作不同的景色。例如,小园多孤植,大园多群植。在泉水附近密植竹林,在悬崖绝壁上悬葛垂藤,既衬托高山,又使源流深居于隐约之中,增加了景的层次。山坡上栽植矮树或攀缘植物,也意在峰峦外露,以显示山的高峻。五代后梁画家荆浩说:"树借山以为骨,山借树以为衣。"

在导游园林的过程中,导游员要综合运用各种导游手段和讲解方法,引导旅游者宏观观赏,细节品味,结合中国文化的内涵延伸,让旅游者真正体验到"世界园林之母"的魅力。

本章小结

中国旅游离不开传统古建筑。中国古代建筑艺术在封建社会中发展成熟,它以汉族木结构建筑为主体,也包括各少数民族的优秀建筑,是世界上延续历史最长、分布地域最广、风格非常鲜明的独特的艺术体系。中国古代建筑对日本、朝鲜和越南的古代建筑有直接影响,17世纪以后,也对欧洲产生过影响。中国古建筑导游是导游讲解中的难点和重点,导游人员必须掌握古建筑导游的要领,灵活运用,让旅游者通过观赏中国古建筑,体味中华文化的博大精深。

复习思考题

1. 中国古建筑艺术的基本特征有哪些?
2. 简述单体古建筑导游、观赏的基本程序和内容。
3. 从哪些方面区别中国古建筑的等级?
4. 如何进行古典园林导游?
5. 根据当地景点情况,撰写一篇关于古建筑的导游词。

实训项目

准备:教师选择当地一处特色鲜明的古建筑景区(点),帮助学生查阅相关资料,由学生自己准备导游词(书面、口头)。

实训:教师带队进行实景导游。

第一步:教师进行程序示范;

第二步:教师或特聘优秀导游示范讲解;

第三步:学生模拟训练;

第四步:教师点评;

第五步:总结、改进。

拓展阅读

资料:云南丽江古城导游词范例

15

第十五章　寺庙宫观导游

学习目标

1. 了解宗教文化与旅游的关系。
2. 了解与导游讲解相关的佛教文化常识,掌握寺院导游的路径与方法。
3. 了解与导游讲解相关的道教文化常识,掌握宫观导游的路径与方法。
4. 通过学习,让学生了解中国文化博大精深的内涵。
5. 培养学生学思结合、知行统一的能力,在实践中增长智慧才干。

教学建议

在中国,寺院、宫观常为重要的游览目的地,因其特殊的文化意义而吸引着旅游者前往观光、游览,是重要的专题导游。在教授本章时,教师务必把与宗教相关的政策及基本概念讲清,教会学生如何"游览"寺院、宫观,如何导游讲解寺院、宫观。教学中,应把课堂讲授与实地教学相结合,让学生把握住不同寺观的讲解要点,在模拟中提高导游能力。在教学中注意与古建筑等章节的有机结合。

【关键词】

宗教文化　寺院导游讲解　宫观导游讲解

第一节　宗教文化与旅游

导游讲解寺院、宫观,首先应了解宗教的概念及其文化,熟悉宗教文化与旅游的关系,掌握寺院、宫观审美要素。

一、宗教与宗教文化现象

(一)基本概念

宗教是一种特殊的文化现象,是一个动态的概念,是一种与特定的时代相联系、具有多种表现形态和丰富内涵的社会性的精神现象,它深刻地影响了中国的政治、历史、经济和文化,并影响着人们的道德观念、思想意识和生活习俗。

宗教文化对中国传统文化的影响较大,分布于全国各地的宗教建筑、雕塑、绘画、音乐等,都是我国传统文化的重要组成部分,有些佛教石窟造像、道教宫观壁画,更是稀世国宝,成为世界文化遗产,也是扬名世界的旅游胜地。

【提示】

从上述概念,特别是从宗教文化的覆盖范围看,要做好寺观导游讲解,需要掌握的知识面极广。寺观导游涉及的不仅是宗教文化常识,更涉及建筑、绘画、雕塑、文学、音乐、哲学、民俗学等方面的知识。

(二)宗教产生概述

宗教产生于史前社会后期,由于当时生产力水平低下,人们对于束缚自身的自然现象、社会现象,以及生理上的做梦等现象无法解释,从而幻想出了一种能主宰一切的"神"并产生了"万物有灵"的观念,幻想以祈祷、祭献和巫术来感化神灵,以达到避祸得福、消灾免难的目的,于是出现了宗教。在人类历史上,由于各地区的自然环境、社会历史、民族及政治形式的差异,出现了不同形式的宗教。

二、宗教与旅游

旅游与宗教的密切联系,首先在于它们都是人类文化精神生活的重要组成部分。在旅游活动中,人们往往把宗教设施作为一种人文景观加以欣赏。著名的景区和名山胜地的寺院、宫观,是宗教活动的场所,更是具有重要历史文物价值的文化设施。

宗教建筑如佛教寺院、石窟、古塔、经幢等,在不同的地方既有共性又有差异,如嵩山少林寺的建筑与杭州灵隐寺的建筑既有佛教的共性,又有迥然不同的个性。宗教建筑往往是某一历史时期典型建筑的代表,带有鲜明的地域和时代烙印,是古建筑的一个重要组成部分。以塔为例,塔的艺术造型千姿百态。西安大雁塔稳重粗犷,上海龙华塔玲珑精细;苏州虎丘塔是砖塔,泉州开元寺双塔是石塔,洪洞广胜寺飞虹塔是琉璃塔,广州光孝寺东、西塔则是铁塔。宗教建筑具有很高的艺术价值,在建筑史上具有重要地位。寺院、宫观中的各类雕塑、石刻和壁画,更是艺术史上的瑰宝,是中国乃至世界珍贵的艺术遗产。

【提示】

　　旅游与宗教有着密切的关系,宗教建筑、宗教仪式、各类宗教艺术(如雕塑、绘画、音乐等)等是人文旅游资源的重要组成部分。

　　在我国辽阔的土地上,曾先后有佛教、基督教、伊斯兰教、道教及各种原始宗教存在,其中与旅游,特别是与旅游景点关系最为密切、影响最为广泛的是佛教和道教。中国的俗话有"天下名山僧占多",就形象地说明了这一点。

【提示】

　　在寺院、宫观导游讲解涉及宗教常识问题时,要把握要点,要区分宗教文化与迷信,要正确处理好旅游与宗教的关系。导游讲解不能像教内人士传教那样向旅游者宣传宗教信仰、宗教教义、宗教思想,更不要提倡某种宗教或贬抑另一种宗教,一定要注意既不能伤害旅游者的宗教感情,也不能伤害宫观寺庙中宗教人士的宗教感情。

第二节　佛教寺院导游

一、佛教基本常识

　　佛教是世界三大宗教之一。在漫长的历史岁月中,佛教文化已经成为中国民族文化的重要组成部分,深刻地影响了中国社会的政治、经济、文化、艺术。佛教在中国传播和发展的过程中,创造出了灿烂的佛教文化艺术,留下了许许多多的佛教文化艺术遗产。这些文化遗产已成为中国发展旅游业的重要资源依托和典型的人文旅游资源。

　　(一)佛教的创立

　　1. 佛教产生的背景

　　佛教的创立与时代关系密切。公元前6世纪～公元前5世纪的古印度社会通行等级森严的种姓制度,将人分成四个世袭的等级:第一等级为婆罗门,是当时居于统治地位的婆罗门教的僧侣,他们执掌祭礼、传教与法律,是掌握神权的精神贵族;第二等级为刹帝利,包括国王、官僚、武士,执掌军事、政治,他们是掌握政权的军事贵族;第三等级为吠舍,是农民、手工业者、牧人、商人等一般劳动者,是被统治阶级;第四等级是地位最低下的首陀罗,为奴隶、杂工等低等级劳动者,没有任何权利。种姓世袭,不可改变,这使得当时的古印度社会出现了非常尖锐激烈的社会矛盾,各种反对婆罗门教的思潮不断涌现,佛教就在这样的背景下逐渐萌发了。

2. 创始人

释迦牟尼是佛教的创始人。释迦是种族的名称,牟尼是明珠的意思,比喻圣人。释迦牟尼是佛教徒对他的尊称,意为"释迦族的圣人"。他的原名叫悉达多·乔达摩,成道后又被称为"佛陀""佛"等。"佛陀"是梵文音译,也译为浮屠、浮图、佛驮、觉、觉者或知者等。

(二)佛教的发展

佛教的发展共经历了四个时期。

(1)原始佛教时期(约公元前6世纪—公元前4世纪中叶)。是指佛陀及其弟子所传的佛教时期。在这一时期,为纯洁教义,维护教团组织和戒律的统一,继承佛法,佛教徒曾进行过四次大"结集"。

(2)部派佛教时期(约公元前4世纪中叶—公元1世纪中叶)。当时佛教教团出现了分裂,分为上座部和大众部。上座部尊崇传统、保守旧规,大众部积极进取,强调改革和发展。

(3)大乘佛教时期(约1世纪—7世纪)。"乘"原意为"承载"或"车辆""道路"。大乘佛教兴起后,自称能运载无量众生从生死轮回之此岸,到达涅槃解脱之彼岸,故称"大乘",而把原始佛教称为"小乘"。大乘佛教的出现是印度佛教史上继部派佛教之后佛教内部的又一次大分裂,也是印度佛教最大的一次分裂。

(4)密派佛教时期(约7世纪—12世纪)。密派佛教其实是大乘佛教、印度教和民间信仰相结合的产物,以高度组织化和咒术、礼仪、民俗信仰为其特征,后来逐步同化于印度教。

(三)佛教的传播

从世界范围来说,佛教的传播分为三条路线:

1. 北传佛教

传播线路:从古印度向北传入中国,再从中国传入朝鲜、日本、越南等国。

教派:以大乘佛教为主,也包括密乘佛教。

其经典多翻译为汉语,后期律论多为汉语,并流传于汉语系地区,所以也称汉语系佛教。

2. 南传佛教

传播路线:从古印度向南传入斯里兰卡、缅甸、泰国、老挝、柬埔寨等南亚、东南亚国家及中国云南的南部地区。

教派:以小乘佛教(南传上座部佛教)为主。

其经典以巴利语翻译文本为主,后期著述也为巴利语,并流传于巴利语系地区,所以也称巴利语系佛教。

3. 藏传佛教

印度密教与西藏地区苯教融合而形成的具有西藏地方色彩的佛教。主要流传于中国藏族、蒙古族、裕固族等民族聚居区及不丹等国家和地区。

它的经典属于藏语,故亦称藏语系佛教。

（四）佛教基本教义

佛教教义的核心是"十二缘起""四谛"，其次是八正道、业报轮回说和三法印等。

二、佛寺导游

（一）游览讲解的主要内容

佛教寺院是文化和艺术的承载体，在游览佛教寺院的过程中，导游讲解的内容至少应涉及以下 5 个方面。

1. 建筑艺术

佛教建筑分为寺院艺术、石窟艺术和佛塔艺术。

佛教寺院是佛教徒供奉佛像的场所，是佛教文化的实际载体和依托。今天的佛教寺院已不仅仅是佛事活动的中心，还是重要的历史文化设施和风景名胜。

中国佛教寺院的布局受中国建筑的影响，其特点是中轴对称，以院为单位平面展开。常见的建筑有三门殿、天王殿、钟楼、鼓楼、大雄宝殿、法堂、伽蓝殿、祖师殿、三圣殿、药师殿、观音殿、罗汉堂、戒坛殿、藏经楼、斋堂等。不同的建筑有不同的功能。佛寺在中国的分布极为广泛。图 15-1 为汉地佛寺布局。

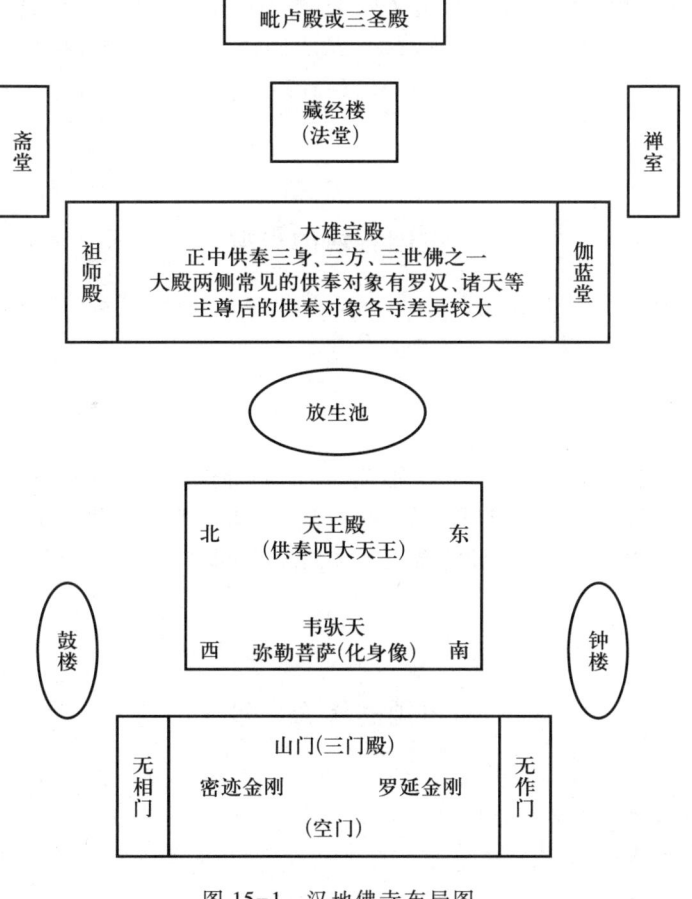

图 15-1　汉地佛寺布局图

石窟是开凿于山石、岩壁间的洞窟,是佛教建筑最古老的形式之一。中国佛教石窟艺术所取得的巨大成就为世人所瞩目。

【相关链接】

中国著名的石窟

中国的著名石窟有:克孜尔千佛洞、库木吐拉石窟、森木赛姆石窟、伯孜克里克石窟、吐峪沟石窟、胜金口石窟、敦煌莫高窟、炳灵寺石窟、麦积山石窟、云冈石窟、龙门石窟等。

佛塔是埋葬佛骨的坟冢。因中国境内有汉地佛教、藏传佛教和云南上座部佛教之分,中国的佛塔分为三大类,即汉式塔、藏式塔(又称喇嘛塔)和缅式塔。其功能一般有三种:一是真身舍利塔,因埋藏舍利子而得名;二是"法身舍利塔",法即佛法,即佛经,表明有佛经卷本藏于塔中;三是墓塔,是为修行高深、功德圆满的历代高僧修建的坟墓。

经幢是刻有佛经、佛号或佛咒等内容的石柱(或石碑),是一种带有宣传性质和纪念性质的佛教建筑物。经幢一般可分为幢座、幢身、幢顶三部分,是逐级累建、分别雕刻而成的。幢身多为八面体,上雕陀罗尼经、咒或佛像等。幢座和幢顶一般雕饰花卉、云纹等图案以及菩萨、佛像,华丽精致,具有较高的艺术价值。

【相关链接】

中国古塔的类型

根据塔的空间建筑形象的不同,可将其分为楼阁式塔、密檐式塔、亭阁式塔、喇嘛塔、金刚宝座塔、花塔、傣族塔等不同的种类。

2. 雕塑艺术

佛教雕塑主要是指寺院和石窟中雕刻、塑造的佛像,以及各种用金、石、玉、陶等雕刻成的器皿等艺术品,是佛教艺术的集中体现。在佛教各类雕塑品中,佛教造像是最有艺术表现力、最吸引人的注意、最能激发人的观赏兴趣的景观。

【相关链接】

中国的佛像之最

最大的石刻佛像是四川乐山的乐山大佛,它在1996年与峨眉山一起被作为"世界文化和自然双遗产"列入世界遗产名录。

最早的石刻佛像是江苏省连云港市孔望山上的摩崖石刻佛像。据专家考证,这批石刻佛像刻造于东汉时期,比敦煌石刻早200年。

最大的木雕弥勒像是北京雍和宫供奉的檀木大佛,整尊佛像由一棵完整的白檀香木雕制而成,是我国最大的一尊独木雕佛。

最高的青铜大佛是位于香港大屿山木鱼峰上的释迦牟尼坐像。

最大的铸铜卧佛是北京卧佛寺的释迦牟尼涅槃像。

最大的石刻卧佛是四川马龙山的石刻卧佛。

最大的玉佛是上海静安寺的玉佛像。

3. 绘画艺术

佛教绘画大致可以分为两大类,即壁画和帛画。佛教壁画是指在石窟的石壁或寺庙的墙壁上所作的画,故名壁画。一般有下列七种:一是佛本生画;二是佛传故事画;三是因缘故事画;四是经变画;五是佛教感通故事画;六是佛教史迹故事画;七是尊像画。帛画是画在布上和丝织品上的画,起初多为墓中的殉葬品。现在能见到的汉地佛教帛画已不多。常见的是藏传佛教的帛画——唐卡,是一种流行在藏传佛教地区的宗教卷轴画。

4. 音乐艺术

佛教音乐主要是用来渲染和加强宗教仪式的气氛和效果。经过1000多年的发展,佛教音乐逐渐融宫廷音乐、宗教音乐、民间音乐于一体,形成了"悠、和、淡、静"的独特风格,以悠远柔和的形式来表现恬淡寂静的主题。

5. 文学、文字艺术

佛经是佛教文学的主要表现形式。佛教典籍一般是指大藏经,即汇集佛教一切经典的一部佛教典籍。其内容主要由经、律、论三部分组成,分别称为经藏、律藏和论藏。比较有艺术价值的是贝叶经和石刻经。贝叶经是指刻写在贝多罗树叶上的佛教经文,它不仅用来记载古代医学、星相学和语言学,还用来书写佛教的经文。石刻经是在石头上刻写的佛经。

北京房山云居寺的房山石经是我国现存规模最大的石刻佛教大藏经。房山石经包容了佛经的经典要著,所刻佛经多为历代善本孤本,如唐代钦定的《开元大藏经》和辽代《契丹大藏经》,都是当今绝世不传的孤本。尤为可贵的是,房山石经中还保存了60余种各个版本的大藏经中没有收入的经典,房山石经是研究佛教历史和典籍的极其重要的实物资料。绝大部分的石经镂刻技术精湛,书法秀丽严谨,不仅是宝贵文物,也是我国书法艺术的宝库之一。

【相关链接】

我国著名的经石艺术

我国早期石刻经的代表作有山东泰山经石峪的《金刚经》、山西太原风峪的《华严经》、河北响堂山的《维摩诘经》等。

（二）佛寺中的供奉对象介绍

1. 佛

（1）释迦牟尼佛。亦称"世尊""如来"等，是佛教寺院的大雄宝殿必须供奉的佛像。

（2）过去七佛。即毗婆尸佛（胜观佛）、尸弃佛（最上佛）、毗舍婆佛（一切有佛）、拘楼孙佛（成就美妙佛）、拘那含佛（金寂佛）、迦叶佛（饮光佛）和释迦牟尼佛。

（3）三方佛（又名横三世佛）。"三世"是佛教的说法，即过去、现在、未来三世，也说前世、现世、来世或前生、今生和来生等。横三世佛是指东方净琉璃世界的药师佛、娑婆世界的释迦牟尼佛、西方极乐世界的阿弥陀佛。三尊塑像的排列一般是释迦牟尼佛居中，药师佛居其左侧，阿弥陀佛居其右侧。

（4）三世佛（亦称竖三世佛），是代表过去（前世、前生）、现在（现世、现生）、未来（来世、来生）三种时间世界的佛。即这三种佛在时间上是上下连续的，故称为竖三世佛。竖三世佛即现在佛释迦牟尼，一般居中间，过去佛燃灯佛，一般居左侧，未来佛弥勒佛，一般居右侧。

（5）东方三圣。药师佛、日光佛和月光佛合称"东方三圣"或"药师三尊"。

（6）西方三圣。西方三圣指西方极乐世界的三位大圣人，即教主阿弥陀佛，其左胁侍观音菩萨，右胁侍大势至菩萨。西方三圣又称阿弥陀三尊。阿弥陀是"无量"的意思，所以阿弥陀佛又叫"无量佛"。

（7）三身佛。指释迦牟尼的三种佛身，即三种不同的像。三身指法身、报身和应身，又叫自性身、受用身、变化身。"身"除了体貌外还有"聚积"的含义，即由觉悟和聚积功德而成就佛体。法身佛是毗卢遮那佛，报身佛是卢舍那佛，应身佛是释迦牟尼佛，又称化身佛。在佛殿里一般是法身佛居中，报身佛居左侧，应身佛居右侧。

（8）五方佛。五方佛即中央毗卢遮那佛，即大日如来，代表法界体性智；东方香积世界的阿閦毗佛，代表大圆镜智（金刚智）；南方欢喜世界的宝生佛，代表平等性智（灌顶智）；西方极乐世界的阿弥陀佛，代表妙观察智（莲花智）；北方莲花世界的不空成就佛，代表成所作智。密宗寺庙的大雄宝殿往往供奉这五位主尊佛。

2. 菩萨

菩萨是指既能自觉又能觉他者，即"上求菩提（觉悟），下化有请（众生）"之人。菩萨的职责是帮助佛，用佛教的宗旨和教义解救在苦海中苦苦挣扎的众生，将他们"度"到极乐世界，了却一切烦恼。

（1）文殊菩萨。文殊专司佛的智慧，通常作为释迦牟尼佛的左胁侍与司"理"的右胁侍并列在佛的两旁。常见的文殊塑像头顶五髻（多为密宗造像），象征大日如来之五智；左手执莲花，莲花上安放一部《般若经》，象征般若一尘不染；右手持宝剑，象征智慧如同金刚宝剑一般锐利，能够斩断群魔和一切无名烦恼。五台山是文殊菩萨的道场。

（2）普贤菩萨。中国佛教中常称他为"普贤大士"，是释迦牟尼佛的右胁侍，与文殊并列在佛的两边，被认为专司佛的理德。在我国唐代以前，普贤多为男身女相，宋以后则为女身女相。普贤菩萨显灵说法的道场在四川峨眉山。

（3）观音菩萨。观音菩萨全称观世音菩萨,意为"观自在""观世自在"。唐代为避唐太宗李世民讳,故称观音。观音是阿弥陀佛的左胁侍,与阿弥陀佛、大势至菩萨合称"西方三圣"。观音显灵说法的道场在浙江省普陀山,被誉为"海天佛国"。观音的左侧是善财童子,右侧为龙女。

（4）地藏菩萨。"地"指大地,"藏"即储藏存在。"地藏"是指他如同大地一样含藏着无数善根种子。他的形象多为一般出家人的样子,着比丘装。右手持锡杖,表示爱护众生,也表示戒修精严;左手持如意宝珠,表示满足众生的愿望。其显灵说法的道场在安徽九华山,被誉为"仙城佛国"。

3. 罗汉

罗汉是梵语音译"阿罗汉"的简称,是小乘佛教修行达到的最高果位。在大乘佛教中,罗汉低于佛、菩萨,为第三等。佛教认为获得罗汉果即能断尽一切烦恼而进入涅槃境界,永远不会再投胎转世,受所谓生死轮回之苦。获得果位的人即为罗汉,可以受到人、天的供养。

（1）四大罗汉。据佛经说,佛陀在即将"灭度"之际,特别指派了四位大弟子要在世间弘扬佛法。这四位住世的阿罗汉就是大迦叶比丘("比丘"即和尚)、君屠钵叹比丘、宾瞍罗比丘、罗瞍罗比丘。

（2）十六罗汉和十八罗汉。十六罗汉是由四大罗汉发展而来的,常供奉于大雄宝殿的两侧。其俗称是骑鹿罗汉、喜庆罗汉、举钵罗汉、托塔罗汉、静坐罗汉、过江罗汉、骑象罗汉、笑狮罗汉、开心罗汉、探手罗汉、沉思罗汉、挖耳罗汉、布袋罗汉、芭蕉罗汉、长眉罗汉和看门罗汉。十八罗汉是在十六罗汉的基础上加进降龙罗汉和伏虎罗汉。

（3）五百罗汉。罗汉的队伍不断壮大,后来竟有五百罗汉之多。其来历一般指释迦牟尼去世后参加第一次佛经结集的五百比丘,以大迦叶和阿难为首,至于五百罗汉中的其他人,除知名的十大弟子外,一般没有名号记载。然而我国流传的五百罗汉都有名号,这在佛经中找不到根据。

4. 护法天神

（1）二十天。又叫二十诸天,为佛教护法神。

（2）四大天王。是佛教里名气最大的神将,它们四位在天王殿中享受供奉。其名称和形象分别是:东方持国天王,身白色,穿甲胄,手持琵琶;南方增长天王,身青色,穿甲胄,手握宝剑;西方广目天王,身红色,穿甲胄,手中缠一龙;北方多闻天王,名毗沙门,身绿色,穿甲胄,右手持宝伞,左手握神鼠——银鼠。北方多闻天王在印度神话中又是财富之神,故其在四大天王中信徒最多。

（3）托塔李天王。是由佛教四大天王中北方多闻天王"分化"出来的,经过《封神演义》《西游记》等神魔小说的改造,四大天王中的多闻天王变成了"托塔天王李靖"。而李靖是个真实的历史人物,是唐初大将,精通兵法,在唐末被神化,成为神明,后来成为在民间有广泛影响的总率百万天兵的大元帅了。

（4）韦驮。在我国佛教寺院天王殿的正中供奉着两尊神像,正面是笑口常开的大肚弥勒佛的坐像,其背后则塑着一尊仪表端严、威武雄壮、手持金刚杵的武士立像,这就是护法神韦驮。韦驮像的姿势一般有两种:一种双手合十(僧人所行礼节),横杵于腕上,直挺站立;一种是一只手用杵拄地,另一只手叉腰。前者表示该寺是接待寺,凡游僧到寺,皆供养;后者则相反,表示游僧不受欢迎。

(5)关羽。关羽是中国三国时期蜀国大将,以忠义闻名,受到历代人民的敬仰。供奉关羽的庙,在民间称关帝庙。把关羽看作佛教的护法神(伽蓝神),这在佛典中找不到根据,来源于中国的一些民间传说。

(6)"哼哈二将"。在寺院的山门殿里,殿门的两旁常立有两尊金刚像,为鬼神力士之形,高二丈多,阴威凛然可畏,是寺院的"门神爷"。在我国民间,老百姓习惯将他们叫作"哼哈二将"。这种称呼来源于明代小说《封神演义》。在我国有些地区,老百姓还将哼哈二将作为门神,过年时将门神画贴在大门上。

(7)天龙八部。又叫"龙神八部",是佛教故事中常说的鬼神的总称,即天众、龙众、夜叉、乾达婆、阿修罗、迦楼罗、紧那罗、摩睺罗迦。其中天众和龙众最为重要,所以统称天龙八部。

5. 神僧

(1)济公。南宋僧人道济,俗名李心远,世人称济公。最初在杭州灵隐寺出家,后来移往净慈寺,在此亡故。由于他不守戒律,嗜好酒肉,举止如疯如狂,被称"济癫僧"或"济癫"。其塑像多为身穿破衣,手执一把破扇,面部表情塑得极为生动。从左面看,他"愁眉苦脸";从右面看,他笑容满面,所谓"春风满面";从正面看,他半边脸哭,半边脸笑,所谓"半嗔半喜""啼笑皆非""哭笑不得"。他集喜怒哀乐于一身,深受人们喜爱。

(2)疯僧。又叫风波和尚,因与济公作为一对"奇僧"而引人注目,常被同时供奉,一"疯"一"癫",趣味无穷。疯僧左手拿破扫帚,右手执吹火筒,蓬头垢面,口歪嘴斜,但两眼炯炯有神。关于疯僧,有"疯僧扫秦"的传说。这位敢于"扫秦"、伸张正义的疯僧被后人尊为罗汉,跻身于佛门殿堂,受人供奉。

(3)达摩。为菩提达摩的略称。达摩曾在嵩山少林寺面壁修行。相传因其面壁时间长久,面影身形摄入石中,衣褶仿佛全有,此石被称为"面壁石"或"影石"。后来,达摩成了少林寺第二代方丈。人们把达摩提倡的"坐禅壁观、顿悟成佛"的方法称为禅学。达摩因此被尊为禅宗鼻祖,少林寺也因此而成为禅宗的祖庭。达摩在坐禅过程中为活动身体手脚,发明了所谓的"罗汉拳",后来在此基础上发展成为一套享有盛名的少林拳。

(4)寒山、拾得。是中国佛教史上神秘而奇特的人物,是隐士、诗人、疯汉,也是高僧。寒山,又叫寒山子,是唐代诗僧。拾得从小是孤儿,相传是国清寺名僧丰干禅师在赤诚道中拾得,取名拾得。二人因造型古朴,形象逼真,惹人喜爱,被并称为"和合二仙",在民间年画中常常出现,象征和谐吉祥。

(三)佛教礼仪

在旅游者游览寺院的过程中,如果正巧遇到佛教节日,寺内会举办一些祭祀活动,导游员可根据旅游者的兴趣做简单的佛教礼仪、礼俗介绍。

【提示】

　　佛教的礼仪、礼俗有相应的规定,不同的派别有不同的礼仪、礼俗。一般介绍的内容包括出家人的称谓、服饰、课诵、礼佛、祭品、节日礼俗、法器、跪拜形式等。

【相关链接】

中国四大佛教名山简介

　　1. 五台山

　　五台山位于山西省五台县,由五座高峰环抱而成。但五座山峰虽然高耸,其峰顶的地形却很平坦宽阔,东、西、南、北、中犹如土垒之台,故称作"五台"。相传五台山是文殊菩萨显灵说法的道场,与普陀山、峨眉山、九华山合称为"中国四大佛教名山"。五台山寺庙众多,最多时达300多座,20世纪50年代普查时为124座,在四大佛教名山中保存最多,也最完整。

　　2. 峨眉山

　　峨眉山位于四川省峨眉山市,是我国四大佛教名山之一。其主峰金顶海拔3 060米,最高峰万佛顶海拔3 099米。就高度而言,峨眉山当为四大佛山之首。自古以来,峨眉山就以"峨眉天下秀"而著称于世。除了丰富的佛教文化景观外,峨眉山的"猴趣"和"雪景"也很吸引游人。1996年,峨眉山和乐山大佛一道以"世界文化与自然双遗产"的身份列入世界遗产名录。

　　3. 普陀山

　　普陀山是浙江东部舟山群岛中的一个小岛,相传是观音菩萨显灵说法的道场,因此普陀山成为中国四大佛教名山之一。又因为它是一座海岛,所以有"海天佛国"之称。山上有普济、法雨、慧济三大寺和一二百座寺庙庵茅。除三大寺外,普陀山所有开放的茅庵各具特色。在中国四大佛教名山中,普陀山是唯一以山海兼胜而著称的胜地。普陀山除因受佛教文化的影响外,其自身独具特色的山海自然风光也起着重要的作用。

　　4. 九华山

　　九华山位于安徽青阳县,相传是地藏菩萨显灵的道场,是我国四大佛教名山之一。由于其山峰耸峙纤细,山顶如朵朵莲花盛开于云海之上,所以九华山又有"莲花佛国"的称号。全山现存70多座寺庙,其中化城寺等9座名刹被国务院列为全国重点文物保护单位。九华山的奇特之处在于连续发现多尊僧人肉身。这种现象在中国其他任何一个佛教名山都没有出现过。僧人肉身的发现使九华山更富有神秘色彩。

【相关链接】

中国著名寺院选介

1. 北京法源寺

北京法源寺是北京城内现存历史最悠久的古刹,也是中国佛学院、中国佛教图书文物馆所在地。法源寺始建于唐朝,初名"悯忠寺",清朝雍正十二年(1734年)改称"法源寺"。主要建筑有山门、天王殿、大雄宝殿、悯忠台、无量殿、大悲坛、藏经阁、大遍觉堂、钟鼓楼和西廊庑等,共七进七院,布局严谨,是北京城内保存下来的历史最为悠久的古寺庙建筑群。寺内现存最古老的建筑是悯忠台。法源寺内名贵的树木花草很多,如唐松、宋柏、银杏、海棠、古槐、菊花、丁香等,把整座寺庙点缀得幽雅、清净。1956年中国佛学院在此成立,1980年中国佛教图书文物馆在此建立。

2. 北京雍和宫

雍和宫是北京市现存最大、最完整的著名喇嘛寺庙,建于清朝康熙三十三年(1694年),为清世宗雍正即位前的府邸——"雍亲王府"。雍正三年(1725年)改为"雍和宫",乾隆九年(1744年),雍和宫正式改为喇嘛庙。雍和宫规模宏丽,金碧辉煌,其建筑主要是由三座结构精致的琉璃牌坊和处于一条从南至北的中轴线上的天王殿、雍和宫(正殿)、永佑殿、法轮殿、万福阁五进大殿以及各大殿的东西配殿组成。由于是由王府改建成的喇嘛庙,所以在建筑格局及风格上,既有王府的形制,又有寺庙色彩,这使它具有与一般寺庙不同的行宫气势。

3. 山西大同华严寺

华严寺位于山西省大同市内,是国内现存规模较大、保存较完整的辽金寺院建筑。它包括上寺和下寺,上下寺各开山门。上寺的大雄宝殿、前殿和山门依次设置在中轴线上,左右配置祖师殿、禅堂、水云堂等。其中大雄宝殿为金代建筑。殿内正面佛坛上的五方佛像是明代建筑。下寺的主要建筑是薄伽教藏殿,是储存佛教经典的地方,建于辽代,是国内唯一现存的辽代建筑原型。

4. 山西悬空寺

悬空寺位于山西省浑源县,始建于北魏后期,现存建筑为明代遗物,是中国一处巧妙利用力学原理建造的非常出色的古代寺庙建筑群。寺庙是在30多米高的峭壁上靠着岩石修建的,建筑多以栈道为基,前面用几十根粗木作支撑,后面陡壁上凿穴插入方木作横梁,互相连接成整体,承载全寺四十间殿堂楼阁。当地民谣称:"悬空寺,半天高,三根马尾空中吊。"形象地说明了悬空寺的惊险神奇。

5. 陕西法门寺

法门寺位于陕西省扶风县法门镇,创建于北魏时期,约499年前后。唐朝时期是法门寺的全盛时期,它以皇家寺院的显赫地位,以七次开塔迎请佛骨的盛大活动而在历史上有重大影响。

6. 洛阳白马寺

白马寺位于河南省洛阳市,是佛教传入中国后的第一座寺庙,被誉为我国寺庙的"祖庭",东方佛教的发源地,素有"中国第一古刹"之称。它始建于东汉明帝十一年(68年)。相传汉明帝夜里梦见金人绕殿飞行,于是派使臣赴天竺求法。使臣们在大月氏遇到天竺高僧摄摩腾和竺法兰,两高僧在使臣们的陪同下用白马驮着佛经、佛像来到洛阳,汉明帝敕令修造了此寺。为纪念白马驮经的功劳,命名为"白马寺"。

7. 成都宝光寺

宝光寺位于四川省成都市新都区,相传始建于东汉时期。宝光寺最有特色的建筑和雕塑是罗汉堂,它与北京碧云寺、武汉归元寺、苏州西园戒幢律寺的罗汉堂,并称为"四大罗汉堂"。这四座闻名天下的罗汉堂,以宝光寺罗汉堂历史最久、规模最大。宝光寺内珍藏有许多文物,包括被称为"寺中三宝"的舍利子、优昙花、贝叶经,还有500多件宋、明、清历代名人的书画,都具有较高的历史价值和艺术价值。

8. 苏州寒山寺

寒山寺位于江苏省苏州市枫桥镇,因唐朝诗人张继的一首《枫桥夜泊》诗而名扬中外。该寺创建于南朝梁天监年间(502年—519年),距今已有1 400多年的历史,初名为"妙利普明塔院"。相传唐贞观年间(627年—649年),当时名僧寒山、拾得从天台山来此住持,塔院改名为"寒山寺"。现存的主要建筑和古迹有大雄宝殿、庑殿、藏经楼、寒山和拾得塑像、碑廊、钟楼、枫江楼等。

9. 杭州灵隐寺

灵隐寺建于浙江省杭州市灵隐山上。相传晋成帝咸和元年(326年),印度高僧慧理来灵鹫峰结庐而居,名山为"飞来山",建寺为"灵隐寺"。梁武帝时,灵隐寺初具规模,至唐朝时盛况空前。现寺内主要建筑有天王殿、大雄宝殿、东西回廊和西厢房、联灯阁、大慧阁等,寺内附近有飞来峰、咫尺西天、合涧桥、春淙亭、冷泉亭、翠微亭等景观。

10. 昆明圆通寺

圆通寺位于昆明市内的螺峰山(螺峰山又名圆通山)上,是昆明市最著名的游览胜地之一。圆通寺是昆明市最早的佛寺,至今已有1 200多年的历史,创建于唐南诏国时期,元、明、清各代都有扩建或重修。今圆通寺前临圆通街,后接圆通山,由圆通胜境坊、八角亭、圆通宝殿、铜佛殿、水榭曲廊等建筑组成。寺内主殿是圆通宝殿,建筑气势雄伟,富丽堂皇。殿中供奉释迦牟尼、阿弥陀佛和药师佛,这三尊像均为元代塑像,非常珍贵。铜佛殿内安放着1982年泰国赠送的释迦牟尼铜像。

11. 拉萨布达拉宫

布达拉宫位于拉萨市,始建于7世纪中叶,相传是松赞干布为迎娶文成公主而筑的一座城堡,共有1 000间房,但后来毁于雷火。现在的布达拉宫的主体建筑都是17世纪建成的,共有房舍近万间,内有宫殿、佛堂、习经室、寝宫、灵塔、庭院等。

第三节 道教宫观导游

一、道教常识

道教是地地道道的中国本土宗教。它植根于中国深厚的文化土壤,是中国传统文化直接孕育的产物,同中国传统文化的许多领域有着密切的联系,是我国整个思想文化体系的一个有机组成部分,也是旅游文化的重要组成部分。

(一)道教的创立

道教以张道陵创立"五斗米教"为正式创立的标志。但事实上,在张道陵创立五斗米教以前,道教的核心信仰体系——"道"崇拜和"神仙"崇拜早已在我国的原始宗教中产生。道教是一种以"道"为最高信仰,以古代巫术和鬼神崇拜为基础,吸收黄老思想、阴阳五行和儒家谶纬学说,同时带有浓厚的万物有灵论和泛神论色彩的宗教。早期的道教主要分为以张道陵为代表的天师道和以张角为代表的太平道。在隋唐和明清中叶,道教由于受到皇室的大力尊奉,取得了类似国教的地位,盛极一时。在这一时期,道教本身出现了不少新变化,特别是涌现出了大批的新教派,全真和正一就是其中影响较大的两大派别,流传至今。

(二)道教的基本教义

1. "道"崇拜

道教将"道"作为教义的核心。"道"的概念出自《道德经》。《道德经》将"道"视为"虚无",是超时空的永恒存在,是天地万物的根源,有"道生一,一生二,二生三,三生万物"之说。道教认为,"道"是宇宙的本原、宇宙的主宰,是产生和支配天地万物的造物主,是至高无上、具有神秘力量的人格化的神,是值得崇敬的。这是道教最基本的教义,是道教徒不可动摇的信念。

2. "神仙"崇拜

道教认为,道气化为三清尊神,即元始天尊、灵宝天尊、道德天尊。"三清"是道教崇拜的最高神灵,其中元始天尊地位最高,但影响最大的却是道德天尊,即太上老君,他是由老子神化而来的。道教的神仙信仰并不是西方的一神教,而是尊奉主神的多神教。在道教看来,只要是修炼成道、神通广大、变化无方、长生不死的人都可以成为道教徒心目中的"神仙"。因此在三清尊神以下,还有玉皇大帝、护法神将、瑶池女仙、城隍、土地、灶君、财神、八仙等诸多神仙,共同构建了一个超然于人间之上的虚无缥缈而瑰丽多彩的神仙世界。对于这个神仙世界的景仰构成了道教信仰的基础。

3. 重生恶死的生命观和人生观

强调以生为乐,重生恶死,甚至追求长生不死,是道教与其他宗教根本的不同之处。其他宗教都主张"出世",所关注的是"人死后如何"的命题,而道教所要讨论的是"人如何不死"的命题,主张"入世"。道教一方面坚信虚无缥缈、奇妙纷繁的神仙世界的存在,同时又相信人的寿命不完全由"天"决定,提出了"我命在我不在天"的口号,认为人可以通过自行的修炼养生,修道成仙,实现"长生不死""肉体飞升",把理想寄托于现实世界,从而使人生观也深深地打上了"重生乐生"的烙印。

4. 天道承负、善恶报应观念

天道承负、善恶报应的教义在道教创立初期就被载入了《太平经》。前人有过失,后人则无事受过,这就叫承负。怎样才能截断承负而免除厄运呢?道教认为一是要行善积德,为后世子孙造福,二是要虔诚地信道修行,免除自身的承负之危。

二、道教宫观导游

(一)宫观的起源

道教宫观旅游文化是中国旅游文化的重要组成部分,对中国旅游文化的发展起了重要的促进作用。道教以成仙得道、返璞归真为宗旨,认为高山是神仙所居,于是上山采药、炼丹、修身养性,以求羽化成仙,因此,许多旅游风景区(点)都得益于道教的传播而名扬天下。如古代道教传说的修道成仙之地或神仙居住之所的十大洞天、三十六小洞天、七十二福地等胜景,都在风光雄奇秀丽的名山之中,至今仍是人们所向往的旅游景点。在中国的众多名山中都留下了道教文化的沉积。

(二)宫观的布局

宫观是道教信徒敬神祭仙、修身养性的场所。一般来说,在历史上曾受到皇封的称为宫,未受到皇封的称为观。

宫观的大小没有定制,但有相对固定的建筑格局。除少数地形特殊的情况以外,典型的宫观都仿照宫廷布局,在南北中轴线上摆放主要建筑,在东西两侧安置附属设施,形成前、中、后一进一进依次伸展,每一进整体配合又相对独立的营造格局。其形式也大都是高脊飞檐、正大侧小、红楼绿瓦、绕以松柏。有些宫观依山傍岩,借助山势,逐层而上,层层叠叠,参差有别,有着居高俯视的气势;有些宫观建在皇城都市,与深院官衙为伴,与寺庙佛塔相傍,连片成垣,各显气派;有些宫观外观虽不起眼,但却可能受过皇封,得过敕命,保留有前代祖师传戒修道的圣迹,享受祖庭的声誉。

宫观建筑的基本布局是山门、灵官殿(或龙虎殿)、三清殿(或天尊殿、祖师殿)、纯阳殿(或重阳殿、老君殿)。

表 15-1 为佛教与道教建筑布局的对比。

表 15-1　佛教建筑与道教建筑的相应殿堂

佛　　教	道　　教
山　门(三门)	山　门
天王殿	灵官殿(或龙虎殿)
大雄宝殿	三清殿(或天尊殿、祖师殿)
后殿	纯阳殿(或重阳殿、老君殿)
藏经阁	三清阁

（三）道教供奉对象

1．尊神系列

（1）三清。三清是道教最高尊神的合称，即玉清元始天尊、上清灵宝天尊、太清道德天尊。三清在道教神仙谱系中处于"神中之神"的至尊地位，是道教崇拜的最高神灵。元始天尊是"三清"中的最高神；道德天尊在民间影响最大，这位尊神传说是中国古代著名的思想家老子的化身；灵宝天尊是三清中排位第二的尊神，尽管其地位很高，但影响比元始天尊和道德天尊要小得多。

（2）四御。犹如人间的帝王有宰相辅佐一样，天界的三清尊神也有天神辅佐。这就是在道教尊神中地位仅次于"三清"的四位天帝——"四御"，又称"四辅"。他们是玉皇大帝、中天紫微北极大帝、勾陈上宫天皇大帝和后土皇地祇。

（3）真武大帝。真武大帝又称玄天大帝，是道教神系中赫赫有名的天界尊神。起源于古代星辰信仰——二十八星宿中的北方七宿玄武神。武当山是真武大帝的祖庭。

（4）西王母。西王母是玉皇大帝的夫人，地位相当于人间的皇后，在道教神系中位居女仙之首，凡是三界十方登仙得道的女仙都归其管辖。

2．神仙系列

（1）八仙。道教八仙指的是铁拐李、钟离权、张果老、吕洞宾、何仙姑、蓝采和、韩湘子、曹国舅八位神仙。八仙之中，有的是传说中的神仙，而有的确实是历史人物，如吕洞宾、张果老。由于八仙具有老、幼、男、女、贫、富、贵、贱等不同特征，因此现实生活中几乎任何人都可以从中得到做人成仙的启示。所以八仙对中国民间信仰和文化生活具有非常大的渗透力和影响力。自明清以来，民间流传着众多关于八仙的故事，其中尤以"八仙过海""八仙庆寿"最为有名。

（2）三茅真君。三茅真君指的是汉代修道成仙的茅盈、茅固、茅衷三兄弟。他们是道教茅山派崇奉的祖师。茅山是道教上清派的发源地，位于江苏句容、金坛两县之间。茅山上有大茅峰、二茅峰、三茅峰，由南到北逶迤8千米，传说是茅氏三兄弟乘鹤来此，分居三峰而得名。茅山历来是历代高道修炼之地，是道教第一福地、第八大洞天、第三十二小洞天所在地。茅山道观将三茅真君作为主神奉祀，在大殿中取代了"三清"的地位。

3．俗神系列

（1）城隍。城隍神是道教神灵中守卫城邦、匡扶正义的地方神，民间信仰极为普遍。城隍最初的职责主要是守卫城池、保障治安。道教将其纳入神系以后，将其职责进一步扩大，城隍不但要担负护国安邦的重任，还要负责扶贫济世、除恶扬善、调和风雨、管理亡魂等诸多事宜。各级地方官员赴任时，都会到城隍庙宣誓，以求得城隍庇佑。

（2）魁星。在封建时代，我国几乎每个城镇都有魁星阁或魁星楼。魁星神的形象是青面獠牙、赤发怒目，一般站立在鳌头之上，一手捧斗、一手执笔，一只脚向后高高翘起，好像一只大弯钩。传说他手中的那支笔专门用来点取科举考生的名字，一旦被点中，就会文运亨通，从此飞黄腾达，跃入龙门。所以虽然魁星的形象张牙舞爪，毫无读书人儒雅斯文的气质，但是众多寒窗苦读的读书人一直将魁星奉若神明。

（3）妈祖。妈祖又叫天妃、天后或海神娘娘,是道教的一位著名女神。妈祖在历史上确有其人。因为她生前为附近乡民做了许多好事,大家怀念她,都不愿她死去,所以就有传说她在湄洲岛湄屿峰羽化成仙。当地人感念她生前治病救人的恩德,于987年在湄洲岛盖庙祭祀,尊她为"通灵圣女",奉她为航海保护神。从此,妈祖作为海上救难女神的影响越来越广。

（4）灶君。在古代有人家的地方就有炉灶,而古代人普遍认为用来生火的炉灶中存在仙人,即所谓灶神,他时刻监视着每家人的行为并向天神报告。所以从很早就开始流行灶神信仰。灶神最初的职能只是管理一家的饮食,但后来逐渐演变成记录一家人的功过善恶,报告天庭,作为赐福降祸的依据,掌握一家的寿夭祸福。

（四）宗教仪式讲解

1. 功课

宫观内以敲钟、击鼓、打云板为生活号令。每日五更开清,或称开静,即道众起身活动。先是洒扫庭院、整齐衣冠,然后拈香行礼、念诵早坛功课经,主要诵《太上老君说常清静经》《无上玉皇心印妙经》。用早膳时念化斋咒。然后各司其职,一般道众或研习教义,或自作功夫,也就是自行修炼。晚膳后有晚坛功课,主要诵《元始天尊说升天得道真经》《太上老君说解冤拔罪妙经》,起更止静。

2. 建醮

建醮即做道场,是宫观最主要的宗教活动。道场是一种为生者祈福消灾、为死者超度亡魂的仪式,也是道众集中的修炼方法。道场分固定和临时两种。固定道场在重大节日时举行,如冬至日元始天尊圣诞、夏至日灵宝天尊圣诞、二月十五日道德天尊圣诞、正月十五日上元天官节、七日十五日中元地官节、十月十五日下元水官节、六月二十四日关圣帝君圣诞、九月十七日财神圣诞等,这些都是道教各派共同的节日,都要举行一定的醮仪。

3. 传戒

传戒是宫观内部的活动。师传度人是道教的首要活动,宫观特别是十方丛林如果不开坛传戒,则会被形容为桥绝路断。道教对受戒者有比较严格的要求,并不仅仅是个人志愿的问题。戒期为50天或100天,受戒者要住在丛林内过十分严格的清修生活,接受律师传授戒律,学习各种修炼方法,考核合格者取得戒衣、戒牒,成为正式道士。然后便各回原处,也有的就此隐居山林,或四方云游,求高士、访高人。

【相关链接】

道教名山简介

1. 青城山

青城山位于四川省灌县,由于此山诸峰环绕,形如城郭,茂林修竹,终年常绿,故名"青城"。幽是青城山的主要特点,故有"青城天下幽"之称。青城山现存道教宫观主要有长生宫、建福宫、天师洞、朝阳洞、祖师殿、上清宫、圆明宫、玉清宫等,其中天师洞和祖师殿被列为全国道教重点宫观。青城山是著名的道教发源地,道教十大洞天中的第五洞天和第十五洞天均在青城山。

2. 武当山

武当山又名太和山，位于湖北省，为大巴山北脉。山景以雄为主，兼有险、奇、幽、秀等特色，有七十二峰、三十六岩、二十四涧、十一洞、三潭、九泉、十石、九井、十池、九台等风景胜迹。武当山是我国道教著名的福地，传说是仙人隐显之地。战国时的尹喜真人、汉代的阴长生、晋代的谢允、唐代的吕洞宾、宋代陈抟、明代张三丰、清代王常月等均曾在此修炼传道，正一道的大茅派、恩赐派、三茅派均在武当山传宗接代。从此武当山成为我国的道教名山之一，并以武当拳发祥地闻名天下。武当山秀丽的自然风景天下驰名，宏伟壮丽的道教建筑更是举世罕见。历史上曾有过八宫（净乐宫、思客宫、遇真宫、玉虚宫、紫霄宫、南岩宫、五龙宫、大和宫）、二观（复真观、元和观）、三十六庵堂、七十二岩庙的庞大道教建筑群。经过嘉靖三十一年的维修和扩建，建筑面积共达 160 余万平方米，建成殿宇 2 万多间、70 多千米的石砌蹬道、39 座桥梁、12座亭台。如此浩大的工程规模，在中国宗教名山开发中可以说是绝无仅有的。武当山道教建筑总体的构思和布局体现了神仙思想，单元建筑又包含了阴阳五行思想，建筑选址体现了神仙思想，建筑小品中又融入了民俗文化内涵。1994 年，武当山古建筑群被列入世界遗产名录。

3. 龙虎山

龙虎山是道教正一天师的祖庭，位于江西省贵溪市境内，道教称之为第三十二福地。相传龙虎山原名锦山，自张天师携弟子在此炼九天神丹，丹成而龙虎见，故名龙虎山。龙虎山山状亦似龙虎。历代曾先后在龙虎山建有十大道场、八十一座道观、三十六座道院，龙虎山作为张天师和正一道的祖庭，在道教史上产生过很大的影响。现存的主要建筑有两处，即天师府和上清宫。龙虎山名胜古迹众多，山水秀丽。沿龙虎山前的上清溪顺水而下，沿岸奇峰碧水，有二十四胜迹、九十九峰，风光旖旎。特别是龙虎山至仙水岩一段，青山碧水，怪山奇峰，惟妙惟肖，充满了神话色彩。山崖绝壁间留有不少古人的摩崖石刻。

4. 茅山

茅山在江苏省西南部的句容、金坛两县之间。茅山虽不高，但多奇峰、异洞、名泉、美池，有九峰、二十六洞、十九泉、二十八池之胜景，是道教第一福地、第八大洞天、第三十二小洞天所在地。奇异的自然生态环境、丰富的物产和悠久的历史，使茅山自古就成为方士、神仙家附会的"神仙世界"，成为古代道家人士所热衷的旅游、养生、炼丹的场所。其中比较著名的有茅氏三兄弟、葛玄、葛洪、陶弘景等人。陶弘景在茅山炼丹的过程中发明了"灌钢"炼钢法，即在炉中杂置生熟铁，生铁熔后注入熟铁中，然后反复加热锤打，炼成质量较纯的钢铁。这一发明对我国古代钢铁冶炼技术的发展起了很大的作用。茅山现存的主要道观有九霄宫、元符宫等。另外，茅山道士历来有研究医学的传统，他们所发现的中草药在《本草纲目》中有记载的就多达 380 多种。其中以苍术最为有名，为历朝的贡品。茅山还出产菖蒲、黄精、何首乌、党参、沙参、桔梗等有名药材。

【相关链接】

著名的道教宫观

1. 北京白云观

白云观坐落在北京市西便门外滨河路,是道教全真派的圣地,号称"全真第一丛林",几百年来,一直是北方道教的中心。全观建筑根据八卦方位布局,以子午线为中轴,主要建筑分东、中、西三路和后花园。中路是全观的主要建筑,有牌坊、山门、玉皇殿、老律堂(七真殿)、邱祖殿、四御殿、戒台和云集山房等,左右配殿楼阁有藏经阁、朝天楼、东西客堂、宗师殿、丰真、儒仙、钟鼓楼等;东路现为中国道教协会和中国道教文化研究所所在地,有南极殿、丰姥阁等五个神殿和罗公塔、斋堂;西路有八仙、吕祖、文昌、元君、元辰五个神殿和祠堂院。古观的装饰图案、花纹十分古朴,具有道教清净素雅的特有风格。

2. 陕西周至楼观台

楼观台是我国最早的道教宫观,位于陕西省周至县,素有"天下第一福地"之称。楼观台始建于西周康王时,名叫草观楼,用来观测天象。后因相传老子到此讲经,改为说经台,楼观台的名称由此产生。遗留至今的主要胜迹有说经台、炼丹炉、吕祖洞、栖真亭、衣钵塔、化女泉、仰天池、老子墓,还有宗圣宫、会灵观、玉华宫、延生观等遗址,以及老子系牛柏、银杏树、石牛、石狮、碑、碣、石刻等遗物。楼观台自古负有盛名,历代吸引着许多文人学士来此游历并赋诗作画、刻石题字,立了许多碑石。其中最珍贵的是欧阳询用隶书书写的《大唐宗圣观记》碑、苏灵芝用行书书写的《唐老君显见碑》和元赵孟頫用隶书书写的《上善池》刻石。

3. 苏州玄妙观

玄妙观位于江苏省苏州市中心,始建于西晋咸宁二年(276年),距今已有1 700多年的历史。旧时玄妙观范围很大,清代康熙道光年间曾有殿宇30多座,是当时全国规模最大的道教建筑群之一。但是由于屡遭兵祸,现仅山门、三清殿、雷尊殿、斗姆阁四座建筑保存较好,其他殿堂虽还留存,但已不完整。现在的玄妙观是苏州旅游的标志景观之一。

4. 罗浮山冲虚观

冲虚观位于广东省罗浮山,是著名的道教圣地,也是全国道教重点宫观之一。冲虚观由葛洪创建于东晋咸和二年(327年),初名都虚观,宋时改为冲虚观。全观共有五进宝殿,包括山门、正殿和配殿。中路建筑两侧有百余间两层楼的丹房、斋堂、库房等附属建筑。主体建筑是三清殿。

5. 成都青羊宫

青羊宫位于四川省成都市西南角,是成都市现存最大的道教宫观。始建年代不详,唐时名"玄中观",中和三年改为青羊宫。1982年被国务院定为全国道教重点宫观之一。现存的主要建筑有大山门、灵祖殿、混元殿、八卦亭、三清殿、斗姥阁、唐王殿和老子降生台、说法台等。

6. 昆明金殿

金殿又名"太和宫",位于云南省昆明市东北郊的鸣凤山上,素有"鸣凤胜境"的美称,为昆明著名的道观之一。金殿始建于明代,殿高 6.7 米,宽 7.8 米,深 7.8 米,用 250 吨精铜铸成,造型美观,巧夺天工。原殿于明代崇祯十年(1637 年)被移到大理鸡足山,现殿系清代吴三桂重建。明清时金殿香火鼎盛,每当正月初九"玉皇圣诞"之时,朝山者如潮水涌来。金殿道士素以道风严整闻名全滇。

本章小结

宗教文化与旅游有着密切的关系,寺院、宫观是旅游者的主要游览、观赏、审美对象。寺院、宫观导游是重要的专题导游。寺院、宫观导游涉及内容繁杂,也是导游讲解的重点和难点。

复习思考题

1. 分析宗教文化与旅游的关系。
2. 简析佛教教义。
3. 在佛教供奉对象中,常见的佛像有哪些?
4. 绘制一张你所熟悉的佛寺建筑布局图(包括殿内的主要供奉对象)。
5. 介绍道教的神仙系统。

实训项目

进行一次实景模拟导游。要求:

1. 教师根据当地寺观的特色,分别选取一座寺院和一座道观。
2. 组织学生进行室内资料的收集。
3. 不同的学生群体扮演不同的角色。
4. 实景模拟导游:
(1)教师示范讲解。
(2)学生口头即兴讲解。
(3)教师点评。
(4)总结。
5. 书面导游词撰写。

拓展阅读

资料:昆明西山导游词

16

第十六章　红色旅游、博物馆与主题公园导游

学习目标

1. 掌握红色旅游的基本常识及红色旅游导游的要求。
2. 通过模拟,掌握博物馆常识及博物馆导游的基本方法。
3. 熟悉主题公园基本常识。
4. 通过模拟,掌握主题公园导游方法。
5. 通过学习,激发学生宣讲红色旅游文化的主动性和积极性。
6. 培养学生开拓创新能力。

教学建议

　　博物馆和主题公园的导游需要具备相当的专业知识。因此,在教学中建议采用聘请专业人士做专业知识专题讲座与任课教师课堂讲授相结合的教学方法。博物馆模拟导游,建议组织学生参观博物馆,请讲解员示范讲解。教师应注意博物馆与主题公园的导游方式、方法的区别。

【关键词】

红色旅游　博物馆　主题公园　导游讲解

第一节 红色旅游导游

一、红色旅游

（一）基本概念

红色旅游是以中国共产党领导人民在革命和战争时期建立丰功伟绩的纪念地、标志物为载体，以其所承载的革命历史、革命事迹和革命精神为内涵，组织旅游者开展缅怀学习、参观游览的主题性旅游活动。红色旅游主要依托红色文化旅游资源开展，红色文化旅游资源是中国共产党领导全国各族人民在革命、建设、改革的各个历史时期所创造和形成的红色精神及其物质载体的总和，包括革命遗址、革命文物及其所承载的革命历史、革命事迹和革命精神。红色旅游是促进革命老区经济社会发展的重要途径；是进行爱国主义和革命传统教育的重要平台；是年轻人形成历史认同和价值共识的重要载体；是坚定文化自信的重要精神引擎。

（二）发展现状

当前，爱国主义和革命传统教育呈现大众化、常态化趋势，红色旅游作为具有特殊教育意义的旅游活动，是展现爱国主义和革命传统精神、讲述革命历史重大事件和重要人物的历史故事、传递社会主义核心价值观的重要载体。2004年至2017年，中共中央办公厅、国务院办公厅先后印发了三期《全国红色旅游发展规划纲要》。随着多个红色旅游利好政策陆续发布，红色旅游市场得到快速发展。在全域旅游的推动下，红色旅游需求稳定增长，市场规模逐渐扩大。红色旅游承载着优良的革命传统和伟大精神，大多数红色旅游景区通过纵向比较历史数据和静态展示历史遗存，引导广大党员干部群众和青少年感受革命历史文化，接受革命传统教育，升华爱国情感。而且，国民旅游诉求正在从美丽风景转向美好生活，旅游者在出游过程中比较看重出游品质，对高品质的旅游需求更为迫切，对红色文化的展现形式有了更高的要求。目前，红色旅游已经形成了以经典景区、精品线路为代表的发展格局，纪念馆、博物馆、科技馆等红色文化景区受到旅游者喜爱，角色扮演、沉浸式体验等创新模式成为旅游者的新宠，红色旅游供给侧结构性改革与旅游者诉求相互促进，红色旅游整体发展态势强劲。

（三）资源特征

1. 政治鲜明性

红色旅游资源的革命历史遗存、革命历史内涵及其所承载的革命精神，决定了它具备独特的政治功能，红色旅游资源的纪念、教育和旅游开发价值都是建立在鲜明的政治内涵基础之上的。

2. 全国整体性

红色旅游资源是在中国共产党领导下的中国革命的遗存，反映了中国革命史的某一阶段，蕴含着中国革命精神的某一部分，从全国范围来说，不同地域的红色旅游资源在内涵上相互依存并构成一个整体，具有共同属性。

3. 区域主题性

红色旅游资源的分布具有广泛性和区域性。在不同的历史发展阶段,中国共产党领导的革命斗争活动的重心在不同的地区,因而其历史遗迹也就表现出比较明显的地域性特征,在全国整体性的前提下形成了地域环境迥异、空间分布距离大、主题不同的红色旅游资源。

4. 精神教育性

中国共产党在长期的革命、建设和改革开放过程中,不同主题的红色旅游资源孕育了许多带有不同时代特征的革命精神,是对广大人民群众,特别是青少年进行革命传统教育和研学旅游教育的有效途径。

5. 资源综合性

资源都不是孤立存在的,而是与其他旅游资源相互依存、相互作用的,与乡村、景区、古街古镇共同构成了一个有机组合的聚合体。

二、导游知识要求

(一)尊重红色历史,依据中国共产党党史理清红色文化旅游资源脉络

红色旅游资源是具有特定意义的旅游资源,中国共产党的发展史对红色旅游资源的划分具有决定性的作用。导游员对红色旅游资源的讲解要遵循红色文化的发展脉络,尊重历史,弘扬革命传统。

(二)认识资源价值,深挖红色资源信息完整度

按照红色文化资源构成要素,可把红色文化旅游资源分为重要事件遗迹、重要会议遗址、重要机构旧址、重要人物旧(故)居、革命文物藏品、标志性建筑工程(中国共产党领导下建设的具有特定时代背景的标志性的建筑工程)、烈士陵园(墓)和革命纪念设施等八大类别。导游讲解要深挖红色旅游资源的信息完整度。

(三)红色精神及其物质载体融合统一

通过重要事件遗迹、重要会议遗址、重要机构旧址、重要人物旧(故)居、革命文物藏品、标志性建筑工程(中国共产党领导下建设的具有特定时代背景的标志性的建筑工程)、烈士陵园(墓)和革命纪念设施向人们讲述革命历史、革命故事和革命精神。

三、导游讲解要求

(一)注重导游讲解的严肃性与规范性

为达到最佳红色旅游讲解效果,确保红色文化通过讲解更好地传播出去,红色旅游的导游员需要保证自身讲解的规范性及严肃性。

红色文化是我国国家史的重要内容,讲解内容多以革命史及中国共产党的历史为主,所有内容的讲解都需要符合历史真相,要保证所讲内容都能做到有据可查,不可添加个人主观意识和个人推测,应保证内容的可信度与真实性。

红色旅游的导游员需要明确,红色旅游是含有中国特色社会主义共同理想的政治工程,导游员在讲解时,不仅是对景区风景进行讲解的过程,更是对旅游者进行革命传统教育和爱国主义教育的过程,需要遵循良好、准确的政治导向。

与传统旅游有所不同,红色旅游与生俱来带着浓厚的政治色彩,在导游讲解时,要带着崇敬之心,认真对待革命历史,要遵循严肃性以及严谨性原则,以合理的态度对待红色旅游,从而保证红色旅游的色彩与基调。红色旅游讲解绝不能沾染"野史"和"神话"。

(二)提升导游素质水平

导游员的素质水平会对最终讲解质量有直接影响,所以为了保证效果,红色旅游导游员需要提升自身的素质水平,以满足红色文化传承的要求。一方面,提高自身修养,提高自身政治觉悟。由于红色旅游活动政治性较强,所以导游员需要不断提高自身职业道德以及思想品德水平,严格遵守国家各项法律法规,真正认识到红色文化旅游的重要性与价值,积极、主动投入红色旅游导游工作之中,树立正确的服务意识以及爱党爱国意识;另一方面应加强业务学习,要通过不断学习,对中国红色文化以及中国共产党的发展历史有更加深刻的认知与感悟,确保导游讲解内容的准确性,保证革命历史事件讲解的权威性与严肃性,要客观、全面地对革命史实进行宣传与展示,以保证旅游者对历史认知的全面性与准确性;确保红色文化能够真正深入人心,旅游者可通过红色旅游得到文化熏陶,能够更加拥护共产党,拥护党的领导,从而实现红色旅游的教育目的。

红色旅游导游员还要掌握语言的表达艺术,增强内容讲解的生动性以及趣味性。导游员应在保证讲解严肃性的基础上,通过灵活化、趣味化的讲解方式,吸引旅游者的注意力,以达到更好的宣传效果。导游员可通过情境讲解、故事讲解以及歌曲演唱等方式,高质量完成讲解任务。例如,在介绍革命根据地人民对红军的深厚情谊时,可通过演唱《十送红军》歌曲的方式,引起旅游者情感方面的共鸣,进而达到良好的感染效果。

第二节 博物馆导游

随着社会经济的发展,文物及博物馆在旅游中的地位日益重要。据不完全统计,截至 2017 年年底,中国博物馆数量约 4 700 多个,博物馆藏品共约 4 000 万件(约占文物藏品总量的 77.3%)。而博物馆所展示的内容专业性极强,对普通旅游者来说,要通过短时间的参观来相对全面地了解其基本内容是有一定难度的。面对展示品,看不如听。游览参观博物馆时的导游讲解、解说就更显得重要。

一、博物馆导游必备常识

人类在自己生存发展的历史中,当具有相同的要求,又具有相同的物质环境和物质条件时,就会产生相似的文化。但由于要求和条件的不尽相同,则又会产生一些富有不同特色的文化。人类文化包括物质和精神两个方面,精神方面又常常有"物"的表现形式。博物馆以实物标本和辅助陈列品的科学组合,展示了社会、自然历史与科学技术发展的过程和规律,或某一学科的知识,就是这种物化的一种体现。

(一)博物馆发展沿革

1. 国外博物馆的发展

世界上第一座博物馆建立在古埃及的托勒密王朝首都亚历山大城,时间是公元前283 年。它主要陈列天文仪器、医疗器皿、哲学家的雕像和象牙等。到 19 世纪末期,欧美地区的博物馆事业已经相当发达了。

现在,世界上一些著名的博物馆都已有百年以上的历史。英国伦敦不列颠博物馆(大英博物馆)建于1753年,于1759年开放。法国巴黎卢浮宫,在1793年改为国立美术博物馆,成为法国最大的博物馆,收藏的艺术珍品居世界首位,如米罗的维纳斯、达·芬奇的《蒙娜丽莎》等杰作久已闻名于世。第二次世界大战以后的40年内,博物馆的发展尤为迅速。现今,全世界的博物馆总数已接近3万座。各国旅游事业的发展更促进了博物馆事业的发展。在伦敦,一般"一日游""两日游"所安排的项目全是参观博物馆。

2. 中国博物馆的发展

中国第一座近代博物馆——南通博物苑,于1905年在江苏南通建立。这是资产阶级实业家张謇以个人财力自办的私人博物馆。

中国最早的国家博物馆,是成立于1912年7月的历史博物院(中国历史博物馆的前身)。其次为1914年在北京故宫的前部建立的古物陈列所以及在后部成立的故宫博物院。1925年,故宫前、后两部合并,建立故宫博物院。1926年,历史博物院则正式定名为国立历史博物馆。1949年前,我国博物馆总共不过20多所。

1949年以后,我国博物馆事业有了很大发展。以文化系统范围来说,1949年全国只有21所博物馆,1966年已有193所。十一届三中全会以后,大概每年以兴建20多所的速度持续地递增。在2005年"中国博物馆事业发展百年纪念大会"上,原文化部长孙家正表示,全国各种不同类型的博物馆,总数已达2 300余座。北京市是全国省市中博物馆最多的一个城市,除了闻名遐迩的故宫博物院、中国国家博物馆、中国人民革命军事博物馆、中国美术馆等外,还有首都博物馆和各种专业性很强的博物馆,如农业博物馆、自然博物馆、北京天文馆、鲁迅博物馆等以及宋庆龄、郭沫若、茅盾、詹天佑、梅兰芳、徐悲鸿、曹雪芹等历史名人的故居、纪念馆等。

(二)中国博物馆分类

按照陈列展览的内容,我国博物馆大体上可分两类,即综合型博物馆和单一型博物馆。这两类博物馆各有偏重,各有特色。

1. 综合型博物馆

综合型博物馆一般以通史陈列为主,即以时代演进为线索,不以器物分门别类展出实物或图片。在我国的一些综合型博物馆中,也有一些馆将一些专题分展室或部门陈列。不少省市博物馆,除了以地区为主的通史陈列外,还特别设立本地区的文物考古重大发现专室、专厅,或者称为专题陈列。

【相关链接】

故宫博物院

故宫博物院,其基本陈列分为两大专题,即明清宫廷史迹陈列和古代艺术品陈列。前者主要有三大殿(太和殿、中和殿、保和殿)、后三宫(乾清宫、交泰殿、坤宁宫)、养心殿和西六宫等十七处,近年来,开发区域越来越多,开放区域接近70%

（故宫占地72万平方米）。故宫古建群反映了清代皇帝举行大典、日常办事和帝后居处的原状，从中也可以了解一些宫廷生活状况。后者专辟绘画馆、陶瓷馆、青铜器馆、明清工艺美术馆、珍宝馆、钟表馆等展馆，很多展品都是稀世珍品。以陶瓷馆为例，从仰韶彩陶、龙山黑陶到原始瓷器、魏晋隋唐的青瓷、宋代青白瓷、元代釉里红，以及元明清时期各种青花、色釉、斗彩、五彩等瓷器，品种齐全，是以实物排列而成的中国陶瓷史。

多种专题式的综合型博物馆在我国比较普遍，一般是将通史与绘画、石刻、陶瓷等并列展出。具体专题主要是根据馆藏情况安排，如山西大同市博物馆就辟出专室陈列本地区北魏墓出土的墓室石刻。上海博物馆在1966年前，按社会发展阶段划分为原始社会、奴隶社会，以及封建社会前期、后期等十大陈列室；1972年以后，"综合陈列"改为"专题陈列"，现在设有四个专馆，分别是中国青铜器、中国陶瓷器、中国绘画和中国古代雕刻。这是为了适应研究的需要。每个专题陈列都做了精心安排，如中国绘画陈列，战国晚期和西汉初期的作品主要是帛画（复制品），汉唐则以壁画（复制品）为代表，宋元以后作品较多，便陈列真迹，分设宋元、明清和近现代三大陈列室，比较系统地介绍了中国3 000年来绘画发展的历史概貌。

2. 单一型博物馆

单一型博物馆一般独具特色，往往成为旅游者的驻足点。例如在历史方面，有陕西省西安的碑林石刻博物馆、湖南省博物馆的马王堆汉墓文物馆、湖北省博物馆的随县曾侯乙墓文物陈列等。在自然、科技方面，甘肃、黑龙江等省有自然（生物）标本陈列室，江西省博物馆有中国古代农业科技史陈列，吉林省吉林市博物馆有陨石馆等。

我国的单一型博物馆（包括纪念馆）目前有三种形式：

（1）因纪念著名革命家、文学家或历史人物而立馆。如鲁迅博物馆、宋庆龄故居、徐悲鸿纪念馆等，陈列或展出所纪念的人物生前活动的事迹（图片）和遗物，说明他们对中国革命事业或社会生活某一方面所做出的贡献。现在，各省市都很重视这类博物馆和纪念馆的建立，能够起到革命传统和文化传统方面的教育作用。

（2）以本地区民情风俗、手工艺技术或社会生活中某一方面（如戏剧、纺织等）为专题专门立馆。这类博物馆展品多以散存传世文物为主，时代多半偏晚，有些博物馆陈列的几乎都是现代工艺品，如在我国风筝城市山东潍坊市成立的风筝博物馆，就以每年的国际风筝比赛中前十名的风筝作为入选展品。

单一型博物馆也有私人筹办的，如上海市内就有个人办的钟表博物馆，办展者将私人收藏的各种钟表陈列出来供人参观。

（3）以与本地区历史地理或古代某一重大事件密切相关的内容为专题而立馆。这类博物馆多半以古代历史文物为主，展出的几乎都是出土文物。随着文物考古工作的不断开展，这类新馆也不断增加，有些重要遗址或墓葬发掘以后，为了保持原状以供研究，往往专门成立博物馆。我们熟悉的有陕西西安半坡博物馆、秦俑博物馆，北京大葆台汉墓博物馆等。有些则是集中本地区出土文物，设立单一专题的博物馆。

【案例】

历史文物博物馆

河南省南阳汉画像博物馆集中展出了本地区汉墓出土的像石,建馆已有50余年了。

1987年4月,河南洛阳古墓博物馆建成开放。这是我国第一座古墓博物馆,馆内面积7600平方米,为青色仿汉代殿宇建筑。现已将本地区发现的汉至宋代典型墓葬22座迁此,并恢复原状。地下建筑有西汉、东汉、魏晋、唐宋厅和休息厅,各厅与墓道贯通。墓道两侧分别凿有墓穴。参观这座博物馆时,只要沿墓道走上一周,便可一览上至西汉下至北宋时期的历代墓葬情况。

江苏省昆山砖瓦博物馆专门陈列古代砖瓦,从汉代扬州的城砖、六朝的瓦、西晋纪年砖、宋代凿榫井砖,到明清、太平天国、民国初期的青砖。其中有一方秦代都城望夷宫的装饰砖,距今已有2100多年的历史。

在博物馆类别划分中,也有的研究人员把博物馆划分为四类:第一类是社会历史类(其中包括博物馆古近代史陈列、革命史陈列);第二类是自然历史类(其中包括动物陈列、植物陈列、地质和古生物陈列及人类学陈列等);第三类是科学技术类(其中包括科技陈列、工业陈列等);第四类是造型艺术类(其中包括综合性艺术陈列、艺术上的专题陈列等)。

【提示】

通过对博物馆类别的了解,导游员应有针对性地根据自己工作区域的实际情况做好相应的知识准备。要做好博物馆导游工作需要具备较高的文化素养和知识水平。

二、博物馆与旅游

文化系统的博物馆的任务是征集、保管和研究祖国文化,并通过陈列、展览介绍祖国优秀文化艺术遗产。近年来,随着旅游业的发展、人们文化教育水平的普遍提高和对高尚精神生活需要的不断增长,参观博物馆和纪念馆已成为我国人民生活中的一项重要内容,博物馆已成为旅游者的重要活动场所。加上有些博物馆以古建名园为馆址,更丰富了参观内容。

【案例】

山东省潍坊市博物馆

该馆以十笏园(又名丁家花园)为馆址。十笏园玲珑小巧,格调高雅,园内仅有2000平方米,而巧妙地安排了楼、台、亭、榭24处,房舍67间,并且以曲桥、回廊连接,是一所名园。博物馆配合陈列地方色彩浓厚的历史文物,如专辟一室展出在当地做过县令的扬州八怪之一的郑板桥的手迹和遗物,更增添了旅游者的兴趣,每天观众络绎不绝。

三、博物馆导游服务

博物馆参观明显地有别于山水名胜的游览,做好博物馆导游服务需注意以下几点:

(一)多学习,做行家

博物馆中丰富的藏品蕴涵积淀着深厚的文化,涉及广泛的知识,具体到某些类或某一件展品,可能要求对其有一定深度的研究。例如,对于青铜器、陶瓷、古钱币等,简单说说"这是什么,那是什么",旅游者是难以满足的,所以做好博物馆导游讲解非常不易。因此要去学习,去研究,去解决"懂行"的问题。这种学习研究的目的明确(为导游讲解),带着明显的针对性,并非进行学术或科研考证。应该更多地利用专家的研究成果,把这些成果转化为导游讲解内容,用导游语言为旅游者讲解。所谓做行家是指"外行看我们很内行,而内行看我们不外行"。

(二)知识性、趣味性并重

博物馆讲解要围绕收藏、科研和社会教育三个方面的功能去突出知识性和教育功能,尤其在面对研学旅行参观者时,更应有所侧重。

博物馆的藏品常常充满着令人想象不到的博大精深的学问。如自然界一块普通的石头,到了地质博物馆里也许就是某一地区地质历史的最典型的代表。所谓"慧眼识真金",只有行家才能看出其价值。导游员不可能对所有知识都精通,但多了解相关知识,在介绍别人的研究成果时也就有了更深一点儿的理解,不至于停留在"死记硬背"的阶段。通过深入学习,争取成为某一领域的专家。

在增加讲解的知识含量的同时,还要增加讲解的趣味性。导游词绝不是简单地复述科研人员的成果报告,不要一强调知识性,就陷入授课式或报告式的长篇大论的误区。要用形象生动、幽默风趣的语言把枯燥平淡的知识包含其中,运用丰富多彩的方式表述,比如突出重点法、问答法、悬念法等,让旅游者感到参观博物馆既增长知识,又充满乐趣。

(三)了解博物馆导游的发展趋势

博物馆导游讲解有相对的定型性,即在一段时间内,针对某一组、某一件展品,讲解的基本内容可能完全相同。当今一些博物馆就利用现代声像手段录制导游词后,通过旅游者自控的电子导游设备进行讲解;不少博物馆也注意到随着旅游业的介入,应该发展参与性、娱乐性项目,便充分利用现代声、光、电子技术把原来的静态展览变成动态展览,变成观众可以参与活动的实验性展示。了解这些发展现状和趋势,对于带领旅游者更好地参观博物馆有积极作用。

(四)拓展介绍:博物馆文创产品

博物馆文创产品是蕴含博物馆丰富精神内容的文化商品,也是文创产业发展的重要组成部分。了解博物馆文创产品,不仅能加深人们对博物馆的了解,也使博物馆旅游更生动活泼,还能激发人们的创新思维。

【相关链接】

参与式博物馆

巴黎、伦敦的蜡像馆引进现代电子技术,让古人"复活"。

我国的一些陶瓷博物馆开辟了可以让观众自制作品的"陶吧"。

四、博物馆导游范例

(一)陶器博物馆

概念导出:陶器的发明是人类文明发展的重要标志,是人类第一次利用天然的物质按照自己的意志创造出来的一种崭新的东西。先民们把黏土加水混合后制成各种器物,干燥后经火焙烧发生质的变化,形成陶器。它揭开了人类利用自然的新篇章,具有重大的划时代的意义。陶器的出现是新石器时代的开端。

发展进程(案例式)之彩陶:发现于河南省新郑市的"裴李岗文化"和河北省武安市的"磁山文化"遗址,根据碳14测定,距今有8 000年左右的历史,是我国目前发现的最早的新石器时代遗址之一。出土的陶器带有一定的原始性,它们均为泥质红陶和英沙红褐陶,质地疏松,烧成温度在900℃左右,器物主要以碗、罐、壶、钵、鼎、三足器为主,装饰有印纹、划纹和篦点纹等简单的纹样。

1921年,在发现于河南省渑池县仰韶村并因此而得名的"仰韶文化"遗址中,发掘出非常精美的彩陶,所以人们称之为"彩陶文化"。类似的文化遗址,在陕西、河南、山西、河北等地也有分布。

彩陶纹样介绍:彩陶上的动物纹饰主要是鱼纹、蛙纹和兽纹等。在西安半坡遗址中出土的彩陶上,鱼纹纹饰极为丰富。如人面鱼纹彩陶盆,它的身部和嘴左右两侧各画了一条相向的小鱼,盆内画两条大鱼,鱼和人面奇妙地结合在一起,似水中神灵,活灵活现。

彩陶上的人物纹饰极为少见,最有名的是青海省大通县出土的一件极为精美的马家窑文化舞蹈纹彩陶钵。此钵口径29厘米,高14厘米,口沿的内壁上画三组跳舞的人群,五人一组,手携着手,三组跳舞的人动作整齐,姿态优美,真有点现代芭蕾的味道,给人以节奏的动感,真实又艺术地反映了先民们劳作之余载歌载舞的欢乐场面。它在一定程度上表现了制陶者对生活的感受,为研究我国原始装饰艺术和舞蹈史提供了极其珍贵的实物史料。

植物纹饰在彩陶中亦有较多出现,但极少有写实的形象,大多以夸张的手法表现枝叶、花朵、稻谷等,其中有很多与几何纹样相结合,形成新的图案,也有了新的意趣。

发展进程之黑陶:龙山文化,因1928年首次在山东省济南市历城县龙山镇城子崖发现而得名,距今4 000~3 500年。它分布地域较广,在河南、陕西、河北、江苏、辽东半岛等地陆续有所发现。龙山文化是大汶口文化的延续,除器物类型多外,黑陶是其代表作品,有"黑如漆,薄如纸"的美称。其制作工艺特征是所取陶土经淘洗,采用陶轮制坯,胎薄而均匀,晾干后入窑以 1 000℃左右的高温来烧,在烧窑的后期加进适量的水,使窑内产生大量的浓烟,烟中的碳黏附在器物的表面上,渗入坯体的孔隙,烧成的陶器便呈黑色。黑陶中最精美的产品是采用快轮制坯的黑陶器,它既薄又光亮,被称为"蛋壳陶"。薄如蛋壳的高柄杯是龙山文化制陶工艺达到很高水平时的代表作。

值得注意的是,在这一时期,已有烧成温度较高的白陶器,有些白陶器在敲击时可以发出类似瓷器的金石声。

发展进程之阶段总结:综上所述,我国新石器时期,在黄河流域、长江流域等地区都有新石器文化遗存,构成当时的人类文明。而属于裴李岗文化、磁山文化、河姆渡文化的红陶,属于仰韶文化、马家窑文化的彩陶,属于龙山文化的黑陶和灰陶等,都体现了中华民族先民的聪明才智,代表了新石器时代文化发展的成就。据 1961 年《新中国的考古收获》中介绍,新石器时代文化遗址分布很广,总数在 3 000 处以上。虽然当时各地发展是不平衡的,但其内涵是一脉相承的。

发展进程之商、周时代:原始陶器发展到商代,生产力提高,经济发展,促使社会更细地分工,制陶不仅成为独立的行业,而且制作工艺逐渐达到较高的水平。制陶方法由新石器时期的手捏法、泥条盘绕法发展到轮制法。这一时期以生产灰陶为主,后期生产多为白陶和印纹陶,其中白陶最具代表性。经鉴定,白陶的化学成分很接近制瓷的高岭土,烧成后,器物表里均呈白色,质地坚硬,造型与修饰借鉴了同期青铜器艺术,庄重精美,极富艺术性,在当时就很名贵。商代的建筑已经开始使用陶制水管和建筑用瓦,至于陶制工具更是使用广泛,如捕鱼网用的陶坠、狩猎用的陶弹丸、纺织用的陶纺轮,以及制造青铜器用的陶范、陶模等。这样,陶器一词的含义也就远远超过了器皿的范围,甚至还另立门户,自成一个系统。例如专为随葬制作的"明器"便是其中一种。明器即"神明"之器,也称"冥器"。它是人类信仰的产物,即活着的人相信死者的灵魂是不会消灭的,死后必将在另一个世界里重新恢复生活,因而把他生前使用过的或者喜欢用的东西,照样仿制出来,埋在墓葬里。

西周是印纹硬陶发展的兴盛时期。硬陶比一般陶器的胎质坚硬,已基本接近原始瓷。其胎色呈紫褐、黄褐或灰褐色,装饰时用模具将纹样在器物表面拍印,大多是云雷纹、波浪纹、回纹、夔纹、折曲纹等几何纹样。因其坚固,用途较广,大多数为贮藏器,如瓮、罐、盆等。西周至战国时期这种印纹陶器盛行于长江下游地区和福建、台湾、广东、广西等地区。

发展进程之秦、汉时代:在此阶段,制陶业不论是生产规模还是数量、质量,都超过前代。这一时期是我国陶瓷发展史上的一个重要时期,也是社会经济、文化、历史的重要变革时期,出现了陶仓、陶社、陶楼阁等与社会生活密切相关的各种陶器和各种仿实物的人俑、兽俑、技乐俑等。而最具这一时期特色的当属"秦砖""汉瓦"。秦砖的质地严实紧密,素有"拾秦砖为砚"的说法。汉代以用瓦精美而闻名,有青龙、白虎、朱雀、玄武四神瓦当和植物、鸟兽、昆虫和文字瓦当等,其造型浑朴大方,变化无穷,令人赏心悦目。

秦 兵 马 俑

被誉为"世界奇观"的秦陵兵马俑,于1974年在陕西临潼秦始皇陵东侧西杨村被当地农民打井时发现,仅在一号坑内就发现了6 000多个陶制武士。前部有3列横队为前锋,后有30路纵队和几千名身披铠甲、排列整齐、体形高大的陶制兵俑队伍,簇拥着战车,浩浩荡荡向东方进发。兵马俑中有稳重威严的将军,有姿态生动的武士,他们或持剑而立,或跪膝执弓,个个虎背熊腰,目视前方。秦兵马俑震撼人心的艺术力量,更多来自强大的阵容和磅礴的气势,这种群体雕塑的艺术成就堪称举世无双。今天看来是灰色陶土的兵马俑,原来都有艳丽的色彩。由于时间久远和深埋地下,大部分颜色已经脱落,但个别俑身部分的彩绘颜色还是保留下来了。武士俑身着绿色短袍,外披黑色铠甲,下穿蓝色长裤,足蹬黑靴,也有红袍、黑甲、绿裤、黑靴,颜面与手为粉红色。后又在秦俑二号坑内发掘出一武俑为绿色,实属罕见。

秦兵马俑的成功烧制,表明这个时期的烧制水平是空前的,是当时文化艺术的结晶。

汉代制陶的又一杰出成就是釉陶的出现。釉陶的胎质是普通的陶土,多为橘红色,釉中加入易熔的铅,所以又称为"釉铅陶"。釉面光亮平整,而且美观,色彩有柔黄、深褐、翠绿,以绿色为多。汉代铅釉的烧制成功是陶瓷史中的光辉一页,它为后世的"唐三彩"及明、清彩瓷问世开辟了道路。

发展进程之三国、两晋、南北朝时期:随着社会经济的发展和科学技术的进步以及新材料的不断出现,加之本身有某些不可克服的缺点,陶器慢慢地失去了昔日的重要地位,取而代之的是"本是同根生"的瓷器和类似玻璃的琉璃、低温铅釉的釉陶和紫砂陶器等。

发展进程之隋唐时代:在这一时期,人们承继了前代衣钵又有独特的创造,使衰落很长一段时间的彩陶工艺有了新气象。隋代仅存在30余年,但在陶俑塑形上较为出色。女俑窄袖长裙,身体修长;男俑广袖长袍;武士俑张口怒目,威风凛凛。其中有些已开始上釉以代替彩绘。动物塑形亦生动可爱,马和骆驼的形象刻画较为写实,动作协调,神态逼真,而且出土数量较多。

唐 三 彩

唐代经济繁荣,国家空前强盛,陶瓷工艺成就显著。

唐三彩是在汉代"低温铅釉"基础上和隋代以前的"青瓦陶胎粉彩"和"单色釉彩"的基础上发展起来的。唐三彩属于低温釉陶系统,以其造型生动、色泽艳丽、生活气息生动浓厚闻名于世,代表了盛唐时代的雄奇典雅、雍容华贵。所谓"三彩"实际上是指多种颜色,主要有黄、白、绿、红、褐、蓝、黑色等,因其以黄、绿、白(又一说以黄、绿、蓝)为主色,故称"三彩",又因创烧于唐代而得名"唐三彩",盛行于洛阳、西安一带。

唐三彩可分为两大类:一类是俑,另一类是器物。它是用白色黏土作胎,经800℃~950℃素烧之后,将铜、钴、铁、锰、镍等呈色元素加入铅釉中并施于器物表面,再入窑焙烧而成的。凡烧成色为褐红、浅黄的是铁元素呈色,绿色的是铜元素呈色,蓝色的是钴元素呈色,而白色的则是以铅与含铁量低的白色黏土所配成的不着色剂。釉料中配以大量的铅化合物,以降低釉料的熔融温度,增加色泽的光亮,使釉色自然调匀流淌,互相浸润,色彩斑斓、瑰丽、晶莹剔透,观之赏心悦目。

发展进程之宋、元、明、清时代:在陶器制品中还有一种琉璃器,早在战国时已经出现,隋唐时期和辽代较为流行,至明代使用更为普遍。始建于北宋仁宗年间的著名的开封开宝寺塔,因塔全部用褐色琉璃砖砌成,远看似铁色,故人们又称之为"铁塔"。琉璃是以铅硝为助熔剂烧成的色釉陶。4世纪初,铅釉用于建筑称为"琉璃"。用于宫殿建筑上的有琉璃瓦,以及琉璃兽、龙虎、武士等,元、明、清时代还烧制了带纪年的琉璃香炉、牌坊、照壁、楼阁、神龛等,以清代建于北京故宫、北海的九龙壁最为著名。

【相关链接】

江苏省宜兴的紫砂制品

紫砂制品最早见于宋代,至明、清时代有了很大发展。宜兴古称阳羡,很早就出现了用丁山和蜀山的泥土制作的紫砂壶。紫砂器是用质地细腻、含铁量高的紫色、红色、淡黄色陶土,塑形后经1 000℃~1 250℃高温烧制而成的无釉细陶器,呈赤褐、浅黄或紫黑色,以造型美观,色彩古朴、淡雅,质坚而薄负有盛名。紫砂茶具胎壁无釉多孔,有较强的吸附力,泡茶不失原味,用久以后,即使不放茶叶,也有茶香。紫砂茶具用久自发暗光,温润适手,具有传热慢、不烫手、耐热性能好、不走形、不裂等特点。

明嘉靖年间,紫砂艺人龚春把中国紫砂器推进到一个新的境界。龚春成为宜兴紫砂制作的一代宗师,其作品被称为"供春壶"。时有"供春之壶,胜于金玉"之美称。清代中期"西泠八家"之一的陈鸿寿在紫砂壶的设计制作过程中,将书法、绘画等艺术汇集于紫砂壶上,成为紫砂壶制作历史上的又一个里程碑。此后,书法、绘画集于紫砂壶的习俗沿袭至今。

(二)瓷器博物馆

瓷与中国:瓷器是我国古代劳动人民的一项伟大发明。就其对人类生活的影响和世界文明的进程来说,其意义不亚于指南针、火药、造纸术和印刷术。自汉唐以来,中国瓷器就逐渐输出到世界各地,深得各国人民的喜爱,一些国家的人民就是通过瓷器认识中国的,所以英语中的"中国"和"瓷器"是同一个词。

发展历史:瓷器由陶器发展而来,但与陶器又有本质的不同。主要区别在于:陶器的胎料是普通的黏土,瓷器的胎料是瓷土,即高岭土(有的是用石英或长石和莫来石经粉碎成末状为胎料);陶器的烧成温度一般在 900℃左右,瓷器需要 1 200℃~1 300℃才能烧成;陶器不施釉或施低温釉,瓷器则多施釉;陶器由于胎质粗松,断面吸水率高,瓷器则经过高温焙烧,胎体坚固致密,断面吸水率不足 1%或不吸水,敲之会发出清脆的金属声音。

关于中国瓷器发明的时期,目前国内外陶瓷学界还在探讨。我国陶瓷学界普遍认为早在 3 000 多年前的商代,我国已出现了原始青瓷。从商代至战国,瓷器制作还处于原始阶段,到东汉时期,青瓷的烧造技艺逐渐成熟,其间经历了 1 000 多年的时间。由此,瓷器的发明和发展经历了从低级到高级、从原始到成熟逐步发展的过程。

我国商周时期已能制造原始瓷器。1965 年河南省郑州市铭功路西侧一座商代墓葬中出土的一件青釉大口尊,标志着中国瓷器的诞生。该尊以高岭土制坯,器表施高温釉,经 1 200 ℃以上高温焙烧而成,胎质坚硬,基本烧结,吸水率在 0.5%以下,叩之有清脆的金属声,经化验已符合瓷器的标准。因其带有明显的原始性,故称“原始青瓷”。

进入东汉以后,原始瓷器的品种和纹饰都有变化,特别是罐等日常生活器皿,烧造量迅速增加,表明原始瓷器开始转向实用。东汉晚期,开始出现成熟瓷器。

东汉时期,常见的器型有碗、盏、盘、钵、洗、壶、钟等,此外,还有少量的砚、唾壶及五联罐。它为此后的三国、两晋、南北朝瓷业的发展奠定了坚实的基础。

三国、两晋、南北朝时期的 360 多年间,我国封建社会处于大动荡的历史时期,中国北方连年兵祸,经济凋敝,手工业极端衰落。而南方较为安定,这为制瓷业的发展创造了有利条件,并为制瓷工艺取得很大成就奠定了基础。其主要成就是:瓷业迅速发展,瓷窑遍布大江南北;工艺技术不断改进和创新;窑炉、窑具与装烧技术不断改进与提高;瓷器花色品种增加,使用范围广;南方青瓷和北方白瓷出现。

瓷器在隋、唐更为普及,尤其是唐代,瓷器烧制技术迅速发展,瓷制的茶具、餐具、酒具、文具以及使用的瓶、壶、罐等各种器皿几乎无所不有,瓷器的器类品种与造型新颖多样,制作精细,远远超越前代。

唐代瓷器烧制技艺不断发展,形成了以浙江越窑(浙江省上虞、余姚、慈溪等地)为代表的青瓷和以河北邢窑(河北省内丘县)为代表的白瓷两大瓷窑系统,一般以“南青、北白”概称之。

唐瓷在造型上总的特点是浑圆饱满,小中见大,精巧而有气魄,单纯而又不乏变化,以其造型艺术的雍容大度和线条艺术的曲直有致、流利酣畅、柔和一体来表现时代风格。1978 年 4 月陕西省扶风县法门寺出土的“秘色瓷”为越窑的代表瓷,它是唐代制瓷业的高精尖产品。

唐代的瓷器也受到了西亚、波斯文化的影响,出现了新器形、新器类。北京故宫博物院收藏的一件“龙柄凤头壶”,造型巧妙,器身堆贴瑰丽纹饰,壶盖塑成一个高冠、大眼、尖嘴的凤头与壶口相合,由口沿平底部连以形状生动活泼的蟠龙柄,就是吸收了外域文化的因素,但又十分自然地融进了中国本土的艺术风格。

值得注意的是,长沙窑首创了胎上画彩,然后上釉,高温烧成釉下彩的新技术。在扬州发现的唐代青花瓷是我国迄今为止最早的青花器,是当时的陶瓷装饰的一项划时代的革新,为富有中华民族特色的元、明、清青花瓷的大发展打下了良好的基础。

宋代是我国制瓷工艺百花争艳的时期,瓷窑遍及大江南北,品种繁多,除青白两大瓷系外,黑釉、青白釉和彩绘瓷纷纷兴起,举世闻名的五大名窑——官、钧、汝、哥、定产生于这个时期,产品为后世所珍重。耀州窑、磁州窑、景德镇窑、龙泉窑等也各领风骚,烧制出的产品风格独特。

宋代制瓷工艺在我国陶瓷史上的最大贡献是为陶瓷美学开辟了一个新的境界:汝窑制品有汁水晶莹如堆脂的质感;定瓷制品有图案工整严谨的印花;官窑、哥窑制品满布断纹,显现了有意制作的缺陷美、瑕疵美;钧窑的海棠红、玫瑰紫灿如晚霞,有变化如行云流水的窑变瓷;还有耀州瓷有犀利潇洒的刻花;景德镇青白瓷的色质如玉;磁州窑的白釉有釉下黑花;黑釉有油滴、兔毫、鹧鸪斑、玳瑁等斑驳多姿的结晶釉和乳浊釉;龙泉窑翠绿晶润的梅子青更是青瓷釉色之美的极致。

如果说宋代是一个没有烧造中心的时代,那么宋代以后的瓷业则是以景德镇为中心的窑业。元代制瓷工艺在宋代基础上继续发展,并有种种突破性的成就。首先,中国瓷器历来"重釉而轻胎"的倾向一直贯穿至宋代,元代方才开始实现由软质瓷向硬质瓷的飞跃,由此而提高了烧成温度,减少了器物的变形,因而能烧造出许多颇有气势的大型作品。其次,青花瓷的烧成使中国绘画技巧与制瓷工艺的结合更趋成熟,具有极强的民族特色,在我国的陶瓷发展史上,最具特色的青花瓷器占有极其重要的地位。所谓"青花"一般是指应用钴原料在瓷胎上绘画,然后施上透明釉,在高温下一次烧成的呈蓝色花纹的釉下彩瓷器。目前的研究表明,青花瓷器起源于唐代,在元代正式烧制成功。它的着色力强,花色鲜艳,呈色稳定、不褪脱,画面明净,有中国传统水墨画的效果,而且实用美观。所有这些特点是其他瓷器无法匹敌的。最后是颜色釉的烧制成功。高温烧成的卵白釉、红釉、蓝釉等是熟练掌握了各种呈色剂的标志,从而结束了元代以前瓷器的釉色主要是仿玉类银的局面。

元代景德镇窑取得的成就为明、清两代该地制瓷工艺的高度发展奠定了基础该地也因此在日后成为全国的制瓷中心,赢得了"瓷都"的美誉。

明清时期的瓷器是我国4 000年来陶器艺术的一个总结。从明代开始,"天下窑器所聚"至精至美之瓷,莫不出于景德镇。这一时期,景德镇的青花、白瓷、彩瓷及单色釉瓷等品种繁花似锦,五彩缤纷。而且,还把自两汉以来发展的低温色釉充分地运用于制瓷的彩绘与烧制工艺之中。在宋元的基础上,制瓷工艺技术在明清时期又有了很大发展,达到历史的最高水平。除正式开设的官窑"御器厂""厂官窑"烧制的御用瓷器外,民营瓷业也蓬勃地发展,形成了"官民竞市"的欣欣向荣的局面。景德镇发展成为全国的制瓷中心。

从明初到成化、弘治时期,在瓷器造型上总的倾向是改变了元代的厚重、粗大的风格,而趋向于轻灵洒脱。明代瓷器装饰最主要的手法是彩绘,以彩绘的图案为主。纹样有植物纹、动物纹、云纹、四纹、八宝、八卦、钱纹、锦地和梵纹、波斯纹等。比较常见的是用牡丹、菊、莲、灵芝、花果和宣德时期特别盛行的牵牛花等作为主题花纹,并配以莲叶、如意云头、缠枝莲、仰莲或覆莲等辅助纹饰构成图案。明代后期普遍出现杂宝图案。

中国的陶瓷手工业发展到清代的康熙、雍正、乾隆三朝,进入我国陶瓷史上的黄金时代。特别是各种彩色地加彩绘的综合装饰,其中有青花、釉里红、五彩、粉彩和斗彩等多个品种,从而形成了精细而俗艳的时代特征。

总之,中国的瓷器不仅是可供实用的物质器皿,而且在造型、色泽和装饰等工艺方面具有极高的美学鉴赏价值,可谓实用与观赏相结合,技术与艺术相交融。

(三)青铜器博物馆

概念的导出:青铜是指红铜和其他化学元素的合金。如铜与锡的合金为锡青铜,铜与铅的合金为铅青铜,其他还有铅锡青铜、镍青铜、磷青铜等。青铜作为一种合金,硬度高,光泽好,抗腐蚀性强。它不像甲骨、陶瓷器那样容易破碎,也不像古书画那样难以保存,它比较坚固,便于长期收藏保存,因而受到公私收藏家的青睐。它形态各异,有优美的线条,身上装饰着多彩的花纹,更增添了几分妩媚。这些是甲骨、瓦当、墓志等无法企及的,也是世界上所有国家与地区的青铜器所具有的共同特点。

发展历程:我国古代青铜器滥觞于夏代,繁荣于商、周,衰落于秦汉。从其发展脉络看,每一时期都是前后承袭的,同时又各具独特的风格和特征,并与历史、冶金、文学以及造型艺术有着相当密切的联系,因而中国古代青铜器历来在国际上享有盛誉,尤其是先秦时期的青铜器。

【相关链接】

中国青铜器的特点

1. 数量多

中国青铜器究竟有多少？没有做过精确的统计,原因在于它的数量太多,到处都有,难以确知。至今汉代出土的青铜器仅仅有铭文的就有 1 万件以上。而有铭文的青铜器毕竟是少数,反过来推算没有铭文的青铜器,其数量之多,就可想而知了。数量多,本身就是一种魅力。

2. 造型丰富

青铜器的种类有:酒器、食器、水器、乐器、兵器、农具与工具、车马器、生活用具、货币、玺、印等。单在酒器类中就有爵、角、尊、壶、卣、勺、禁等 20 多个器种,而在商代,爵的不同式样就达十四种之多。每一种器种在每个时代都呈现不同的风采,同一时代的同一器的式样,因地区不同也有差异,可谓百花齐放,五彩缤纷。

3. 精品极多

在商末周初,青铜器制造处于顶峰阶段,器物制作工艺精湛、形制瑰异、花纹繁复、富丽堂皇。如 1939 年 3 月出土于河南省安阳市侯家庄武官村吴玉瑶家农田中的"司母戊大方鼎",以其巨大而闻名于世。它高 133 厘米,重 832.84 千克,形体宏伟。在奴隶社会的商代能制作出如此巨大的铜鼎实属不易,体现了商代先民青铜铸造技术的高超水平。又如"虎食人卣",造型十分逼真生动,从提梁至三个支点,遍体都是花纹,铸造精致,堪称国宝。

4. 铸刻有文字

青铜器上的文字即我们通常所说的金文(亦称钟鼎文)。这是中国青铜器的一个显著特点。世界各地的上古青铜器绝大部分没有铸刻铭文,只在印度河流域地区发现了少量刻有铭文的器具。青铜器铭文从商代中期开始出现,起初只有几个字,商代晚期铭文开始增多,西周时期是铭文大发展时期。如毛公鼎铭长达497字,是铭文最长的青铜器。这些铭文书体或粗犷、或瘦劲、或工细、或秀美,是古人的真实手迹。它与古籍相比,有着很多优点,其真实性、可靠性更强,可以补充和印证古史。

5. 铸造工艺方面有自己的特殊传统

外国铸造青铜器用失蜡法。失蜡法的范可以用几次,可产生一批形状花纹完全一样的青铜制品。而在夏、商、周、春秋时期,人们铸造铜器时所采用的是合范法(有专家认为,在商周时期,有一小部分铜器用失蜡法铸造)。合范法的特点是一范只做一件,大件铜器需要几范才能铸成。因此,大部分青铜器的面目都不重复,是独一无二的。这无疑提高了中国青铜器的观赏价值。

五、中国特色博物馆简介

(一) 北京自然博物馆

北京自然博物馆位于北京市东城区天桥南大街,是1949年以后创建的第一座自然科学类综合博物馆,1959年10月1日正式对外开放。自然博物馆有四个基本陈列室和一个恐龙世界博览厅。馆藏文物、化石、标本10余万件,大型整体古哺乳动物化石数量居世界第二,黄河古象化石、恐龙化石名扬海内外。"动物陈列"按系统发育顺序展示了现实主要动物类群,反映了动物界从单细胞到多细胞、从水生到陆生、从简单到复杂的演化历程。"植物陈列"展示了原核生物的细菌、蓝菌,真核生物的藻类、真菌、裸子植物、被子植物等的大量标本及生态照片,展现了植物的多样性,再现了植物演化的历程,反映了植物对动物、人类的生存所具有的不可缺少的作用。"古生物陈列"踏着史前生命的足迹,通过大量的化石标本展示了脊椎动物从水生到陆生、由变温到恒温、由卵生到胎生的演化历程。"人之由来陈列"展示了由猿到人的历史进程,以及个体的人十月怀胎的诞生过程,勾画出人类自身的发展轨迹。"恐龙世界"利用高科技手段将恐龙复原,配以声光电,让观众仿佛回到了亿万年前的远古生态环境中,因而这里也成为了孩子们的乐园。

人类拥有地球,地球养育了世间的万物生灵。热爱我们的家园,就必须用科学的态度和方法了解这块热土上的自然历史变迁。自然博物馆将帮助人们重溯自然界的轨迹。

(二) 中国航空博物馆

中国航空博物馆坐落在风景秀丽的京郊昌平区小汤山,它北邻十三陵、八达岭长城,南接亚运村,西与八达岭高速公路相通,东有立汤快速路和京城相连,交通便利快捷。航空博物馆是一个以飞机文物为主体的亚洲最大的、世界屈指可数的航空珍品荟萃地。

（三）三星堆博物馆

三星堆博物馆位于全国重点文物保护单位——三星堆遗址东北角,地处历史文化名城四川广汉城西鸭子河畔,南距省会成都约 40 千米,北离新兴工业城市德阳约 25 千米,是我国一座大型的现代历史博物馆。博物馆于 1992 年 8 月奠基,1997 年 10 月落成开放。馆区占地 20 公顷,主馆面积 7 000 平方米。馆体外形追求与地貌、史迹及文物造型艺术相结合的神韵,融原始意味和现代气息于一体,力图表现三星堆文化的苍古雄浑及三星堆文明的博大精深。

馆内展厅面积达 4 000 平方米,展线长逾 800 米,以"古城古国古蜀文化陈列"为主体内容,全面展示三星堆遗址及遗址内一、二号大型商代祭祀坑出土的陶器、玉器、骨器、金器和青铜器等上千件珍贵文物。

三星堆文物是具有世界影响的文物,在中国浩如烟海、蔚为壮观的文物群体中,属最具历史科学文化艺术价值且最富观赏性的文物群体之一。陈列充分运用各种现代表现手法,通过精心的空间组合,力求在内容设计和艺术形式上有所突破和创新,旨在使三星堆这一大批精华荟萃的文化瑰宝在博物馆这座神秘梦幻般的艺术殿堂得到充分展示,文物内涵得到更深的发掘,从而使更多的观众熟悉中华历史,热爱中国文物。博物馆集文物收藏保护、学术研究和社会教育等多种职能于一体,采用现代化科学手段进行管理。

（四）中国地质博物馆

中国地质博物馆坐落在北京西四羊肉胡同,是我国规模最大、成立最早的全国性地学博物馆,也是亚洲最大的综合性地学馆。它于 1959 年 10 月正式开馆。该馆前身可追溯到 1916 年农商部地质调查所创建的地质矿产陈列室。馆内基本陈列由"矿产资源""地球史""地层古生物""矿物岩石""宝石"等几部分组成。藏品丰富,品种齐全,共有中外各种类型地质标本 10 万余件,其中不乏古今中外地质珍品,还有不少国宝级珍品,如世界上最高的恐龙化石——巨型山东龙,还有对研究鸟类起源有重要价值的原始鸟化石及在周口店发掘出的石器、石珠、骨针等。展览通过矿物岩石的性质构造及其成因、地质演化史以及自然环境的变迁与古生物的演化过程等内容,展示了一幅宏伟的地球史画卷。地壳运动、火山爆发、大陆漂移,这一切表明地球是一个有生命的实体,它不仅孕育了万物生灵,还奉献给人类无尽的宝藏。馆内还拥有一个汇集奇珍异宝的殿堂,它不仅使人们领略到金刚石、猫眼石、祖母绿、和阗玉等宝石的熠熠风采,而且为人们揭示了宝石的迷人之处——光学效应。中国地质博物馆不仅让人们认识到祖国地大物博、矿产丰富,同时也让人们认识到珍惜自然资源、保护自然资源、更好地利用自然资源的重要性。

第三节　主题公园导游

一、主题公园导游必备常识

（一）主题公园概念

主题公园是指充分利用现代科学技术和手段,按某一个主题或多个主题,将各种可力的自然或人文现象融合起来,是具有鲜明特色的,以娱乐、消遣、增长知识的现代人造景观。主题公园起源于游乐园。随着旅游业的发展和科学技术的题公园越来越多,高科技的融入,也使其种类日益增多,出现了缩影公园、梦幻万史街区、小人国、艺术宫、蜡像馆、电影城等多种形式的主题公园。充分展示了科技进步的成果,主题公园已成为现代旅游业重要的组成部分。

(二)主题公园的特征

1. 产品性

主题公园是纯商业性的人造景观,因为它大多是由企业投资筹建的,以营利为目的,利用各种商业手段和技巧来赢得利润。对企业来说,主题公园就像企业众多产品中的一个,它一经投放市场,就要经受市场的考验,就要遵循产品的进入、发展、成熟、衰退等生命周期规律。

2. 大众性

主题公园在功能设计、审美设计上力求符合大众求新、求奇、求异的心理,更追求一种轻松、快乐、热闹的氛围,这符合各种年龄阶段、各种层次人们的需求,大众消费的"群体效应"使主题公园与传统旅游相比更注重在大众传媒中的形象塑造。近年来、随着"旅游热"不断升温,拥有一个轻松的生活,追求一种轻松的娱乐方式,成为现代人的普遍追求。主题公园的出现符合了这种旅游趋势。

3. 娱乐性

同传统旅游景区和公共园林更注重欣赏性相比,主题公园追求的是较强的娱乐性。它利用一些现代的高科技的设施来带给人们兴奋感、刺激感,并做到老少皆宜,让各类型的消费者自然而然地参与进来。因此娱乐性成为主题公园的重要特征。

4. 艺术性

主题公园同园林一样,是在一个有限的空间内表现一个或多个主题。如何更充分地利用空间,更有力地展示主题,就成为一个非常重要的问题。主题公园又不同于园林,利用有限的空间体现更高的艺术性,利用别出心裁的设计带给投资者带来更大的利润是设计者的最终目的。因此,主题公园在深刻挖掘主题的同时也十分重视它带给人们的艺术上的享受。

【提示】

主题公园的基础是科学技术的支撑,其目的是满足人们的新奇感和娱乐需求。因此在导游服务和讲解中,应把握游客新、奇、乐的旅游动机要求,更要做好安全提示和服务工作。

(三)主题公园的分类

1. 以地域或特色文化为主题

这一类型的主题公园着眼于展示一种文化,让旅游者在有限的空间和时间内了解一种或多种文化,具有较强的文化性。一部分以展示异域文化为主题,如日本的"希腊王国""荷兰村"、中国深圳的"世界之窗"、中国北京的"世界公园"等;一部分以展示民族文化为主题,如美国的迪士尼世界和"美国大街"、中国深圳的"中国民俗文化村"和"锦绣中华"、日本的"明治村"等;还有以展示地方历史文化为主题的,如美国迪士尼世界的"拓荒者"、中国北京的"老北京"、中国无锡的"吴文化公园"、杭州的"宋城"、昆明的"古滇欢乐城"等。

2. 以科技为主题

这种类型的主题公园往往采用现代先进的科技手段,通过制造现代化的景观和娱乐设施来满足人们求新求奇的心理,具有较强的娱乐性。如美国迪士尼世界的"明日世界"、中国上海的"太空城"、日本的"读书园"等。

3. 以童话及神话传说为主题

如美国"迪士尼世界"和"奇幻王国"、日本东京"迪士尼乐园"等。

4. 以小说历史故事等为主题

如大观园、三国城等。

需要说明的是,世界范围的主题公园的类型远不止这些,由于篇幅有限,在这里我们不再一一赘述。

(四) 主题公园的组成要素

1. 游乐设施

游乐设施是主题公园内最基本也是最重要的组成内容。为了延长主题公园的生命周期,主题公园利用高新技术不断更新游乐设施,从而使游乐设施更具多样性、娱乐性。如被誉为法国主题公园典范的未来公园引进了飞毯式电影、多屏幕电影等多项先进的影视技术,受到了国内外旅游者的青睐。

2. 商业设施

主题公园以娱乐项目为主体,带动配套设施。如美国迪士尼乐园不仅是一个游乐园,更是一个颇具特色的饮食乐园,还是一个种类丰富的购物乐园。

3. 服务设施

完善的后勤服务设施和技术服务设施是主题公园必不可少的硬件。如存物处、失物招领处、婴儿中心、迷失儿童招领和问询处、婴儿车出租、医疗中心、残疾人服务等都是必不可少的。其他设施诸如奥兰多迪士尼乐园有地下废物处理系统,用以处理公园每天产生的垃圾、废水等废弃物。

【相关链接】

中国的主题公园

我国的主题公园类型包括:以世界景观和风情为主题的公园,如深圳世界之窗、北京世界公园、上海嘉定梦幻世界、广州的世界风情园、杭州未来世界、天津的小世界等;以中华民族风情为主题的公园,如深圳中华民俗文化村、广西漓江风情园、云南民族村等;以中国历史文化和仿古建筑为主题的公园,如北京的大观园、深圳的锦绣中华、珠海的圆明新园、山东淄博的齐国秘史馆、四川成都的巴蜀文化园、北京的老北京微缩园等；以影视拍摄基地为主题的公园，如浙江横店影视城、甘肃敦煌影视城、西安影视城等；以动物世界为主题的公园，如各地的野生动物园、海洋馆等；以农业为主题的公园，如海南水殖公园等；以休闲娱乐为主题的公园，如深圳的欢乐谷、广州长隆乐园等。

值得一提的是，1999 年在云南昆明举办的世界花卉博览会使昆明世博园成为一个以花卉为主题、融合了中外园林建筑的主题公园。世博园的出现，为我国主题公园增加了一种新的类型，目前已成为国家 AAAAA 景区。

二、主题公园导游讲解要求

（一）突出主题

每个主题公园都有一个主题或一个突出主题兼有几个副主题。导游讲解应明确主题。例如，杭州宋城的主题是再现宋代历史，云南民族村的主题为展示云南多民族文化特色，深圳世界之窗的主题是让人不出国门周游"世界"等。导游的知识学习、介绍应围绕主题来进行。

（二）强化娱乐

主题公园的宗旨是通过人工创造，展示特色文化与娱乐融合的旅游目的地。在导游讲解中应尽可能避免生硬的"文化"灌输。

（三）注重参与

主题公园中往往开设了较多旅游者可以参与的项目，因此导游员要了解各项目的内容、程序、特色等，带领旅游者参与他们感兴趣的娱乐活动。

（四）传播文化

主题公园都有突出的文化内涵。导游讲解要突出文化特色，延伸内涵解说，有针对性地向旅游者传播优秀文化。

【导游范例】

昆明世界园艺博览会会址——昆明世博园导游计划

（1）世博会简介：主题、会址、定义、宗旨、级别、会徽、游览路程及时间、吉祥物、基本布局等。

（2）游览线路：花钟、花园大道（花船、花柱）、世纪广场、中国馆、人与自然馆、中国室外展区、大温室、树木园、茶园、国际室外展区、国际馆、科技馆、药草园、盆景园、蔬菜瓜果园、竹园等。

（3）主题：人与自然。

（4）副主题：园林、园艺、中国建筑、中国各省特色区域文化等。

（5）讲解方法：根据游客和讲解具体事物有机组合的讲解方法。

【导游范例】

深圳锦绣中华导游片段

各位游客,今天我们将要参观的是名列中国 40 佳景区之一的深圳锦绣中华。它占地 30 万平方米,是中华民族 5 000 年历史文化和数万平方公里锦绣河山的荟萃和缩影,也是目前世界上面积最大的实景微缩景区。其 82 个景点均按中国版图位置分布,大部分景观是按照 1∶15 的比例复制的,生动地再现了中国各民族风格迥异的建筑、生活习俗和风土人情。"一步迈进历史,一日畅游中国"是锦绣中华的生动写照。景区内还有一个综合服务区——苏州街,这里保留了中国传统商业街坊的特色,可以吃到京、川、苏、粤等地的风味小吃,还有民间手工艺制作表演及各种手工艺品、土特产品可供选购。下面我们先一起参观各微型景观吧……

请看,"天坛"已经展现在我们面前……

本章小结

红色旅游是弘扬革命传统,传承红色文化的主题旅游活动;博物馆是地域和特色文化的展示区;主题公园是概念性文化的体现场所。导游员要能根据旅游者的需要引导旅游者进行游览,并精心解说。

复习思考题

1. 什么是红色旅游?
2. 中国的博物馆是如何分类的?
3. 主题公园有哪些特征?
4. 主题公园导游的要求是什么?

实训项目

1. 模拟导游讲解博物馆或主题公园。
2. 结合当地实际,针对中学生撰写一份红色旅游导游词并讲解。

拓展阅读

资料:澄江化石地自然博物馆导游讲解

资料：省级非遗纸伞制作技艺

资料：紫陶博物馆（建水紫陶烧制技艺）

17

第十七章 城镇旅游、工业旅游、农业与乡村旅游及研学旅行导游

学习目标

1. 熟悉城镇旅游、工业旅游、农业与乡村旅游的基本常识。

2. 了解城镇旅游、工业旅游、农业与乡村旅游的规律。

3. 掌握城镇旅游、工业旅游、农业与乡村旅游导游讲解方法。

4. 了解研学旅行、研学旅游的概念及相关导游服务。

5. 通过学习,让学生了解中国社会经济发展的巨大成就,增强学生的自豪感和使命感。

6. 引导学生树立和践行"绿水青山就是金山银山"的生态环保理念。

7. 引导学生了解旅游与学习、旅游与教育的关系,增强学生的使命感。

教学建议

城镇旅游、工业旅游、农业旅游是既古老又现代的旅游活动,涉及较多的专业知识,因此,在教学中,教师除了自己要掌握专业常识外,还可以结合当地的情况聘请专家做专题讲座,选择典型城市景观、工业企业及特色乡村做示范性教学。

教师向学生介绍研学旅行中导游与研学指导师的关系,选择典型游览点,做研学旅行导游服务示范。

【关键词】

城市旅游　工业旅游　农业旅游　乡村旅游　研学旅行　导游讲解

第一节　城镇旅游导游

一、城镇的形成与发展

城市的出现是人类走向成熟和文明的标志,也是人类群居生活的高级形式。城市既是一个景观、一片经济空间、一种人口密度,也是一个生活中心和劳动中心;更具体点说,也是一种气氛、一种特征或者一个灵魂。

城市为旅游发展提供了基础和空间,城市是旅游目的地建设发展的基础,旅游促进了城市发展。根据近 10 年我国城市发展的相关数据分析,GDP 排名靠前的 100 个城市中绝大部分是旅游城市。从旅游与城市发展的历史来看,旅游与城市发展是一种互动共赢的关系。

城市是进出一个地区的门户和窗口。一个特定区域的形象往往是在这个特定区域的中心城市表现出来的,如人们往往从一个国家的首都认识一个国家区域的首府,如省会,往往也就成为这个省或区的形象代表。城市的发展目标与城市旅游发展相互依存。城市是当今社会人类主要的聚居地,是社会经济和文化的主要载体,城市建设和管理水平的高低直接影响了城市及其辐射区的经济发展水平、市民生活环境和社会可持续发展。城市已经成为一个国家或地区形象的标志。

现代城市已经不是“城”与“市”的简单结合,相对于乡村而言是一个大型永久性聚落,在我国是指经国家批准设有市建制的城镇,不够设市条件的城镇叫镇。目前,由于世界各国社会经济发展存在较大差异,尚未形成全球统一的城市标准,当前有代表性的城市界定标准主要有四种:一是按行政地位界定,印度、埃及、巴西等国把行政地位较高的行政机关所在地确定为城市,其目的是增强行政管理力度。二是按人口数量和人口密度界定。加拿大将人口在 1 000 人以上,或人口密度达到每平方公里 500 人以上的居民点规定为城市,还有一些国家将人口数量和人口密度结合起来作为城市的界定标准。三是按非农业人口比例界定,中国、荷兰等国都将非农业人口比例作为城市界定的标准。四是按服务设施界定,某些国家将服务设施及水平作为城市界定的主要辅助性指标,如菲律宾规定城市必须具有市政大厅、教堂、公共广场、学校、医院等市政公共设施。

目前我国设市的标准体现出综合化的特点,形成人口、经济、基础设施三要素相结合的指标体系。根据我国的有关规定,具备下列条件之一的,均可设市:第一,聚居人口达 10 万人以上的城镇;第二,聚居人口不足 10 万,但是省级国家机关所在地,或是重要工矿基地,或是规模较大的物资集散地,或是边疆地区的重要城镇,并确实有必要由省、自治区领导的,可设市建制。

二、旅游城市与城市旅游

(一)旅游城市

城市都有各自发展的沿革和历程,承载了特定区域的历史与文化。城市都有其独特的个性,作为城市特殊类型的旅游城市,其个性特点更为突出。根据城市规模、地理位置,以及所具备的旅游资源及其旅游功能,结合旅游发展的沿革,旅游城市可分为三个大类:

第一大类:综合型旅游城市。此类旅游城市往往是全国及区域性的中心城市。它们是区域的经济中心、政治中心或者交通中心,为所在区域的辐射中心,为发展旅游产业奠定了良好的基础并准备了条件。

第二大类:转型旅游城市。转型旅游城市是指旅游功能聚集在某些特定地区,已经建设基础设施,旨在吸引旅游者,但这些设施是从城市总体都市背景中分离出来并伴随着旅游活动的深入,成为强化的旅游空间的城市。

第三大类:专门旅游城市。此类城市游客分为两个亚类,即风景旅游城市和文化旅游城市。

我国典型的风景旅游城市有桂林、黄山、珠海、青岛、景洪等。这样的城市各具特色,旅游设施成功地带动了当地更为广泛的经济活动,使其从单纯的旅游景点变成整体旅游吸引物,旅游者和当地居民相互作用,逐步成为一个繁荣的城市。

文化旅游城市是具有厚重文化承载或地方性文化特征突出的城市,如我国各级历史文化名城。

根据城市的专项旅游功能可以把旅游城市划分为9类,即观光旅游城市、历史文化旅游城市、娱乐旅游城市、商务会展旅游城市、餐饮旅游城市、购物旅游城市、度假旅游城市、民俗风情旅游城市、绿色旅游城市。

(二)城市旅游

城市旅游是以城市为目的地的旅游活动,一般包括游览市容、市貌及特色景观,从事商务、业务、购物等活动,参加游乐场、主题公园等娱乐场所的各种娱乐活动等。

三、城市服务与导游讲解

城市旅游不同于主题相对单一的度假、观光等旅游产品,功能上呈现多元化的特点。除了传统的观光旅游之外,城市可满足多种旅游需求,提供包括商务、购物、会议、展览、度假、节庆、主题公园、修学、美食、生态等方面的多种、复合型旅游产品。

(一)城市地理环境及历史沿革介绍

城市,特别是传统城市的形成都有其特定的地理、历史及文化等方面的原因。导游员为旅游者介绍导游讲解城市时,应掌握所游览城市的名称来历、地理选址、形成原因、历史沿革、历史典故、名人轶事等方面的内容。

【相关链接】

城 与 市

城市的形成,无论多么复杂,不外乎两种形式,即因"城"而"市"和因"市"而"城"。我国古代的"城"和"市"是两个概念。"城"是指四面围以城墙、扼守交通要冲、具有防卫意义的军事据点。《管子·度地》中说:"内为之城,城外为之郭。"《吴越春秋》中说:"筑城以卫君,造郭以守民。""市"是指交易的场所,而且还有大市、早市、晚市之分。《周礼·地官》中说:"大市,日昃而市,百族为主;朝市,朝时而市,商贾为主;夕市,夕时而市,贩夫贩妇为主。""市"与"城"开始时并非聚于一体,随着社会的发展,二者逐渐结为一体,成为一个统一的聚合体——城市。在我国古代,城市形成的方式有两种:因"城"而"市"就是城市的形成先有城后有市,市是在城的基础上发展起来的,这种类型的城市多见于战略要地和边疆城市;而因"市"而"城"则是由于市的发展而形成的城市,即先有市场,后有城市的形成,这类城市比较多见,是人类经济发展到一定阶段的产物,本质上是人类的交易中心和聚集中心。

（二）城市环境体验

旅游活动在空间上依托整个城市,在内容上以城市的自然环境、城市的传统文化积淀、城市的生产生活及城市的基本功能所提供的服务为主体。导游员在组织旅游者游览城市时,需要合理安排时间和空间。

（三）文化体验与休闲活动

城市旅游更多的是一种文化体验,导游员应在服务讲解中融入文化与历史,通过个性化的游览安排,如通过在博物馆、社区、名人故居、剧院、商业中心、特色餐馆等地方参观、消费、体验,让旅游者全方位了解一座城市。

四、小镇旅游与导游

（一）镇与特色小镇

在我国,镇的出现有着强烈的军事色彩,"有商贾贸易者谓之市,设官防者谓之镇",宋代之后,镇才出现在经济领域,成为一级商业中心。

到了近现代,镇是一级行政单元,是较低级的城镇居民点,在发展中以行政建制为主流。在不同历史时期,小城镇肩负着不同的历史诉求和任务。在人类历史发展进程中,曾经创造出诸多特色鲜明的各类小镇,如农业社会时期的盐镇、茶马小镇、古驿站小镇,工业社会时期的资源型（矿业）小镇和工业型小镇,工业化后期的科技型小镇、金融型小镇、创意型小镇、旅游休闲型小镇等。

改革开放以来,为提高城市化率,缩小城乡差距,我国开始推出小城镇建设,小城镇得到了快速的发展。2010 年,浙江省启动了以产业为主的特色小镇建设,江苏、成都、河北等紧随其后,全国各地特色小镇建设蓬勃发展。特色小镇强调生产、生活、生态、休闲旅游、文化五大功能在特定空间的实现,具有生产集聚度高、资源集聚度强的特点,引导了特定的生产集聚和消费集聚,由此,大量生产型和消费型的特色小镇得以形成。同时,特色小镇也成为旅游发展和旅游者青睐的热点,浙江乌镇、云南丽江古城、江苏周庄等一批特色古镇成为著名的旅游目的地。大批新建的以休闲旅游为主导产业的新型小镇,以环境、产业、文化和服务为特色吸引了大批旅游者,如拈花湾、古北水镇等。

（二）小镇旅游与导游服务

无论是古镇还是现代特色小镇都有明确的文化主题,在特定的发展空间里形成了特色鲜明的小镇文化。一些古镇名人荟萃,文化底蕴较为深厚,新建特色小镇产业凸显,注重休闲与娱乐。小镇旅游类型较多,旅游者的兴趣点也不尽相同。

游古镇,导游员应熟悉小镇的历史与文化,特别是具有地方特色的民俗文化。对小镇的历史沿革及名人轶事要多加留意,为旅游者解说。

现代特色小镇则主要突出产业与休闲,导游员要了解特色小镇的建设发展历史、主导产业及休闲文化特色,帮助旅游者选择合适的休闲娱乐项目。

第二节　工业旅游、农业与乡村旅游导游

一、工业旅游导游

(一)关于工业旅游

工业旅游因其具有文化性、知识性、趣味性,具备现场感、动态感、体验感等独特魅力而深受旅游者青睐。在一些发达国家,"工业旅游"被誉为"朝阳中的朝阳产业",已成为旅游产业中一个极具活力的"新业态"。

工业旅游将现代工业的巨大魅力渗透到旅游的诸多要素中,从而更好地展示工业文明,成为体现旅游活力要素的一种新型业态。工业旅游目的地由工业生产过程、工厂风貌、工人工作生活场景、工业景观等构成,更具现场感、参与性强和独特的观光体验等特点让旅游者置身其间,可亲眼见证一件件产品的生产过程,甚至还可以亲自上阵,参与生产过程。对消费者而言可体验生产制造过程中的乐趣;对企业而言,敞开大门能让消费者了解企业,对产品产生信赖感。

(二)工业旅游导游

工业旅游作为一种高品位的旅游方式,有着广阔而美好的发展远景,并会产生巨大的社会效益和经济效益。参与工业旅游活动的人大都是目标消费群体,通过参观体验工业旅游目的地会极大增强他们对品牌的向心力和认同感。

做好工业旅游导游要做到以下几点:熟悉作为旅游目的地企业的基本情况;了解企业的历史及企业文化;熟悉企业的生产流程及产品特性;了解企业及产品的地位等。

二、农业与乡村旅游导游

(一)关于农业与乡村旅游

1. 农业旅游

农业旅游是把农业与旅游业结合在一起,利用农业景观和农村空间吸引旅游者前来观赏、游览、品尝、休闲、体验、购物的一种新型农业经营形态,即以农、林、牧、副、渔等广泛的农业资源为基础开发旅游产品,并为旅游者提供特色服务的旅游业的统称。

农业旅游主要是为那些不了解农业、不熟悉农村,或者回农村寻根,渴望在节假日到郊外观光、旅游、度假的城市居民服务的,其目标市场主要是城市居民。农业旅游的发展,不仅可以丰富城乡人民的精神生活、优化投资环境等,而且有利于实现农业生态、经济和社会效益的有机统一。

2. 农业旅游的发展模式

根据农业旅游的性质、定位、经营等方面的特点,农业旅游发展模式主要可分为三大类:

（1）传统观光型农业旅游。主要以不为都市人所熟悉的农业生产过程为卖点,在城市近郊或风景区附近开辟特色果园、菜园、茶园、花圃等,让旅游者入内摘果、拔菜、赏花、采茶,享尽田园乐趣。如在法国农村的葡萄园和酿酒作坊,旅游者不仅可以参观和参与酿造葡萄酒的全过程,而且还可以在作坊里品尝制成的葡萄酒,并可以将自己酿好的酒带走,向亲朋好友炫耀并分享,其乐趣当然与在商场购买酒不一样。日本的务农旅游,以每年春天的插秧、秋天的收割为契机,都市的人都会去农村体验农民的生活,在沿海地区还组织旅游者参与捕捞海鲜及加工等活动,使都市人直接享受大自然的恩赐。

（2）都市科技型农业旅游。以高科技为重要特征,在城内小区和郊区建立小型的农、林、牧生产基地,既可以为城市提供部分时鲜农产品,又可以取得一部分观光收入,兼顾了农业生产与科普教育功能。如新加坡的农业科技公园,在公园里不仅合理地安排了作物种植,而且还精心布局了一些名优花卉、观赏鱼、珍稀动物可供观赏,这里还能生产名贵蔬菜和水果,同时也相应地建有娱乐场所。养鱼池由纵横交错的水道组成,并配有循环处理系统。菜园由新颖别致的栽培池组成,由计算机控制养分,游人漫步其中,不仅感到心旷神怡,还可以大饱口福。

（3）休闲度假型农业旅游。主要是利用不同的农业资源,如森林、牧场、果园等,吸引旅游者前去度假,开展农业体验、自然生态领略、垂钓、野味品尝、住宿、游乐等各种观光、休闲度假旅游活动。

（二）农业旅游导游

农业旅游类型丰富,地域广阔。导游讲解涉及内容较多,特别是会涉及一些工农业生产的专业知识。旅游者参与农业旅游,很大程度上带有休闲目的,因此,导游讲解要有针对性,在介绍知识的同时,要注意引导旅游者健康休闲和娱乐,并在导游服务过程中向旅游者做好绿色旅游、低碳旅游的宣传工作。

【案例】

白云蓬莱仙界休闲农业旅游区导游词

各位游客朋友:

大家好! 欢迎来到贵州省现代农业展示区,我是小×,接下来的参观由我为大家作引导。在蓬莱仙界·休闲农业旅游区,您不仅可以领略传统农业的田园真趣,还可以感受现代农业的蓬勃生机。请各位游客随我一同参观。

各位游客朋友,现在您看到的是园区的观光荷花池,池中除了荷花之外,还栽种了水竹、水生美人蕉、鸢尾等水中作物,池边栽种了八角金盆、三角梅、杨柳、含笑花等陆生植物。每逢荷花盛开的季节,漫步池边,赏翠盖红妆,醉风送花香,令人心旷神怡。盛夏之后,荷花谢去,池中便会有一只只碧绿的莲蓬,等到碧绿变成乌黑时,莲子也就成熟了,在池塘边上剥吃莲子独具风味。

　　大家请往前看，现在我们要行走的这条长廊是长达 2 000 米的奇瓜异果长廊，这里种植的奇瓜异果来自蔬菜种植全国闻名的山东省寿光市，它们不仅外形奇特，而且品种繁多。"落户"在此的有天鹅葫芦、福禄寿瓜、红蜜南瓜、超人南瓜等 30 个品种。在长廊两侧的是特色蔬菜采摘体验区，目前整个园区内采用滴灌、喷灌等节水灌溉新技术、新设施试验示范种植的新品种特色蔬菜共有 274 个品种，其中在采摘体验区内有近 30 个品种可供游客有偿采摘体验。

　　下一站您看到的是精品花卉苗木品种展示园，目前种植有杜鹃、三角梅、天门冬、桂花等近 50 个品种的花卉苗木，已基本完成展示种植任务。旁边的智能玻璃温室大棚是我们搭建的小型花卉苗木超市窗口，来到园区观光的游客可以在这里选购自己喜欢的花卉苗木。

　　现在我们来到了蓬莱蔬菜无土立体栽培展示基地，这里占地 2 240 平方米，为半自动智能连栋温室，主要采用现代农业无土栽培和传统农业土壤栽培相结合的生产方式。无土栽培主要包括水培、气雾培和基质栽培三种形式，融合了当今世界最先进的栽培技术、优良品种和管理方式，集中展示了平式管道水培、立式管道水培、深液流栽培、浅液流栽培、多层水培、气雾培、A 字架基质栽培、墙体栽培、立柱栽培、空中廊架栽培、滚筒栽培、蔬菜树式栽培、大南瓜无土栽培、盆式栽培、槽式栽培、梯田栽培等多种高科技栽培模式。

　　各位游客朋友，现在我们来到了特色香草园，也是我们的婚纱摄影基地。这里由白云心灵香草有限公司建设，它占地约 5 000 平方米，种植有薰衣草、迷迭香、百里香、薄荷、洋甘菊等 40 多个品种的香草，香草用途广泛，不仅可驱蚊蝇、美化环境、净化空气、美化居室，还广泛用于美容、沐浴、饮食及医疗。目前园区已经开发了香草茶、香草精油、手工皂、香草枕等系列产品。目前心灵香草公司正在积极招商引资，寻求合作，准备以展示区为依托，在牛场乡选址建设一个占地面积约 20 万平方米，集旅游观光、摄影、香草系列产品开发、汽车露营等功能于一体的香草基地。

　　现在您看到这几栋木结构建筑物是蓬莱仙界文化馆。规划总用地面积 1.34 万平方米，总建筑面积 6 110 平方米，蓬莱仙界文化馆采用收购废旧粮仓的方式进行四合院式的复原改造，在体现粮仓文化价值的同时，充分挖掘和整理当地的布依文化、农耕文化和神仙文化，建成农耕文化馆、布依文化馆、神仙文化馆三馆合一的蓬莱仙界文化馆。同时配套建设蓬莱仙界文化馆服务中心，为蓬莱仙界文化馆服务，作为游客就餐、休憩的场所，已于 2013 年 7 月 13 日建成开馆。

　　各位游客朋友，今天的参观到此就告一段落了，希望园区蓬勃的农业生机、美丽的自然风光、蓬莱浓郁的布依风情能给您留下美好而深刻的印象，我们诚挚邀请各位朋友在闲暇之余带上您的家人、朋友，再到蓬莱休闲放松，体验农耕，和家人朋友一起分享采摘的喜悦。谢谢大家！

（三）乡村旅游与导游服务

乡村旅游是指在城市以外的广大乡村地域内，利用乡村自然景观环境、田园景观特色、农林牧渔生产景观、民俗文化风情、古镇村落景观、农家生活场景及乡村景观意境等资源，立足景观价值的多重性特征，通过科学规划、开发与设计，为消费者提供集观光、休闲、度假、体验、娱乐、康体健身于一体的新的旅游经营活动。

乡村旅游是一种综合性休闲度假旅游活动，是一种由传统的观光旅游向休闲旅游过渡的新型旅游形态。

乡村旅游导游讲解主要要讲好五个故事：资源（特别是乡村资源）的故事、民俗的故事、生活的故事、乡村文化的故事和乡村发展的故事，在故事中挖掘"乡愁"，以引发游客的兴趣和共鸣。

第三节　研学旅行与研学旅游导游

"读万卷书不如行万里路。"以游历作为提升认知的方式古已有之。在一定意义上，旅行、旅游是人们的一种学习方式及学习过程。人们外出旅行、旅游，无论其初始动机如何，验证并拓展知识、开拓视野的需求一直贯穿全过程。2016 年教育部等 11 部门印发了《关于推进中小学生研学旅行的意见》后，"研学"一词与旅游的联动越来越多，在旅游产品中出现的频率也越来越高，出现了很多冠以"研学"之名的旅游产品。目前与研学相关的旅游概念有"研学旅行""研学旅游""教育旅游""修学旅游""游学旅游"等，其中流传最广的是研学旅行和研学旅游。

一、关于研学旅行与研学旅游

研学旅行和研学旅游在概念上有所重叠，但它们在具体含义和应用上存在一些差异。

（一）研学旅行

1. 概念属性

研学旅行是一个更为正式的概念，它通常是指由教育部门和学校有计划地组织安排的，通过集体旅行、集中食宿等方式开展的研究性学习和旅行体验相结合的校外教育活动。它是将学校教育和校外教育相衔接的创新型教育形式，是教育教学的重要内容，是综合实践育人的有效途径。

研学旅行强调的是教育目的，旨在通过实践活动促进学生实现全面发展，包括知识学习、社会实践、文化体验等。研学旅行通常有明确的教育目标和计划，涉及课程设计、教学活动、安全保障等，是学校教育的一部分。

2. 目标

以立德树人、培养人才为根本目的，以预防为重、确保安全为基本前提，以深化改革、完善政策为着力点，以统筹协调、整合资源为突破口，因地制宜开展研学旅行。让广大中小学生在研学旅行中感受祖国大好河山，感受中华传统美德，感受革命光荣历史，感受改革开放伟大成就，增强对坚定"四个自信"的理解与认同；同时学会动手动脑，学会生存生活,学会做人做事,促进身心健康、体魄强健、意志坚强,形成正确的世界观、人生观、价值观,培养他们成为德智体美劳全面发展的社会主义建设者和接班人。

开展研学旅行,有利于促进学生培育和践行社会主义核心价值观,激发学生对党、对国家、对人民的热爱之情;有利于全面推进素质教育,促进书本知识和生活经验的深度融合;有利于满足学生日益增长的旅游需求,培养学生文明旅游意识。

(二) 研学旅游的概念属性

研学旅游更多是强调旅游的元素,可能由旅行社或其他机构组织活动,虽然也包含教育内容,但可能更侧重于旅游体验和休闲娱乐。在一定意义上,研学旅游是一种面向社会大众的主题旅游产品,它可能不那么正式,也不一定与学校教育紧密结合,可以是个人或家庭参与的活动,典型的如亲子游等,可以面向不同的群体,如青年研学旅游产品、老年研学旅游产品等。

从政策文件和教育实践来看,研学旅行更侧重于教育和实践,通常与学校教育计划相结合,而研学旅游则更侧重于旅游和休闲体验,更多地被视为一种旅游产品或服务。

二、研学旅行导游与研学旅游导游

(一) 研学旅行导游

1. 从导游到学习指导教师——研学指导师

研究性学习是以"培养学生具有永不满足、追求卓越的态度,培养学生发现问题、提出问题和解决问题的能力"为基本目标。因此针对学生的研学活动不是简单的导游讲解,此时的导游员不仅要能掌握旅行与旅游的基本服务,更要能辅助老师做好相关教学工作,要以"导游"+"教师"+"朋友"的身份出现在学生面前。导游员不仅要有较强的业务能力,掌握相应的学科知识,更重要的是要有创新的教育思维、强大的掌控能力、深厚的教学素养,做到将导游讲解与学习指导相融合。

2. 明确导游的作用与职责

想做好研学导游,要从了解研学旅行的基本要素及要遵循的基本原则开始。研学旅行的基本要素包括研学导师、研学基地、研学路线、研学课程、安全管理。研学旅行的基本原则包括教育性、实践性、公益性和安全性原则。

研学导游基本职责:了解各年级学生及其学习课程、分析研学基地研学资源、辅助学校老师提出和设计课题及项目、设计研学路线及活动、撰写导游讲解词、做好安全管理及总结分析。

3. 具体工作要求

(1) 研学基地选择、研学路线设计

目前研学基地的主要类型有知识科普型、自然观赏型、体验考察型、励志拓展型、文化康乐型。导游员要根据不同年级的研学要求,选择适合的研究地基。研学旅行需要有以学生从学习生活和社会生活中获得的各种课题或项目、作品的设计与制作等为重点基本的学习载体。因此在设计路线时要注意研学内容与基地的衔接。

基地选择与线路设计依据:小学阶段以乡情为主、初中阶段以县情或市情为主、高中阶段以省情或国情为主。

基地选择与线路设计要求：研学基地内容符合学生实际情况、安全；路线合理、旅程连贯紧凑、保证学习体验良好。

（2）开发研学课程

课程设计与建设要求：以在提出问题和解决问题的全过程中学习到的科学研究方法、获得的体验和科学文化知识为基本内容，在教师的指导下，以学生自主采用研究性学习的方式开展以研究为基本教学形式的课程。具体要求：编写有明确主题的研学课程大纲和辅助教材（研学指导书）。

【提示】

　　课程大纲的基本内容：研学课程的基本信息、课程的目标和任务；总体目标、具体目标（需要了解、熟悉、掌握哪些方面）；课程内容及要求（包括活动内容及环节、时间分配、学生作业及要求）；课程实施和建议（如教学方法和手段）；评价方法等。

（3）根据课程要求，结合路线设计活动并撰写讲解词

研学解说与一般的导游解说不同，面向中小学生的研学讲解要突出教育性、公益性、衔接性、安全性、游憩性。

4．上岗前的思考

（1）准备怎么开始？包括如何对接课程体系和课堂教学的教材；了解学生在课堂上已经学过什么，如何与课堂教学衔接，如何实现素质教育等问题。

（2）在有限的时间内，该讲什么？哪些内容值得讲？

（3）应该带领学生做什么？学生能学到什么？能干什么？

（4）如何计划和进行"旅游"能使大部分学生进行"高层次"的学习？如何激发学生的积极性、参与性和主动性？

（5）如何选择导游讲解方法？用什么方式培养学生对知识的综合运用能力、思辨能力、实际操作能力和创新能力？

（6）选择怎样的测评方法和工具才能获得学生学习情况的准确信息？如何评价学生的学习表现和成绩？怎样实现目标、过程和测评的一致？

（二）研学旅游导游

作为大众型主题旅游产品，研学旅游导游与普通旅游导游的差异体现在主题与讲解内容的深度上，对导游员的要求主要体现在以下几个方面。

（1）研学旅游者的目的性较强，导游员在讲解时要明确旅游者的具体要求，分析游客要求的是知识验证还是新知识学习，是以研为主还是以学为主，明确旅游与研学的关系。

（2）观光与体验结合，加深讲解内容的深度，适度进行知识广度的拓展，同时对体验性项目进行有效指导。

（3）在导游讲解方法的运用上应多采用与旅游者的交流的方法，讲解要有个性，并要适当提出自己的观点。

本章小结

除了传统的观光旅游之外,城市旅游还可满足多种旅游需求。城市旅游导游的内容主要包括城市地理环境及历史沿革介绍、城市环境体验、文化体验与休闲活动等。

工业旅游作为一种高品位的旅游方式,有着广阔而美好的发展远景,并会产生巨大的社会效益和经济效益。进行工业旅游导游时,要熟悉作为旅游目的地企业的基本情况、企业历史及企业文化、生产流程及产品特性、企业及产品的地位等。进行农业旅游导游时,导游讲解要有针对性,在介绍知识的同时,应注意引导旅游者健康休闲和娱乐,了解中国乡村文化,引发旅游者"乡愁"的共鸣,并在导游服务过程中向旅游者做好绿色旅游、低碳旅游的宣传工作。

研学旅行与研学旅游都与学习有关,对导游服务与讲解有更高的要求,导游员应不断提升自己,满足不同参与者的需求,从而达到以旅游促成长、促学习,增智增知的目标。

复习思考题

1. 什么是城市旅游？城市旅游导游服务的主要内容有哪些？
2. 什么是工业旅游？在进行工业旅游导游时,应做好哪几点？
3. 什么是农业旅游？农业旅游的发展模式有哪些？
4. 进行农业旅游导游时应注意哪些问题？
5. 什么是乡村旅游？
6. 什么是研学旅行？"研学旅行"与"研学旅游"有何不同？

实训项目

进行一次城市旅游模拟导游。要求如下:

1. 教师选取本省(自治区、直辖市)中一座有特色的城市。
2. 组织学生进行室内资料的收集。
3. 不同的学生群体扮演不同的角色。
4. 实景模拟导游:
 (1)教师示范讲解。
 (2)学生口头即兴讲解。
 (3)教师点评。
 (4)总结。
5. 撰写书面导游词。

拓展阅读

资料:研学旅行与导游服务

资料:大理古城导游词

资料:红河哈尼梯田文化景观导游讲解

模块五

特种旅游导游

18

第十八章　特种旅游导游

学习目标

1. 熟悉特种旅游的基本概念、内容及特点。
2. 了解特种旅游导游的基本要求。
3. 掌握特种旅游活动的类型。
4. 通过模拟导游掌握进行特种旅游活动的程序和要求。
5. 引导学生树立"没有安全就没有旅游业"的理念。
6. 培养学生的创新能力和探索精神。

教学建议

　　由于特种旅游活动的"特殊"性,其导游服务也有别于普通的旅游活动。从事特种旅游导游服务的导游员应能熟练掌握相应的专业知识和技能。在短时间内要达到要求有一定难度,因此,建议在课程教学中,教师可根据当地特种旅游开展的情况有选择地介绍。对于一些专业技能,可请专业人士示范,学生必须亲自动手。

【关键词】

特种旅游　徒步　野营　高山探险　江河漂流　洞穴探秘　实际操作

随着人们生活水平的提高,旅游者已经不再满足于常规的旅游方式,特种旅游越来越受到人们的青睐。特种旅游活动需要特殊的服务和引导,因此为特种旅游活动提供服务的导游员必须掌握特种旅游的基本常识和活动程序、技巧。

第一节　特种旅游基本常识

一、特种旅游的种类

特种旅游意味着个性化和非程序化,个性化和非程序化特征明显的旅游都可以归入特种旅游之列。特种旅游包含的种类十分丰富,目前参与者有一定的局限性,但发展前景很好,未来参与者会越来越多。目前关于特种旅游的定义和分类仍处于探索研究阶段,本书主要介绍徒步、野营、高山探险、江河漂流及洞穴探险等当前较为常见的特种活动。

（一）徒步旅游

徒步旅游是以步行的方式旅行,是在步行过程中欣赏自然风光、了解当地文化、提高身体素质、磨炼自身意志的一种旅游形式。

（二）野营旅游

野营旅游是以野外宿营为主要内容,通过野炊等野外活动了解野外生存基本技能、充分体验并与大自然零距离接触感受的一种旅游形式。

（三）高山探险旅游

高山探险旅游是以高海拔（一般应为 3 000 米以上）山地为旅游资源,以探求、欣赏高山独特的地形地貌、体验高山自然环境及气候特点、提高自身生理和心理素质为目的的一种旅游形式。

（四）江河漂流旅游

江河漂流旅游是以自然江河为旅游资源,借助无动力的漂浮设施,靠自然力和人力使旅游者从上游特定点抵达下游特定点,并在途中体验惊涛骇浪、观赏两岸风光的一种旅游形式。

（五）洞穴探险旅游

洞穴探险旅游是以天然洞穴为旅游资源,依靠专业设备,探察洞穴结构、观赏洞穴独特景观、了解洞穴特点、锻炼自身胆识的一种旅游形式。

二、特种旅游的特点

特种旅游的活动内容和方式特殊,其特点要从旅游者、旅游对象和旅游业这三方面来把握。

（一）旅游者方面的特点

特种旅游的特点主要是由旅游者的特点决定的。参与特种旅游活动的旅游者一般具有以下特点:

1. 素质较高

特种旅游者一般来自都市,所受教育的程度及其经济收入水平都较高,因此其综合素质比常规旅游者要高。

从生理方面来看,由于所参与的旅游项目的特殊性,无论是高山探险还是江河漂流,即使是相对轻松的自驾旅游,所消耗的体力比起观光旅游来说要大得多,因此旅游者具有较强的生理素质。

从心理方面来看,由于旅游地大都远离现代化的都市,其旅游环境与生存条件均较差,加上旅游过程很艰苦,旅游者在旅游之前都有这方面的预见性,都做好了充分的心理准备,在旅游过程中往往有较强的耐受性和适应性,所以旅游者一般都有较强的心理素质。

特种旅游所选择的旅游地或者旅游线路,不论是从自然环境还是人文环境来说,一般都是保护得较好的区域。参与特种旅游的旅游者们向往自然,也就更懂得环保的重要性。

【提示】

　　为参与特种旅游活动的旅游者提供导游服务的人员,必须有更高的综合素质,包括知识、生理、心理等方面。

2. 体验过程个性化

过程体验是特种旅游者追求的主要内容之一。徒步、野营、高山探险、江河漂流、洞穴探险等旅游活动,它们的魅力更多地表现在活动的过程当中。高山探险的目的不仅仅是追求登顶成功后的喜悦,而在行进过程中对自身极限的挑战和对自己毅力的磨炼才是登山的意义所在。江河漂流可以说是注重过程的极端例子,它不仅注重在过程中观赏江河两岸的美景,更注重旅游者在漂流过程中去体验何为惊心动魄、惊涛骇浪、风口浪尖。

3. 感受刺激与浪漫

特种旅游要求"新、奇、险",通过体验"新、奇、险"来感受刺激和浪漫。这里的"新",包括新的旅游产品、新的旅游内容、新的旅游方式、新的旅游线路等,相对于常规旅游而言,从在旅游市场上出现的时间来看,特种旅游显然是"新"的。所谓"奇",就是奇特,主要是从旅游内容这个层面来讲的,当然它也是相对于常规的大众旅游而言的。无论是高山探险,还是洞穴探险,比之常规观光旅游,显然都是奇特的。"险",就是风险,就是冒险。特种旅游者常常追求冒险的体验和感受。但要说明的是,他们并不想真正去冒险,而要的恰恰是"有惊无险"。特种旅游一方面要尽量使旅游者在旅游过程中感到"险",但另一方面又要做到万无一失,保证最大限度的安全。漂流、登山、探洞、露营等特种旅游方式集"新、奇、险"为一体,最能满足特种旅游者的期望。

4. 参与者比较年轻

特种旅游者以中青年人为主体,虽然也有 70 岁的老人登顶珠穆朗玛峰,但毕竟罕见,属特殊个案,并不具有代表性。这实际上是由特种旅游的上述三个特点决定的。一方面,年老者对"新、奇、险"和浪漫与刺激的特种旅游体验的需求较少;另一方面,特种旅游对旅游者身体素质的要求较高,同时出于旅游安全的考虑,也限制年老及年幼者参与一些难度较大的特种旅游活动。

5. 参与形式多样

特种旅游的个性化导致了旅游者参与形式具有多样性。特种旅游多半是以散客的形式参与相关旅游活动,还有非机构组织的、自发的自驾旅游者也具有散客旅游的特征。当然,不少特种旅游者也参与由俱乐部或者旅行社组织的具有团队特征的特种旅游活动,但这种特种旅游团在时间、线路、吃住标准等方面都有较大的灵活性。特种旅游者的参与方式既有全包价的团队旅游形式,也有自助、半自助的散客旅游形式。

（二）旅游对象方面的特点

旅游对象即旅游的客体,它包括旅游资源和旅游设施两个方面[①]。特种旅游对象的特点也主要在这两个方面表现出来。

1. 旅游资源的"原生性"

旅游资源是吸引旅游者并使旅游者产生旅游动机的关键。特种旅游活动依据的客体资源更突出地表现在它的"原生性"上。无论是自然资源还是人文资源,特种旅游都特别强调其"原生性"。

2. 旅游资源的"奇险性"

特种旅游资源还具备另一个特点,即"奇险性"。这实际上是由特种旅游者追求"新、奇、险"等刺激、浪漫的体验决定的。

【案例】

在徒步或者野营旅游中安排的"悬崖速降"项目

"悬崖速降"是从几十米高的垂直或者近乎垂直的悬崖顶部借助一两根绳索快速下降到底部的一种技术,这种技术本来是专业登山者或者探洞者的必备技能之一。特种旅游组织者把它作为特种旅游中的一个项目,深受参与者的欢迎。这种项目对于非专业登山的特种旅游者来说肯定是新奇的,必然会激起旅游者尝试的冲动;同时,凭借一两根绳索将自己"挂"在几十米高的悬崖上,其"险"的感受可想而知。这种项目只要由专业人员按照专业的程序操作就可以保证其安全性,真正满足了特种旅游险而安全、有惊无险的要求。

3. 旅游设施的"专业性"

特种旅游的设施除具有旅游层面的专业性外,更重要的是必须具备相关特种旅游所要求的特种专业性,这是特种旅游既要惊险刺激,又要确保安全方面的万无一失的特征所决定的。

只有具备了相关特种旅游所要求的专业设施,才能实现其旅游目的。比如高山探

---

① 王洪滨. 旅游学概论[M]. 北京:中国旅游出版社,2004.

险及洞穴探险旅游中的专业登山绳、江河漂流中的专业漂流艇等都是必需的设施,不能掉以轻心,否则将会发生不可挽回的悲剧。

（三）旅游业方面的特点

特种旅游不仅在旅游者及旅游对象层面表现出鲜明的特点,在旅游业层面同样表现出了它与常规大众旅游的不同之处。

1. 特种旅游具有先导性

毋庸赘言,不论是自然旅游资源,还是人文旅游资源,其发现者大都为探险者或者特种旅游爱好者。除去都市旅游及与都市联系较为紧密的旅游景区（点）外,其他大部分旅游区、旅游风景区或者旅游景点的发展都要经历这样的过程:先驱者的发现→特种旅游→规划开发→常规旅游。

可以说,没有特种旅游的先期尝试,常规旅游区（旅游风景区或者旅游点）不可能在一夜之间突然形成。更有意思的是,特种旅游区（点）一旦成为常规旅游区（点）后,特种旅游者就会拂袖而去,转而寻找新的特种旅游目的地。今天的常规旅游点往往是昨天的特种旅游点,今天的特种旅游点也许明天将成为常规旅游点。特种旅游的先导性在旅游业发展中所起的作用是不可低估的。

【案例】

特种旅游与常规旅游的关系

现在火热的丽江古城及金沙江虎跳峡等地,在10年前都仅有特种旅游者光顾;而现在仅有特种旅游者造访的香格里拉的千湖山、梅里雪山的明永村等地区,在不远的将来也许就会接待常规旅游团。

2. 特种旅游组织机构的专业性

特种旅游由于其"特种"的专业性,决定了其组织机构也必须是专业的。前面已经从旅游对象——旅游设施——即物的方面总结了其专业性,实际上它对旅游运作者——人的专业性要求更高。

特种旅游的经营运作者至少要在如下几个方面是专业的:对特种旅游资源的了解、对特种旅游线路的熟悉、对特种旅游技术的掌握、对特种旅游组织技巧的运用。特种旅游组织机构中的人和物的专业性决定了它自身的专业性。

3. 经营管理的非规范性

由于特种旅游专业性较强,也由于长期以来旅游业的主力之一——旅行社的工作重心放在常规旅游的经营上,现在逐渐形成了特种旅游的经营者为户外俱乐部而非旅行社经营的特点。

4. 旅游消费的非均衡性

特种旅游消费支出一般比常规旅游多,与常规旅游相比,特种旅游的消费还表现出明显的非均衡性。

在吃、住、行、游、购、娱六大旅游消费中,特种旅游的消费就凸显出明显的不平衡性。首先,除普通自驾旅游外,特种旅游在"购"和"娱"这两方面的消费微乎其微。因为特种旅游过程及旅游目的地都远离现代商业城市,常常处于偏远的乡村或者野外,显然,在这样的旅游目的地很难在购物和娱乐两个方面有消费。其次,为了能顺利抵达旅游目的地并保证在整个旅游过程中的安全,特种旅游者往往在购置特种旅游装备及特种旅游服务方面有很大的支出。例如要购买野外必备中的一套普通的冲锋衣(具有防水、保暖及透气等功能),通常需要支出 1 000 多元。这种消费是为了保证"行"和"游"的顺利及安全,其目的完全不同于常规旅游为了纪念等目的而购买的旅游商品。特种旅游一般都需要有专业的特种旅游导游员,有时还要雇用当地的向导及马匹。特种旅游导游员、向导及马匹的费用常常都较高。由此可见,特种旅游在"行"和"游"两方面的消费是很大的。最后,一般情况下,特种旅游在"吃"和"住"两方面的支出比常规旅游要小。总之,特种旅游的消费在吃、住、行、游、购、娱六个方面的分配是十分不均衡的。

另一方面,常规旅游的消费支出主要产生在旅游过程中及旅游目的地。而特种旅游者需要购置基本的装备,甚至部分食品也要在旅游客源地购买。因此,特种旅游者为旅游而在旅游客源地实际产生的消费要比常规旅游高。

【提示】

由于特种旅游的特点,作为特种旅游活动的导游员,在精神、身体、毅力等方面的要求高于普通导游人员,而且这些人员必须掌握一些特种技术、具备特殊的能力。因此,特种旅游活动的导游员应进行专门的培训。

第二节　徒步与野营旅游

一、徒步穿越

(一) 形式

穿越,顾名思义,凡是起点与终点不重合、不走回头路的野外探险活动,都可以称之为穿越。野外穿越是指自带装备与给养,在基本没有外援的情况下,徒步或借助交通工具(车辆、马匹等)进行的路上穿越活动。其种类按照穿越地域特点划分,可分为山地丛林穿越、沙漠荒原穿越、雪原冰川穿越等。其中徒步山地(丛林)穿越是最基本的形式,徒步穿越能力是一切穿越活动的基础。

野外穿越的条件很艰苦。穿行在无人的崇山峻岭、大漠荒原,背上是沉重的行囊,脚下是崎岖的"野径",或顶酷暑冒严寒,或与风霜雨雪相伴,山泉解渴,干粮充饥,苦乐自知。夜晚则住睡袋,随遇而安。由于不走回头路,野外穿越过程中一般不设立中转营地,所有吃、穿、住、行所需,皆一囊以括、肩负而行。一旦出现意外情况(如恶劣气候、地震、洪水、野兽袭击、受伤、迷路等),也基本上要依靠参与者自己(或同伴互助)来应对解决。

【相关链接】

典型的野外穿越

该类旅游活动一般选在穿越者比较陌生、地形复杂多样、具有神秘感的地域进行。穿越区内往往人迹罕至、有鸟兽出没。穿越者没有现成的路可走,没有明确的路标指示方向,只有依靠地形图、指南针、海拔表,再加上自己的头脑来判断方位、选择路径,逢山则登,遇水而涉,披荆斩棘、一往无前。峭壁横空,可以攀缘而上;沟壑当前,不妨凌空飞渡;有时需要漂流而下,有时却又要溯溪而上,要旅游者使尽浑身解数才能完成穿越。

(二) 主要特点

1. 富于探索性

穿越者每一天的路都是新的,前面的未知世界充满了吸引力,当历尽艰辛、成功地走出一条自己的路时,那份欢欣与满足感是参加普通旅游活动时所无法体味的。

2. 难度大、内容丰富

穿越集登山、漂流、攀岩、溯溪、定向越野、野外生存等于一身,是一项综合性强、难度较高的野外活动。

3. 对参与者要求高

穿越对参与者特别是导游员(在特种旅游活动中也称"领队")的要求较高。

【相关链接】

对参与穿越旅游活动人员(特别是导游员)的一般要求

1. 穿越者要有良好的心理素质与道德水准,如坚忍顽强、胆大心细、处变不惊、行事果断、吃苦耐劳,还要注重团队精神、乐于助人等。

2. 必须掌握相关的知识和技能,主要包括地形图的使用(配合指南针和海拔表)、野外行进、野外生活(含野营)、攀岩、游泳涉水、登山装备的使用、创伤救护、避险求生等方面,同时还要具备一定的天文、气象、地理、生物、物理、化学等知识。

(三) 基本装备介绍

徒步穿越一般需要以下装备:

(1) 背包。穿越者的主要东西都要用包装好背在肩上,所以最好选一个质量较好的登山包,容量不少于 60 升,最好能防雨。

(2) 帐篷。

(3) 睡袋。要根据所穿越地区的气候特点来选择相应的睡袋。

（4）登山鞋。要防水透气的专业登山鞋，最好是高帮的。

（5）服装。内衣要求排汗性能好，纯棉衣服的排汗性能很差，在野外忌讳穿纯棉内衣。外衣要求防雨保暖性能好，还要有较好的透气性。在气候炎热的雨林地区，还可以穿速干衣服。

（6）头灯（手电筒）与电池。

【相关链接】

头灯（手电筒）与电池的保护与使用

头灯或手电筒是相当重要的装备。头灯不用时必须取出电池避免其被腐蚀。少数的头灯具防水性甚至抗水性。头灯座需有一片舒适的软垫，有些是如笔状挂于耳旁的。灯座的开关应耐用，不要出现置于背包中会自行开启等状况，灯座的开关设计最好是一个凹槽并用胶布贴紧，或取出灯泡或电池。选用焦距可调式的头灯，在帐篷内处理事务时，可用漫散光扩大光线照射的范围；若是行进时，可调为单束直射光，以照得更远。灯泡和电池都不是很耐用，最好携带备用的灯泡和电池。

（7）备用食物。备用食物是遇到恶劣天气、迷路、受伤或其他状况时食用的。

【相关链接】

野外活动中携带食物的建议

准备无需炊事，轻便、易消化和可长期存放的食品，如肉干、脱水水果、糖果等；在攀岩活动中则可加一些炊事简单的食品，如速食汤等；还可以准备紧急情况下可食用的食物，如巧克力、甜点等。

（8）备用衣物。内、外袜各一双，远足靴、山地靴，内衣裤、外裤、毛线衣或外套，以及帽子、手套。当然，究竟要带什么，必须根据穿越地区的气候来确定。

（9）太阳眼镜。高山紫外线易损伤眼睛，太阳眼镜可降低此伤害，不要被多云的天气欺骗，因为紫外线会穿透云层。

（10）急救箱。急救药品最好用防水、坚固的盒子装妥，箱内所备药品主要用于应对水泡、晒伤、皮外损伤等轻微伤病，若出现严重的出血或骨折则要按急救程序，请医生处理。

（11）多用刀。刀子是不论炊事、生火、急救，甚至攀岩都需要用的物品。一把刀必须有两片刀刃、开罐器、螺丝刀、尖钻、开瓶器、剪刀等，应是不锈钢制品，最好用一条细绳系在皮带上以防遗失。

（12）火种。火柴或打火机须收藏妥当，避免受潮无法使用。

（13）保温瓶。高海拔山区相当干冷，需饮用足够的水，防止脱水与维持体能，保温瓶是相当重要的物品,尤其是在雪期。

（14）防晒油。高海拔山区的阳光强度较海边高出数倍,对于人体的舒适度与健康程度有一定的影响。在穿越过程中无法避免长时间曝晒,因此必须用衣服或防晒油覆盖皮肤以减弱紫外线的照射程度。虽然人体有天然的色素合成,可以保护皮肤,但不要低估阳光的强度,它会引起人体病变,如皮肤癌。

（15）驱虫剂。野外有各式的昆虫如蚊、蝇、壁虱等会吸人血的虫类,不一定每个人都能习惯在炎热的天气中穿长袖厚实的衣物,所以应使用驱虫剂。尤其是对蚊子,使用驱虫剂后其效果可以持续数小时。

二、野营活动

野营是一项有趣的特种旅游活动。野营活动中安全是第一位的,导游员要做好提醒工作,并对具体操作进行指导。露营时导游员必须牢记并提醒旅游者以下注意事项:

（1）应尽量在坚硬、平坦的地上搭帐篷,不要在河岸和干涸的河床上扎营。

（2）帐篷的入口要背风,帐篷要远离有滚石的山坡。

（3）为避免下雨时帐篷被淹,应在篷顶边线正下方挖一条排水沟。

（4）帐篷四角要用大石头压住。

（5）帐篷内应保持空气流通,在帐篷内做饭要防止着火。

（6）晚间临睡前要检查是否熄灭了所有火苗,帐篷是否固定结实了。

（7）帐篷最好朝南或东南面,能够看到清晨的阳光;营地尽量不要设在棱脊或山顶上,至少要有凹槽地;帐篷不要搭于溪旁,否则晚上会太冷;营地最好选在沙地、草地或岩屑地等排水佳的地方,不需要挖排水沟,石头、树干可代替营钉,最好找树林遮风的营地。

（8）快速"安家"。选择好营地,搭建公用帐篷。首先在营地的下风处搭好炊事帐篷,搭好炉灶,烧上一锅水,然后再依次在上风处搭建用于存放公用装备的仓库帐篷和各自的宿营帐篷。当整个营地的帐篷搭建好时,水已烧开,可以饮水并开始做饭。

（9）野外厕所。当到达目的地搭建营地时,建一个简易的野外厕所是极为必要的。

【相关链接】

野外厕所选址及使用

野外厕所应选择在营地的下风处,地点要比营地稍低一些,并应远离河流（至少在20米以外）。最好是挖一个宽约30厘米、长约50厘米、深约半米的长方形土坑,在里面放些石块和杉树叶（消除臭味）,三面用塑料布或包装箱围住,固定好,开口一面应背风。在厕所内准备一些沙土和一把铁锹,另准备一块木板或纸板。便后用一些沙土将排泄物及卫生纸掩埋,并用木板或纸板将便坑盖住,以消除异味、保持卫生。另外,在厕所外立一较明显的标志牌,使别人在较远处即可看到是否有人正在使用厕所。当露营结束时,用沙土将便坑掩埋好,并做好标记,以提示其他参加野外活动的人。

（10）正确使用并保护好背包。

【相关链接】

宿营期间背包的保护与使用

背包要关紧以避免小型动物盗粮，入夜后，应使用背包套，即使晴朗的天气，露水依然会沾湿背包。在雪期，可用背包作为雪洞的门，宿营可将空背包置于脚下套于睡袋外，以隔绝寒冷的地表，适当提高睡觉时的温度。回来后必须将背包清理干净，若太脏可用中性的清洁剂清洗背包再置于阴凉处风干，应避免曝晒，因为紫外线会伤害尼龙布。要注意基本的保养，背包被划破就要及时缝补，要选用较粗的针线或专门缝补椅垫的针具缝补，注意要缝牢，尼龙线可用火烤断。

第三节 高山探险旅游

高山探险有专业形式，也有普通形式。专业的高山探险属于体育项目，对参与者有非常严格的要求，参加者为专业运动员，配备有专门的向导。作为一种旅游活动，通常是指普通形式的高山探险。

参加高山探险活动，需在知识、能力、技能、身体、心理等方面做好充分的准备。以下为组织、带队人员（导游员）必备的常识。

一、高山探险发展

现代高山探险活动诞生于18世纪欧洲西部的阿尔卑斯山区。

20世纪中叶，世界各国在高山探险领域取得了长足的发展。登山家们在向高山峻岭宣战的过程中，不断创造出登山探险的奇迹。

二、高山探险基本装备要求

（一）服装

随着高度的增加，山地的空气逐渐干燥、稀薄，含氧量下降，气压和气温越来越低，风力越大，气候变化大，昼夜温差也大。登山应携带一两件能够御寒的衣服备用，如长裤（以厚毛织品为佳）、厚长袖衫、晴雨两用的连帽风衣、厚袜子数双、手套，登山一定要穿结实的登山鞋。

（二）简单的用具

登山用具的种类繁多，必备的用具主要有绝缘和保温的睡袋、指南针、地图、瑞士军刀、水瓶、驱虫剂、手电筒、轻塑料防雨布或用作过夜的山地帐篷。此外还有防水火柴、蜡烛、卫生纸、太阳镜、防晒油、炊具等。

（三）足够的食品

要携带足够的罐头食品、干果制品或肉干，饮用水也应带些。在登山过程中，由于气候变化或意外情况,或许会耽搁一天或几天,要带足备用食品。

（四）特殊的用具

攀登有一定难度的山时,必须配备安全帽、滑轮、铁栓、攀登绳、皮带轮、猎枪、冰斧、探路手杖等专业装备。

（五）其他必需品

登山者不免会遇到小意外,所以要准备一些初级救护用品、小的自救工具,如绷带、创可贴和药品、哨子、信号镜等。

三、基本技术及技术要领

（一）爬山

上山:上体放松并前倾,两膝自然弯曲,两腿加强后蹬力,用全脚掌或脚掌外侧着地,也可用前脚掌着地,步幅略小,步频稍快,两臂配合两腿动作协调有力地摆动。

下山:上体正直或稍后仰,膝微屈,脚跟先着地,两臂摆动幅度稍小,身体重心平稳下移。不可走得太快或奔跑,以免挫伤关节或拉伤肌肉。

坡度较陡时,上下山可沿"之"字形路线来降低坡度的阻力。必要时,也可用半蹲、侧身或手扶地等方式下山。

通过滑苔和冰雪山坡时,除用上述方法外,还可使用锹、镐等工具挖掘坑、坎台阶行进,或用手脚抠、蹬,用三点支撑、一点移动的方法攀援爬行。

通过丛林、灌木时应注意用手拨挡树枝,防止树枝钩戳身体,对不熟悉的草木不要随便攀折,以防刺伤,并尽量选择好的路线。

通过乱石浮石地段时,脚应着落在石缝或凸出部位,尽可能攀拉、脚踏牢固的树木,以协助爬进。必要时,应试探踩踏石头,以防止石块松动导致摔倒。

（二）攀登

攀登时手脚要紧密配合,保持身体重心的稳定,不断观察、试探攀登点的牢固性。借草根或树枝攀登时,应先稳住重心,试着用力拉动,以免因草根树枝突然松脱造成危险。

徒手攀登时,可采用三点固定攀登法,即利用崖壁的凸凹部位,以三点固定、一点移动的方法攀上崖壁。攀登时,身体俯贴于崖壁,采用两手一脚固定、一脚移动或两脚一手固定、一手移动的姿势,利用手抠、拉、撑和脚蹬等力量,使身体向上移动。

绳索攀登:两手握住绳索,使身体悬起并稍提腿,用两腿内侧夹住绳索,随着两脚夹蹬绳索,两手交替引体上移。或两手伸直握紧绳索,腿脚下垂,两手交替用力向上引体,攀至顶点。

拔绳攀登:这是固定绳索的上端,用脚蹬崖壁、手拉绳索引体上移的方法。攀登方法是上体稍后倾,绳索置于两腿间,两手换握绳索交替攀拉上移,同时,一脚蹬崖壁,另一脚上抬准备蹬崖壁,用手拉、脚蹬的合力使身体向上移动。

绳索攀越:这是固定绳索的两端,身体横挂在绳索上攀越山涧、小溪等障碍物的方法。横越时,两手前后握绳,腹部微收,一腿膝窝挂住绳索,使身体仰挂在绳索下面,臂部稍上提,两臂弯曲约呈 90°。前移时,后握手前移,异侧腿由下向上、向内摆动,并将膝窝挂于绳上。当一腿膝窝挂上绳索时,另一腿离开绳索悬摆。两臂、两腿依次协调配合,交替向前移动。

（三）集体行进

在由多个人组成的小组中,总会有些人走得快一些,而有些人走得慢一些。既然是集体行动,同时也为了防止发生事故,建议按较慢的人的速度一块儿行走。带队人应与向导进行分工,由向导带队,服务人员走在队伍最后。

（四）正确的休息方法

走多少时间后休息大致取决于如下标准:平地,每走 50 分钟休息 10 分钟;爬坡,每走 30 分钟休息 10 分钟。休息时间过长反而会使刚刚活跃起来的身体机能变得迟钝。休息时可坐到石头等高一点的地方,以使血液不致下行至臀部,让身体保持良好的状态。休息时还可以做一些轻度的屈伸活动。

四、高山病的防治

高山病的形成是由于高度愈高,空气愈稀薄,气压就愈低,因此人体所需要的氧气压力也随之降低,但是人体所需要的氧气含量仍然不变。为保证血液中有维持人体所需的含氧量,故必须增加红细胞的含量。但人体自动增加红细胞含量需要几天的时间,因此在刚进入山区时,会因为高度突然增高,人体来不及适应,而产生体内氧气、供应不足的情形。高度愈高、过渡时间愈短,产生的反应就愈剧烈。这种生理反应一般被称为"高山病"。

（一）症状

高山病的症状为呕吐、耳鸣、头痛、呼吸急迫、食欲不振、发烧等,严重者会出现感觉迟钝,情绪不宁,精神亢奋,思考力和记忆力减退,听、视、嗅、味觉异常,产生幻觉等情况,也可能出现浮肿、休克或痉挛等症状。

（二）预防的方法

1. 提前预防

进入高原的人员都应进行全面的身体检查,凡是心肺肝肾等有疾病、高血压 II 期、严重贫血者都不宜进入高原地区。健康状况一般者都应先适应低氧环境,平时要加强体育锻炼,实行阶梯上升式训练,以便逐步适应。初入高原者应减少体力活动,视适应程度逐步增加活动量。应注意保暖,防止急性上呼吸道感染。初入高原时应多食碳水化合物、多种维生素和易消化食品,以便提高机体进入高原的适应能力。同时应绝对禁止饮酒。高山病患者入睡时最好采取半卧位,以减少右心静脉回流和肺毛细血管充血。高原地区昼夜温差大,要注意保温。高原地区气候干燥,应加强黏膜及皮肤的护理,防止皮肤干裂。

2. 行程中的预防

登山上升的速度不宜太快,最好步调平稳,并配合呼吸,同时要视坡度的急缓加以调整,使运动量和呼吸频次成正比,尤其应避免急促地呼吸。上升的高度应逐渐增加,每天攀爬的高度应控制,以适应高山气压低、空气稀薄的环境。行程不宜太紧迫,睡眠、饮食要充足正常,经常性地进行短时间的休息。休息时以柔软操及深呼吸来增强循环功能并促进高度适应,平常应多做体能训练以增强摄氧功能。

(三) 急救方法

给氧及降低高度是最有效的急救处理方法,若有休克现象,应立即处理,注意失温及其他并发症。患者应立即休息,并移至无风处,若疼痛严重,可服用镇痛剂止痛。如果仍不能适应,则需降低高度,直到患者感到舒服或症状明显减轻。一般而言,高山病患者在回到平地后,即可不治而愈。但严重的患者需立即送医处理。

急性高山反应一般多发生在登山的 24 小时内,一般进入高原 1~2 周内就能适应当地的高山气候条件,以上症状就会自行消失。

第四节　漂流活动

驾着无动力的小舟,利用船桨掌握好方向,在时而湍急时而平缓的水流中顺流而下,在与大自然的抗争中演绎精彩的瞬间,这就是漂流—— 一项勇敢者的运动。

一、漂流工具的选择

漂流的河段不同,选择的工具也不同。

(一) 橡皮筏

橡皮筏的适应性非常强,适用范围最广,也最普遍、最常用。即使是在落差较大的瀑布或是险峻的河谷,也几乎都能化险为夷。

橡皮材料柔韧性好,又有充气囊可以以柔克刚,一般的礁石奈何不得,漂流过程中有舵工负责。舵工的主要任务就是把握好方向和平衡,遇到急流险滩和礁石时能妥善处理。橡皮筏上一般配有几片供旅游者操作的桨板,在平缓河段时,旅游者可在舵工的指导下过一把以桨划水的瘾。

(二) 竹筏(或称竹排)

竹筏一般不宜在急流险滩中使用,容易被卡住或翻沉,但在风平浪静时漂行,却趣味十足。旅游者手持竹篙,一边深深浅浅地撑着,一边观赏河岸景观,优哉游哉。当然,这已经不是严格意义上的漂流了。

(三) 小木船

小木船介于橡皮筏与竹筏之间,适应性比橡皮筏稍弱,其操作比橡皮筏要难一些,一般可坐 8 人漂流,在小三峡和神农溪的漂流中常可见到一种名叫"豌豆角"的小扁舟。乘坐橡皮筏或小木船都切忌站立或走动,必须注意保持船体平衡。

二、漂流活动的特殊技能——"读"河

有经验的桨手每到河流的转弯处或险滩前,总会盯住河面仔细观察,这就叫作"读"河。在险滩的地方,水急浪大,礁石众多。"读"河就是要找出那些隐藏的陷阱,并找出一条穿越险滩的最佳通道。要弄明白险滩是怎样形成的,对行船有什么危险,首先要搞清楚水流的几种基本形态。

（一）险滩的舌部

当河床向下倾斜时，平静的水面上会出现白色的浪花，激流通常是在中心部分，即河床最深、流速最快的地方。在两岸靠边水稍浅的地方，河水受阻而降低流速，这样便出现了中间水流较快的现象。并且，中心较快的水流力量较大，进一步冲走了石块泥沙，清除了阻力和障碍，并形成一个"V"形的舌部，"V"字的顶端通常指向障碍最少、阻力最小的通道。

（二）倒卷浪

完全露出水面的礁石容易被发现，但有些藏在水下的礁石就暗藏玄机。当水流过礁石的顶部，汇入礁石后面的憩流（止水）时，河水会形成反向的流动（向上游方向流动）。这种现象称作倒卷浪，出现在半隐半现的礁石的下游处。当礁石恰好处在水面之下时，由于看不到水花，从上游方向很难发觉。要注意激流中较平静的地方，因为水下的礁石会使激流分流，而且水流过礁石表面时是平行不起浪花的。如果上岸观察，就可以从下游的方向来看，这时倒卷浪就会非常明显。有些礁石被激浪覆盖，必须全神贯注地持续观察才可以看得出来。如是较大的、潜藏较深的礁石，在其下游会有较大的倒卷浪，通常叫作"洞"。这种"洞"往往力量很大，可以轻易地把船掀翻。有些"洞"像抽水马桶一样，一旦误入其中，船就像被吸住一样，如陀螺般旋转，很长时间陷在里面，因此要不遗余力地避开。

（三）直立浪

河水在陡峭下降的河床中流速较快，在较平缓的河床中流速就较慢。当流速快的水流遇到流速慢的水流时，水流量无法及时排走，就会浪浪相叠起来，形成高高的直立浪。直立浪的大小与水量和落差有关。一般的直立浪都不会造成危险。如果直立浪很高但坡度平缓，最好的办法就是将船头对准浪尖，直接骑过去。这种浪气势磅礴，在惊涛骇浪中穿行，会感觉非常过瘾。如果直立浪看起来很陡峭，是很可能翻船的。应该选择从浪的边缘部分通过。因为边缘部分往往角度较缓，高度也低些。但首先应该确认是直立浪还是水下礁石。水下礁石在激流冲过时也会激起大浪。只不过礁石激起的浪散乱不齐，而直立浪则显得非常有规律。

（四）转弯

通常，最深和最快的水流在转弯处的外道。河水一般是把船推向转弯的外道，那里正是礁石和危险情况较多的地方。一般要求在转弯时要把船调整到 45°角，并保持在里道的位置上。一旦有必要，利用河水的力量可以较容易地划到外道上去，但如果想从外道往里道划则很困难，因为要克服河水的全部阻力。

（五）洄水

在礁石或两岸突出部分的后面，河水的流向与主流相反，向上游方向流动，这称为洄水。河流转弯处里道的憩流也称为洄水，尽管此处的水不流向上游方向。在主流和洄水交错的地方有条洄水线，也称为洄水栅。没经验的新手看不出洄水栅。这条洄水栅非常霸道，如果不会利用两股水流力量的话，有可能被困上数小时而划不出来，就会一直在洄水中打转。另外，需要特别注意的是，在洄水线处有两股不同方向的水流在打架，遇到强劲的洄水线，万一不慎，也会翻船。洄水对行船是非常有用的，可以利用洄水停船上岸、侦察激流险滩、建立营救点、等待落后的同伴等,但应该注意避开那些旋转涡流状的洄水。

"读"河没有精确的定理公式。要把"读"河作为一门艺术来看待。在礁石与巨浪、涡流与"洞"组成的布满陷阱的险滩上没有太明显的标志,桨手只能凭经验在激流险滩中划出一条想象中的通道,并力争沿这条通道穿过险区。另外,激流险滩从水平面看与从岸上看是不一样的。因此,有经验的桨手在"读"河时已准备了备用方案,以便在无法进入原定路线时不致手忙脚乱。

三、安全注意事项

出发时,最好携带一套干净的衣服,以备下船时更换,同时最好携带一双塑料拖鞋,以备在船上穿。

上船第一件事是仔细阅读漂流须知,听从船工的安排,穿好救生衣,找到安全绳。在气温不高的情况下参加漂流,可在漂流出发地购买雨衣。漂流之前要穿上雨衣,以防衣服被浪花打湿,同时必须穿好救生衣。漂流之前,旅游者一定要视自己的身体状况决定是否参加,老弱病残者切勿轻易尝试。旅游者的贵重物品最好不要带去漂流,随身携带的物件可用塑料袋装好,系在安全绳上。

漂流船通过险滩时要听从船工的指挥,不要随便乱动,应紧抓安全绳,收紧双脚,身体向船体中央倾斜,若遇翻船,要沉着,因为穿有救生衣。

不得随便下船游泳,即使游泳也应按照船工的意见在平静的水面游,不得远离船体独自行动。

必须全程穿着救生衣,即使会游泳也必须全程穿着,以确保安全。由于漂流线路跌水区及大落差区很多,所以一定不要携带怕水的东西,不要将现金和贵重物品带上船。若有翻船或其他意外事情发生,漂流公司和保险公司不会赔偿旅游者所遗失的现金和物品。戴眼镜的客人需找皮筋系上眼镜。

在漂流的过程中要注意沿途的箭头及标语,它可以帮助漂流者找到主水道及提早警觉跌水区。在下急流时,艇具要与艇身保持平衡,并抓住艇身内侧的扶手带,后面一位身子略向后倾,双人要保证艇身平衡并与河道平行,顺流而下。

当艇在受卡时不能着急站起,应稳住艇身,找好落脚点才能站起,以防止人被艇带住被水冲下。当误入其他水道被卡或搁浅时,要站起下艇,找到水位较深处时再上艇,不能在艇上左右移动。

第五节　洞穴探险

洞穴探险有着较高的风险,必须具备较多的洞穴探险专业知识。旅游者只有在专业人员的组织和带领下才能确保安全。本节仅仅是对洞穴探险旅游知识作入门性的简单介绍,并不能代表专业的洞穴探险知识。

一、洞穴简介

（一）洞穴的概念与分类

根据国际洞穴联合会的定义,洞穴是指人能进出的天然地下空间。洞穴是由洞穴空间及围绕在其周围的岩体所构成的。

按洞穴围岩的性质,可将洞穴分为碳酸盐岩洞、石膏洞、砾岩洞、熔岩洞、砂岩洞、花岗岩洞和冰川洞。按洞穴与围岩形成的先后,洞穴可分为原生洞和次生洞,原生洞是与围岩同时生成的,次生洞形成于成岩作用之后。按洞穴的水文特征,洞穴可分为干洞和水洞。按洞穴的形态,洞穴可分为垂向洞穴和横向洞穴。

在已经形成的洞穴中,岩溶洞穴占了绝大多数,洞穴探险的目标也多是岩溶洞穴。

（二）岩溶洞穴的形成

岩石和水是岩溶洞穴形成的最基本的条件。对于岩石来说,首先必须是具有可溶性的岩石,其次,可溶岩上必须有水能够渗透和流动的空间。对于水,首先要具有溶蚀能力,其次要有流动性。

具有溶蚀能力的水在可溶岩石的缝隙流动的过程中,一方面对所接触的岩石表面进行溶解,另一方面又将溶解后的物质带走,使缝隙越来越大,经过长时间的溶解和搬运,就逐渐形成了洞穴。

（三）洞穴生物

由于洞穴中缺少光线,洞穴生物种类比地表要少。真正的洞穴动物只生存在洞内黑暗的世界中,体内缺少色素,完全没有眼或者仅有很小的眼,如洞穴鱼和洞穴蜘蛛等。在洞穴中,还有蚯蚓等在洞内完成生命循环,洞穴中还有能在洞外黑暗潮湿环境中生活的喜洞穴动物和蝙蝠等临时寄居于洞内的寄居性洞穴动物。

（四）洞穴气候

洞穴通常是一个相对独立的恒温、潮湿、黑暗、安静的系统,洞口附近受洞外气候影响较大,越往洞内,气温变化越小,甚至不受外界的影响,基本等于当地多年的平均气温。所以我们常常感到洞内冬暖夏凉。

二、洞穴探险历史及发展现状

最早详细记载洞穴探险的是我国明代伟大的地理学家、旅行家徐霞客（1587 年—1641 年）,他亲自探查与描述了南方 300 余个岩溶洞穴,这在探洞史上是空前的,因此他无疑是世界洞穴探险和考察的先驱。

欧洲最早有记载的洞穴探险者是斯洛文尼亚的瓦尔瓦索,他于 1670 年—1680 年在喀斯特高原探测了 70 个洞并画了草图。

真正对洞穴探险技术及洞穴科学研究价值的认识是从爱德华·阿尔弗雷德·马迪尔开始的。从 1883 年起,他投入了大量的精力进行洞穴探险研究,他改进了洞穴探险技术,将木梯改为绳梯,同时附带保险绳、电话线和测量工具。他一生探测了 1 500 多个洞,1895 年他创立了法国洞穴学协会,并创办了洞穴刊物。

随着洞穴探险活动在全世界的推广,这项活动已经成为集娱乐、游览、锻炼、冒险、知识于一身的综合性休闲旅游项目。

目前,欧美国家有上千个洞穴探险俱乐部,成员有数万名。我国洞穴探险的历史最悠久,所拥有的洞穴资源也最丰富,但我国现代洞穴探险的发展却相对落后,专业的洞穴探险者不多,大众性的洞穴探险旅游活动也刚刚起步,但这也说明我国在洞穴探险旅游领域有着巨大的潜力和非常广阔的前景。

三、洞穴探险导游及注意事项

（一）准备工作

1. 资料准备

探洞前要多方收集洞穴探险旅游区的有关资料,主要包括溶洞的地理位置、地质构造、水文资料、周边环境、生态植被、气候条件等。

2. 装备准备

洞穴探险一定要使用专业的装备,这是保证安全的必要条件。一般的洞穴探险旅游也要准备好如下装备。

（1）安全帽。安全帽的种类很多。攀登用的使用合成树脂做的安全帽最适合于洞穴探险。在选择安全帽时,不仅要求强度高,而且要求受冲击后有良好的吸收性,可以减轻头部的震动。

（2）头灯。头灯比手灯和电筒都好,可以解放双手。头灯的电源最好是电池。若使用碳化物式光源,应配备点火器。如果想观察地下大厅的全貌,五节手电筒较理想,它照射的距离比头灯要远好几倍。为了安全,随身携带几支蜡烛也是十分必要的,其目的有二:一是可以照明,二是帮助检查洞里氧气是否充足。

（3）探险服。它可保护身体免遭锐利的岩角或碎石擦伤。服装料子最好是坚固、防水的棉布,既可以防止擦伤,又能防潮。

（4）长筒胶靴。主要用于涉过地下河、地下湖,起到防寒、防潮的作用。

（5）手套。棉纱手套和橡胶手套各备一副。

（6）食品。食品的需要量要视停留时间而定。若时间短,带上几块巧克力、饼干和水果就足够了;如需在洞内停留数日,那就要带压缩饼干。

（7）标签或路标。洞穴是错综复杂的。为了不迷路,凡经过一个交叉洞口,应在洞底或洞壁上画出路标或留下标签,这一点千万不可疏忽。否则,易进不易出,容易造成麻烦或导致不安全。

（8）探险绳。应用尼龙制品,要求拉力强、便于携带,其长度每根在 30 米左右为宜。

（9）下降及攀登装备。洞穴的形态各式各样,不是高就是低,七上八下,崎岖曲折。在高差 2 米以内的情况下可以跳下,若超过 2 米,或垂直爬上 2 米,就要求掌握下降或攀登技术。这就需要准备好相应的工具,如安全带、扁带、上升器、下降器、快挂、锁等。

（10）急救药品。洞穴探险或者科学考察,难免会产生擦伤、扭伤、骨折等外伤。随身带点消毒纱布、绷带、消毒药棉、解痛剂、止血剂、好得快喷雾剂等常备药物,可应急需。

（二）安全注意事项

1. 迷路

由于洞穴内部地形复杂、环境黑暗，一般难以辨别方向。即使是带有洞穴图，也很难找到明显的对比物和标志，所以一般在洞穴中是比较容易迷路的。因此探洞一定要做好事先的准备工作，要准备罗盘、皮尺等工具，一边测量一边设立标志，步步为营。特别要注意的是，进入洞穴之前要清点人数，在洞中行进时要随时检查，出洞时还要核实，避免个别人因好奇而单独行动，产生掉队情况而迷路。在洞穴探险中要服从指挥，团结友爱，切忌出现个人行为。

2. 水淹

洞穴中的地下河、地下湖的水量变化很大，在洞穴河流中涉水前行，可能现在脚下水不深，但是往前跨一步可能就是深可没顶的深潭。因此在水中行走时，先用木棒、竹竿等探一探路再前进是有必要的。洞穴中水的温度比较低，泅渡常常会导致抽筋。水中有时会有漩涡，水下常常有大块的崩塌岩石或尖锐的石头，因此不可跳水、潜水。要有安全准备，最好穿戴救生衣并做好岸上保护。出水后要立即擦干身体，避免生病。在雨季时，洞穴中的水位会因为地表水的大量迅速涌入而急速上升，导致洞穴被淹没等危险，因此在雨季和天气变化强烈、气候突变时尽量不要进入有水的洞穴考察。有些洞穴内的水位即使在非雨季时也会大起大落，要预先做好调查准备工作，进洞后仔细观察洞中水面痕迹再行动。此外洞穴中常常有瀑布、跌水、急流、漩涡等，在这种地段要更加小心。在没有掌握基本情况和做好安全保护时，不要冒险行动。

3. 岩石崩塌

洞穴中的洞壁、洞顶部分常常有不稳定的局部岩块，在这些地带行进时要仔细观察，适当避开，避免因坠石而伤人。在洞中陡坡地带行走时，人与人之间要适当保持距离，更应该相互照应，以避免在走动时因石块滚动伤人，特别是在崩石堆中行走时更要小心。

4. 跌倒、坠落

洞穴中黑暗无路、地面不平，一般很少能平稳行走。在有黏土浮泥的地面行走，更容易跌滑受伤。攀登爬行的时候，要更加小心，先要做好路线选择并做好保护准备再行动，切忌急躁冒险。

5. 碰头

由于洞穴高低不同，并且常常有钟乳石下垂，一不小心，就会被碰得头破血流。因此进洞时一定要戴安全帽，行进时要看清楚再走。

6. 有毒生物

在洞口地带，经常有一些有毒生物，如蛇、毒昆虫等，有一些低洼地点会带菌，对人体有害。在这些地带，要避免被咬伤。如被咬或与其接触，应该立即消毒处理，并及时离开洞穴做进一步的治疗，切勿大意。

7. 水中毒

洞穴内的水一般看来比较清洁，但是也有一些水是有毒的，同时洞穴中的水含有大量的钙化物，因此在情况不明时，一般不要饮用。

8. 霉菌感染

洞内潮湿,易生霉菌。若有伤口应该立即消毒包扎,不要接触尘土,避免感染。所以进入洞穴时应该带些消毒药品。

9. 缺氧窒息

有一些洞穴通风不良,甚至空气闭塞,特别在洞中低处常常有二氧化碳沉积,进入时如发现呼吸困难,应该立即出洞,避免因慢性缺氧而晕倒。所以探洞时用专业的照明设备是最简单的安全措施,必要时可带一些蜡烛等明火,观察其燃烧情况,以判断洞内氧气充足与否。

【提示】

单人坚决不要入洞,洞穴探险要求 3 人以上同行;身体不适不要勉强进入洞穴;在复杂条件下进行洞穴探险时,洞口要有人留守,以便一旦出现问题能及时通告求救;洞穴探险旅游者一定要注意洞穴保护,不要对洞穴进行破坏。

本章小结

特种旅游活动尚处于发展阶段,其参与者往往为特殊群体,他们是在"新、奇、险"中求"乐"。为其提供服务的人员不能是普通的导游员,而应该是经过专业训练的专业人员。因为特种旅游种类繁多,对于诸多特种技术和技能,导游员不可能面面俱到,应该有所侧重。如果从事特种旅游导游服务,切记"安全第一"。

复习思考题

1. 分析特种旅游的特点。
2. 带领旅游者露营时的注意事项有哪些?
3. 如何选择漂流的工具?
4. 什么是高山病? 在旅游活动中如何预防?
5. 溶洞探险的注意事项有哪些?

实训项目

在各种特种旅游活动中,野营是最为普及的,因此在条件具备的前提下,可安排一次野营活动。步骤如下:

1. 选择野营地。
2. 制订计划。
3. 准备野营物品(开具清单)。
4. 出发前的检查工作。
5. 抵达目的地:
（1）选定扎营地。
（2）搭帐篷。

（3）建厕所。

6．露营体验。

7．总结。

拓展阅读

视频：旅游突发事故的预防与处理

参考文献

［1］ 窦志萍,邓清南. 中国旅游地理［M］. 重庆:重庆大学出版社,2016.

［2］ 张明清. 导游业务与技巧［M］. 北京:高等教育出版社,2003.

［3］ 魏星. 导游语言艺术［M］. 北京:中国旅游出版社,2002.

［4］ 毛福禄,周晓梅,陈爱国. 模拟导游［M］. 大连:东北财经大学出版社,2002.

［5］ 梁成华. 地质与地貌学［M］. 北京:中国农业出版社,2002.

［6］ 陆景冈,等. 旅游地质学［M］. 北京:中国环境科学出版社,2003.

［7］ 吴殿廷. 水体景观旅游开发规划实务［J］. 北京:中国旅游出版社,2003.

［8］ 王有路. 导游艺术 100 则［M］. 广州:广东旅游出版社,2004.

［9］ 窦志萍. 中国古建筑游览与审美［M］. 昆明:云南人民出版社,2016.

读者意见反馈

为收集对教材的意见建议,进一步完善教材编写并做好服务工作,读者可将对本教材的意见建议通过如下渠道反馈至我社。

咨询电话　　　　400-810-0598
反馈邮箱　　　　gjdzfwb@pub.hep.cn
通信地址　　　　北京市朝阳区惠新东街4号富盛大厦1座
　　　　　　　　高等教育出版社总编辑办公室
邮政编码　　　　100029

防伪查询说明

用户购书后刮开封底防伪涂层,使用手机微信等软件扫描二维码,会跳转至防伪查询网页,获得所购图书详细信息。

防伪客服电话　(010)58582300

资源服务提示

授课教师如需获得本书配套教辅资源,请登录"高等教育出版社产品信息检索系统"(https://xuanshu.hep.com.cn/)搜索下载,首次使用本系统的用户,请先进行注册并完成教师资格认证。